钓鱼岛问题文献集　主编 张　生

美国安全档案

奚庆庆　张　生　殷昭鲁 编

南京大学出版社

"十二五"国家重点图书出版规划项目
国家社科基金2015年度重大项目"《钓鱼岛问题文献集》及钓鱼岛问题研究"
中国南海研究协同创新中心
南京大学人文基金
江苏省2013年度哲学社会科学研究重大项目"钓鱼岛问题文献集"

钓鱼岛问题文献集

顾　　问　茅家琦　张宪文
学术指导　张海鹏　步　平　李国强

编纂委员会
主　　编　张　生
副 主 编　殷昭鲁　董为民　奚庆庆　王卫星
编译者　　张　生　中国抗日战争研究协同创新中心、
　　　　　　　　　南京大学中华民国史研究中心教授
　　　　　姜良芹　中国抗日战争研究协同创新中心、
　　　　　　　　　南京大学中华民国史研究中心教授
　　　　　叶　琳　南京大学教授
　　　　　郑先武　南京大学教授
　　　　　荣维木　中国社会科学院研究员
　　　　　王希亮　黑龙江省社会科学院研究员
　　　　　舒建中　南京大学副教授
　　　　　郑安光　南京大学副教授
　　　　　雷国山　南京大学副教授
　　　　　殷昭鲁　南京大学博士
　　　　　李　斌　南京大学讲师
　　　　　翟意安　南京大学讲师
　　　　　王　静　南京大学讲师
　　　　　蔡丹丹　南京大学讲师
　　　　　王睿恒　南京大学讲师

于　磊　南京大学讲师
杨　骏　南京大学博士生
刘　奕　南京大学博士生
徐一鸣　南京大学博士生
陈海懿　南京大学博士生
蔡志鹏　南京大学硕士生
刘　宁　南京大学硕士生
张梓晗　南京大学硕士生
顾　晓　南京大学硕士生
仇梦影　南京大学硕士生
王卫星　江苏省社会科学院研究员
罗萃萃　南京航空航天大学副教授
董为民　江苏省社会科学院助理研究员
奚庆庆　安徽师范大学副教授
郭昭昭　江苏科技大学副教授
屈胜飞　浙江工业大学讲师
窦玉玉　安徽师范大学讲师
张丽华　安徽师范大学讲师
张玲玲　央广幸福购物（北京）有限公司

"东亚地中海"视野中的钓鱼岛问题的产生
（代序）

所谓"地中海"，通常是指北非和欧洲、西亚之间的那一片海洋。在世界古代历史中，曾经是埃及、希腊、波斯、马其顿、罗马、迦太基等群雄逐鹿的舞台；近代以来，海权愈形重要，尼德兰、西班牙、英国、法国、奥斯曼土耳其帝国、意大利、德国乃至俄罗斯，围绕地中海的控制权，演出了世界近代史的一幕幕大剧。

虽然，法国历史学家布罗代尔（Fernand Braudel）引用前人的话说"新大陆至今没有发现一个内海，堪与紧靠欧、亚、非三洲的地中海相媲美"[①]，但考"mediterranean"的原意，是"几乎被陆地包围的（海洋）"之意。欧亚非之间的地中海，固然符合此意；其他被陆地包围的海洋，虽然早被命为他名，却也符合地中海的基本定义。围绕此种海洋的历史斗争，比之欧亚非之间的地中海，其实突破了西哲的视野，堪称不遑多让。典型的有美洲的加勒比海，以及东亚主要由东海、黄海构成的一片海洋。

本书之意，正是要将东海和黄海，及其附属各海峡通道和边缘内海，称为"东亚地中海"，以此来观照钓鱼岛问题的产生。

一

古代东亚的世界，由于中国文明的早熟和宏大，其霸权的争夺，主要在广袤的大陆及其深处进行。但东吴对东南沿海的征伐和管制，以及远征辽东的

[①] 费尔南·布罗代尔著，唐家龙等译：《地中海与菲利普二世时代的地中海世界》第1卷，商务印书馆2014年版，扉页。

设想①,说明华夏文明并非自隔于海洋。只不过,由于周边各文明尚处于发轫状态,来自古中国的船舰畅行无忌,相互之间尚未就海洋的控制产生激烈的冲突。

唐朝崛起以后,屡征高句丽不果,产生了从朝鲜半岛南侧开辟第二战场的实际需要。新罗统一朝鲜半岛的雄心与之产生了交集,乃有唐军从山东出海,与新罗击溃百济之举。百济残余势力向日本求援,日军横渡大海,与百济残余联手,于是演出唐——新罗联军对日本——百济联军的四国大战。

东亚地中海第一次沸腾。论战争的形态,中日两国均是跨海两栖作战;论战争的规模和惨烈程度,比之同时期欧亚非之间的地中海,有过之无不及。公元663年8月,白江口会战发生,操控较大战船的唐军水师将数量远超自身的日军围歼。② 会战胜利后,唐军南北对进,倾覆立国700余年的高句丽,势力伸展至朝鲜半岛北部、中部。

但就东亚地中海而言,其意义更为深远:大尺度地看,此后数百年间,虽程度有别,东亚国际关系的主导权被中国各政权掌握,中日韩之间以贸易和文化交流为主要诉求,并与朝贡、藩属制度结合,演进出漫长的东亚地中海和平时代。"遣唐使"和鉴真东渡可以作为这一和平时期的标志。

蒙古崛起后,两次对日本用兵。1274年其进军线路为朝鲜——对马岛——壹岐岛——九州,1281年其进军路线为朝鲜——九州、宁波——九州。战争以日本胜利告终,日本虽无力反攻至东亚大陆,但已部分修正了西强东弱的守势。朱明鼎革以后,朱元璋曾有远征日本的打算而归于悻悻,倭寇却自东而西骚扰中国沿海百多年。《筹海图编》正是在此背景下将钓鱼屿、赤屿、黄毛山等首次列入边防镇山。③

明朝初年郑和远洋舰队的绝对优势,没有用来进行东亚地中海秩序的"再确立";明朝末年,两件大事的发生,却改写了东亚地中海由中国主导的格局。一是万历朝的援朝战争。1591年、1597年,日本动员十万以上规模的军队两

---

① [晋]陈寿撰,[宋]裴松之注,《三国志》第47卷《吴书二·吴主传第二》,中华书局1959年版。

② 参见韩昇:《白江之战前唐朝与新罗、日本关系的演变》,《中国史研究》2005年第1期,第43-66页。

③ [明]胡宗宪撰:《筹海图编》第1卷《沿海山沙图·福七、福八》,影印《文渊阁四库全书》第584册,台北:台湾商务印书馆1986年版,第14页。

次侵入朝鲜,明朝虽已至其末年,仍果断介入,战争虽以保住朝鲜结局,而日本立于主动进攻的态势已经显然。二是1609年的萨摩藩侵入琉球,逼迫已经在明初向中国朝贡的琉球国同时向其朝贡。日本在北路、南路同时挑战东亚地中海秩序,是白江口会战确立东亚前民族国家时代国际关系框架以来,真正的千年变局。

二

琉球自明初在中国可信典籍中出现①,这样,东亚地中海的东南西北四面均有了政权。中日朝琉四国势力范围犬牙交错,而中国在清初统一台湾(西班牙、荷兰已先后短期试图殖民之)和日本对琉球的隐形控制,使得两大国在东亚地中海南路发生冲突的几率大增。

对于地中海(此处泛指)控制权的争夺,大体上有两种模式。一是欧亚非之间地中海模式,强权之间零和博弈,用战争的方式,以彻底战胜对方为目标,古代世界的罗马、近代的英国,均采此种路径。二是加勒比海模式,19世纪下半叶,英国本与奉行"门罗主义"的美国"利益始终不可调和",在加勒比海"直接对抗",但感于加勒比海是美国利益的"关键因素",乃改而默许美国海军占据优势②,这是近代意义上的绥靖。

1874年,日本借口琉球难民被害事件出兵台湾,实际上是采取了上述第一种模式解决东亚地中海问题的肇端。琉球被吞并,乃至废藩置县,改变了东亚地中海南路的相对平衡格局,钓鱼岛群岛已被逼近——但在此前后,钓鱼岛

---

① 成书于明永乐元年(1403年)《顺风相送》载:"太武放洋,用甲寅针七更船取乌坵。用甲寅并甲卯针正南东墙开洋。用乙辰取小琉球头。又用乙辰取木山。北风东涌开洋,用甲卯取彭家山。用甲卯及单卯取钓鱼屿。南风东涌放洋,用乙辰针取小琉球头,至彭家花瓶屿在内。正南风梅花开洋,用乙辰取小琉球。用单乙取钓鱼屿南边。用卯针取赤坎屿。用艮针取枯美山。南风用单辰四更,看好风单甲十一更取古巴山,即马齿山,是麻山赤屿。用甲卯针取琉球国为妙"。这是目前所见最早记载钓鱼屿、赤屿等钓鱼岛群岛名称的史籍,也是中琉交往的见证。本处《顺风相送》使用牛津大学波德林图书馆(Bodleian Library)所藏版本,南京大学何志明博士搜集。句读见向达《两种海道针经》,中华书局1982年版。
② 艾尔弗雷德·塞耶·马汉著,李少彦等译:《海权对历史的影响:1660—1783年:附亚洲问题》,海洋出版社2013年版,第529-530页。

均被日本政府视为日本之外——1873年4月13日,日本外务省发给琉球藩国旗,要求"高悬于久米、宫古、石垣、入表、与那国五岛官署",以防"外国卒取之虞"。其中明确了琉球与外国的界线。① 在中日关于琉球的交涉中,日本驻清国公使馆向中方提交了关于冲绳西南边界宫古群岛、八重山群岛的所有岛屿名称,其中并无钓鱼岛群岛任何一个岛屿。② 1880年,美国前总统格兰特(Ulysses Grant)调停中日"球案"争端后,"三分琉球"未成定议,中日在东亚地中海南路进入暴风雨前的宁静状态。日本采取低调、隐瞒的办法,对钓鱼岛进行窥伺,寻机吞并。

1885年10月30日,冲绳县官员石泽兵吾等登上钓鱼岛进行考察。③ 同年11月24日,冲绳县令西村舍三致函内务卿山县有朋等,提出在钓鱼岛设立国家标志"未必与清国全无关系"。④ 12月5日,山县有朋向太政大臣三条实美提出内部报告,决定"目前勿要设置国家标志"。⑤ 这一官方认识,到1894年4月14日,日本内务省县治局回复冲绳知事关于在久场岛、鱼钓岛设置管辖标桩的请示报告时,仍在坚持。⑥ 1894年12月27,内务大臣野村靖鉴于"今昔情况不同",乃向外务卿陆奥宗光提出重新审议冲绳县关于在久场岛、鱼钓岛设置管辖标桩的请示。⑦ 随后,钓鱼岛群岛被裹挟在台湾"附属各岛屿"

---

① 村田忠禧著,韦平和等译:《日中领土争端的起源——从历史档案看钓鱼岛问题》,社会科学文献出版社2013年版,第162页。

② 《宫古、八重山二岛考》(光緒六年九月四日,1880年10月7日),台北,"中研院"近代史研究所档案馆藏,外交部门档案·总理各国事务衙门,01/34/009/01/009

③ 「魚釣嶋他二嶋巡視調査の概略」(明治18年11月4日)、JACAR(アジア歴史資料センター)Ref. B03041152300(第18画像目から)、帝国版図関係雑件(外務省外交史料館)

④ 村田忠禧:《日中领土争端的起源——从历史档案看钓鱼岛问题》,第171页。

⑤ 「秘第一二八号ノ内」(明治18年12月5日)、JACAR(アジア歴史資料センター)Ref. A03022910000(第2画像目から)、公文別録·内務省·明治十五年~明治十八年 第四巻(国立公文書館)

⑥ 「甲69号 内務省秘別第34号」(明治27年4月14日)、JACAR(アジア歴史資料センター)Ref. B03041152300(第47画像目から)、帝国版図関係雑件(外務省外交史料館)

⑦ 「秘別133号 久場島魚釣島へ所轄標杭建設之義上申」(明治27年12月15日)、JACAR(アジア歴史資料センター)Ref. B03041152300(第44画像目から)、帝国版図関係雑件(外務省外交史料館)

中,被日本逐步"窃取"。

野村靖所谓"今昔情况不同",指的是甲午战争的发生和中国在东亚地中海北侧朝鲜、东北战场上的溃败之势。通过战争,日本不仅将中国从中日共同强力影响下的朝鲜驱逐出去,且占据台湾、澎湖,势力伸展至清朝"龙兴之地"的辽东。白江口会战形成的东亚地中海秩序余绪已经荡然无存,东亚地中海四面四国相对平衡的局面,简化为中国仅在西侧保留残缺不全的主权——德国强占胶州湾后,列强掀起在中国划分势力范围的狂潮;庚子事变和日俄战争的结果,更使得日本沿东亚地中海北侧,部署其陆海军力量至中国首都。"在地中海的范围内,陆路和海路必然相依为命"。[①] 陆路和海路连续战胜中国,使得日本在东亚地中海形成对中国的绝对优势。

1300年,东亚地中海秩序逆转,钓鱼岛从无主到有主的内涵也发生了逆转。马汉所谓"海权包括凭借海洋或者通过海洋能够使一个民族成为伟大民族的一切东西"[②],在这里得到很好的诠释。

三

格兰特调停中日"球案"时曾指出:姑且先不论中日之是非,中日之争,实不可须臾忘记环伺在侧的欧洲列强[③]。那时的美国,刚刚从南北内战的硝烟中走来,尚未自省亦为列强之一。但富有启发的是,中日争夺东亚地中海主导权前后,列强就已经是东亚地中海的既存因素。东亚地中海的秩序因此不单单是中日的双边博弈。而在博弈模型中,多边博弈总是不稳定的。

马戛尔尼(George Macartney)使华只是序曲,英国在19世纪初成为东亚海洋的主角之一,并曾就小笠原群岛等东亚众多岛屿的归属,与日、美产生交涉。英国海图对钓鱼岛群岛的定位,后来被日本详加考证。[④]

---

① 费尔南·布罗代尔:《地中海与菲利普二世时代的地中海世界》第2卷,第931页。
② 艾尔弗雷德·塞耶·马汉:《海权对历史的影响:1660—1783年:附亚洲问题》,《出版说明》。
③ 《七续纪论辨琉球事》,《申报》,光绪六年三月十八日,1880年4月26日,第4版。
④ 「久米赤島・久場島・魚釣島の三島取調書」(明治18年9月21日)、JACAR(アジア歴史資料センター)Ref. B03041152300(第8画像目から)、帝国版図関係雑件(外務省外交史料館)

美国佩里(Matthew Perry)"黑舰队"在19世纪50年代打开日本幕府大门之前,对《中山传信录》等进行了详细研究,钓鱼岛群岛固在其记述中,而且使用了中国福建话发音的命名。顺便应当提及的是,佩里日本签约的同时,也与琉球国单独签约(签署日期用公元和咸丰纪年),说明他把琉球国当成一个独立的国家。

俄罗斯、法国也在19世纪50年代前后不同程度地活跃于东亚地中海。

甲午战争,日本"以国运相赌",其意在与中国争夺东亚主导权,客观结果却是几乎所有欧美强国以前所未有的强度进入东亚地中海世界。日本虽赢得了对中国的优势,却更深地被列强所牵制。其中,俄罗斯、英国、美国的影响最大。

大尺度地看,在对马海峡击败沙皇俄国海军,是日本清理东亚地中海北侧威胁的重大胜利,库页岛南部和南千岛群岛落入日本控制。但俄罗斯并未远遁,其在勘察加半岛、库页岛北部、滨海省和中国东北北部的存在,始终让日本主导的东亚地中海秩序如芒刺在背,通过出兵西伯利亚、扶植伪满洲国、在诺门坎和张鼓峰挑起争端,以及一系列的双边条约,日本也只能做到局势粗安。而东亚地中海的内涵隐隐有向北扩展至日本海、乃至鄂霍次克海的态势。因为"俄国从北扩张的对立面将主要表现在向位于北纬30°和40°之间宽广的分界地带以南的扩张中"。① 事实上,二战结束前后,美国预筹战后东亚海洋安排时,就将以上海域和库页岛、千岛群岛等岛屿视为苏联的势力范围,并将其与自己准备占据小笠原群岛、琉球群岛关联起来,显然认为其中的内在逻辑一致。②

在日本主张大东群岛、小笠原群岛等东亚洋中岛屿主权的过程中,英国采取了许可或默认态度。日本占据台湾,视福建为其势力范围,直接面对香港、上海等英国具有重大利益的据点,也未被视为重大威胁。其与日本1902年结成的英日同盟,是日本战胜俄罗斯波罗的海舰队的重要因素。但是,一战后日本获得德属太平洋诸岛,这与英国在西太平洋的利益产生重叠,成为英日之间

---

① 艾尔弗雷德·塞耶·马汉:《海权对历史的影响:1660—1783年:附亚洲问题》,第466页。

② *Liuchiu Islands*(*Ryukyu*),(14 April 1943),沖縄県公文書館蔵,米国收集文書·Liuchius (Ryukyus) (Japan),059/00673/00011/002。

产生矛盾与冲突的根源。1922年《九国公约》取代英日同盟,使得日本失去了维护其东亚地中海秩序的得力盟友。九一八事变后,日本对英国远东利益的排挤更呈现出由北向南渐次推进的规律。攻占香港、马来亚、新加坡,是日本对英国长期积累的西太平洋海权的终结,并使得东亚地中海的内涵扩张至南海一线。

虽然由于后来的历史和今天的现实,美国在中国往往被视为列强的一员,实际上在佩里时代,英美的竞争性甚强。格兰特的提醒,毋宁说是一种有别于欧洲老牌殖民帝国的"善意";他甚至颇具眼光地提出:日本占据琉球,如扼中国贸易之咽喉①——这与战后美国对琉球群岛战略位置的看法一致②——深具战略意义。

美西战争,使得"重返亚洲"的美国在东亚地中海南侧得到菲律宾这个立足点,被马汉(Alfred Thayer Mahan)誉为"美国在空间范围上跨度最广的一次扩张"③,但美国在东亚地中海的西侧,要求的是延续门罗主义的"门户开放"和"机会均等"。早有论者指出,美国的这一政策,客观上使得中国在19世纪末免于被列强瓜分。④ 而对日本来说,美国逐步扩大的存在和影响,使其在战胜中国后仍不能完全掌控东亚地中海。马汉指出:"为确保在最大程度上施行门户开放政策,我们需要明显的实力,不仅要保持在中国本土的实力,而且要保持海上交通线的实力,尤其是最短航线的实力"。⑤ 美国对西太平洋海权的坚持,决定了美日双方矛盾的持久存在。日本起初对美国兼并夏威夷就有意见,而在20世纪30年代英国不断后撤其东亚防御线之后,美国成为日本东亚地中海制海权的主要威胁,日本对美国因素的排拒,演成太平洋战争,并使得钓鱼岛问题的"制造"权最终落入美国手中。

---

① 《七续纪论辨琉球事》,《申报》,光绪六年三月十八日,1880年4月26日,第4版。
② U. S. Policy toward Japan, Top Secret, National Security Council Report, May 17, 1951, *Digital National Security Archive* (以下简称 DNSA), PD00141.
③ 艾尔弗雷德·塞耶·马汉:《海权对历史的影响:1660—1783年:附亚洲问题》,第460页。
④ 张玉法:《中华民国史稿》修订版,台北:联经出版事业有限公司2010年版,第33页。
⑤ 艾尔弗雷德·塞耶·马汉:《海权对历史的影响:1660—1783年:附亚洲问题》,第527页。

四

本来,开罗会议期间,美国总统罗斯福曾询问蒋介石中国是否想要琉球,但蒋介石提议"可由国际机构委托中美共管",理由是"一安美国之心,二以琉球在甲午以前已属日本,三以此区由美国共管比归我专有为妥也"。①

德黑兰会议期间,美苏就东亚地中海及其周边的处置,曾有预案,并涉及到琉球:

> ……罗斯福总统回忆道,斯大林熟知琉球群岛的历史,完全同意琉球群岛的主权属于中国,因此应当归还给中国……②

宋子文、孙科、钱端升③以及王正廷、王宠惠④等人对琉球态度与蒋不一,当时《中央日报》、《申报》等媒体亦认为中国应领有琉球,但蒋的意见在当时决定了琉球不为中国所有的事实。蒋介石的考虑不能说没有现实因素的作用,但海权在其知识结构中显然非常欠缺,东亚地中海的战略重要性不为蒋介石所认知,是美国得以制造钓鱼岛问题的重要背景。

在所有的地中海世界中,对立者的可能行动方向是考虑战略安排的主要因素,东亚地中海亦然。战争结束以后,美国在给中国战场美军司令的电文中重申了《波茨坦宣言》的第八条:"开罗宣言的条款必须执行,日本的主权必须

---

① 高素兰编注:《蒋中正"总统"档案:事略稿本》(55),台北:"国史馆"2011年版,第472页。

② Minutes of a Meeting of the Pacific War Council, *Foreign Relations of the United States*(以下简称 *FRUS*),Diplomatic Papers,The Conferences at Cairo and Tehran,1943,United States Government Printing Office,Washington:1961. pp. 868-870.

③ *Chinese opinion*,(8 December 1943),沖縄県公文書館蔵,米国収集文書·Territorial Problem-Japan:Government Saghalien,Kuriles,Bonins,Liuchius,Formosa,Mandates,059/00673/00011/001。

④ 《王正廷谈话盟国应长期管束日本至消灭侵略意念为止》,《申报》,1947年6月5日,第2版;《王宠惠谈对日和约 侵略状态应消除 对外贸易不能纵其倾销》,《申报》,1947年8月15日,第1版。

仅限于本州、北海道、九州、四国及由我们所决定的一些小岛屿。"①但苏联在东亚地中海的存在和影响成为美国东亚政策的主要针对因素,对日处理,已不是四大国共同决定。美国认为,"中国、苏联、英国和琉球人强烈反对将琉球群岛交还日本",也认知到"对苏联而言,可以选择的是琉球独立或是将琉球交予共产党领导的中国。苏联更倾向于后者"。但美国自身的战略地位是最重要的考量因素。

> 承认中国的领土要求包含着巨大的风险。中国控制琉球群岛可能会拒绝美国继续使用基地,并且共产党最终打败国民党可能会给予苏联进入琉球群岛的机会。这样的发展不仅会给日本带来苏联入侵的威胁,而且会限制美国在太平洋地区的战略军事地位。②

1948年,美国国家安全委员会向美国总统、国务卿等提出"对日政策建议":"美国欲长期保留冲绳岛屿上的设施,以及位于北纬29度以南的琉球群岛、南鸟岛和孀妇岩以南的南方诸岛上的参谋长联席会议视为必要的其他设施。"③麦克阿瑟指出:"该群岛对我国西太平洋边界的防御至关重要,其控制权必须掌握在美国手中。……我认为如果美国不能控制此处,日后可能给美军带来毁灭性打击。"④1950年10月4日,参谋长联席会议未等与国务院协商一致,直接批准了给远东美军的命令,决定由美国政府负责北纬29度以南琉球群岛的民政管理。"该地区的美国政府称作'琉球群岛美国民政府'"。命令美军远东司令为琉球群岛总督,"总督保留以下权力:a. 有权否决、禁止或搁置执行上述政府(指琉球群岛的中央、省和市级政府——引者)制定的任何法律、法令或法规;b. 有权命令上述政府执行任何其本人认为恰当的法律、法令

---

① Memorandum by the State-War-Navy Coordinating Subcommittee for the Far East, *FRUS*, 1946, Vol. Ⅷ, The Far East, United States Government Printing Office, Washington:1971. pp. 174 – 176.

② *The Ryukyu Islands and Their Significance*, (24 May 1948), 沖縄県公文書館蔵,米国収集文書・Central Intelligence Agency, 319/00082A/00023/002。

③ Report, NSC 13/2, to the President Oct. 7, 1948, *Declassified Documents Reference System* (以下简称 *DDRS*), CK3100347865.

④ General of the Army Douglas MacArthur to the Secretary of State, *FRUS*, 1947, Vol. Ⅵ, The Far East, United States Government Printing Office, Washington:1972. pp. 512 – 515.

或法规;c. 总督下达的命令未得到执行,或因安全所需时,有权在全岛或部分范围内恢复最高权力"。① 美国虽在战时反复宣称没有领土野心,但出于冷战的战略需要,在东亚地中海中深深地扎下根来。

根据1951年9月8日签订的《旧金山和平条约》(中华人民共和国中央人民政府公开宣言不予承认),美国琉球民政府副总督奥格登(David A. D. Ogden)1953年12月25日发布了题为《琉球群岛地理边界》(Geographic Boundaries of the Ryukyu Islands)的"民政府第27号令",确定琉球地理边界为下列各点连线:

北纬28度,东经124.4度;
北纬24度,东经122度;
北纬24度,东经133度;
北纬27度,东经131.5度;
北纬27度,东经128.18度;
北纬28度,东经128.18度。②

上述各点的内涵,把钓鱼岛划进了琉球群岛的范围。正如基辛格1971年与美国驻日大使商量对钓鱼岛问题口径的电话记录所显示的,美国明知钓鱼岛主权争议是中日两国之事,美国对其没有主权,但"1951年我们从日本手中接过冲绳主权时,把这些岛屿作为冲绳领土的一部分也纳入其中了"。③ 钓鱼岛被裹挟到"琉球"这个概念中,被美日私相授受,是美国"制造"出钓鱼岛问题的真相。

在美国对琉球愈发加紧控制的同时,随着朝鲜战争的爆发和冷战愈演愈烈,美国眼中的日本角色迅速发生转变,其重要性日益突出。1951年美国国家安全委员会的《对日政策声明》(1960年再次讨论)称,"从整体战略的角度

---

① Memorandum Approved by the Joint Chiefs of Staff, *FRUS*, 1950, Vol. Ⅵ, East Asia and The Pacific, United States Government Printing Office, Washington:1976. pp. 1313 - 1319.

② *Civil Administration Proclamation NO.* 27,(25 December 1953),冲绳县公文书馆藏,米国收集文书・Ryukyus, Command, Proclamations, Nos. 1 - 35,059/03069/00004/002。

③ Ryukyu Islands, Classification Unknown, Memorandum of Telephone Conversation, June 07, 1971,*DNSA*, KA05887 .

而言,日本是世界四大工业大国之一,如果日本的工业实力被共产主义国家所利用,则全球的力量对比将发生重大改变"。① 1961年,《美国对日政策纲领》进一步宣示了美国对日政策基调为:

1. 重新将日本建成亚洲的主要大国。
2. 使日本与美国结成大致同盟,并使日本势力和影响的发挥大致符合美国和自由世界的利益。②

这使得以美国总统、国务院为代表的力量顶着美国军方的异议③,对日本"归还"琉球(日方更倾向于使用"冲绳"这一割断历史的名词,而"冲绳县"和被日本强行废藩置县的古琉球国,以及美国战后设定的"琉球群岛美国民政府"的管辖范围并不一致)的呼声给予了积极回应。④ 扶持日本作为抵制共产主义的桥头堡,成为美国远东政策的基石,"归还"琉球,既是美国对日政策的自然发展,也是其对日本长期追随"自由世界"的犒赏。

值得注意的是,旧金山和约签订之后,在日本渲染的所谓左派和共产党利用琉球问题,可能对"自由世界"不利的压力下,美国承认日本对于琉球有所谓"剩余主权"。⑤ 但美国在琉球的所谓"民政府"有行政、立法、司法权,剥除了行政、立法、司法权的"剩余主权"实际上只是言辞上的温慰。1951年6月美国国务卿杜勒斯(John Dulles)的顾问在备忘录中坦率地表示,美国事实上获

---

① U. S. Policy toward Japan, Top Secret, National Security Council Report, May 17, 1951, *DNSA*, PD00141.

② Guidelines of U. S. Policy toward Japan, Secret, Policy Paper, c. May 3, 1961, *DNSA*, JU00098.

③ 美国军方异议见 Memorandum by the Secretary of State to the Ambassador at Large (Jessup), *FRUS*, 1950, Vol. Ⅵ, East Asia and The Pacific, United States Government Printing Office, Washington:1976. pp. 1278 – 1282.

④ Reversion of the Bonin and Ryukyu Islands Issue, Secret, Memorandum, c. October 1967, *DNSA*, JU00766.

⑤ Background information and recommendations with respect to Japanese demands that the U. S. return administrative control of the Ryukyu Islands over to them. Dec 30, 1968, *DDRS*, CK3100681400.

得了琉球群岛的主权。① 美国宣称对中国固有领土拥有"主权"自属无稽,但这也说明日本在20多年中对琉球的"主权"并不是"毫无争议"的。等到1972年"归还"时,美方又用了"管辖权""行政权"等不同的名词,而不是"主权",说明美国注意到了琉球问题的复杂性。

由于海峡两岸坚决反对将钓鱼岛及其附属岛屿裹挟在琉球群岛中"归还"日本,美国在"制造"钓鱼岛问题时,发明了一段似是而非、玩弄文字的说法:"我们坚持,将这些岛屿的管辖权归还日本,既不增加亦不减少此岛屿为美国接管前日本所拥有的对该岛的合法权利,亦不减少其他所有权要求国所拥有的业已存在的权利,因为这些权利早于我们与琉球群岛之关系"。② "国务院发言人布瑞(Charles Bray)在一篇声明中指出,美国只是把对琉球的行政权交还给日本,因之,有关钓鱼台的主权问题,乃是有待中华民国与日本来谋求解决的事"。③ 美国言说的对象和内容是错误的,但钓鱼岛及其附属群岛的主权存在争议,却是其反复明确的事实。

余 论

在早期的中、日、琉球、英、美各种文献中,钓鱼岛及其附属岛屿都是"边缘性的存在"。在中日主权争议的今天,它却成为东亚地中海的"中心"——不仅牵动美、中、日这三个国民生产总值占据世界前三的国家,也牵动整个东亚乃至世界局势。妥善处理钓鱼岛问题,具有世界性意义。

马汉曾经设定:"可能为了人类的福祉,中国人和中国的领土,在实现种族大团结之前应当经历一段时间的政治分裂,如同法国大革命之前的德国一

---

① Memorandum by The Consultant to the Secretary (Dulles), *FRUS*, 1951, Vol. Ⅵ, Asia and The Pacific(in two parts)Part1, General Editor: Fredrick Aandahl, United States Government Printing Office, Washington:1977. pp. 1152-1153.

② Briefing Papers for Mr. Kissinger's Trip to Japan, Includes Papers Entitled "Removal of U. S. Aircraft from Naha Air Base" and "Senkakus", Secret, Memorandum, April 6, 1972, *DNSA*, JU01523.

③ 《美国务院声明指出 对钓鱼台主权 有待中日解决》,台北《中央日报》,1971年6月19日,第1版。

样。"①马汉的设定没有任何学理支撑,但确实,台海两岸的政治分裂给了所有居间利用钓鱼岛问题的势力,特别是美国以机会。1971年4月12日,美日私相授受琉球甚嚣尘上之际,台湾当局"外交部长"周书楷前往华盛顿拜会美国总统尼克松,提出钓鱼岛问题会在海外华人间产生重大影响,可能造成运动。尼克松顾左右而言他,将话题转移到联合国问题的重要性上,尼克松说:"只要我在这里,您便在白宫中有一位朋友,而您不该做任何使他难堪的事。中国人应该看看其中微妙。你们帮助我们,我们也会帮助你们。"②其时,台湾当局正为联合国席位问题焦虑,尼克松"点中"其软肋,使其话语权急剧削弱。果然,在随后与基辛格的会谈中,周书楷主动提出第二年的联合国大会问题,而且他"希望'另一边'(即中国共产党)能被排除在大会之外"。③事实上,中华人民共和国中央人民政府对钓鱼岛及其附属岛屿主张主权和行动,一直遭到台湾当局掣肘。钓鱼岛问题,因此必然与台湾问题的处理联系在一起,这极大地增加了解决钓鱼岛问题的复杂性和难度。这是其一。

其二,被人为故意作为琉球一部分而"归还"的钓鱼岛及其附属岛屿的主权归属问题,在美国有意识、有目的的操弄下,几乎在中日争议的第一天起就进入复杂状态。中国固有领土被私自转让,自然必须反对。1971年12月30日,中华人民共和国外交部严正声明:"绝对不能容忍""美、日两国政府公然把钓鱼岛等岛屿划入'归还区域'"。同时,善意提示日方勿被居间利用:"中国政府和中国人民一贯支持日本人民为粉碎'归还'冲绳的骗局,要求无条件地、全面地收复冲绳而进行的英勇斗争,并强烈反对美、日反动派拿中国领土钓鱼岛等岛屿作交易和借此挑拨中、日两国人民的友好关系。"④可以说,态度十分具有建设性。

---

① 艾尔弗雷德·塞耶·马汉:《海权对历史的影响:1660—1783年:附亚洲问题》,第482页。

② Memorandum of Conversation, *Foreign Relations of the United States*, 1969—1976, Volume XVII, China, 1969—1972, Document 113, p. 292. 下文所引20世纪70年代以后的美国外交关系文件(FRUS),来源与来自威斯康辛大学的上文不同,文件来源是http://history.state.gov/. 特此说明。

③ Memorandum of Conversation, *Foreign Relations of the United States*, 1969—1976, Volume XVII, China, 1969—1972, Document 114, p. 294

④ 《中华人民共和国外交部声明》(1971年12月30日),《人民日报》,1971年12月31日,第1版。

日本自居与美国是盟友关系，可以在钓鱼岛问题上得到美方的充分背书。但其实，没有得到完全的满足——虽然日本一直希望援引美方的表态主张权利，将其设定为"没有争议"，但1972年8月，美国政府内部指示，对日本应当清楚表示："尽管美国政府的媒体指导已进行了部分修改以符合日本政府的要求，这丝毫不意味着我们改变了美国在尖阁诸岛争端问题上保持中立的基本立场。"①更有甚者，1974年1月，已任美国国务卿的基辛格在讨论南沙群岛问题时，为"教会日本人敬畏"，讨论了将中华人民共和国"引导"到钓鱼岛问题的可能性。② 这样看，实际上是"系铃人"角色的美国，并不准备担当"解铃人"的作用——促使中日两国长期在东亚地中海保持内在紧张，更符合美国作为"渔翁"的利益。

对美国利用钓鱼岛问题牵制中日，中国洞若观火，其长期坚持的"搁置争议，共同开发"这一创新国际法的、充满善意的政策，目的就是使钓鱼岛这一东亚地中海热点冷却下来、走上政治解决的轨道。但其善意，为日本政府所轻忽。日本政府如何为了日本人民的长远福祉而改弦更张、放弃短视思维，不沉溺于被操纵利用的饮鸩止渴，对钓鱼岛问题的政治解决至关重要。

其三，马汉还说，"富强起来的中国对我们和它自己都会带来更严重的危险"。③ 这一断言充斥着"文明冲突论"的火药味和深深的种族歧视，他论证说，"因为我们届时必须拱手相送的物质财富会使中国富强起来，但是中国对这些物质财富的利用毫无控制，因为它对这种在很大程度上支配了我们的政治和社会行为的思想道德力量缺乏清楚的理解，更不用说完全接受。"马汉以美国价值观作为美国接受中国复兴的前提条件，是今天美国操纵钓鱼岛问题深远的运思基础。

但是，正如布罗代尔总结欧亚非地中海历史所指出的："历史的普遍的、强

---

① Issues and Talking Points: Bilateral Issues, Secret, Briefing Paper, August 1972, *DNSA*, JU01582.

② Minutes of the Secretary of State's Staff Meeting, *Foreign Relations of the United States*, 1969—1976, Volume E - 12, Documents On East and Southeast Asia, 1973—1976, Document 327, p. 3.

③ 艾尔弗雷德·塞耶·马汉：《海权对历史的影响：1660—1783年：附亚洲问题》，第522页。

大的、敌对的潮流比环境、人、谋算和计划等更为重要、更有影响"。① 中国的复兴是操盘者无法"谋算"的历史潮流和趋势,然而,这一潮流并不是"敌对的",2012年,习近平更指出:"太平洋够大,足以容下中美两国(The vast Pacific Ocean has ample space for China and the United States)"②,充满前瞻性和想象张力的说法,相比于那些把钓鱼岛作为"遏制"中国的东亚地中海前哨阵地的"敌对的"计划,更着眼于"人类的福祉"。中国所主张的"新型大国关系",摈弃了传统的地中海模式,扬弃了加勒比海模式,内含了一种可能导向和平之海、繁荣之海的新地中海模式,值得东亚地中海所有当事者深思。

张生

2016年5月

---

① 费尔南·布罗代尔:《地中海与菲利普二世时代的地中海世界》第2卷,第955页。
② 来自人民网,http://www.people.com.cn/GB/32306/33232/17111739.html,2012年02月14日。

出版凡例

一、本文献集按文献来源分为中文之部、日文之部、西文之部三个大的序列。每个序列中按专题分册出版，一个专题一册或多册。

二、文献集所选资料，原文中的人名、地名、别字、错字及不规范用字，为尊重历史和文献原貌，均原文照录。因此而影响读者判断、引用之处，用"译者按"或"编者按"在原文后标出。因原文献漫漶不清而缺字处，用"□"标识。

三、日文原文献中用明治、大正、昭和等天皇年号的，不改为公元纪年。台湾方面文献在原文中涉及政治人物头衔和机构名称的，按相关规定处理；其资料原文用民国纪年的，不加改动。

四、所选史料均在起始处说明来源，或在文后标注其档案号、文件号。

五、日本人名从西文文献译出者，保留其西文拼法，以便核对；其余外国人名，均在某专题或文件中第一次出现时标注其西文拼法。

六、西文文献经过前人编辑而加注释者，用"原编辑者注"保留在页下。

七、原资料中有对中国人民或中国政府横加诬蔑之处，或基于立场表达其看法之处，为存资料之真，不加改动或特别说明，请读者加以鉴别。

本册说明

本册主要收录了1971年6月美日签订《关于琉球诸岛及大东诸岛的日美协议》（简称《归还冲绳协定》）(Agreement between Japan and the United States of America Concerning the Ryukyu Islands and the Daito Islands)前后美国方面有关钓鱼岛问题的文献档案。

根据文献出处，本册资料可分为两大部分：一是来源于解密档案参考系统(Declassified Documents Reference System)的档案，二是来源于解密后的数字化美国国家安全档案(Digital National Security Archive)。从档案制作机关来分，本册所收的档案文献出自白宫、美国国家安全委员会、国务院、中央情报局、参谋长联席会议、预算局、贸易署等美国政府机要部门，所含信息十分丰富。其中文本包含美国与其他国家和地区官员的会议记录和访谈；美国外交人员收到和发出的重要信件、指示和电报的全文；外国政府高层文件，包括演讲、备忘录、官方报告，以及政治会议和议会的文字记录，详细的内阁会议记录；美国国家安全委员的政策声明；美国中央情报局的情报研究；美国总统会议；美国参谋长联席会议关于军事、外交政策、危机、政经形势的文件、政策分析和技术研究等。涉及1945年始美国政府的亚洲政策，如日本政策、中国政策等，其中的重要组成部分便是美国、日本、中国，以及中国台湾当局在琉球、钓鱼岛问题上的立场及政策。从所收的档案文献中我们可以解读出美国政府在琉球返还过程中有意将钓鱼岛划入"归还区域"、"交还日本"的基本考虑，美国在钓鱼岛问题上政策出台的背景，前期调研，基本方案以及实施举措等。

正如所收文件中提及的，美国对日政策的长期目标是"重新将日本建设成亚洲的主要大国"，"使日本与美国结成大致同盟，并使日本势力和影响的发挥大致符合美国和自由世界的利益"，美国分析认为："若上述目标有任何一个未能实现，则日本的国际地位及其与美国的关系就会发生根本性重新定位。"为此，美国必须"快速解决美日间分歧，包括早日合理解决并未威胁到保守政府的政治地位的战略区治理和救济要求","积极推动日本和西欧建立广泛的经济关系",在对待琉球群岛、小笠原群岛以及其他美国管辖的太平洋岛屿问题上,"除非明显有损美国在这一地区的安全利益,否则同意日本与琉球群岛建立更密切的关系要求,尤其是允许日本与琉球政府在该地区的经济社会发展领域进行合作","承认日本对岛屿(琉球群岛)拥有剩余主权,并已同意一旦自由世界的安全利益允许,即将他们归还日本全权管辖"。

对苏冷战、反共、朝鲜战争等因素,促成美国不断在日本周边的岛屿处理上作出有利于日本的安排;日本亦利用美国对中苏因素的忌惮,不断侵蚀美国对琉球的独家管制。钓鱼岛问题正是在战后急剧变化的国际形势中被美日联手"制造"出来的。这使得钓鱼岛问题在中日之争的范畴外,增添了更多的掣肘因素。

美国安全档案促使我们在更深广的国际视野中思考钓鱼岛及其附属岛屿的现状和未来。

编　者

2016 年 11 月

目　录

"东亚地中海"视野中的钓鱼岛问题的产生（代序） ………… 1

出版凡例 ………… 1

本册说明 ………… 1

一、解密档案参考系统 ………… 1
  1. 国家安全委员会记录（永久性文件） ………… 1
  2. 美国驻日大使馆致国务卿 ………… 6
  3. 备忘录 ………… 7
  4. 中央情报局情报信息电报 ………… 9
  5. 国家安全委员会文件 ………… 10
  6. 布罗姆利·史密斯致总统 ………… 11
  7. 国家军事指挥中心文件 ………… 12
  8. 美国政府备忘录 ………… 13
  9. 美国驻日大使馆致国务卿 ………… 16
  10. 国务院电报 ………… 18
  11. 日本：冲绳返还 ………… 19
  12. 国务院电报 ………… 21
  13. 国务院电报 ………… 23
  14. 助理国防部长办公室文件 ………… 25
  15. 国务卿致国防部长 ………… 26
  16. "中华民国"关于琉球返还的立场 ………… 26
  17. 给副总统阿格纽准备的谈话要点 ………… 28

- 18. 美国大使馆致 RUEHC/国务卿 ………… 32
- 19. 电话会议 ………… 35
- 20. 国防部致管理和预算局长 ………… 36
- 21. 国防部长办公室文件 ………… 38
- 22. 国防部文件 ………… 39
- 23. 助理国防部长致国防部长备忘录 ………… 40
- 24. 国防部长备忘录 ………… 40
- 25. 冲绳文档一览表 ………… 41
- 26. 国家安全委员会备忘录 ………… 46
- 27. 国家安全委员会备忘录 ………… 48
- 28. 国家安全委员会备忘录 ………… 49

二、数字化美国国家安全档案 ………… 51

- 1. 日本报告(NSC 5516/1) ………… 51
- 2. 美国对日政策纲领 ………… 55
- 3. 执行秘书在美国对日政策问题上向国家安全委员会所做的说明 ………… 62
- 4. 国家安全委员会备忘录 ………… 90
- 5. 帕森斯致麦钱特 ………… 93
- 6. 谈话备忘录 ………… 95
- 7. 池田(Ikeda)首相华盛顿之访 ………… 97
- 8. 国务院谈话备忘录 ………… 102
- 9. 马歇尔·格林致希尔斯曼 ………… 104
- 10. 谈话备忘录 ………… 105
- 11. 谈话备忘录 ………… 109
- 12. 国务院电报 ………… 112
- 13. 美国驻日大使馆致国务院 ………… 113
- 14. 讨论文件 ………… 120
- 15. 谈话文件附录 ………… 121
- 16. 佐藤首相之访 ………… 128
- 17. 致参谋长联席会议主席备忘录 ………… 129

18. 国务院谈话备忘录 ································ 132
19. 国务院谈话备忘录 ································ 133
20. 国务院电报 ······································ 136
21. 国务院谈话备忘录 ································ 138
22. 美国驻日大使馆致国务院 ·························· 146
23. 国务院电报 ······································ 161
24. 美国驻日大使馆致国务院 ·························· 162
25. 致国防部长备忘录 ································ 169
26. 国务院电报 ······································ 175
27. 备案的备忘录 ···································· 176
28. 国务院电报 ······································ 180
29. 谈话备忘录 ······································ 181
30. 谈话备忘录 ······································ 186
31. 致国防部长备忘录 ································ 193
32. 国务院电报 ······································ 197
33. 备忘录 ·· 201
34. 国务院电报 ······································ 202
35. 国务院电报 ······································ 204
36. 日本首相佐藤荣作之访 ···························· 205
37. 谈话备忘录 ······································ 207
38. 冲绳—短期 ······································ 208
39. 杰克逊致参谋长联席会议主席 ······················ 210
40. 格林致国务卿 ···································· 212
41. 谈话要点 ·· 217
42. 美国驻日大使馆致国务卿 ·························· 217
43. 冲绳琉球群岛高级专员致陆军部 ···················· 219
44. 美国驻日大使馆致国防部长 ························ 222
45. 美国驻日大使馆致国务院 ·························· 224
46. 格林致国务卿 ···································· 246
47. 琉球群岛冲绳高级专员致陆军部 ···················· 247
48. 美国驻日大使馆致国务卿 ·························· 249

49. 美国驻日大使馆致国务卿 ······ 251
50. 美国驻日大使馆致国务卿 ······ 254
51. 电话会议 ······ 260
52. 电话会议 ······ 261
53. 电话会议 ······ 261
54. 电话会议 ······ 263
55. 电话会议 ······ 263
56. 电话会议 ······ 264
57. 美国驻日大使馆致国务卿 ······ 266
58. 格林致国务卿 ······ 267
59. 基辛格访日简报 ······ 268
60. 尖阁诸岛 ······ 273
61. 基辛格访日范围界定书 ······ 274
62. 问题与会谈要点 ······ 279
63. 谈话备忘录 ······ 286
64. 谈话备忘录 ······ 292
65. 国务院简报 ······ 295
66. 美国大使馆文件 ······ 297
67. 福田与美国总统会面的观点 ······ 299
68. 福田首相之访 ······ 301
69. 福田首相国宴讨论文件 ······ 331
70. 对会见福田的建议 ······ 332
71. 国家安全委员会备忘录 ······ 334

附　录　英国下议院档案 ······ 336
1. 《对日和平条约》草案 ······ 336
2. 《对日和平条约》修改 ······ 352
3. 《对日和平条约》草案 ······ 354
4. 《对日和平条约》 ······ 371

索　引 ······ 396

一、解密档案参考系统[①]

1. 国家安全委员会记录(永久性文件)

NSC 13/2　副本编号:38

国家安全委员会致总统报告

关于美国对日政策的建议

1948年10月7日

华盛顿

执行秘书关于美国对日政策建议的说明

参考文献:13/1

在其第23次会议上,国家安全委员会讨论了关于上述主题的报告草案(NSC 13/1),并正式通过了随函附上的修改版本。已删除的第5、9和20段将稍后提交。

国家安全委员会建议总统批准随附的报告,并指示美国政府所有相关部门及机构在国务卿协调之下执行该报告。

西德尼・W. 索尔斯(Sidney W. Souers)
执行秘书

[①] Declassified Documents Reference System(DDRS). 南京大学图书馆藏电子资源。原文件中提及中国台湾地区,往往使用"中华民国"、"福摩萨"等错误的称呼,本书收入时,为保持档案原貌,不加修改,请读者注意鉴别。另有些文字在解密时被美方删除,并由原审查者在文中标明删除位置。

分发范围：
总统
国务卿
国防部长
陆军部长
海军部长
空军部长
国家安全资源委员会主席

国家安全委员会关于美国对日政策建议的报告

和平条约

1. 时机与程序。鉴于利益相关国家在对日和平条约的内容及程序上的观点已趋分歧，及苏联咄咄逼人的共产主义扩张政策所造成的严峻国际形势，美国政府不应于此时催促签订和平条约。如盟国内部能就程序问题达成共识，美国政府应准备好，根据整体可接受的投票程序，继续谈判。我们应在实际参加和平会议前，通过外交途径寻求大多数与会国家就我们期望和平条约所包含的内容达成一致。同时，我们应重点关注让日本为最终解除管制做好准备。

2. 条约性质。我们的目标应为，使最终达成的协议尽量简短、概括、不具惩罚性。为此，在此中间阶段，我们应努力尽多清除可能被包括在和平条约中的问题。我们的目标应该是尽可能减少和平条约所涉及问题的数量。这一点尤其适用于财产权及赔偿等问题。我们在下一阶段的决策中要时刻牢记这一点。

安全问题

3. 和约前协议。在遵循本文所预见的占领使命及军事安全和道德的前提下，我们应不遗余力尽可能减少占领军的存在对日本民众的心理影响。应将战术性军队，尤其是非战略性军队的数目减至最少。在决定占领军驻地及其部署及条约签订后对日经济支援时，要充分考虑上述几点。

4. 和约后协议。美国战术性军队应驻军日本至和平条约生效。在关于日本军事安全的和约后协议问题上,美国的最终立场应在和平谈判开始时方确立。届时,我们将根据当时的国际形势及日本国内的稳定程度确立我们的立场。

5. 琉球群岛。关于此问题的建议将单独提交。

6. 海军基地。在建立横须贺海军基地问题上,美国在制定政策时,应创造条件,以便美国在和约后时代得以通过商业途径尽可能保留其现在享有的设施。同时,基于我们将长期进行统治的假设,美国海军应着手为建立冲绳基地创造可能性。在美国关于日本军事安全的合约后协议的立场的最终确立阶段,如当时的国际形势或美国的政治目标需要,这一政策并不妨碍保留冲绳群岛作为海军基地。

7. 日本警察建制。需要通过加强和再装备现有力量,及扩展现有的中央领导的警察组织来进一步强化包括海岸巡逻队在内的日本警察建制。

管制制度

8. 盟军最高司令官。美国政府此时不应提议对管制制度进行任何重大变动,也不应同意任何此种变动。相应的,盟军最高司令应正式保留其现有的所有权利与权力。但是,应让日本政府逐步负起更多责任。为此,应向盟军最高司令明确美国政府的观点,即盟军最高司令的职责范围应尽快缩小,并相应减少人员编制,使其使命仅限于对日本政府行为的一般性监督和就广泛的政府政策问题与日本政府进行高层接触。

9. 远东委员会。(关于此问题的建议将单独提交。)

10. 盟军委员会。盟军委员会应继续存在,且其作用不变。

占领政策

11. 与日本政府的关系。(见上文第8段。)

12. 国内政治经济变化。今后的重点应为改革项目的日本化。为此,只要不与整体的占领目标相冲突,盟军最高司令便不应妨碍日本政府发起的改革措施的推行,且不建议其向日本政府强加其他的改革立法。对于日本政府已采取或准备中的改革措施,盟军最高司令应逐步且不着痕迹地减轻在此类改革上施予日本政府的压力,且不得干涉日本政府的行为,除非其在执行和调整改革的过程中废除或违背了改革的根本原则。如果形势允许,一旦有上述重要情况出现,盟军最高司令需与美国政府协商后进行干涉。针对部分改革,应向盟军最高司令提供明确的背景指导,以明确上述原则,并表明美国政府所允许的调整程度及性质。

13. 清肃。鉴于清肃的目的已大致实现,美国现阶段应建议盟军最高司令非正式通知日本政府清肃运动将不再进一步扩展,且应按照以下原则对运动加以修正:(1) 被清除或因从事相对不具危害性的职务而受到清洗的人应重获从事政府、商业和公共媒体职务的资格;(2) 部分因从事的职务而被禁止或可能被禁止参与公共生活的人,应获得仅依据其个人行为重新审查的机会;(3) 应划定最小年龄,该年龄以下人员从事公职无需经过审查。

14. 占领费用。日本政府承担的占领费用应被减至本文所预计的和约前阶段政策目标所允许的最低程度。

15. 经济恢复。经济恢复的重要性仅次于美国的安全利益,应是下一阶段美国在日政策的首要目标。经济恢复主要依靠美国援助项目和美国政府所有利益相关机构和部门的坚决协同努力。美国的援助项目将逐年递减地长期向日本提供货物和贷款援助,而美国政府的相关机构和部门将为日本外贸及日本商船运输的复苏扫清障碍,并促进日本出口的恢复和增长。在发展日本的国内外贸易和工业时,应鼓励私人企业发展。上述几点考虑到了日本与其他远东国家的关系,关于其实施的建议应在与政府其他利益相关部门协商后,由政府和陆军部门共同制定。我们需向日本政府明确一点,即复苏项目的成功将主要依赖于日本提高产量、依靠努力工作保持高出口量、最短停工时间、国内紧缩政策、坚决抑制通胀趋势及尽快实现国内预算平衡的努力。

16. 财产问题。应建议盟军最高司令加快对联合国成员国及其国民财产的恢复和最终处置,并于1949年7月1日前基本完成这一过程。美国政策的目标应为确保于和约签订前尽快理顺所有财产问题,以防此类问题妨碍和约谈判。

17. 信息与教育。

a. 审查制度。进入日本的文学资料应得到尽快处理,对日本出版物的审查也应予以终止。但这不应妨碍盟军最高司令进行广泛的后期审查监督,也不妨碍其对邮件进行反情报抽查。

b. 电台。美国政府应立即着手创办一个定期的中长波对日广播节目,其发射台应选址恰当,或可选址冲绳。此类节目应经仔细准备,使其在吸引尽可能多的日本听众的同时,促进对美国观点的理解和认同。

c. 人员交流。应大力促进美日之间学者、教师、讲师、科学家和技术人员的交流。盟军最高司令应延续以往政策,允许获批日本人员为文化或经济目的出国。

18. 战争罪行审判。对A级战犯嫌疑人的审判业已结束,正等待法庭宣判。我们应继续敦促尽早结束对所有B及C级嫌疑人的审查,以期释放我们不欲起诉的嫌疑人。对其他嫌疑人的审理也应尽早开始,尽早结束。

19. 限制日本经济战潜力。日本真正以和平为目的货物生产、进口和使用皆不受限制,但以下除外:

a. 应通过限制指定的战略原材料在日本的大量储备来控制日本的经济战潜能。

b. 日本的工业裁军仅限于禁止生产武器、民用飞机,以及对部分工业生产尽可能少的临时限制措施,这些限制措施需符合美国所作出的减少工业战争潜能的承诺。

20. 日本赔偿。(对该问题的建议将单独提交。)

关于美国对日政策的建议

5. 琉球群岛、南方诸岛和南鸟岛。美国欲长期保留冲绳岛屿上的设施,以及位于北纬29度以南的琉球群岛、南鸟岛和孀妇岩以南的南方诸岛上的参谋长联席会议视为必要的其他设施。相应的,应在冲绳或其附近建立军事基地。负责管理上述岛屿的美国机构应立即制定并执行旨在促进当地居民经济和社会福利并能最终切实将其经济赤字降至最低的项目。时机恰当时,应通过最可行的方式取得国际社会对美国长期战略控制北纬29度以南的琉球群岛、南鸟岛和孀妇岩以南的南方诸岛的认可。

美国已认定,减轻北纬29度以南的琉球群岛因承担占领费用而造成的负担,使其得以建立政治和经济安全,是符合美国利益的。尽管就此做出公开声明可能并不符合美国利益,此时取得国际社会对此意图的认可也不合时宜,但是美国对北纬29度以南的琉球群岛的政策要求,美国陆军和其他驻扎此地的美国政府机构自己承担开支,并为自今日起第60天开始开展上述旨在促进当地居民的经济和社会福利及最大程度降低其经济赤字的项目创造切实和必要的条件,同时要求,上述岛屿届时将不再在财政上依赖或欠债于其他被占领区域。

关于美国对日政策的建议

(NSC 13/2,第 9 段)

9. 远东委员会。美国政府应确保自身并督促其他远东委员会的成员国,将该委员会讨论的提议严格限于与日本履行《投降条件》中规定的义务直接相关的政策问题,且提议应表达宽泛,将执行和管理的问题交给盟军最高司令。美国的立场应进一步根据以下事实确立,即日本已基本执行了《波茨坦公告》所设定的投降条款。其他远东委员会权限以内的问题,如日本的民用航空政策,美国应与远东委员会成员国政府直接对话,并在该委员会内部支持符合美国需求的政策,以求尽快确立坚定立场,并采取强势的积极态度。在紧要问题上,如已经努力寻求最大限度的国际支持,但显然无法尽快达成共识,我们应毫不犹豫地使用临时指令。应鼓励盟军最高司令更多地使用其作为盟军最高指挥的权威,在必要时刻咨询美国政府的观点。另一方面,美国政府应毫不犹豫地通过阐释其对之前指令和一般政策——尤其是"投降后基本对日政策"中的部分——的解释,来对盟军最高司令给予协助。

(Report,NSC 13/2,to the President Oct. 7,1948,Declassified Documents Reference System,CK3100347865.)

2. 美国驻日大使馆致国务卿

1965 年 8 月
发件人:东京美国大使馆
收件人:国务卿,华盛顿特区,1839
台北"美国大使馆"
琉球群岛高级专员
参考文件:(A) STATE 215994
(B) HC-LN 822011

1. 很高兴琉球群岛高级专员正着手行动(参考文件 B),这将十分有利于确保我们对于"尖阁诸岛"①的巡逻职责。然而,我倾向于认为,日本政府的提议是完全自然而合理的。

2. 华盛顿的部门可能不知道,日本政府已经多次非正式向美国大使馆要求加强"尖阁诸岛"的巡逻,我们也已经将这一信息以非正式方式告知琉球。因此,当日本外务省进一步向我们提交了外交照会时,我们并不吃惊。日本外务省指出,"尖阁诸岛"事件有可能发展成为日台关系中的棘手政治问题,正如独岛对于韩日关系一样。他们指出,若不予抗议,台湾人在这些岛屿上擅自占用土地的行为将引发台湾人认为他们已获得某种约定俗成的权利的言论。我认为让我们的两个盟国陷入毫无意义的类似独岛问题的领土争端对我们是不利的,尤其是在我们有能力轻而易举将这一初露端倪的问题消灭于萌芽之中的时候。

3. 我们不甚理解为何国务院意欲和中国人面对面处理这一问题,而置日本的利益于不顾。我能理解我们可能不希望过分刺激台湾在《开罗宣言》的效力问题上的神经,因为《开罗宣言》提到了对琉球群岛的最终处置。但我认为没有理由向台湾隐瞒这一点,即我们承认日本政府有保护我们认为其尚有剩余主权的领土不受争议的合法权益。

约翰逊(Johnson)

(Cable to Secretary of State Dean Rusk relates a request by Japan that the U. S. reassert responsibility for patrol of the Senkaku Islands, Aug. 8, 1965. Declassified Documents Reference System, CK3100097174.)

3. 备忘录

主题:冲绳

归还日本琉球群岛管辖权仍然是我们对日关系中最为紧迫的唯一问题。去年您与佐藤(Sato)首相约定两国政府会对琉球群岛的地位问题"持续进行共同研究以期将这些岛屿的管辖权归还日本",当时您也承认了这一点。公报也记录了佐藤的希望,即希望"在几年之内"能就一个美日都满意的返还日期达成协定。借助这一声明,也得益于我们加强琉球群岛和日本联系的一系列临时

---

① 编者按:即中国钓鱼岛及其附属岛屿,下同。

措施，佐藤得以对返还主义者的压力加以控制。但是，我们倾向于认为，佐藤希望与明年的新政府领导进行协商，而冲绳将是议程上的首要问题。日本外交部曾谈及1969年中访问华盛顿，但是我们尝试鼓励他们于晚些时候再访问。

对于预期的关于《美日安保条约》续期的辩论，在冲绳采取行动是至关重要的。1970年该条约提前一年面临被修改或废除的可能。尽管两国政府都希望其继续保持效力，而如果双方都不采取行动，该条约将无限期有效，但预期日本会出现关于该条约的激烈辩论。不能解决琉球返还问题将对这一辩论产生负面影响，并有损于佐藤的地位。

我不认为在确保我们的关键军事基地职能不会受到负面影响之前，我们会将琉球群岛归还日本。国务院和国防部都基本同意，保留基地权利的返还在未来几年是可能的，也是可接受的。（此处文字被删除）。但是，在我看来，除非现在为返还采取初步措施，否则一旦新政府希望这样做，可能无法适时采取行动。在不预先取代任何1969年的政策的情况下，我建议您现在指示国务卿和国防部长组建一个独立工作组，来为在未来2—3年的时间里，在不损害我们在太平洋的军事地位的前提下，将管辖权归还日本做规划。不管我们是否同意佐藤先生于明年为返还确定时间表，要为关于这一主题的不可避免的对话做准备，这一研究的结果都将极为有利。

我相信，如果您在某次演讲中提到返还的可能，这将缓解您的继任者的问题。建议您根据以下内容说点什么：

在过去几年中，我多次与日本首相佐藤就冲绳的未来问题进行了卓有成效的讨论。当然，我完全理解日本人民尽快收回琉球群岛管辖权的强烈愿望。同时，我和佐藤首相也一致认为，返还应允许美国在冲绳的基地继续为亚洲和整个地区的安全做贡献。我相信，如果目前的趋势得以延续，应该有可能在未来几年实现满足这一标准的返还。

建议

指示国务卿和国防部长组建一个跨部门工作组，为未来2—3年内将琉球群岛管辖权归还日本做规划。

批准：

反对：

将以上引用段落纳入演讲：

批准：

反对:

(Memorandum regarding the importance of the reversion to Japan of administrative rights in the Ryukyu Islands to the future of U. S.-Japanese relations, Oct 21, 1968. Declassified Documents Reference System, CK3100681397.)

4. 中央情报局情报信息电报

此为信息报告,非经最终评估之情报
141638Z
1968年11月14日
国家:日本琉球群岛
调查日期:(此处文字被删除)
主题:首相委员会结论:冲绳核基地非美国的远东军事防御所必须
获取渠道:(此处文字被删除)

  1. 到1968年11月,首相佐藤荣作(Sato Eisaku)的半官方冲绳委员会已经研究了冲绳美国军事基地的问题,并得出结论:从军事战略的角度来看,美国并无必要在冲绳维持核基地。由前日本海军大佐久住忠男(Kusumi Tadao)领导的该小组的核基地下属委员会的研究结果,对这一决定的做出产生了重要影响。[(此处文字被删除)这一小组是两个下属委员会之一,而作为这一小组的主席,久住忠男对该委员会的行动有较大影响。]因此,该委员会认为,尽早将冲绳归还日本,并保持美国在与当前日本国内同等的条件下享有对基地的权利,这不仅在政治上是可取的,从美日联合防御的角来看,也是具有军事可行性的。

  2. 该委员会中的大部分成员也对这一结论表示满意,因为他们相信,除非早日将冲绳归还日本,否则拖延对美日关系造成的影响可能是"毁灭性的"。[(此处文字被删除)日本人民族"意识"的增长也是刺激返还要求以及左翼煽动的一个主要的,并且经常被忽略的因素。]他们感觉越来越难预测所有的不利后果,或想出防止这些后果的办法。大部分委员会成员明白,日本对美国的需要等同于或者多于美国对日本的需要,因此,他们十分担心冲绳问题。他们相信,如果这一问题得不到解决,他会使日本公众的反美情绪走上强烈极端,以至于甚至1970年《安保条约》的自动续约也会遭到破坏。他们感觉,这一问题至少会激起对美国在日驻军的更强烈及更为广泛的反对。(此处文字被删除)委员会关于核基地的结论已告知佐藤首相,这些结论可能产生重要影响,但是我们并不知道,作为反应,佐藤是否会确立新的冲绳返还政策。冲绳选举的结果会增加首相的压力,促使其不仅要求早日收回岛屿,并要求限制美国基地权利。实际上,不管是首相还是美国,都别无选择,因为,如果美国在核基地问题上坚持强硬立场,则可能在防御问题上失去日本这一合作伙伴。

3. (此处文字被删除)太平洋总司令　太平洋舰队　太平洋空军　陆军太平洋司令部　国务院　陆军武官　海军武官　空军武官　驻日美军　国家安全局太平洋分局驻日本代表　驻日海军司令　海军调查局日本办事处　第五航空军　6499SG 500MIG 美国驻日陆军　对外技术师第四分队(此处文字被删除)。

(Conclusion of Japanese Prime Minister Sato's committee that nuclear bases on Okinawa are not militarily necessary for U. S. defense in the Far East. Cable. Central Intelligence Agency, Nov. 14, 1968. Declassified Documents Reference System, CK3100067035.)

5. 国家安全委员会文件

1968 年 11 月 25 日

致罗斯托(Rostow)先生

沃尔特(Walt):

　　附件中的两份文件表明了要求早日在无核基础上返还冲绳的情绪趋势。我建议您阅读第一份的摘要和标注段落。

　　国务院认为第二份文件是可信的。该文件是一份所谓的报道,报道中指出佐藤的半官方冲绳委员会得出结论认为,从军事战略的角度看,美国没有必要维持在冲绳的核基地。

阿尔佛雷德·詹金斯(Alfred Jenkins)

附件

(Memo to Walt Rostow from Alfred Jenkins on early reversion to Japan of Okinawa on a non-nuclear basis, Nov. 25, 1968. Declassified Documents Reference System, CK3100069122.)

6. 布罗姆利·史密斯致总统

1968年11月28日
发件人:布罗姆利·史密斯(Bromley Smith)
收件人:总统
抄送:沃尔特·罗斯托(Walt Rostow)
参考文件:CAP82791
主题:致新任和即将离任的琉球群岛行政长官信件

琉球群岛政府新当选的行政长官屋良(Yara)先生将在12月1日上任。即将离任的行政长官是松冈(Matsuoka)先生。

陆军部建议您向两者致信。国务院表示同意。

下文为建议的信文,对松冈先生以往的服务表示感激,还有一封对屋良先生表示良好的祝愿。

如获您批准,信文将被发给琉球群岛高级专员以便即刻送达。原件将保存在此,由您稍后签字。

信文开始
尊敬的松冈先生:

在您准备离任琉球群岛政府行政长官一职之际,我代表美国人民向您表达我的敬意。过去4年中,您出色完成了历史所赋予您的任务。

在您任职期间,琉球群岛人民在自治的道路上取得了长足进展。在您的领导下,琉球群岛人民得享进步、稳定的政治生活,对此您可深感欣慰。在您任职期间,经济发展到了琉球历史上前所未有的高度,对此您也理应感到自豪。

尽管美国和琉球群岛人民之间关系复杂,在您管辖期间,两者间的友谊仍不断得以巩固。我知道这为您所赢得的敬仰和爱戴,尤其是曾有幸在完成我们的共同任务时跟你接触过的人对您更加敬仰和爱戴。

在您卸任并将面对未来的新任务之际,谨送上我最良好的祝愿。我相信,未来美国和琉球群岛之间的关系将继续从您的智慧、奉献和博爱中获益。

尊敬的松冈政保（Seiho Mastuoka）

行政长官

琉球群岛政府

冲绳那霸

琉球群岛

信文结束

信文开始

尊敬的屋良先生：

  在您准备开始履行您的新职责之际，我向您表达我本人的良好祝愿，并对您在自民党选举中的胜利表达我真诚的祝贺。这是琉球群岛的历史上第一次对行政长官进行普选。

  我相信，琉球群岛和美国政府之间密切而卓有成效的合作会继续，而您个人与高级专员的交往也将是令人满意且有效的。

  随着这一历史性选举的成功结束，我希望并期待，琉球群岛政府在您的领导下继续致力于提高琉球人民的福利和安康这一关键任务。为此，也为与您一起坚定推进这一事业，美国承诺继续予以琉球群岛友善与合作。

此致

尊敬的屋良朝苗（Chobyo Yara）

将就任的行政长官

琉球群岛政府

冲绳那霸

琉球群岛

信文结束

  (Letters to the new and the outgoing Ryukyuan Chief Executives, Nov. 28, 1968. Declassified Documents Reference System, CK3100079522.)

7. 国家军事指挥中心文件

华盛顿特区 20301

1968 年 12 月 2 日，东部时间 6:30

备案备忘录

主题:冲绳嘉手纳空军基地 B-52 飞机事故

1. 东部时间 12:14,在嘉手纳空军基地降落的一架 B-52 飞机丢失了减速伞,在跑道尽头保险道上翻滚之后才停下来。事故并未给飞机或财产造成伤害,亦未造成人员受伤。

2. 事故发生在 11 月 19 日 B-52 飞机坠毁地点附件,公路上可以看到急救车辆和出事的飞机。冲绳新闻机构最初错误地报道说由于起落装置故障发生了迫降。

3. 美国琉球群岛高级专员表示,尽管正常来说当地不会对这一事故多做评论,但是鉴于 11 月 19 日的事故,此次事故很可能会再次使 B-52 飞机问题成为焦点问题。

唐纳德(Donald E. Stout)
美国空军准将
国家军事指挥中心行动副主任

(Memorandum for the record by USAF Brigadier General Donald B. Stout on the B-52 incident at Kadena Air Base, Okinawa, Dec. 2, 1968. Declassified Documents Reference System, CK3100089722.)

8. 美国政府备忘录

日期:1968 年 12 月 24 日

东亚和太平洋事务局——邦迪(Bundy)先生

东亚和太平洋事务局——布朗(Brown)大使

东亚和太平洋事务局日本事务处——理查德·L.施耐德(Richard L. Sneider)

出行报告:冲绳返还成为重要问题

在日本和冲绳停留 10 天之后,我最显著的感受是,在返还问题上,我们已经到了无可回头的地步。日本和冲绳的压力已经累积到了一定的程度,以至于在我看来,尽管实际的返还时间可能更晚一些,但我们实际上已经没有希望将决定返还日期的时间推迟到明年结束之后了。尤其令人担心的是屋良当选后冲绳的事态发展。在冲绳,我们的问题可能的确会很快累积。同时,没有迹象表明相比于一年前,我们已经更接近于达成一个包括我们返还后的基地权利在内的令双方满意的解决方案。

日本和佐藤承诺

佐藤又一次轻易地克服了党内竞争对手对其权利的威胁,并已经组建内阁,而该内阁是目前最有能力且最能理解美日关系重要性的内阁。但是,佐藤地位的稳固性可能是暂时的:他是公认的即将卸任的首相,随之而来党派间为替代他所进行的权谋斗争现在才刚刚开始。此外,公开把解决冲绳问题作为其政府的任务,等于是给了其党内对手和党外敌人一个重要的成绩测试。

随着1969年的到来,毫无疑问,冲绳是日本首要的全国性问题。或许可以说,由于在过去几年中不断强调这一问题,佐藤把自己置身于目前的窘境,即需要在1969年与美国签署关于冲绳的协定。但是,不管怎样,他已经这么做了。我认为他的政治判断可能是正确的,任何淡化这一问题的努力可能都会给他的反对者提供一个更有力的攻击点。无论如何,在即将到来的解决冲绳问题的努力中,不仅佐藤,保守党和他们的美国联盟政策都将濒于险境。

佐藤仍然小心谨慎地制订着他的冲绳计划。关于日本政府对战后基地权利(此处文字被删除)的政策,他和外务省还没做出结论。外务省正在非正式地考虑某种常规自由使用的理念,但是尚未确定细节,尤其是如何让日本公众接受这一点。实际上,日本政府似乎一直努力避免在新的美国政府得到充分检验前确定立场。另一方面,约翰逊(Johnson)大使一直提醒日本政府,它必须首先根据日本和其安全与日本息息相关的日本邻国的安全需求考虑好其政策。

同时,佐藤政府正努力在所有的其他美日问题上展开行动,并制订一个"有利的"一揽子亚洲行动计划,这将使冲绳的一揽子计划对我们更为有利。例如,约翰逊大使给了牛场(Ushiba)副大臣一个小小的暗示,表示日本政府可以考虑一下如何在返还之后参与琉球群岛的防御,日本防卫厅官员便立即到达冲绳以研究该问题。因此,日本正处于政策制定的准备阶段,并未贸然行事。他们的时间表要求他们在春夏仔细进行意见征询,并随后在秋天在华盛顿举行峰会。他们已经认识到,不急于要求新政府在琉球群岛问题上立即作出决定是明智之举,但是担心这一问题被拖延太久以至于无法在1970年前达成协定。

冲绳,潜在的触发点

冲绳返还等式中的新因素是冲绳要求返还的压力的增长。过去,我们和日本都默认大男孩们（美国和日本）会解决问题，而冲绳也会顺从地接受我们共同的决定。这一想法现在已经不再成立。冲绳对于返还谈判的干涉可能通过两种方式：通过骚动进而导致与美军的公开冲突和通过给新的行政长官屋良施加强大压力要求其采取行动。

现在，示威者和保护我们基地的美军之间的公开冲突的潜在可能性比以往任何时候都高得多。考虑到琉球警方的能力有限，这样的事件一直都有发生的可能。由于以下三个因素，近几个星期，此类冲突发生的可能性被大大提高了：

（1）学生的战斗情绪和激进程度的提高，他们已经开始效仿他们日本同胞的策略。

（2）屋良立场模棱两可，他既是反基地运动的公认领导人和发言人，现在还负责控制这一运动——没人知道一旦发生冲突，他将作何反应。

（3）让几乎所有冲绳人团结起来并引起人们的赞同和情绪化共鸣的问题的出现，即嘉手纳的 B-52 飞机行动和再次事故的危险。

在这样的氛围下，我们坚持 B-52 行动、攻击性核潜艇访问等权利不受限制，不仅会成为潜在危险示威的集中攻击点，还会进一步刺激冲绳寻求尽快以"本土标准"得以返还，以便日本政府能"保护"冲绳免于美国侵犯。昂格尔（Unger）将军正尽力在不在基地权利上做出重大让步的情况下，与屋良达成暂时妥协。但是考虑到屋良面对着来自其左翼联盟的压力，以及保守的反对派希望看到他失败的内在愿望，这是一项危险的任务。

此外，屋良把自己看作是冲绳返还情绪的坚定可信的发言人。在他的泛日之旅中，他不断提出早日归还的主题。但是，更让我们忧心的是，他还同时努力参与到关于返还条件的争论中。屋良不仅公开要求"本土标准"返还，还要求逐步撤离美军基地。他明确表示，作为冲绳民选的领导人，对于那些忽视冲绳对于返还后美军基地权利观点的做法，他将予以抵制。

因此，冲绳事态发展的态势迫使日本政府加快其目前的进度也不是没有可能。当然，如果示威者和基地附近的美军警卫发生冲突，日本政府将会处于十分艰难的境地。发生此类事件的可能性一直困扰着外务省和其他日本官员。

美日关系的总体健康状况

除了冲绳问题,在解决目前的美日问题方面,有令人鼓舞的进展,尤其是在美国进口的贸易限制方面,(此处文字被删除)。很大程度上,日本所采取的这些行动对他们自身有利,也是暗中为在返还问题上做出有利的决定做准备。但是,这些行动还是反应出了目前的领导人维持与美国的密切关系的决心。其表现之一就是,在经过长期考虑后,日本政府接受了我们进行空间合作的建议,并没有选择单独行动。

但是,表面之下,在下一代领导人的行列中,存在着对美日联盟的性质以及日本对美国的严重依赖的强烈不满。这些年轻人并非一定是不满于与美国的伙伴关系,而是担心目前的关系给新日本民族主义——一个模糊而界定上不明确的概念——的自由太少。眼下他们并未寻求,甚至并不一定希望与美国决裂而走上一条戴高乐主义的道路。他们的确希望在1980年前与美国建立一种新的关系,这种关系将符合与美国"平等"的首要标准。在这一新民族主义的背景下,冲绳已成为美国是否愿意平等对待日本的重大考验。

(Memo to Mr. Bundy and Ambassador Brown from Richard L. Sneider on Okinawan reversion and the status of the U. S. Bases, Dec. 24, 1968. Declassified Documents Reference System, CK3100100939.)

9. 美国驻日大使馆致国务卿

发件人:东京美国大使馆
收件人:国务卿,华盛顿,3958
东京15022
主题:与日本外相爱知(Aichi)的谈话——冲绳

1. 应其邀请,今晨我与爱知外相进行了为时约一个半小时的关于冲绳问题的私下会面,期间仅有东乡(Togo)在场。爱知强调这对他是极为个人化而且私密的谈话,并且相应的,欲寻求我的个人看法,以帮他理清思绪,因为他的思考仍处于初级阶段。自然,我强调我只能谈谈我极为个人的看法,无论我说什么,都不应被理解为代表尼克松政府的观点,因为对于政府的观点,我一无所知,也无从预测。爱知说他明白。爱知说他感觉在这一问题上,日本政府的政策有三个要点,第一,首相是否能够在下一个秋天之前与美国政府就冲绳返还的日期达成协议;第二,提高日本民众对防御问题的认识,包括对日本承担起更多的自我防御责任的认识;第三,在基地问题上,在何种条件下最终完成冲绳返还。据我所知,目前日本国内的意见,包括自民党内部的多数意见认为,冲绳应该和基地一起按照"本土标准"返还。有利的因素是,除了极右翼之外,按照"本土标准"返还的说法明确认可《安保条约》的延续。因此,问题的关键在于日本政府是否能够让公众舆论接受关于冲绳基地的任何特殊安排,而在这一点上,核问题是最关键的。(此处文字被删除。)

2. 之后我们进行了很长时间的讨论,在讨论期间,我努力探求他和首相关于明年"确定日期"的方案的想法。我说,我一直不太赞成这一方案,因为我不认为在没有就条件达成一致的情况下,总统会选择确定一个确切日期,而如果已经就条件达成一致,则我不明白我们为何不开始返还的过程,因为谈判和细节问题,无论如何也要花费一两年的时间。从爱知明确和含蓄的言谈来看,很明显,佐藤是根据(此处文字被删除)假设行事的。他不可能在明年之前同意这一点,但是他感觉,为兑现他的公开承诺,并避免将冲绳和1970年这个时间点联系起来,他认为可行的退而求其次的最好解决办法是确立一个几年之后的日期。之后他希望利用中间的过渡时间转变公众舆论,让公众接受可能附加于返还的任何条件。

3. 我明确表示,我不认为美国政府会接受这一方案,我也不会建议美国政府接受这一方案。我说,在我看来,美国政府在国会和公众面前都无法为这一方案辩解。我说,我能想到有可能被接受的唯一方案是,两国政府表明尚未就条件达成一致,但是他们会确定一个日期,以期在这一日期之前能够达成协定;但是有一点很明确,即,在达成协定之前,不会进行返还。但是,我承认,这不符合首相的观点,也不能实现我们缓和冲绳问题的共同目标,尤其是考虑到1970年时间点问题的话,因此,我的唯一感受是,在未来一年,在首相访问之前,两国政府应该尽最大努力就条件达成一致。

4. 在这一点上,关于爱知之前所做的关于日本政府打算"以本土标准"承担冲绳的防御责任的声明,我说,在美国政府和美国公众看来,日本政府能准确而明确地指出它准备为冲绳防御承担起何种额外费用和责任,是十分重要的。在这一点上,我所指的不仅是陆地和防空,也包括海防。在我看来,从宪法和政治的角度来看,就保卫其海上航线而言,日本政府还可以比眼下所计划的做得更多。我感觉,在日本政府向美国政府所做的任何报告中,这一点都是一个极为重要的因素。

5. 我还说,在我看来,另一个十分重要的因素是,如果日本政府在"自由使用"方面提议"本土标准",则日本政府能令人信服地表明,他愿意接受并执行随之而来的大幅增加的政治责任。我说,在这一情况下,日政府将不能再一边说美国在冲绳的作为不受他们控制,同时一边希望美国展开行动,做出正确的举措。日本政府将不得不分担政治责任并接受其决定的后果。

6. (此处文字被删除)

7. 由于一个内阁会议,我们的讨论此时被中断了。这一内阁会议将讨论日本政府在我们的贸易谈判上的立场。

8. 尽管我们的讨论一再重复探讨之前我与三木(Miki)讨论过的问题,我相信我们的谈话是有用的,而且我发现爱知是一个打起交道来考虑周全的人。

约翰逊

(Ambassador Johnson's meeting with Japanese Foreign Minister Aichi on reversion of Okinawa and on the building up of better consciousness among the Japanese people to do more in their own defense, Dec. 28, 1968. Declassified Documents Reference System, CK3100100944.)

10. 国务院电报

起草:东亚和远东事务局日本事务处:R. L. 施耐德(R. L. Sneider)
批准:东亚和远东事务局:温思罗普·G. 布朗(Winthrop G. Brown)
执行秘书处:沃尔什(Walsh)
发件人:国务卿,华盛顿特区
收件人:东京美国大使馆
国务院293620

1. 拜访助理国务卿邦迪(Bundy)时,下田(Shimoda)大使提出了冲绳问题,指出这是他即将在东京与佐藤和外相进行的协商中要讨论的最重要问题。

2. 下田首先指出,和他在1967年的访问中所表达的愿望一样,他希望在1969年底前解决琉球问题。1967年访问中,佐藤表示希望在几年(2—3年)之内约定返还日期。下田说,他正在考虑在1969年底佐藤的访问之前,先由爱知访问华盛顿,之后再于夏天在日本的经济委员会会议上进行进一步讨论。

他认为不应过分急于要求新政府在琉球群岛问题上做出决定,而是需先进行初步讨论。邦迪回应说他不能代表新政府,但其个人感觉日本政府不过分催促是比较好的。他认为由下田提出的总体会议方案是合理的,但是需要与新政府一起制定,而新政府已经知道了他的观点,即,如果可能,希望在1969年解决琉球问题。但是,这需要首先在返还后自由使用琉球基地这一难题上与日本政府达成协定。

3. 邦迪说,新政府需要时间考虑冲绳问题,并极力主张岸信介(Kishi)外相不要过早访美。下田说,他个人感觉在岸信介访美之前,应先与新政府进行外交接触。

4. 下田说,他打算与佐藤讨论两个问题。第一,返还时间问题,关于这一问题,他所考虑的时间是1972年;第二,自由使用问题,应该是完全、部分还是紧急情况下的自由使用。关于同意在1969年只确定返还的时间,而不解决未来自由使用权的问题,他征询了邦迪的意见。邦迪强调说在美国看来,仅确定返还日期是不现实的,返还谈判还必须解决相关的实质问题。他认为下田的建议会在我们面对国会和公众时给我们造成极大的麻烦,因为他们是否接受返回将取决于未来的使用条件。

腊斯克

(Cable from Secretary of State Dean Rusk on a forthcoming meeting with Japan's Prime Minister Sato and his Foreign Minister. Focus will be on Okinawa reversion, Dec. 30, 1968. Declassified Documents Reference System, CK3100100947.)

11. 日本:冲绳返还

概述

1969年美国将面临日本收回冲绳管辖权的强烈要求。这一问题的圆满解决对美日关系至关重要。在决定如何满足这些要求时,美国需要权衡维持对冲绳的自由使用的军事必要性和坚持对冲绳的自由使用的潜在军事风险。(此处文字被删除)

背景/讨论

自从1952年的旧金山和平会议以来,美国一再重申,美国承认日本对冲绳的剩余主权,因战前冲绳作为一个县受日本管辖。近年来,日本和冲绳要求返还的政治压力不断增长,返还问题显然是美日关系中的重大未决问题。随着《美日安保条约》首次面临废除或再谈判的可能,冲绳问题可能会被与反对美日条约问题关联起来,成为 1969—1970 年左翼煽动的关键点。最近左翼政党联盟共同支持的冲绳行政长官的当选表明,冲绳要求返还的压力可能会增长。尽管新的行政长官并不十分激进,但选举中也提出了早日返还和将 B-52 飞机撤出冲绳的计划。

在日本,历届保守党政府都承认了美国在冲绳的军事基地的重要性,并与美国共同采取了一系列临时措施以缓解要求立即归还岛屿的压力。这些措施包括努力使琉球群岛的社会和经济结构与日本接轨,也包括规定对行政长官进行直接选举和在日本议会中派驻冲绳代表(无投票权)的政治举措。

佐藤首相及其保守同仁承认冲绳基地在日本自身安全和地区安全中所扮演的角色;他们并不希望妨碍我们对基地的有效利用。在 1967 年 11 月佐藤和约翰逊总统所签署的公报中,佐藤表示希望在未来 2—3 年的时间里确定返还日期;尽管总统表示明白佐藤的观点,但他们仅仅约定继续对返还问题进行共同研究。当时,我们明确向佐藤表示,总统不希望做出可能会给以后政府带来责任的承诺。1968 年 5 月,约翰逊大使和三木外相举行了这样一次"继续共同研究"的会议,但并未取得实质进展。

在公报发表后的一年时间里,佐藤限制了返还主义者借有关公报措辞施加的压力,并一再声明,他脑海中并没有既定方案,关于返还的细节,他脑中仍然"一片空白"。1968 年 12 月再次当选党总裁(并自动当选首相)后,佐藤表示,访问华盛顿时,他会大力推进《返还协定》的谈判,而他可能会于 1969 年秋天访问华盛顿。(此处文字被删除)佐藤说,尽管在准确时间进度上他仍持灵活态度,他希望在访问之前先打好基础,以便他能跟总统达成关于返还条件的明确协定。

(此处文字被删除)尽管像在日本本土一样,可能有必要在可行时对基地予以合并,但应该有可能在返还后保留我们的主要设施。美军的驻守每年给冲绳经济带来的大约 2 亿美元的贡献应该有利于我们保留设施。此外,日本政府相信,冲绳基地有利于他们的安全。

日本的试行方案表明,日本可能愿意考虑给予美国部分使用冲绳基地的特殊权利(此处文字被删除)。

尽管 1969 年下半年前佐藤不会要求我们在冲绳问题上给出答案,如果我们要为其访问做好准备,美国政府内部需要做大量的准备性工作。我们还预期1969年早些时候日本会通过外交途径警告美国,佐藤会要求美国对返还做出坚定承诺。

是否需要基于,比如说1971或1972年之前,将琉球群岛的管辖权归还日本的假设确定谈判立场,我们需要做出基本决定。

备选政策考虑

(此处文字被删除)

建议

1. 基于以下假定,由国防部参与制定佐藤来访时的谈判立场:
   a. 总统和首相在1969年底就归还管辖权达成一致,并确定一个不晚于1972年的日期。
   b. (此处文字被删除)
   c. 可以做出关于基地使用的部分安排(此处文字被删除)。

2. 美国考虑我们向日本提出什么要求作为返还的回报。这些要求可能包括日本承担起冲绳的地方防御责任,在日本本土扮演更重要的防御角色,承诺向东南亚提供更多的经济援助。

3. 在东亚和太平洋事务跨部门小组下设国务院—国防部工作组,于1969年3月15日前向高级跨部门小组汇报根据上述原则制定的建议,并为建议的行动附上说明性时间表。工作组应该对取消可能将由日本负责的不必要的设施和行动,以及在可行的情况下对设施予以合并提出建议。

(Background information and recommendations with respect to Japanese demands that the U.S. return administrative control of the Ryukyu Islands over to them. Dec. 30, 1968. Declassified Documents Reference System, CK3100681400.)

12. 国务院电报

发件人:东京美国大使馆

收件人:国务卿,华盛顿特区,4126

东京212

1. 昨天下午我与爱知外相进行的一个半小时的关于冲绳的后续谈话很有意思,并且反映出日本政府在着手应对冲绳局面中的艰难问题方面取得了较大进展。简而言之,爱知"以个人身份非正式地"暗示,返还管辖权时"原则上"在冲绳基地实行"本土标准"的方案是有可能的,但是要约定,在"自由使用"问题上,基地将"暂时"保留其目前的地位,(此处文字被删除),直至两国政府一致认为该地区的形势已经大幅好转到可以实行"本土标准"的程度。爱知说,他感觉,只有能促进管辖权的早日返还,才能让日本接受这一方案。他判断,返还推迟的时间越长,日本政府的行动自由越少,因为在该问题上压力在持续增长。我告诉他,我个人的反应是,这一方案很有意思,并肯定值得两国政府进一步研究。

2. (此处文字被删除)

3. 除了在上述第 1 段中提到的方案(此处文字被删除),在"自由使用"方面,爱知暗示有可能实行一个"自由使用"冲绳以支持驻韩国联合国部队的方案,而这一方案将被公之于众(此处文字被删除)。他还说,他和佐藤都完全承认保持我们的冲绳基地"有效性"的重要性,并决心尽其全力找到一个可以保持美国冲绳基地有效性的方案。

4. 他丝毫没有提及佐藤之前的方案,即,"确定日期,然后再谈条件",而我希望他们现在已经摆脱这一困境。他确实重申了佐藤希望 11 月份访问华盛顿"以解决"冲绳问题。他还重申,他希望于夏天在日本举行内阁委员会会议,以便他能在会上与罗杰斯(Rogers)国务卿讨论冲绳问题。他明确表示,这是对新政府的官方邀请,日本希望尽快得到答复。他说,岸信介(Kishi)访问华盛顿的事件尚未确定,但是他们会尽快通知我们。

5. 对于日本是否能在实际上实行上述第 1 段中所提出的方案,我有些怀疑,但是完全同意爱知的以下观点,即,不管在此方面他们能力如何,这一能力都会随时间的流逝而削弱。周一我将与首相会面,并自然会与他继续进行讨论。

约翰逊

(Cable to the Secretary of State from Ambassador Johnson on talks with Japanese Foreign Minister Aichi regarding the Okinawa reversion, and a formula of U. S. "free use" of its military base in Okinawa, Jan. 1, 1969. Declassified Documents Reference System, CK3100100955.)

13. 国务院电报

发件人：东京美国大使馆
收件人：国务卿，华盛顿特区，4161
东京 267

1. 昨天在对首相进行临别拜访时，我与其进行了一个半小时的谈话。他详细解释了农业问题，并随之对于无法在贸易谈判中提供更多的农业上的优惠表示遗憾，但是，在经过一段时间解决了他们的农业问题之后，他们将能够更为慷慨。

2. 在冲绳问题上，他在此强调了他对于今年达成某种协定的重视。他说，他承认新政府面临来自其他问题的压力，并且可能要在一段时间之后新政府才能着手解决冲绳问题。(他知道尽管日本媒体和公众从该声明中获得了大量安慰，"像赖肖尔(Reischauer)和富布莱特(Fulbright)等鸽派"所做的声明并不代表美国的多数意见)。他仍然希望在"不早于11月份"的时间访问华盛顿，而且，如果有必要，可能更晚一些。他非常希望夏天在日本举行内阁级别委员会，这将使他有机会与罗杰斯(Rogers)国务卿谈话。在内阁级别会议之前或之后，他希望爱知外相能访问华盛顿以与罗杰斯国务卿会面。他并未提及派岸信介出访。(之前下田大使告诉我此次他劝阻了岸信介的访问，因为他感觉日本政府的立场尚不足够成熟以使此次访问富有成效。)

3. 关于他访问的时间，他说，尽管他努力引导日本和冲绳的公众舆论，他对冲绳总罢工期间的事件和对新的劳工条例的负面反应可能对公众舆论产生的影响表示担心。本年中冲绳还可能有其他"可能将公众舆论导向难以预测的方向"事态进展，这可能会使他在11月份访问不合时宜，因此，暂时他想在可能的访问日期上保持灵活。

4. 借助他提及日本和美国公众舆论之间的"差距"的机会，我说，我完全同意，并对于我感觉美国舆论中日益增长的对日的不利趋势感到十分担忧。我说，部分由于对日本少数团体反美国基地等示威的耸人听闻的新闻和电视报道，人们日益感觉，经济上日本"富足安康"，财政上得益于我们在越南的牺牲，但是却试图将我们从日本和冲绳的基地赶走。我说，越来越多的美国人对此的反应是，如果日本想让我们走，我们何乐而不为。我知道在日本这不代表多数或政府的观点,但是美国人并不知道这一点。在这样的情况下,我敢肯定,简单地"将冲绳归还日本"将在美国造成极为不利的反应。因此,我认为日本政府找到一个更好的时机以向我们提出问题是很重要的,并建议,一个可能的方式是,让日本政府表示愿意在返还后立即在琉球群岛接受与其在本土所接受者相同的防御使命,来承担更多的防御责任。这是撇开有关冲绳基地的条件来说的,关于冲绳基地的条件涉及我们在那里的基地是否继续有效。在这一点上,我当然讨论了整个问题,包括渐进威慑,及关注平壤和北京对我们所作所为的理解的必要性。我还讨论了脱离目前情境的必要性,因为在目前的情境下,日本认为允许我们留在冲绳是在帮我们的忙,相反,应让美国政府和人民感觉日本重视并希望我们留在那里。

5. 佐藤愉快地接受了这些观点,并说,即使日本防卫厅和"他自己的军官"在军事问题上也缺乏丰富经验。令同时在场的保利茂（Hori）（内阁官房长官）和东乡（Togo）震惊的是,他说日本政府的"无核三原则"（不拥有、不生产、不引进）是"无稽之谈"。但是,这不应被理解为日本想要拥有核武器。

6. 首相向我探寻,关于冲绳问题,美国政府的军事和文职人员之间是否存在分歧,作为回应,我说并非这样。就我个人而言,我完全支持在冲绳维持强大威慑的重要性,但并不是为了作战的目的,而是为了防止战争,而这是一个政治问题。

7. 我也跟他说了在我们的太空合作讨论上缺乏进展,并指出通产省显然不愿意对航空硬件进行出口限制,这阻碍了佐藤给予美国任何有意义的一揽子计划。他说他会立即对此进行调查。

约翰逊

(Cable from U. S. Ambassador to Japan, topics include: agricultural trade between Japan and the U. S.; reversion of Okinawa; incidents during a general strike by labor on Okinawa; differences in Japanese and U. S. opinion about Okinawa; U. S. military bases on the islands; U. S. military and civilian stance concerning Okinawa, Jan. 14, 1969. Declassified Documents Reference System, CK3100100958.)

14. 助理国防部长办公室文件

1969年5月20
回复:I-21509/69
致国防部长备忘录
主题:冲绳返还的行政层面问题
参考文件:1969年3月25日的陆军部长备忘录,主题同上

在参考备忘录(表A)中,里索(Resor)部长声明他已指示陆军人员开始研究琉球群岛返还的行政和民政层面,以便一旦与日本政府达成返还岛屿管辖权的协定,确定问题并找出相关的替代方案。里索部长请求您在附件中给国务卿的信件上签字,该信件请求国务院同意这一方式。

国家安全委员会在4月29日考虑对国家安全备忘录5号日本政策文件的回复时,讨论了冲绳返还问题。为此会议准备的国防部长办公室和参谋长联席会议办公室联合讨论文件建议,如1972年前谈判结束,并且1969年就返还后美军的军事使用权的关键因素达成一致,则美国同意在1972年将琉球群岛的行政管辖权归还日本。鉴于这一建议,我支持里索部长的提议,即,指示及时着手制定美国关于返还的行政和民政层面的立场,而且我认为陆军部为此问题准备一份初步研究报告是恰当的。

建议您在给国务卿的信件上签字。

附件

(In a memorandum to Secretary of Defense Melvin Laird, Assistant Secretary of Defense G. Warren Nutter recommends Laird update Secretary of State William Rogers on a Department of the Army study of the civil and administrative aspects of any U. S. agreement to return control of the Ryukyu Islands to Japan, May 20, 1969. Declassified Documents Reference System, CK3100636408.)

15. 国务卿致国防部长

华盛顿

1969 年 5 月 22 日

亲爱的比尔：

  里索部长告诉我，陆军部正对将琉球群岛管辖权归还日本政府的协定的民政和行政层面进行研究。我相信这一研究是及时的，而由于肩负着管辖琉球群岛的职责，陆军部也最适合进行此类研究。同时，随着研究的进展，也需要与其他相关机构和部门进行极为密切的合作。

  首先，我们的任务是确定美国政府将行政管辖权转交日本政府的返还谈判中我们可能会面临的问题，并制定备选方案。这是目前陆军部研究的范畴。在这一研究结束后，依照国家安全委员会的决定，我认为应成立一个由国务卿带领的临时跨部门小组来研究美国在各相关问题上的谈判立场。

  如能告知您是否同意我们这么做，我将不胜感激。

威廉·P. 罗杰斯（William P. Rogers）
国务卿

(In a memorandum to Secretary of State William Rogers, Secretary of Defense Melvin Laird furnishes information on a Department of the Army study concerning the civil and administrative aspects of any U. S. agreement to return control of the Ryukyu Islands to Japan, May 22, 1969. Declassified Documents Reference System, CK3100636409.)

16. "中华民国"关于琉球返还的立场

1969 年 12 月 8 日
"中华民国"

"中华民国"关于琉球返还的立场

概述

  "中华民国"数次对美国在日本对琉球群岛剩余主权问题上的立场提出异

议。最近一次是 1969 年 11 月 12 日,"外交部长"魏道明奉蒋"总统"之命与罗杰斯国务卿讨论"中华民国"在此问题上的观点时。自《尼克松——佐藤公报》发表,"中华民国"不情愿地接受了这一事实,即琉球群岛将归还日本管辖。

美国立场

我们已经向"中华民国"表明,对于他们对其安全利益的担忧,我们完全理解,并承认美国在冲绳的基地对于维护东亚和平的重要性,而《佐藤——尼克松联合公报》也承认了这一点。尽管我们及时通知了"中华民国"我们与日本的讨论,我们并未接受"中华民国"的以下观点,即,作为二战中的同盟国之一,它有权在琉球群岛的最终处置问题上参与协商。

讨论

"中华民国"坚称日本并不对琉球群岛拥有剩余主权。这一观点是基于它对 1943 年的《开罗宣言》和 1945 年的《波茨坦公告》的解释,这两份文件提议将战后日本的主权限制在 4 个本岛的范围内,除非盟国另有决定。"中华民国"还争辩道,《旧金山和约》并未规定美国将琉球群岛归还日本。在 11 月 12 日与罗杰斯国务卿的会面中,"外交部长"魏道明建议举行全民投票以确定琉球人民的愿望,并争论说返还的"程序"对中国的公众舆论来说很重要。

美国已经多次通知"中华民国",我们不承认对我们将琉球群岛归还日本全权管辖的权利进行的任何单边限制,但是我们将重大进展及时通知了"中华民国政府",并考虑了其对美国在冲绳的基地为台湾所提供的保护的合理关心。我们认为,《佐藤——尼克松联合公报》的条款已经全面考虑到了这一点。

在佐藤访问之后,"中华民国外交部"发言人发布声明,表示很遗憾,公报表示琉球群岛的未来地位的决定"并未遵循适当程序"。但是,该声明确实认为公报对亚洲地区安全的关注是"恰当的"。蒋"总统"已经将声明提前通知了日本大使,并表示他希望日本政府不要误解或对此过分担忧。他还对日本在安全问题上的立场表示感激,并对《公报》表示满意。因此,"中华民国"的反应看似主要是为了平抚国内对"中华民国"获取琉球群岛主权抱有希望的人士。"中华民国"也切实担心日本的左翼势力会很快在琉球群岛占据主导——即使不在日本本土占据主导的话——并因此拒绝美国使用基地,从而给"中华民国"的安全造成严重问题。

(Vice President Spiro Agnew is provided with background information in preparation for his upcoming visit to Taiwan to meet with Taiwanese President Chiang Kai-shek.

Agnew and Chiang will discuss Taiwan's position toward the planned reversion of the Ryukyu Islands from U.S. to Japanese control, Dec. 8, 1969. Declassified Documents Reference System, CK3100683407.)

17. 给副总统阿格纽准备的谈话要点

1969年12月8日
"中国民国"

谈话要点

蒋介石"总统"认为他和尼克松总统的私人关系密切,并很高兴有此机会欢迎您到台湾。对"中华民国"而言,与美国的关系是他们对外政策中最关心的问题。我们认为"总统"或其政府中的其他成员可能提出以下话题:

美国对中国大陆采取的主动举措

——中国人可能争论说,只要在共产主义控制之下,北京的侵略政策就不可能有重大改变,并坚持认为美国主动降低紧张程度的举措只会使我们的敌人更强大,并同时使我们的朋友陷于绝境。

您最好解释一下,我们认为美国对共产主义中国的政策需要灵活,不仅要指出向世界表明是共产主义中国自己固步自封的重要性,也要指出影响在亚洲实现经久和平以及要求美国努力降低紧张局面并增加其与共产主义中国接触的长期因素。

第三国对共产主义中国的承认

——他们可能要求我们尽力阻止加拿大和任何其他政府以牺牲与"中华民国"的关系为代价承认北京政权。

您可以强调我们已经向加拿大和意大利表明了我们的立场,而我们正密切关注他们的谈判,除此之外我们也别无他法。

军事援助和台湾海峡巡逻

——"中华民国"可能会要求重新考虑他们对 F-4 飞行中队和潜艇的需求,理由是他们支持结束台湾海峡巡逻,并愿意为海峡地区的防御承担更多责任。

您最好指出，我们仍然坚定地坚持我们的防御承诺，且在新的间歇性巡逻的安排下，第七舰队完全有能力执行其使命。您最好还声明，尽管我们希望继续帮助"中华民国"维持并提高其防御能力，我们的军事援助项目基金的总体水平仍然会持续下降。

琉球返还

——他们可能重申他们希望我们在琉球群岛返还日本的安排上与他们协商，并对咨询琉球人民的愿望表示关心。

您可以指出，对于佐藤首相在他的公开声明中极为坦诚地指出美国对日本和东亚安全的防御承诺的重要性，我们感到满意，并向"中华民国政府"保证，对于他们关心的问题，我们会继续关注。对于与日本的返还谈判的进展，我们会及时通知"中华民国政府"。

第480号公法对先锋项目的支持

——中国人可能希望我们继续对他们的农业技术支援项目（先锋）进行财政支持，并可能建议探索美国和"中华民国"在经济发展项目上合作的其他可能性。

您最好声明，我们全面支持"中华民国"的先锋项目，并希望美国能继续进行部分资助。我们希望，明年春天我们对第480号公法资源有更清晰的认识后再讨论这一问题。同时，我们希望，"中华民国"能增加其自身对这一项目的财政资助，并且即使美国不再提供支援，仍继续这一项目。

纺织品谈判

——中国人可能会强调纺织行业及纺织品行业的持续增长对经济健康和"中华民国"发展的重要性，并寻求美国在目前的谈判中对其认真对待。他们可能也会指出，这些年来，台湾从美国进口的几乎所有产品都远多于美国向我们进口的，并指出，他们的纺织工业使用的几乎所有原棉都是来自美国。

您可以满意地承认，"中华民国"从美国的进口维持在了较高水平，并表示希望这一点能继续。您可以请他们继续予以理解并进一步与我们合作，以解决我们目前的国际收支平衡问题，因为他们很大程度上源于我们为应对共产主义威胁所做的军事努力。你可以表示，对于目前纺织品谈判中"中华民国政府"的合作,我们会表示感激。

您应该避免对数字和这一高度技术性的谈判中的复杂问题进行技术讨论。但是,您可以指出,美国的纺织和服装行业是美国制造业中非技能工人的最大雇主,并是劣势群体成员加入工业劳动力的理想途径。因此,该行业雇佣人数的下降,甚至只是雇佣人数的不再增长,会加剧美国少数群体高失业率的严重问题。

外蒙古

——蒋介石"总统"可能会重申他反对美国承认蒙古的举动。

我们不希望暗示我们会放弃寻求与蒙古建立更为正常化的关系。您最好指出,美国目前并未急切考虑承认蒙古,但是我们保留随时重新提出这一问题的权利。对于我们对此问题考虑中的任何重大变化,我们会随时通知"中华民国政府"。

建议副总统强调的几点

美国防御承诺

考虑到美国对台湾的防御承诺对"中华民国"的关键重要性,我们应该重申兑现承诺的决心。这一承诺的可信度是"中华民国政府"对我们的对越南和对中国大陆政策态度中的关键因素。此外,他们对于我们保卫台湾和澎湖列岛决心的评估对于"中华民国"的军事规划和支出有着直接影响。

——我们遵守与"中华民国"的《共同防御条约》的决心没有丝毫动摇。

——我们对我们持续执行承诺的能力充满信心。

——我们会在资源允许的范围内,继续援助"中华民国"维持并提高其防御能力。

——我们相信,归根结底,我们的《共同防御条约》仍然是对共产主义中国针对台湾和澎湖列岛的敌对行动的最有效威慑。

美国对东亚的极度重视

尽管蒋介石"总统"私下表示支持关岛主义,但"中华民国政府"担心其长期影响。一方面,"中华民国政府"担心这可能预示着美国逐步"撤出"东亚;另一方面,它担心关岛主义被共产主义中国误读成是美国抵抗侵犯的意愿降低的表现。

——美国是并将仍然是一个太平洋大国;美国将继续履行其在东亚的防

御承诺。

——我们相信亚洲国家已经更愿意也更有能力为其自身安全承担更大的责任。

——我们将继续向亚洲国家提供物资援助，以解决他们的安全和经济发展问题，但是我们感觉，解决这些问题的主要责任应由这些亚洲国家单独以及共同承担。

美国对中国大陆政策

蒋介石"总统"不太可能同意美国主动采取重大举措表明愿意改善中国大陆的关系是必要的或明智的。但是，坦白表明我们认为美国对共产主义中国的政策需要更为灵活，可以表明我们对美国与"中华民国"关系的稳固性的信心。而且，即使不能缓和其反对态度，这至少可能也会使蒋介石的部分顾问鼓励他对随后美国在这一方面采取的措施采取默许态度。

——我们将继续在国际上支持"中华民国"，并在双方共同关心的问题上与之密切合作。

——在继续抵抗侵犯的同时，我们相信，为实现亚洲的持久和平，我们应该尽我们所能，鼓励中国大陆的变革，以使其愿意与其邻国建立更为和平的关系。

——此外，为了保持国内和国际对我们持续介入东亚政策的支持，我们必须表明我们愿意与中国大陆建立更为正常化的关系，那怕仅是为了表明，是中国而非美国反对发展更为友好的关系。

经济发展和地区合作

台湾所取得的显著经济增长是持续的政治稳定和渐进的社会变革的重要因素。其成就，以及更为重要的，"中华民国"与其他发展中国家分享其经验和资源的意愿，已经赢得了其他东亚国家越来越多的尊重，并且可能是"中华民国"在国际上长期生存的唯一关键因素。在这一方面，美国和"中华民国"的利益尤其一致。

——我们希望在促进其经济发展方面继续与"中华民国"合作，对此，我们尤为重视。

——我们希望能在纺织品和其他贸易问题上找到令双方都满意的解决方案。

——对于"中华民国"在地区发展中所扮演的积极角色，我们感到满意，并将继续支持其在这方面的努力。

——在有限的可用资源允许的范围内,我们希望能够继续支持"中华民国"的农业技术援助项目。

——我们希望"中华民国"在此类项目中投入更多的资源。

建议副总统回避的话题

在联合国保护"中华民国"地位的策略

现在很难预见1970年的联合国大会或安理会中"中华民国"的地位会面临何种挑战,如果有挑战的话。无论如何,如果出现该问题,我们希望在处理时保持最大程度的灵活,并避免做出任何具体策略的承诺。

有关美国对台湾防御承诺的美军部署

在对台湾海峡巡逻做出变动时,"中华民国政府"错误地争辩道,我们有义务定期进行巡逻。根据《共同防御条约》或其他条约,我们没有义务在台湾或这一地区驻军。在向"中华民国"保证我们相信我们有能力履行这一条约规定的义务时,我们不希望将这一能力与任何美军的具体部署联系起来。

关于美军可能增加对台湾的基地和设施使用的猜测

展望越南战争之后或冲绳返还之后的时期,"中华民国"希望我们增加对台湾的军事应用,并为此对部分空军基地进行了投入。眼下,我们未计划作此应用,也不希望鼓励"中华民国"认为我们视这一点为可能。

(Vice President Spiro Agnew is provided with talking points for his discussions with Taiwanese President Chiang Kai-shek in preparation for his trip to Taiwan, Dec. 8, 1969. Declassified Documents Reference System, CK3100683446.)

18. 美国大使馆致 RUEHC/国务卿

01334
1970/10/14
国防部
国家军事指挥中心
情报中心
1970年10月
发件人:东京美国大使馆

收件人:RUEHC①/国务卿,华盛顿特区,5089

抄送:RUEADWD/陆军部

RUEKJCS/国防部

RUHHHQA/太平洋总司令

RUHHRGA/美国太平洋陆军司令

RUAOADA/琉球群岛高级专员

RUADJKA/驻日美军司令

东京8304

陆军部致陆军副部长帮办办公室

国防部致国际安全事务办公室

主题:冲绳返还:一般返还协定

参考文件:TOKYO 8128

  1. 1970年10月12日使馆官员会见了中岛(Nakajima)(外务省条约司司长),讨论了日本政府1970年10月8日提交的反建议中建议的改动。外交部对改动的依据描述如下:

  2. 正式改动:日本政府对序言做了若干正式改动,结尾处重申了各方分别为协议指定的代表。中岛表示,此处改动是为使文件看起来更显庄重与正式。

  3. 删除了《美日联合公报》中所提及的大部分承诺。中岛表示,日本政府明白为何美国政府大量提及联合公报中的承诺,也认同美国政府这样做的目的,即表明美日两国政府仍然视联合公报为有效。但是,日本政府预计会遭到议会的谴责,所以希望尽少提及联合公报内容。评论:讨论之后中岛表示,他承认目前日本政府在援引联合公报问题上限制过多,他也承认序言的这一部分本质上是政治性的。

---

 ① 原编辑者注:These are routing addresses. RUEHC = Department of State, Washington DC. RUEH＝Relay facility, Beltsville, Maryland. RUEKJCS＝Join Chiefs of Staff. The part before the slash is the routing code for the station whose name appears after the slash. So there's nothing secret or interesting in the code itself. If you can find a copy of ACP 117, Allied Routing Indicator Book (it's not classified), you can find all these codes and more. —http://en. wikipedia. org/wiki/Wikipedia：Reference_desk_archive/Language/2006_August_20. 其他文档与之相同之处,不再另做说明。

4. 删除了"冲绳",代之以"琉球群岛和大东群岛"。大使馆官员指出,联合公报未提及琉球和大东群岛。因此如果日本政府不接受美国政府的原有表述及第一条第二段中的定义,则序言会在一定程度上缺乏准确性。日本政府有可能撤销其建议。

5. 删除了"本协议生效之日"。中岛表示,删除此处并不代表日本政府不同意美国政府建议的处理方式,仅仅因为日本政府尚未决定使用何种数字或明确的表达方式。中岛建议在返还协议的内容和批准程序更清晰化之前,不使用生效之日的明确表达。

6. 领土描述。日本政府认为,相较于美国政府的建议,他们的描述更加强调一项具有吸引力的政治事实,即琉球群岛的返还将终止第三条规定的权利。对领土界线的描述据称是为了增加大使馆官员调查的准确性,但是,中岛也确认,日本政府在起草界线描述之时的确考虑了"尖阁诸岛"问题。大使馆官员指出:(1) 美国政府不欲卷入"尖阁诸岛"问题;(2) 在《冲绳条约》中提及"尖阁诸岛"争端可能并不合适,哪怕只是间接提及;(3)《和平条约》第三条并没有这样的领土界线描述;(4) 附件本质上是多余的,而根据原则,正式的国际文件应避免一切冗余。在协议中以不同方式提及同一问题会造成日后的误解。中岛表示他赞同上述诸点,但是"尖阁诸岛"问题在1972年可能对日本政府至关重要。

7. 日本政府在第二条中插入"可以确认",中岛解释说,此处插入是为表明根据国际法,返还之后,条约将适用于冲绳群岛,且返还协定仅需确认这一事实。

8. 双边与多边条约。中岛指出,日本政府对语言改动的目的在于更明确表明,协议仅涉及双边条约。修改是基于日本政府的以下考虑,即美日政府间的《返还协定》中不宜涉及对多边协定的适用问题,因为某些多边协定可能要求对返还协定做出小的调整,或者至少要求在返还琉球群岛之前知会其他协议方。例如,中岛提到了《国际道路交通公约》,据其称,该公约要求,车辆靠道路左侧或右侧行驶,在一国之内,应该统一,而日本政府认为,在返还琉球群岛之前,不可能实现由靠道路右侧到靠道路左侧行驶的转变,因此这一明显与《国际道路交通公约》不一致的情况应告知其他缔约国。中岛表示,日本政府不确定能在返还之前完成所有此类调整或通知其他缔约国。但是,中岛确认,美日双方同为缔约方的多边条约将在返还后适用于琉球的大东群岛。(参见

CA 4368 第 4 段）

9. 删除"其相关协议"，插入"与之相关的协议"。中岛表示，此改动是为与《小笠原群岛返还协定》保持一致。而大使馆官员指出，美国政府是为了使其与公报中的用语一致，而日本政府可能没有发现，上述协议本身就使用了不同的表达（in particular may have difnhcsxiesniy agreement itself contains variant language——译者按：此处原文表达不清）。中岛表示日本政府没有深入考虑这一点，并会照做。

10. 对国务院就日本政府所提出问题所做的指示或建议，大使馆不胜感激。

施耐德（Sneider）

（Okinawa Reversion：General Reversion Agreement，Confidential，Cable，008304，October 14，1970. Digital National Security Archive（DNSA），JU01334.）

19. 电话会议

亚历克西斯·约翰逊（Alexis Johnson）/基辛格（Kissinger）先生
1971 年 6 月 7 日，下午 3:05

基辛格：亚历克斯，因为这些岛屿，肯尼迪现在气急败坏，现在总统被告知这是——我不应该告诉你这个——唯一能够解决纺织品问题的途径。纺织业人员组织起来了。我马上去见总统。这些岛屿的法律地位如何？

约翰逊：在 1951 年的对日和约中，我们保留的领土（琉球群岛）按规定是包含这些岛屿的。

基辛格：直到那时，它们由中国管辖，是这样吗？

约翰逊：不是。你得回溯到台湾被划归日本统治的时期。我正让人研究 1951 年条约签署时中国的立场。我想弄清楚他们当时是申请复议了还是签署了条约。

基辛格：尽快弄清楚。

约翰逊：我会给他们打电话。

基辛格：把信息发到我办公室，开会时他们会交给我。在这一点上提出问题会毁掉全局吗？

约翰逊：毫无疑问。

基辛格：他们不会在纺织品问题上屈服？

约翰逊：这会毁掉全局。沈剑虹星期六会来见马歇尔（Marshall）。建议是跟日本人谈谈。有两点：(1)毫无疑问，这会毁掉与日本人的冲绳谈判；(2)我认为有一件事我们可以做，就是让日本（既然中国拒绝主动跟日本人谈）主动与中国对话，并解释我们的问题。

基辛格：我们能不能说该问题应由国际法庭解决？

约翰逊：这我们说了不算。这不是我们的领土。我们没有主权。这是我们目前对冲绳管辖中的领土争端。我们只是对其进行管理——这是日本和中国之间的问题。

基辛格：所以问题是——1951年我们从日本手中接过冲绳主权时，我们把这些岛屿作为冲绳领土的一部分也纳入其中了。

约翰逊：是这样。

基辛格：如果是这样，且其没有遭到异议……

约翰逊：我们将不得不归还同样的领土，就像我们归还……

基辛格：这样问题就解决了。得到信息后给我打电话。

约翰逊：好的。

(In a 3:05 p.m. telephone call, National Security Adviser Henry Kissinger and Under-Secretary of State U. Alexis Johnson discuss the following issues with respect to Japan: negotiations on the U.S. return of the Ryukyu Islands and Okinawa to Japan; U.S.-Japanese relations; Chinese-Japanese relations, Jun. 7, 1971. Declassified Documents Reference System, CK3100718854.)

20. 国防部致管理和预算局长

华盛顿特区 20301
1971年8月9日
尊敬的乔治·普拉特·舒尔茨（George P. Shultz）
管理和预算局长
华盛顿特区，20503
亲爱的乔治：

第10713号行政命令授予了国防部对琉球群岛实行民政管理的责任。该命令也为琉球群岛政府确立了基本章程,包括规定琉球群岛政府行政长官和单院制的琉球群岛政府立法机构的 32 位成员将每 3 年由琉球群岛人民直接选举产生。最后一次这样的选举是在 1968 年 11 月 10 日。获选人员于 1968 年 12 月 1 日就职,因此他们的任职日期将于 1971 年 11 月 30 日结束。相应的,正常而言,新的选举将在今年 11 月份举行。

正如总统和佐藤首相在 1969 年 11 月 19—21 日所进行的讨论中所约定的,美国与日本政府进行了谈判以制定在 1972 年间归还琉球群岛的安排。谈判已于近期结束,而 1971 年 6 月 17 日罗杰斯国务卿和爱知外相签署了《返还协定》。目前国务院正在准备必要文件,以将这一协定提交参议院征求意见和批准。日本议会也将审议这一协定——可能在今年秋天。预期返还将在 1972 年进行。

鉴于形势的发展,行政长官和琉球群岛政府立法机构要求今年 11 月份不进行选举,并将他们的任职期限延长到返还日。他们指出,否则,由于日本会在返还后很快进行选举,新当选官员的任期将不到一年。他们进一步指出,由于过分忙于为冲绳成为冲绳县做准备,将没有时间和精力用于选举活动。日本政府已经表示支持将官员任期延长到返还时。

作为琉球群岛民政管理的指定执行部门,陆军部认为延长现任行政长官和立法机构成员的任期是返还筹备工作的附属措施,并认为琉球群岛政府为此请求所提出的理由是合理的。这也有利于美国政府,因为这会避免在我们管辖的最后几个月出现选举运动,而选举运动会为左派候选人提供机会,激起关于返还协定各要素的公众舆论。在这样的选举运动中,焦点会集中在有争议的问题上,尤其是会对美国在冲绳的基地产生负面影响的问题上。

因此,我们建议您支持上述请求,这将需要对 10713 号行政命令做出修改。如果能够做出安排,确保琉球群岛高级专员能提前得知修正案签署的时间,将再好不过。这样将可以在琉球群岛做出适当公告,并适时向日本提供资讯信息。

附件是一份恰当的行政命令草案,以及建议的签署命令后供白宫发布的新闻公报。根据我们的非正式理解,国务院支持这一提案。

如能尽快签署行政命令并发布新闻公告,将甚为有利,因为琉球候选人一般在仲夏被提名,而选举运动也在仲夏开始。

此致

[译者按：以下手写字迹，无法辨认]

(Secretary of Defense Melvin Laird updates Office of Management and Budget (OMB) director George Shultz on the conclusion of negotiations between President Richard M. Nixon and Japanese Prime Minister Eisaku Sato to return the Ryukyu Islands from U. S. to Japanese control by 1972, Aug. 9, 1971. Declassified Documents Reference System, CK3100648527.)

21. 国防部长办公室文件

华盛顿特区 20301

1971 年 12 月 17 日

收件人：国防部长

发件人：助理国防部长

主题：来自冲绳的……问题

  迈耶（Meyer）大使建议，作为向佐藤首相的让步，总统应该公开重申 1969 年 11 月他所做的关于……的承诺，并表示，作为对佐藤首相一项建议的回应，美国政府在返还日会向日本政府正式保证……位于冲绳（表 A）。我相信，这样的公开保证会确立一个危险的先例，且并无必要。更为可取的是，在尼克松和佐藤的会议之后，宣布国务卿将在返还日之后给外相写信，回顾尼克松的承诺，以及条约文本中包含的承诺，并向其保证冲绳已"在符合日本政策……的状态下归还日本"。这一"东方式的"声明将为我们十分有用的……政策提供保护。如果压力增加，稍后态度再变得更为明确也为时不晚。

  一个相关的问题是，日本希望……。这一程序不会得到同意；但是，我已在附件中的致总统备忘录里（表 B）提出了替代程序，这一程序也能达成同样的目标。这一程序将在私下与佐藤进行讨论。

  负责国际安全事务的助理国防部长和负责公共事务的助理国防部长同意建议之备忘录。

(Background information on a recommendation by Ambassador Armin Meyer that President Richard M. Nixon assure Japanese Prime Minister Eisaku Sato that the U. S. will return the administration of the Ryukyu Islands to Japan, Dec 17, 1971. Declassified Documents Reference System, CK3100636410.)

22. 国防部文件

华盛顿特区 20301
致总统备忘录
主题：来自冲绳……问题

日本人希望您或国务卿做出公开声明，确定返还时来自冲绳（此处文字被删除）。迈耶大使近期（在他12月11日的报文中）确认在您与佐藤首相会面之后，两国发言人：(a) 说总统向佐藤首相重申了他在《佐藤—尼克松公报》第8段中所做的关于……的问题的承诺，(b) 表示作为对佐藤首相的建议的回应，美国政府将在返还日向日本政府提供一份正式保证，保证不在冲绳部署……

我相信，以这种方式做出公开保证会确立一个危险的先例，而且可能并无必要。作为替代方案，我建议在返还时国务卿通过给外相信件的形式，回顾1969年11月份尼克松总统作出的承诺、联合公报以及条约文本中所包含的庄重承诺。这封信应该指出，上述文件所作出的承诺已经得以履行，且冲绳已在符合日本……政策的状态下归还日本。在经日本同意的前提下，该信件将被公之于众。如有必要，在您与佐藤首相的会面之后，两国发言人可就约定的程序做简短汇报。

关于相关问题，我还建议，不要动摇我们反对任何形式的检验或核实的立场。我们不应允许……公开或私下对……进行检验。但是，仅仅因为……，许多行动将在……得以完成，这将表明……例如，安全照明将被关掉，而部分警卫岗将不再有人驻守。此外，执行常规和正常维护的安全警惕性将大为放松，而日常的保安程序也将基本被废除。如果我们认为需要对于……的更显著的标志，我们可以与冲绳承包商签订现场作业合同，例如……这些行动会表明……而不会涉及……这一敏感问题。

简言之，我认为，美国总统的承诺不需要加强或额外的"正式保证"。

马文·莱德

抄送：

罗杰斯国务卿

(Secretary of Defense Melvin Laird asks that President Richard M. Nixon assure the

Japanese government of Prime Minister Eisaku Sato of U. S. intentions to return the administration of the Ryukyu Islands to Japan, Dec. 24, 1971. Declassified Documents Reference System, CK3100636411.）

23. 助理国防部长致国防部长备忘录

华盛顿特区 20301
1972年5月10日
回复:I-6219/7

致国防部长备忘录
主题:美国停止管辖琉球群岛
　　如您所知,美日已于1972年3月15日在东京交换了关于琉球群岛和大东群岛协定的批准书,且美国将于1972年5月15日归还冲绳。在此之前,琉球群岛的管辖将根据1957年6月5日签署并于1957年6月17日由国防部长授权修改的第10713号行政命令的规定来执行。
　　我相信,事实上,让参谋长联席会议主席和海陆空三军部长注意到琉球群岛管辖权的变更是恰当的。附件中备忘录即为此目的而推荐。
　　建议您签署附件中的备忘录。
附录
协调:总顾问 J. F. 布兹哈特(J. F. Buzhardt)
　　（Assistant Secretary of State G. Warren Nutter recommends that Secretary of Defense Melvin Laird inform Joint Chiefs of Staff (JCS) chairman Admiral Thomas Moorer that the reversion of Okinawa and the Ryukyu Islands from U. S. to Japanese control will take place on 5/15/1972, May 10, 1972. Declassified Documents Reference System, CK3100636413.）

24. 国防部长备忘录

华盛顿特区 20301
1972年5月13日
致海陆空三军部长和参谋长联席会议主席备忘录

主题：美国停止管辖琉球群岛

1971年6月17日签署的美日关于将琉球群岛和大东群岛的管辖权归还日本的协定，于双方交换批准书两个月后生效。1972年3月15日双方在东京交换了批准书，而美日两国一致同意，协定将在东京时间1972年5月15日零点生效。

随着协议生效和管辖权归还日本，国防部根据修改过的第10713号行政命令的条款享有的对琉球群岛的行政、立法和司法权将终止，而美日1953年4月2日签署的《美日友好通商航海条约》和《共同合作和安保条约》及其相关协定将应用于冲绳。这些协定包括根据《美日共同合作和安保条约》第六条于1960年1月19日签署的关于设施和区域及驻日美军地位的协定；1969年1月19日关于1951年9月8日吉田（Yoshida）首相和艾奇逊（Acheson）国务卿的互换照会继续有效的互换照会；以及1960年1月19日关于1954年3月8日签署的《共同防御援助协定》的互换照会。

(In a memorandum to Joint Chiefs of Staff (JCS) chairman Admiral Thomas Moorer and military department secretaries, Secretary of Defense Melvin Laird informs them that the reversion of Okinawa and the Ryukyu Islands from U. S. to Japanese control will take place on 5/15/1972, May 13, 1972. Declassified Documents Reference System, CK3100636414.)

25. 冲绳文档一览表

(星号表明文档尤其重要)

编号	国防部长控制编号	日期	文档，主题与内容
1	X-0850	69年2月20日	国防部长致总统备忘录：冲绳基地与驻军。回答1月27日会议上提出的问题。指出这些是参谋长联席会议的回答，国防部的最终政策将由一份正在进行的国家安全委员会的研究提供。因此，并未提供国防部长的评论。回答的问题包括冲绳驻军规模，驻军冲绳的原因，未来对基地的需求等。 附件：给国防部长的便条，要求从参谋长联席会议转交总统，并指出国际安全事务办公室没有做出评论。
2			该条文字被删除

(续表)

编号	国防部长控制编号	日期	文档，主题与内容
*3			该条文字被删除
*4			该条文字被删除
5	X-2707	69年5月22日	国防部长致国务卿信件：要求同意将以下任务分配给陆军，即对于将琉球群岛管辖权归还日本的任何协定的民政和行政方面进行研究。 附件：转达上述文件草案的国际安全事务办公室备忘录
6	X-3140	69年6月11日	国务卿致国防部长信件，同意了5月22日的信件，指出，国务院已经建立了自己的研究组，并建议立即建立一个跨部门研究组。
7	X-3810	69年7月12日	参谋长联席会议主席致国防部长备忘录：美国冲绳谈判组中的高级军人代表。因为冲绳谈判的战略影响，除现有的位于华盛顿的跨部门小组的代表之外，谈判组里的军事代表对于充分表达国防利益并改进信息向国防部的转达是必要的。建议尽快任命国旗代表，并将备忘录附件送至国务院。
8	X-4046	69年7月24日	参谋长联席会议主席致国防部长备忘录：冲绳谈判战略。暗示关于冲绳的谈判进行得太仓促了，而美国，正如在以前的谈判中那样，对于所作出的让步，并未得到补偿。督促美国放缓谈判速度，且如果要放弃在冲绳的部分权力，决定美国在军事和非军事领域想要的让步，并推迟国家领导人的会议，以便所有问题能在他们的会议之前解决。要求开会研究此问题。
9	X-4078	69年7月28日	国防部长致国务卿信件，要求在冲绳谈判组中加入军事代表。信件内容基本与7月12日参谋长联席会议致国防部长备忘录相似。 附件：国际安全事务办公室备忘录建议此时不批准纳入高级军事代表。
10	X-4783	69年9月6日	海军部长致国防部长备忘录：703项目后冲绳海军陆战队。指出，基于越南形势的变化和第五海军陆战师的解散，海军被要求提供新的部队力量、兵力分配以及费用。要求向冲绳派出19 000人的海军陆战队，并批准一个师的兵力与其他的太平洋兵力以便研究得以完成。 附件：9月5日关于上述主题的要点文件。
11	X-4898	69年9月13日	国防部长致国务卿信件，告知国务卿他正在批准将一个师部和一个陆战团转移到冲绳以补充那里一个师的力量——大致达到相当于战前的水平。

一、解密档案参考系统　43

(续表)

编号	国防部长控制编号	日期	文档,主题与内容
12	X-4897	69年9月13日	国防部长致海军部长备忘录:冲绳的海军陆战队。批准海军部长9月6日备忘录中请求批准的决定,但要看总统是否最终同意对越南的重新部署。 附件:陆军部长建议陆战队计划并提供背景数据的备忘录
*13	X-6126	69年11月8日	参谋长联席会议主席致国防部长备忘录:冲绳返还。重申了参谋长联席会议和美国政府的立场和担忧,并表示谈判进展不令人满意,亦未实现美国目标。感觉有必要在"峰会"前签署协定。建议1)通知国务院《国家安全研究备忘录第13号文件》(NSDM-13)的关键军事要素尚未获得充分保证,而获得对冲绳的持续使用权的坚定保证至为重要;2)及时完成所有最终协定和声明,以便国家安全委员会能在"峰会"前进行审查。尤其关注获得对自由使用常规军事力量的保证及重入权(此处文字被删除)
*14	X-6257	69年11月18日	国防部长致白宫人员(基辛格)备忘录:冲绳返还。转达参谋长联席会议在11月8日至国防部长的备忘录中提出的建议。 附件:国际安全事务办公室向白宫提供草案的备忘录。
*15	X-3370	70年6月18日	白宫(基辛格)致国防部长备忘录:冲绳返还。表示收到了11月18日的备忘录,并表明在与佐藤首相的讨论中对参谋长联席会议提出的问题进行了"仔细考虑"。
16	X-3370	70年6月18日	参谋长联席会议主席致国防部长备忘录:日本承担琉球群岛防御责任。讨论了关于返还冲绳谈判的若干具体问题。建议批准太平洋总司令关于返还后部署日本自卫队的计划,并建议谈判人员尝试将那霸港向日本政府的转交和与返还相关的一次性付款分开来。
17	X-3685	70年7月7日	国防部长致参谋长联席会议主席备忘录,表示收到了6月18日的备忘录,并表示会将该备忘录作为对谈判人员的进一步指示的基础。
18	X-3856	70年7月9日	财政部长致国防部长备忘录,指出未来7年需要在冲绳确定2亿美元的建设项目,在不在协定措辞上产生分歧的情况下,用完日本的一次性付款。

(续表)

编号	国防部长控制编号	日期	文档,主题与内容
19	X-无	70年7月23日	国防部长回应众议院军事委员会主席的信件,众议院军事委员会主席的信件询问了在日本做出的关于美国政府计划在冲绳进行大量建设支出的声明。国防部长承认,部分声明并不明智,表示声明被严重误解,并表明唯一正在进行或正被批准的项目规模很小且是必要的,所有的其他项目眼下都应委员会的要求而搁置了。 附件:里弗斯(Rivers)主席7月7日的信件。 国际安全事务办公室转达国防部长回复的备忘录(7月16日) 《纽约时报》文章。 莱尔德(LA)告知收到里弗斯来信的信件
20	X-6179	70年11月12日	参谋长联席会议主席致国防部长备忘录:日本承担琉球群岛防御责任。建议将6月18日提交的备忘录中的计划交给日本,纳入预算规划中,建议美军占领的设施在返还或换班人员到来前予以空置,并建议美国谈判人员需与日本政府共同制定关于过渡期以及美日部队共同使用的设施的费用资金来源的安排。
21	X-0263	71年1月21日	国防部长致财政部长信件,对于在为美国如何使用日本支付的2亿美元制定安排方面进展缓慢,做出了评论。建议下周在美国召开的会议上与日本副外相进行讨论。
22	X-0325	71年1月23日	财政部长致国防部长信件,告知收到了1月21的信件,并对未能见面讨论问题表示遗憾,并设法在与副外相的会议上取得进展。
*23	X-0508	71年2月3日	财政部长致国防部长信件,汇报了与副外相的谈话,并指出需要国防部、国务院和财政部采取进一步行动的事项。所指出的事项包括:1) 研究条约中加入一项条款的可行性,该条款将要求日本,如果能够得到法律批准,支付1亿美元现金;2) 日本希望用部分资金来转移美国住房和购买奈基导弹,尽管这并没有被包含在协定书中。指出安排2月17日在东京再次召开会议。
*24	X-0690	71年2月16日	国防部长致财政部长信件,表明国防部可以接受所建议的现金结算,但是不能接受购买奈基导弹和住房迁址,因为这并不有利于国防部,并表示会考虑劳工补偿和遣散成本,或者不行的话,在一定条件下考虑运营和维护费用,如果某些假设是对的,2亿美元的余额应是来自于对设施维护成本的补偿和日本承担起了对总劳工合同的管理。 附件:国际安全事务办公室转达上述内容的备忘录

一、解密档案参考系统 45

(续表)

编号	国防部长控制编号	日期	文档,主题与内容
25	X-0819	71年2月19日	国际安全事务助理国防部长致国防部长备忘录:冲绳返还总统备忘录。附录了国务卿致总统备忘录草案,该草案建议将冲绳返还看做一项条约,并提请参议院提出建议并批准。建议国防部长予以同意(国防部长表示同意)。 附件:国务院协调备忘录。
*26	X-1580	71年4月7日	国防部长致海陆空三军部长和参谋长联席会议主席备忘录:日本承担冲绳防御责任。批准了1970年11月12日提交的计划,这些计划指出了将归还日本的设施,并详述了部分展望及谈判立场等。声明日本的付款将使国防部获益,而任何建设或迁址项目,无论是否与返还相关,都应根据1973财年的常规途径予以处理,并有待国会批准。 附件:国际安全事务办公室转达上述内容并请求签字的备忘录。
*27	X-2321	71年5月14日	国防部长致财政部长信件,重申国防部立场,即,2亿美元的付款必须使美国政府净收益,并声明,所提议之应日本政治需求将6 500万美元仅用于迁址的条款并不符合这一标准。指出,美国的立场要求可将这些资金用于设施维护,日本希望美国同意的项目,会造成大量的违约罚金,甚至包括这6 500万美元,而我们已经给了日本政府部分有价值的设施以表明我们的善意。建议,是时候坚守最初的谈判立场了。
28	X-2260	1971年5月14日	国防部长致空军部长和参谋长联席会议主义备忘录:冲绳返还的同时向日本政府转交设施。答复收件人要求在个人财产处置上进行指示的备忘录。表明,关于让渡的指导方针包含在他4月7日备忘录的附件中,财产让渡是海陆空三军部长的责任,三军间的协调将由统一指挥部进行。 附件:国际安全事务办公室转述上述内容的备忘录。2月26日空军部长请求指示的备忘录。
*29	X-2584	71年5月28日	参谋长联席会议主席致国防部长备忘录:冲绳返还:日本承担防御责任。同意提议的国防部—日本自卫队关于冲绳的协定,该协定明确了日本的责任、部队以及其他义务。指出,这一协定对美国政府大有益处。建议批准这一协定,并请求国务卿准备一份确认两国国防部门间的这一协定的政府确认书。

(续表)

编号	国防部长控制编号	日期	文档,主题与内容
30	X-3675	71年8月9日	国防部长致财政部长信件,告知琉球群岛行政长官和立法机构成员的选举定于1971年11月份举行。指出,这些官员要求推迟选举,并将他们的任期延长到返还时,即1972年的某个时候。指出这将有利于美国政府,因为可以避免一次具有潜在争议性的选举运动,官员们也会欢迎这样做,以便他们可以在返还问题上投入更多的时间,而日本也同意这样做。要求财政部长同意这一建议,而这将需要对一项行政命令做出修改。
31	X-4140	71年9月8日	国际安全事务助理国防部长致国防部长备忘录:向参议院转达冲绳返还协定。转达了提交参议院时将使用的国务卿致总统备忘录草案附件。请求国防部长同意该信件以及提议的总统致参议院信文。(国防部长表示同意)。
*32			该条文字被删除
33	X-2366	72年5月13日	国防部长致海陆空三军部长和参谋长联席会议主席备忘录:美国停止管辖琉球群岛。正式指出,美国在冲绳的所有责任将于东京时间1972年5月15日零时终止,与日本的条约将适用于所有日后与琉球群岛的关系。附件:国际安全事务办公室转达上述内容的备忘录。

(Department of Defense (DOD) "Calendar of Documents," from 2/20/1969-5/13/1972, listing DOD correspondence to and from government officials concerning Okinawa, May 13, 1972. Declassified Documents Reference System,CK3100671083.)

26. 国家安全委员会备忘录

1978年4月17日

收件人:兹比格涅夫·布热津斯基(Zbigniev Brzezinski)

发件人:远东事务局

主题:晚间汇报

(奥克森伯格(Oksenberg))

跟国防部和国务院协调了关于对台军售文件的观点。该文件现已发送给万斯(Vance)、哈罗德·布朗(Harold Brown)和特纳(Turner),以便在周三的会议上讨论。但是,在我与国务院和国防部协调之后,莱斯·盖尔布(Les Gelb)从伦敦发来电报,表示他会鼓励万斯提出向台湾出售"幼狮"战斗机,作为对我们军售的备选方案。我们会看看万斯和克里斯托弗(Christopher)是否会接受这一建议。(秘密)

就为总统准备的中国文件在国务院进行了会面。该文件会指出我们在4月10日的会议上所确定的选项。国务院尚需对正常化的法律层面提供资质文件(quality paper)。赛伊(Cy)回来后,我认为您必须在该问题上给他施加压力。我向霍尔布鲁克(Holbrooke)提到,我不认为应将选项文件发给总统,除非法律层面得到充分讨论,且我们对我们的立场有信心。(机密)

与蒂尔(Till)和佩吉·德丁(Peggy Durdin)共进午餐。德丁是一名退休的《时代周刊》中国记者,现在是一个圣地亚哥报纸的自由撰稿人。他对新一代记者的素质表示不满,他认为新一代的记者太愤世嫉俗,且太不信任政府官员。他认为报道比过去更具恶意了。(非秘密)

[阿马科斯特(Armacost)]
撰写兹比格涅夫·布热津斯基的《日本社会》演讲。(非秘密)

会见了东亚和太平洋事务局非正式小组以讨论副总统的出行,特别是菲律宾基地问题。眼下的关键问题是是否以及如何让副总统参加基地谈判。显然,在与马科斯(Marcos)纵观全局时,他必须着手解决基本问题。这就留下了一个问题,即,他主要是重申我们的立场,还是准备增加我们财政提议的吸引力以便加快谈判进程。今晚我们将向菲律宾发出备忘录,建议各方军事代表会面,讨论一旦菲律宾基地司令接管可能会出现的运营问题。基地的名义权力机构已经散发了议题文件,以为周三的中国会议做准备。莱斯特·沃尔夫(Lester Wolff)本计划明天对《对外援助法案》进行最终审议,但是现在将推迟到周四,因为希望获得关于政府立场更清晰的指导。我希望您表示,在明天早上领导人早餐上,没有任何言论对周三做决定时我们的可选方案造成限制。(秘密)

对于美国在尖阁诸岛问题上的立场,我与国务院进行了研究。根本上,我们重申了1972年的立场,即,作为我们对日本占领的一部分,我们对该区域的行政管辖既未增加亦未减损日本对该岛的合法主权要求。日本外务省正在小心探究,以便能更直接地维护其立场。我们的重点在于不要阻碍日本人这样做,但同时对这一潜在具有争议的中日领土争端保持冷淡态度。(秘密)

情报信息

周末在岛屿汇集的中国渔船现在已经撤离,有部分迹象表明中国人可能会承认他们犯了战术错误。在日本,这一事件引起了震惊,让人们对中国的意图产生了怀疑,而且,可能这正中急于阻碍《和平友好条约》早日缔结的自民党保守成员的下怀。长期来看,主要问题是这将对日本对其防御需求的思考产生何种影响。中国的行动至少已经唤醒了关于该岛的潜在冲突的迹象。日本人知道我们不太可能动用武力支持他们的领土要求。这将是促使日本重新考虑其防御姿态的另一因素。(秘密)

(Zbigniew Brzezinski receives the daily report on Southeast Asia, Apr. 17, 1978. Declassified Documents Reference System, CK3100487035.)

27. 国家安全委员会备忘录

2272

1978年4月18日

收件人:兹比格涅夫·布热津斯基

发件人:米克尔·奥克森伯格

主题:中国人在尖阁诸岛附近的活动

如您所知,近几天,中国渔船在尖阁诸岛进进出出。船只来自中国沿海的6个不同港口,因此,不能把它们的出现归因于较低级别的军事或党政官员的地方性决定。(机密)

中国的行动令人费解,尤其是因为这一行动背离了过去一年多来中国对日本的温和的非挑衅性政策。(机密)

中国行动的一个显然的解释是,北京通过这种方式表达其对日本拖延缔结《和平友好条约》的不满。但是,这一假设看似并不合理。中国可能不会把"尖阁诸岛"问题的解决与《和平友好条约》的进展联系起来。1972年,在努力改善中日关系时,中国同意搁置"尖阁诸岛"问题。此外,根据日本的报道,中国关于目前事件的所有声明都试图撇清"尖阁诸岛"和《和平友好条约》间的关系。(机密)

相反,中国可能是在对这些进展予以回应:

——中曾根(Nakasone)一直试图把《和平友好条约》和"尖阁诸岛"问题

的解决联系起来。中国的行动可能并非试图将两个问题联系起来,相反,可能是为阻止日本将两个问题联系起来,但打错了算盘。(机密)

——据本月早期日本媒体报道,日本自卫队已经考虑派出巡逻艇和直升机来改善日本在尖阁诸岛的地位。中国可能是在试图阻止此举。他们可能担心日本放弃之前达成的维持该地区现状的承诺。(机密)

——本月早期,议会下院通过了关于日韩分享大陆架资源协定的授权立法。这一协定影响到尖阁诸岛周围资源的使用。中国很可能愿意冒着立即引起日本不满的风险,来强调他们对于这些可能富含石油水域主权要求的重视。(机密)

看起来中国人失算了。不同于苏联对日本的粗暴对待,他们赢得了日本的善意,但是通过此举,他们破坏了此种善意。他们也推迟了《和平友好条约》的签署。他们可能也改变了福田(Fukuda)将告诉总统的关于中国的看法。他们甚至刺激日本重新思考未来几年日本的防御需求,因为中国的此次施压与目前苏联和美国的压力结合起来,使日本人感觉一定程度上在国际事务上被孤立了。(机密)

做出关于这一事件的确切结论,或大胆猜测此一事件可能的持续时间,都为时尚早。但是,迈克·阿莫科斯特(Mike Armacost)同意我的观点,即这是东亚的重要事件,而且肯定值得密切关注。(机密)

(Memo from Michel Oksenberg to Zbigniew Brzezinski on Chinese activities around the Japanese Senkaku Islands, Apr. 18, 1978. Declassified Documents Reference System,CK3100105767.)

28. 国家安全委员会备忘录

1978年4月26日
收件人:兹比格涅夫·布热津斯基
发件人:远东事务局
主题:晚间汇报
奥克森伯格

白天进行了出行相关的活动——检查了新闻稿和媒体指导;参加了乔迪(Jody)上午11:00的简报会;参加了霍丁(Hodding)中午的简报会;与谢克特

(Schecter)共进午餐；根据每小时的安排，给奥伯多弗(Oberdorfer)打了电话，强调您的出行安排是通过合议确定的，并强调了其对于国务院和国家安全委员会的价值和重要性；就我们要求的简报对国务院和中央情报局做了指示；与国务院协调了媒体指导；跟沈大使进行了交谈，告诉他我们希望在双方方便的时间与其见面。（机密）

情报信息

——中国聘请的几位外国专家已经向中国政府抗议对西方杂志文章的审查、对国际邮件的监视以及官僚无能。相关专家已经开始了一项一直持续写信的运动，而这一运动造成了与中国外国专家局局长的激烈会面。尚未看到结果。（机密）

——中国正在"积极研究"实施中国专利注册程序的可能性、中国对《巴黎公约》的遵守及参与世界知识产权组织等问题。目前，中国将继续通过中国的外贸公司和国外公司之间的个别契约的约定对专利提供保护。中国将继续监视联邦贸易委员会(FTC)和中国终端用户对契约条款的遵守。（机密）

——福田昨天告诉媒体，在"密切观察"了中国在尖阁诸岛问题上的举动之后，他将采取措施恢复《和平友好条约》的谈判。（非保密）

——你可能会对此感兴趣：您的北京之访将恰逢蒋经国就职"中华民国总统"！（非保密）

——苏联外交部长伊利切夫(Ilichev)是中苏边境谈判的苏联代表，经过14个月的缺席之后，确定即将返回北京。他应该今天到达，预期谈判将重启。（非保密）

（阿马科斯特）

我与迪克·所罗门(Dick Solomon)见面讨论了如何才能最好地刺激朝鲜南北对话重启。（机密）

又在副总统的出行简报上花了3个小时，简报已经基本成形。（非保密）

做了关于您的东北亚之行的简报。（非保密）

完成了您的《日本社会》演讲。（非保密）

为副总统的简报书写了全球战略政治谈话要点。（机密）

会见了有马龙夫(Tatsuo Arima)，与之讨论了成本分摊问题。（机密）

(Zbigniew Brzezinski receives the daily report on Southeast Asia. Issues, Apr. 26, 1978. Declassified Documents Reference System, CK3100487065.)

二、数字化美国国家安全档案[①]

1. 日本报告(NSC 5516/1)

00038

1960/05/04

行动协调委员会

华盛顿特区

A. 行动协调委员会采取的行动

注意到了国务院关于目前的日本局势,尤其是关于改善日韩关系前景的简报。

注意到工作组督促委员会支持于1960年秋天在日本"外太空"举办美国展览。尽管对此感兴趣的机构希望举办这一展览,但由于不确定是否能获得资金,该展览尚未获得批准。注意到美国新闻署将再次研究该问题,而行动协调委员会展览委员会被紧急要求讨论该问题。要求尽快向委员会提供一份关于展览状态的报告。

在"日本报告"中同意以下理解,即,插入内容以记录美国做出的1961年6月30日终止在日本的技术援助项目,而之后国务院会继续采取部分行动的决定[②]。

(1960年5月4日委员会会议;1960年5月11日会议记录获得批准)

[①] Digital National Security Archive(DNSA). 原文件中提及中国台湾,往往使用"中华民国"、"福摩萨"等错误的称呼,本书收入时,为保持档案原貌,不加修改,请读者注意鉴别。

[②] 原编辑者注:内容已插入附件中。附件:主题文件,5/4/60。

B. 之前草案

本文将取代该文件的之前所有草案,包括1960年4月22日的最近草案。被取代的草案可以根据相关部门和机构的适用安全规定予以销毁。

布罗姆利·史密斯(Bromley Smith)

执行官

行动协调委员会

1960年5月4日

日本报告(NSC 5516/1)

(1955年4月9日获总统批准)

(涵盖日期:1959年4月8日至1960年5月4日)

A. 美国对日政策适用性(NSC 5516/1)

1. 向日本工作组派驻代表的机构指出,正在重新审视美国的对日政策。

2. 在工作组中派驻代表的机构还根据行动经历评估了目前的《美国对日政策》的执行,并相信已经取得了重大进展,尤其是在关于经济发展和缔结《美日条约》的进展的相关方面。但是,在新的对日政策的制定中将考虑这些进展,而新的对日政策将在总统动身去日本前发给国家安全委员会,供其讨论。因此,工作组相信,没有必要将该报告发给国家安全委员会。

B. 对美国目标的实现方面所取得进展的总结评估

3. 整体。在所审视的时间段内,在实现美国目标方面取得了重大进展,尤其是在日本的国内政治和经济稳定,以及日本与美国联盟的密切性方面。

4. 国内政治局面。过去一年,随着岸信介(Kishi)首相从1958年的政治挫败中基本恢复,日本保持了政治稳定。在岸信介的领导下,自民党在4月份的地方选举和1959年6月的上院选举中获得胜利。但是,尽管岸信介的地位现在相对稳固,并不能确保他在未来几年继续掌权,因为他面临着一大任务,即应对保守党内有关即将到来的1961年1月份的党内选举的派别之争。

5. 另一方面,由于右翼社会党分子成立了民主社会党,极端的反对党社会党遭遇重大叛变,力量遭到削弱。长期来看,这一新政党可能会孕育一个负责任的非共产主义反对党大党,而这正是日本目前所缺的。

6. 对外关系。因为1960年1月19日新签署的《共同合作和安保条约》，日本和美国的长期关系得到了重大巩固。这一新条约是过去一年中美日关系中的唯一重大事件，表明日本自愿重申了其与美国的密切关系，并规定在未来11年内延续美国在日本的必要安全条件。日本议会正在对该条约进行讨论，而这一条约受到了中苏集团和日本的左翼分子的强烈攻击。但是，鉴于议会中保守派占据多数，且日本公众并不支持全面的左翼反对党运动，议会有可能批准条约。今年以总统访问日本为高潮的百年盛典也是为了加强美日关系而专门设计的。

7. 过去一年中，日本取得了稳步进展，其改善与其他自由世界国家关系的努力也是以此为特征的。而在国际组织中，日本也施加了负责任和温和化的影响。其与亚洲自由国家的关系也有总体改善，尽管与部分国家间仍存在经济问题，并与以下国家存在严重矛盾：(1) 缅甸，由于日本的贸易顺差以及日本拒绝支付赔偿，缅甸对日本抱有怨恨，(2) 韩国，由于在日本的朝鲜人自愿遣返朝鲜，也由于韩国对日本一直实行人质外交，并对日本实行贸易禁运，而且在对日关系中拒绝接受任何互惠因素，日韩关系存在严重紧张。由于在最后时刻达成协议，允许将因"李仁济线"以内区域捕鱼而获刑并已服刑期满的日本渔民人质遣返日本，并允许关押在日本的韩国非法入境人员返回韩国，避免了一场重大的日韩危机。但是，如果韩国再扣押日本渔船，或者拒绝释放其他已经服刑期满的日本渔民，很快可能再度出现紧张局面。另一方面，韩国总统李承晚(Rhee)的下台可能会增加日韩之间实现总体和解的机会。

8. 总体上日本与共产主义集团的关系仍然冷淡，尽管日本公众中仍有部分人要求改善与共产主义中国的关系。苏联和中国加强了努力，以削弱日本与自由世界的联系，并鼓励日本向中立主义靠拢。日本向中立主义的靠拢是国际共产主义的一个重要长期目标。在《安保条约》获批后，与北京的关系可能会是岸信介最棘手的问题。

9. 日本近期与苏联签署了一个3年贸易协定，该协定条款要求大幅增加日苏贸易。但是，即使该贸易协定的目标得以实现，对苏贸易也仅占日本对外贸易总额的1.5%，而且日本不会在任何单一商品上对苏联的供应产生较大程度的依赖。显然为了施加政治压力，共产主义中国仍然在实际上对日本实行总体贸易禁运。但是，日本仍然总体上对恢复与中国大陆的贸易感兴趣，这种兴趣是基于这一观点的，即长期来看，日本承担不起被排除在共产主义中国的广大人口可能提供的巨大潜在市场之外的代价。

10. 防御项目。日本重整军备的速度仍然缓慢，但是速度在逐步加快。由于对可用资源的强烈竞争性需求，尤其是由于日本历史上最具破坏性的台风，1960 财年的国防预算仅比 1959 年有小幅增长，尽管由于用于支持美军的预算数额大幅减少，日本自身部队的可用资源增长了 9%。过去一年，日本做出基本决定，对其部队进行现代化，未来这将需要持续增加预算支出。这些基本决定中包括决定为航空自卫队装备 F-104 型飞机，并为各兵种装备各种类型的非核导弹。如果不是美国愿意为日本国防提供有限的支援，尤其是参加生产 200 架 F-104 飞机的费用分担项目，在政治上，日本不可能做出这些决定。美国对该项目的资助将略微超过预估的 2.75 亿到 2.9 亿美元的总成本的 25%，而美国对之前的飞机生产项目的资助约为 50%。

11. 经济局面。日本经济延续了显著增长。1959 年，国民生产总值比 1958 年增长了 13%，而工业生产增长了 25%，达到了日本历史最高水平。出口增长约 20%，进口增长约 15%。出口增长主要源于对美销售的增加，1959 年日本对美销售比 1958 年增加了 50% 以上，并在战后首次实现了对美国商品账户的顺差。日本仍然是加拿大之后美国出口的最大市场。1959 年底，日本外汇储备为 13 亿美元，为战后最高水平。经济的高速增长已经延续到了 1960 年，而且，尚无任何迹象表明国内价格水平面临严重压力，也无任何迹象表明工业、能源和交通即将出现瓶颈。鉴于大有改善的日本经济形势，美国国际合作总署对日本的双边技术支援将在美国的 1961 财年底结束，1962 年及之后，国际教育交流服务处和美国新闻处将承担起劳工、民航和核能源领域的剩余活动的责任。

12. 尽管国内经济表现良好，日本仍然对其海外市场和其贸易伙伴的贸易政策深为关注。日本尤其关注以下问题：地区贸易集团的发展、14 个国家持续针对日本的出口贸易应用《关税及贸易总协定》第三十五条、避免市场混乱，以及美国和其他地区保护主义情绪增长的迹象。在其自身方面，日本已经开始对其高度限制性的国际贸易和支付控制系统进行自由化。美国已经向日本政府表明，已经没有理由对美元区采取任何区别对待，鉴于日本的财政地位，有理由更快地取消贸易和支付限制。日本是个资本输出国，除了其在赔偿协定中做出的承诺，它对印度和其他欠发达国家的经济发展也做出了重大贡献。作为对其在该领域角色的认可，日本已经成为发展援助组织的参与国。

13. 琉球群岛。过去一年,在加强琉球群岛的政治和经济稳定性上取得了重大进展。这一地区不是美日间主要矛盾的源头。

(Report on Japan, Secret, Report, May 4, 1960. Digital National Security Archive (DNSA), JU00038.)

2. 美国对日政策纲领

00098
1961/05/03
净化版本
1961年5月3日

一、目标

A. 长期目标

1. 重新将日本建成亚洲的主要大国。

2. 使日本与美国结成大致同盟,并使日本势力和影响的发挥大致符合美国和自由世界的利益。

B. 短期目标——(1961—1963)

1. 维持基于《共同合作和安保条约》的政治、经济和安全规定的美日同盟。

2. 在日本维持有限的基地架构,主要为辅助对日本的防御并为美国在远东的部队提供后勤支持。

3. 在日本的默许下,继续管辖琉球和小笠原群岛。

4. 延续温和的、以西方为导向的政府的统治。

5. 使日本的知识界形成更加健康温和的观点。

6. 在增加贸易和增进经济政策协调的基础上,与美国和其他发达的自由世界国家建立密切经济关系。

7. 使日本扮演更重要的国际角色,尤其是在亚非国家中。

二、行动路线

短期来看,美国对日政策将以以下两个目标的实现为主导:延续温和政府的统治,并将日本与西方的贸易维持在较高水平。若上述目标有任何一个未能实现,则日本的国际地位和其与美国的关系会发生根本性重新定位。

A. 维持美日同盟
1. 快速解决美日间分歧,包括早日合理解决并未威胁到保守政府的政治地位的占领区治理和救济要求。
2. 与日本建立符合日本作为美国在亚洲的主要伙伴地位的咨商模式,并给予其和西欧最高领导人咨商的同等对待。
3. 通过以下方式在日本寻求对《美日共同合作和安保条约》的更广泛的民众支持:
   (1) 实施并强调第二条中的非安全规定,尤其是贸易和经济合作领域的规定。
   (2) 促进平等伙伴关系,和与美国和自由世界相互依存的概念和现实。
   (3) 促进与西方民主国家的意识形态认同,鼓励与北约国家建立更密切的关系,尤其是与英国和德国。
   (4) 快速解决安全和军事基地问题。
   (5) 尽可能减少美国公开对日本政府施加的压力。

B. 温和政府
1. 支持维持温和的以西方为导向的保守政府在日本的统治。
2. 在不影响保守派的支持的前提下,通过诸如以下方式鼓励反对党中的社会党和其工会支持者的温和化:
   (1) 支持日本贸易联合会和民主社会党;
   (2) 促进非共产主义的日本工会总评议会领导和美国及其他西方国家的工会领导更广泛的接触;
   (3) 鼓励西欧的社会党对日本社会党的兴趣并鼓励其与后者接触;
   (4) 谨慎鼓励日本主动巩固民主制度,尤其是降低政府对议会之外的压力和攻击的脆弱性;
   (5) 通过以下方式在日本组织一场强度大、复杂度高、延续时间长、总体非政府的文化和学术渗透:
   ① 刺激并支持美国和其他西方国家的个人大力增进日本的知识分子、文化人士和青少年对自由世界的民主社会的接触和理解;
   ② 维持大概200万美元的美国政府教育和文化交流项目,重点放在政治理论、法律、社会科学、媒体传播、教育和劳动领域;

③ 积极鼓励私人赞助并每年由美国提供大约100万美元的财政援助，以提高美国文化在日本的呈现度；

④ 促进非防御领域的政府和非政府科技交流，包括举办大型科技展览。

C. 经济关系

1. 通过诸如以下方式增进美日之间贸易量的提升：

    （1）总体上保持自由的贸易政策，并督促日本和其他贸易国家在实际中维持这样的政策。

    （2）拒绝要求建立美国进口限额，或"谈判"确定日本"自愿的"出口限额的压力。

    （3）通过现有立法规定的"例外条款"处理所有具体的进口商品问题。

    （4）督促日本快速增进对其贸易和交流控制系统的自由化，以消除对美国产品的所有不公平待遇，和到1961年底，或在国际货币基金组织采取可能的行动宣布根据国际货币基金组织宪章第十四条规定日本没有资格对国际收支进行限制之前，将进口限制减少至"核心"的最低水平为目标。

2. 通过以下行动，寻求日本在缓解美国的收支平衡问题上的合作，同时避免采取可能对日本自身的收支平衡地位、贸易地位或经济实力在总体上产生严重的或突然的不利影响的行动：

    （1）积极要求日本推行贸易自由化（见上文1.1节）。

    （2）寻求早日解决对日本的占领区治理和救济要求，表明美国愿意接受日本提出的允许将部分解决款项用于为远东的经济发展和教育交流（富布莱特）计划做出更多贡献的提议。

    （3）促进日本增加对欠发达国家的援助。

3. 通过诸如以下行动促进日本与西欧建立广泛的经济关系：

    （1）继续强烈要求西欧对日本实行贸易自由化政策，包括不再应用《关税和贸易总协定》的第三十五条。

    （2）适时积极寻求接纳日本为经济合作与发展组织完全成员国。

D. 日本的国际角色

1. 鼓励并帮助日本在联合国发挥温和而积极的作用，尤其是对亚非国家，但是避免使日本与西方的立场过分一致，以免其对亚非国家的作用和影响受到削弱,为此,可以接受偶尔的观点分歧。

2. 寻求通过以下方式对日本对欠发达国家的经济发展做出更多贡献并承担更多责任:

(a) 与日本合作建立一个远东地区经济发展项目,日本将是该项目的主要贡献者,而项目包括的行动有:

① 协调现有的美日援助项目;

② 在日本同意的前提下,寻求加速接收国对日本赔偿款项的利用,包括督促接收国更多使用此类赔偿中的贷款部分。

(b) 抓住每个机会,鼓励并促进日本增加对欠发达国家的总体技术援助,尤其是寻求增加亚洲生产力组织的范围并增加日本对其贡献。

3. 寻求早日解决日韩分歧,或许可以提议由来自国际法院或其他公正的国际组织的三个法官组成的专门小组来进行调停。

4. 在对中苏集团,尤其是对共产主义中国的政策上,密切与日本协调,但是承认日本对共产主义中国的政策可以在某些方面与美国的政策不同。

E. 安全军事关系

1. 不再强调美日关系中的军事安全层面,尤其是寻求减少日本对美国在日本的军事基地将增加日本卷入核战争的风险的担忧。

2. 在日本同意的前提下,维持为美国驻远东部队提供基本后勤支援和表明美国履行条约规定的对日承诺决心所需的美军设施和部队。

3. 在美日安全关系中:

(a) 在日本领土受到武力进攻时,对日本的防御进行援助。

(b) 严格遵守协商协定的规定,避免采取违背日本政府在此类协商中所表达的愿望的行动。

(c) 仅在总统授权的情况下,对针对驻韩国联合国部队的进攻做出(此处文字被删除)回应。

(d) 关于美国从日本基地发起的针对日本之外区域的后勤行动,和美国从日本的大规模撤军,提前秘密通知日本政府。

(e) 以最佳方式实施新的管辖协定,以赢得日本政府和公众的最大程度的合作,并避免激起公众愤怒的基地权利问题,准备好对现有的军事基地进行调整以避免其成为严峻的政治问题。

4. 避免直接对日本施加压力要求其提高军事能力,但是,如果日本政府要求,延续美国对主要为刺激日本军事力量的扩展和现代化而制定的具体项目的援助。尽管美国的军事援助应逐步减少,美国计划未来几年将每年都有一个大概6 000万美元的援助项目。

F. 琉球群岛、小笠原群岛和其他美国管辖的太平洋岛屿

1. 对琉球和小笠原群岛仅维持我们的关键安全利益所必需之水平的管辖。
2. 除非明显有损美国在这一地区的安全利益,否则同意日本与琉球群岛建立更密切关系的要求,尤其是允许日本与琉球政府在该地区的经济社会发展领域进行合作,以此努力将日本和琉球群岛内要求返还的压力限制在可控的范围内。
3. 通过我们的管辖增进琉球群岛的政治稳定、经济发展,并增进对持续的美国统治的合理的满意度,为此,每年向当地资源提供大约1 000万美元的援助以支援对岛屿的有效管辖和长期经济发展。
4. 改变目前完全将日本国民排除在大部分美国管辖的本地区领土之外的政策。

三、突发事件

美国对日政策目标的实现,尤其是维持密切同盟关系,在遇到下列突发事件时将遭到严重挫败:

A. 保守的自民党发生分裂或是党内出现持续的严重派别冲突,导致出现长期的低效率的保守派统治,并极大加剧政府在面对左翼的议会外压力时的脆弱性。

B. 社会党人掌权,随之根据社会党的目前政策,日本中立化。

C. 左派持续施加的议会外压力和暴力加剧左派和右派间公开的激烈权力争夺。

D. 与美国、西欧和其他非共产主义国家的贸易水平的下降,尤其是因为这些国家对日本进口产品的限制或是因为全球范围的经济衰退。

E. 日本或琉球内部要求将琉球群岛管辖权归还日本的强大压力。

四、理论依据

今日,日本是完全独立并具有影响力的国际社会的一员。自1945年以来,其恢复在经济领域最为显著,而在军事领域最为落后,以至日本在军事上仍然对美国军队有严重依赖。日本是全球经济发展速度最快的国家之一,过

去 10 年的平均经济增长率为 9%;贸易已经增长到了历史最高水平;外汇储备达到了战后顶峰,大约 20 亿美元;人均国民收入(大约 325 美元)是亚洲最高的,但是按照西方工业国家的标准衡量,仍然很低。

近期的经济繁荣巩固了战后一直处于统治地位的温和的保守力量(自民党)对政治权利的掌控,该派力量拥有超过 60% 的选民的支持,且在议会的上下两院占据绝大多数。但是,保守派一直无法在日本实现其在议会中的多数地位所必然带来的稳定且坚定的以西方为导向的政府的统治,这是由于日本的战后结构所存在的部分弱点,这些弱点主要包括:

1. 党派主义在日本的保守运动中普遍存在,如果不加限制,会导致无效政府。尽管自民党所有派别的领导都在不同程度上承认与西方建立密切关系的重要性,部分领导人在其党内权力斗争中表现出严重缺乏政治责任感。因此,日本的保守政府会不时受到诱惑,采取机会主义的政策,对美国采取不甚合作的态度,并易于受到情绪化的民族主义呼吁的影响。

2. 日本极易受到外部经济影响,因为其经济的健康严重依赖高额的国际贸易。而保守派对公众的吸引力越来越依赖于"面包与黄油"问题,以及其所表现出来的带来生活水平的稳步提升的引导经济发展的能力。如果他们的经济政策出错,保守派将面临严峻困难,尤其是考虑到城市化的进展正在减少日本农村保守派所占据的绝大多数。因此,维持与西方,尤其是美国的高额贸易,对保守派来说实际上是生死攸关的问题。

3. 日本未能全面吸收占领时期的政治和社会改革,也未能形成稳固的国家目标意识。战前的集权主义制度和国家目标已基本失信于人。但是,新的战后民主制度根基薄弱,未能被日本左派或右派的任何一个社会阶层所完全理解。此外,日本人尚未能从过去 20 年中巨大的社会变迁中完全恢复,也未能建立新的社会平衡。

4. 对中立主义的要求,或者更准确的说,对脱离美日联盟的要求,对日本的政策有重要影响。日本一直面临着来自中苏方面和来自日本左派的,要求日本采取中立立场的压力。这些要求经常得到积极的回应:日本结束与西方的长期隔绝才不到 100 年的时间;日本的民族主义是内向型的,十分重视"民族独立";二战战败,尤其是对广岛和长崎遭到原子弹轰炸仍然记忆犹新。尽管保守派已经成功拒绝了脱离政策,鉴于此类公众情绪,他们也必须见风使舵,通过限制日本的安全关系,尤其是通过拒绝作出地区安全承诺表现出日本的独立,尤其是在琉球群岛和中国等敏感问题上。

5. 日本人一直担心卷入另一场核战争,以至于任何军事安全的表现,无论是美国的还是日本的,都至多是受到日本大量阶层的默许。保守派不敢轻视这些担忧,必须调整他们的安全政策,以便在可能的时候避免对于军事安全问题的激烈公开辩论,尤其是必须反对在日本存储核武器。

6. 左派已经表现出了有效利用日本的政治弱点以及利用日本对卷入核战争的担忧的能力,并且经常能够完全限制政府在议会中拥有大量支持的提议。左派在传播媒体、教育和工人界尤其根深蒂固,并表现出了更大的动员其支持者进行大规模示威和暴力活动的能力。保守派未能积极为其政策寻求公众支持更助长了左派的努力。由于共产党已经有效地渗透了日本的整个左翼组织,并且能够影响左翼的行动使之符合中苏集团的利益,所以这一局面尤其危险。

因此,不能认为保守派的持续统治是理所当然的。在涉及美日安全关系、琉球群岛地位、对共产主义集团,尤其是中国的政策,以及最主要的,日本的贸易和经济扩张等问题上,保守派统治的脆弱性最为明显。但是,目前保守派唯一的替代者是相对极端的左翼社会党,他们不仅寻求在日本进行激烈的社会革命,还采取十分倾向于中苏集团的中立政策。因此,至少在目前左翼运动中正在起作用的温和力量占据优势前,社会党的统治不仅会完全逆转目前美日关系的趋势,并且还会促进亚洲权力向共产主义集团的重大决定性转移,而其他的亚洲国家也会转而执行以共产主义为导向的中立主义。

考虑到这一形势,目前美国的对日政策必须有赖于维持温和的保守政府的统治。或许会有一天,保守政府的统治将难以维持。要为这一天的到来做好准备,寻求逐步使左翼的观点温和化是至关重要的,但是不应以加速或容忍权力早日为左派所掌握为代价。同时,美国的对日政策必须承认保守派在安全领域行动的局限,以及在促进日本经济持续增长方面保守派对贸易的严重依赖。但是,这一对贸易的依赖在对日关系上给了美国相当大的影响力。如果未来10年能保持对日贸易的持续增长,日本与美国的联盟,以及其与西方之间的相互依赖将变得十分密切,且能对日本的利益作出快速反应,因此,将彻底阻止日本政府、不管是左派政府还是右派政府、逆转这一趋势。

(Guidelines of U. S. Policy toward Japan, Secret, Policy Paper, c. May 3, 1961. Digital National Security Archive (DNSA), JU00098.)

3. 执行秘书在美国对日政策问题上向国家安全委员会所做的说明

00041

1960/05/20

NSC 6008

1960 年 5 月 20 日

国家安全委员会

美国对日政策

参考文献:A. NSC 5516/1,NSC 5913/1

B. NSC Action Nos. 2072、2219-b-(1)

C. 1959 年 4 月 8 日行动协调委员会关于 NSC 5516/1 文件的报告

D. NIE 41—60

随附的关于该问题的政策声明草案是由国家安全委员会计划委员会根据文件 NSC Action No. 2072 和 NSC Action No. 2219-b-(1)所撰写,随函发送,供国家委员会于 1960 年 6 月 2 日的会议上进行讨论。

随后将发布财务附录,以供委员会参考。

建议一旦随附的政策声明被采纳,将其提交总统,建议其予以批准;指示所有相关行政部门和美国政府机构执行该政策声明;并指定行动协调委员会为协调部门。

一旦被采纳,随附之政策声明将取代文件 NSC 5526/1。

詹姆斯·S. 莱伊(James S. Lay Jr.)

执行秘书

抄送:财政部长

商务部长

劳工部长

预算局局长

参谋长联席会议主席

中央情报局局长

美国对日政策

目录
概论 1
    引言 1
    日本的重要性 2
    内部形势 2
    国际导向 12
    美国角色 15
目标 16
关键政策指导 17
    政治 17
    军事 19
    琉球群岛、小笠原群岛及其他太平洋岛屿 24
    经济 25
财务附录（随后发送）

草案

美国对日政策声明

概 论

引言

1. 现今，日本是国际社会中完全独立并具有影响力的一员。自 1945 年的低谷，日本已完成了令人瞩目之恢复，尤其是在经济领域。作为亚非地区唯一高度工业化的国家，日本独树一帜。鉴于其所展现的实力及其树立国际威望和成为领导国家的雄心，未来日本在亚洲的力量对比中的影响将日益增长。美国政策的主要任务是确保日本以主要符合自由世界利益的方式继续扮演其在国际社会的角色。日本的国际导向将由其自身领导人根据他们对日本的关键国家利益和国内政治因素的评估来决定，但是美国的政策对于日本的决定有关键影响，因为日本在国防和贸易方面对美国有着严重依赖。

日本的重要性

2. 日本的快速恢复彰显了其对美国和自由世界的重要性。从整体战略的角度而言，日本是世界四大工业大国之一，如果日本的工业实力被共产主义国家所利用,则全球的力量对比将发生重大改变。在军事方面,日本是在西太平洋地区抵御共产主义入侵的关键。其后勤设施和基地对于对远东进行经济上的有效防御不可或缺。在经济方面,日本是美国的第二大出口市场,而且是美国农产品的第一大购买国;美国是日本产品的最大进口国。最后,作为一个亚洲国家,日本具有对许多新兴的亚非欠发达国家的发展——尤其是在经济支援领域——做出贡献的潜力。

内部形势

3. 除非发生不能预见之变化,预期日本的统治权会继续掌握在温和保守派手中,而该派的政策将以维护日本的经济利益和实现日本的国际雄心为导向。保守派拥有大多数人的坚定支持,这主要得益于日本人固有的保守倾向、他们在解决日本经济问题上所取得的成功以及反对派的极端主义,但是如果人民的生活水平长时间得不到改善,他们的地位将会受到威胁。

4. 政治不稳定的主要原因是日本保守派特有的党派主义,如果不加以遏制,党派主义将造成无效政府。尽管自民党所有派别的领导都不同程度上承认与西方保持密切关系的重要性,但部分人在党内权力斗争中表现出了严重的不负责任的政治态度。因此,日本的保守政府偶尔会被吸引支持机会主义的政策,降低与美国合作的积极性,并易于受到基于情绪化的民族主义请求的影响。

5. 议会中对保守的自民党的反对主要来自于社会党人,他们受到极左因素的影响,宣扬共产主义导向的中立主义。近期占少数的温和社会党人分离出去,成立了民主社会党。尽管这一新政党尚处于形成阶段,但假以时日,这一分裂可能会带来替代持续的保守派统治的基础广泛、负责任的中右翼的统治。但是,目前左翼极端势力在议会和工会运动中数量仍然多于温和的社会党人,这给美国造成了难题,因为这些极端主义者持强烈的反美态度。

6. 共产党尽管人数很少,但对日本民意有重大影响,尤其是通过其对大众组织、劳工、教育和新闻机构的渗透。掌权的保守派明白这一情况蕴涵的危险,但预期已经采取的应对措施将限制共产党影响力的大幅增长。

7. 日本是全球经济增长最快的国家之一(过去 3 年的平均年增长率为 7.6%),目前经济前所未有地繁荣,1959 年在几乎所有经济领域都创下新高。尽管极高的投资率(近年来将近 30%)、现代化工厂和劳动力的专业技能都为这一繁荣做出了贡献,但根本而言,如果没有日本国际贸易的极大扩展和政府合理的财政和货币政策,便不可能出现这一繁荣局面。出口的增长带来了过去两年间日本国际账户的显著增长,并有迹象表明,这一增长至少在近期会持续。日本已经出现了经常性账户的大幅顺差,这反映在相对较高的外汇储备上。

8. 这一繁荣使得日本不仅可以通过赔偿项目,还可以通过日本的私人投资和双边政府项目,对欠发达国家的发展做出贡献。通过赔偿和支付战时债务,日本承诺向部分东南亚国家提供超过10亿美元的拨款,并为在未来20年对其提供高达7亿多美元的贷款和投资提供便利,年均支出大约为7 000万美元。1959年其他双边政府项目的金额达到了大约1.3亿美元,而这些项目不仅涵盖了东南亚国家,还包括印度和部分的中东国家。日本的私人投资者还通过向东南亚、拉丁美洲甚至是美国的部分地区提供资金的基金进行了大额海外投资。但是,日本还有大量与国际复兴开发银行和进出口银行相关的外债,进出口银行对日本的贷款是对日本工业和贸易的直接支援,但主要是扩大美国对日本农产品出口的方式。国际复兴开发银行的贷款为关键的基础设施和交通设施提供了资金。

9. 但是日本经济的良好状况不能掩盖日本也面临经济上的不利条件这一事实。这些不利条件包括日本对国际贸易的严重依赖,而对其中的某些因素,日本无法直接控制,也包括相对于日本的人口、工业发展和其在世界贸易中的重要性而言有限的自然资源。日本经济会因其他工业国家的经济衰退和对日本出口的歧视程度而受到实质影响。国际贸易中长期以来对日本的歧视已经使日本对国际贸易水平的波动在政治上极为敏感。

10. 尽管经济繁荣,个人消费水平也在稳步提高,但是日本人的生活水准——尽管在远东是最高的——按照西方的标准来衡量,仍然很低(人均国民生产总值大约是美国的1/8),所以一直存在着更快地提高人民生活水平的压力。要保持经济在较高水平并持续增长,日本必须能够持续为其工业产品获得原材料和市场,而对于原材料的获取,很大程度上取决于其他国家的政策。为应对其贸易问题,日本严重依赖美国,因为美国不仅是其最重要的工业原材料来源国和最大的单一市场,在自由世界、尤其是西欧的工业国家推行自由贸易政策方面,日本也有赖于美国的领导。如果日本与美国的贸易关系严重恶化,日本的领导层会认为,转而依赖共产主义集团将是其唯一选择。

11. 日本的自我防卫力量目前能够维持国内安全,并能对防御日本免受常规进攻做出有限贡献,而对防御核进攻的贡献就更为有限。地面部队是三军中最为先进的,能够执行有限防御行动;海军能够对护航和沿海防御行动和反潜战贡献力量;空军正日益承担起机载控制、预警系统和日本空防的责任。

12. 日本政府正在制订一项国防计划,一旦实施,到 1965 年,能够建成小规模的现代化高质量部队,但是没有核能力。目前日本防卫部队的使命并不是协助警察维持国内安全,而是参与对日本的防卫。将该使命扩展到使用这些部队防卫日本之外的领域是为《宪法》之第九条所禁止的。按照目前的解释,《宪法》规定日本军力之部署仅限于日本的自我防卫。如果军队按照计划发展,日本最终将会承担起现在由美国承担的防御责任,但是到 1965 年,日本仍然将只拥有有限的防卫针对日本的重大进攻的能力,而几乎没有应对大规模核进攻的能力。

13. 相对于其他的工业化国家,日本的国防支出极低。尽管在过去 6 年间,日本政府已经使其国防预算增加了一倍多,但日本的国防开支仅占其国民生产总值的大概 1.3%(大约是政府预算的 10%)。尽管如果要按计划执行目前规划的国防建设,日本必须逐步增加其实际国防支出,这一支出增加的幅度可能无法与经济增长率相当。如果目前的形势没有重大变化,或者日本仍然不能更好地接受美国的劝说,鉴于以下因素,日本的国防支出不会有大幅增加:(1) 大部分日本民众潜在的和平主义和反军国主义倾向;(2) 提高总体生活水平、降低税收以及尤其是增加社会和公共服务的压力;(3) 兑现日本对外承诺的需要。这些承诺部分源于日本希望通过对欠发达地区的援助来施展其影响力;(4) 在核战争中日本将处于无法防御地位的认识;(5) 以及日本公众缺乏对下列观点的普遍接受,即美国期望日本军队所拥有的规模和能力对于日本的安全至关重要。

14. 尽管有上述因素,日本政府接受这一观点,即日本应该更多地承担起其国防费用。美国的帮助在刺激日本增加支出和决定对其军队进行现代化改进方面尤为有效。实际上,据估计,只有美国成功使用军事援助计划成本分摊技术引导日本在国防上尽最大努力,才有可能让日本按照规划增加国防开支。日本对美国逐步减少军事援助的反应将取决于援助减少的速度和方式。如果新的承诺突然中止,日本可能不仅不会通过增加其他开支进行补偿,反而可能会在目前计划的水平上减少开支,因此实际上将终止日本对军队的进一步加强和现代化,也将阻止日本军队逐步承担起目前由美军承担的日本防御之使命。即使美国新的承诺在若干年的时间里逐步减少,日本可能也至少在若干年的时间里没法弥补空缺,而这会造成负面的政治影响。

15. 日本的安全将主要依赖于美国的军事力量。新的条约规定,为维持日本的安全,以及维护远东的国际和平与安全,美国继续在日本保有军事基地,并行使部分权力。因此,美国将有可能能够在日本维持较大规模驻军。根据条约规定,美国在引入包括中程和远程导弹在内的核武器前,以及从军事基地发起与日本国防不直接相关的军事行动前——除非该军事行动是对针对驻韩国联合国部队的攻击的立即回应——美国应同日本进行协商。后勤和集结行动无需同日本进行协商。事实上,除了与韩国防御相关的行动,日本可能不会允许从日本的军事基地发起军事行动,除非日本确信敌人对日本安全构成了重大威胁。进一步说,日本同意引进核武器的可能性极低。除非出现极端紧急情况,例如进攻日本的直接威胁,或者可能是韩国被共产主义国家攻陷前的最后措施,否则基本可以肯定,日本不会允许从日本的军事基地发起核进攻。

国际导向

16. 在外交政策方面,日本有三条行动路径可选:(1) 与自由世界,尤其是美国,密切合作,保持一致;(2) 作为权宜之计的机会主义,选择这一路径,日本将从自由世界和共产主义世界的斗争中坐收渔利;(3) 与中苏集团的政治和经济和解。目前日本致力于与自由世界保持一致的政策,与美国的《共同合作与安保条约》生效后,这一政策将进一步加强。

17. 但是,只有其关键利益得到满足,才能期望日本继续这一政策。最关键的考量将是日本对扩大贸易的需求,以及相应的,对获取美国和其他自由世界市场的公正合理份额的需求。在这种情况下,进入欧洲市场和与自由世界的工业国家的密切联系将可能对日本的政策产生越来越大的影响。与自由世界保持一致也是以我们将日本作为一个完全及主要的盟国和日本对我们阻止共产主义进攻的能力和决心的信心为前提的。

18. 日本将一直面对要求其脱离自由世界的压力。中苏集团高度重视日本的中立或者脱离,因此预期它们一定会持续目前为实现这一目标所做的集中努力。中苏将会运用包括威胁、鼓励保守派的党派主义,和使用贸易、领土让步、放松现有的捕捞限制和允许在西伯利亚和中国大陆进行开发为诱饵在内的一切策略。在日本,已经有一小部分态度激烈的人支持脱离自由世界。如果美日贸易关系出现严重的僵局,特别是在软弱的保守政府统治期间,基于民族自豪感、和平主义、反军国主义、对卷入另一场核战争的恐惧和对外国军事基地潜在的不信任的感召,脱离的吸引力将迅速上升。另一方面,与美国和自由世界的卓有成果的关系将会加强并巩固日本对这一政策的坚持。

19. 在日本与自由世界的联盟中,随着日本实力和自信的增长,日本将倾向于更加独立地采取行动,并根据其自身利益,而非按照美国的愿望,制定政策。在它与美国的关系方面,它可能尤其希望在制定亚洲政策方面发出更多的声音,并坚持美国在打破进入欧洲和其他地区市场和经济集团的障碍方面给予更多的支持。日本将继续寻求进一步参与琉球事务,而且必须承认,一旦美国与岛民间的关系产生重大问题,目前蛰伏的美国对该岛屿的管辖问题将成为美日关系中的政治敏感问题。另一个可能产生并带来麻烦的问题是对于日本国民被排除在美国管辖的其他太平洋岛屿之外的抱怨。日本将十分努力并重视加强其与亚非国家和拉丁美洲的关系,尤其是经济关系,为他们的经济发展做出贡献,并努力在这些国家扮演更为重要的角色,同时使极端主义有所缓和。日本可能会谨慎扩展其与中苏集团的贸易和文化交流,但是避免在政治上承认共产主义中国,并避免对该集团产生经济依赖。

20. 总之,日本在国际事务中会扮演越来越重要的角色,而如果其与美国和自由世界保持牢固的关系,将会成为积极的国际力量。其自身对自由世界力量的贡献将主要是在经济方面,以及在对亚非地区产生缓和影响方面。除非日本对军事问题的思考有重大改变,否则日本不太可能加入地区安保条约,但是美国对后勤设施和军事基地的使用将极大增进自由世界在太平洋地区的军事力量。

美国的角色

21. 因为日本仍然在军事安全方面几乎完全依赖美国,而且在经济上也对美国有严重依赖,所以美国处于能对日本的国际导向产生重大影响的有利地位,并有机会在未来几年加强并进一步确保目前的美日同盟和日本与自由世界的联合。

目 标

22. 保护日本的领土和政治完整免于共产主义的扩张或颠覆。

23. 确保日本与美国的密切同盟关系和日本与自由世界其他国家的全面

合作。

24. 确保日本的政治稳定和国内安全，维持代议制政府的原则。

25. 确保日本经济的繁荣、强大和自给，能够提高生活水平，面向自由世界，并与之建立令人满意的经济关系。

26. 确保日本在稳定国际力量平衡，尤其是亚洲的国际力量平衡方面为美国和自由世界的其他国家补充力量，并——与此相关——能够且愿意：(1)为自由世界欠发达国家的经济发展做出贡献；(2)在亚非国家中扮演积极温和的领导者的角色；(3)加强其自身抵御入侵的防御力量；(4)持续向美军提供权利、基地和其他设施，以为远东安全作出进一步贡献。

27. 确保日本最终愿意并能够更积极地在远东维护自由世界的利益。

关键政策指导

政治

28. 维持高效、温和的保守政府的统治，此为达成美国目标的基础。

29. 适时寻求对美国政策的理解、合作与积极支持。

30. 在不疏远保守派的支持的前提下，鼓励温和、负责任的政治反对派的发展。适时采取措施减少极左的劳工领导的影响，鼓励将工会的领导权转移到温和派的手中，并鼓励对左翼社会党人具有温和化影响的发展。

31. 对消除对美国及其政策不利的态度和加强对美国及其政策有利的态度给予特别关注，尤其是要关注新闻机构、知识和教育界以及劳工团体的意见领袖的态度。

32. 鼓励并适时帮助日本政府采取有效的国内安全措施对共产党力量的组织基础进行打击，并削弱共产党的财政和政治实力。

33. 本着合作和平等的精神发展对日关系，对日本的关键利益给予充分考虑，在关系双方共同利益的问题上同日本进行协商。

34. 鼓励并促进美国——以及在适当的时候日本——所支持的文化、劳工、教育和其他交流项目，并寻求扩展包括外太空技术在内的科技合作。

35. 继续联合日本参与关于联合发展核能源的和平使用的美国和国际规划；让日本获得和平使用核设施和核训练的机会，并适时交换核信息。

36. 促进日本和其他自由国家间的合作关系的进一步发展，鼓励并帮助日本向亚非国家——尤其是在联合国内——施加温和而建设性的影响。鼓励日本和韩国之间的全面和解。

37. 日本作为一个榜样,向欠发达国家表明在自由政体下实现经济快速发展的可行性,与共产主义国家所采取的残酷而压迫性的方式形成对比。

38. 督促日本政府继续拒绝在外交上承认共产主义中国,并反对共产主义中国加入联合国。

39. 支持并鼓励日本向中苏集团坚持其合法的领土、捕捞和其他要求,拒绝中苏要求其中立和做出政治让步的压力;拒绝向苏联对千岛群岛和南库页岛的主权要求让步。

军事

40. 维持1960年1月19日签署的新的安保条约,包括其中所规定的权利,并根据条约规定,在日本维持下列因素要求的美军设施和部队:(1) 美国的安全利益,(2) 表明我们兑现条约所规定的对日本和远东的承诺的决心。但是在总体上不超过美日政府共同约定的水平。

41. 根据美日安保条约的规定:

a. 日本管辖下之领土受到武力进攻时,支援日本的防卫。

b. 在下列行为之前同日本政府进行协商:(1) 在日美军部署发生重大变化时,(2) 向日本引进核武器和中远程导弹时,(3) 在日本不为当事方的冲突中,从日本基地向日本之外区域发起军事行动时,(此处文字被删除)。

42. 尽可能提前通知日本,美国从日本基地向日本之外区域发起的重大后勤行动和美军从日本的大规模撤退。

43. 在执行新的《驻军地位协定》时,寻求日本政府和公众最大程度的合作与支持。

44. 在避免可能产生反作用压力的同时,鼓励日本建立并维持能够在防御日本方面承担更多责任,并因此能够与美军联合应对并阻止共产主义国家在太平洋地区的进攻的军队。

<u>多数立场</u>

对日本在远东更加积极地维护自由世界利益的提议做出积极回应,但目前不要刺激日本做出此种提议。

<u>国防部—参谋长联席会议</u>

如条件允许,谨慎鼓励日本扩展日军的防卫使命,不再仅限于日本本土的防御。

45. 继续就防御建设的速度和方向以及美军援助的范围和性质同日本政

府进行协商。在避免压力和有损于日本的政治和经济稳定的其他行动的同时,鼓励日本加强防御,并对其军队进行现代化改进。目前继续对日本进行军事援助,这样做的同时寻求:(1)诱导日本加强国防建设;(2)刺激日本对军队进行现代化改造;(3)允许美国对日本国防力量的提高施加持续影响,(4)为将目前由驻日美军承担的国防使命持续转交给日本军队创造条件。

国务院—国防部—民防国防动员署

谨记,需要实现以下最终目标,即有序减少并最终取消以拨款方式向日本提供军事设备的新承诺,但是要承认,在未来几年尚不能实现这一目标,而试图在未来几年大幅削减美国的支援将会带来严重的负面政治和军事影响。

财政部—预算局—商务部

为了有序减少并尽早取消以拨款方式向日本提供军事设备的新承诺,迅速与日本政府展开协商。

尽可能以成本分摊的方式向日本做出新的承诺。

46. 在共同关心的安全和防御问题上与日本政府进行协商,并通过此类协商增进对自由世界防御计划的共同安全目标以及地区安全工作的重要性的理解,但是要避免直接向日本政府施加要求其加入集体安全协议的压力。扩展关于日本地区防卫的美日协同军事规划和行动的安排。

47. 为确保在日本维持美国安全利益所需的专门后勤能力,鼓励日本保留部分国防和国防辅助工业。

48. 与日本防卫部队签订军事研发合作协议。

49. (此处文字被删除)。

琉球群岛、小笠原群岛和其他太平洋岛屿

50. 立场要考虑到日本在太平洋区域的利益。

多数

51. 维持对《和平条约》第三条所列举的岛屿①的现有程度的管辖,只要此种管辖对我们的关键安全利益至关重要。

国防部—参谋长联席会议

2. 在共产主义的威胁在远东所造成的国际紧张局势持续期间,鉴于它们

---

① 原编辑者注:这些岛屿包括琉球群岛(不包括奄美群岛)、大东群岛、小笠原群岛、硫磺群岛、西之岛、帕里西维拉岛和南鸟岛。

对我们的关键安全利益的重要性,维持对《和平条约》第三条所列举的岛屿的现有程度的管辖。

53. 采取最佳措施限制日本和琉球的归还主义者的压力,承认尽管目前没有重大难题,对琉球的管辖仍然是美日关系中的政治敏感问题。为此,对于日本提出的与琉球建立更为密切的贸易与文化关系、对琉球进行经济援助并与琉球交换侨民的要求。

国务院
只要合理且不与美国在该地区的利益冲突便应予以同意。

国防部—参谋长联席会议
应该根据美国在这一区域的安全利益以同情之态度予以考虑。

54. 对琉球群岛进行管辖,以增进政治稳定、经济发展和对美国保留岛屿的合理满意度,并提升美国在当地民众和其他亚洲国家人民眼中的威望。要实现这些目标,为补充当地资源提供充分支持,以支持对岛屿的有效管辖和合理促进长期经济发展。①

经济

55. 鼓励日本保持经济的强劲、健康、自给和发展以提高日本的生活水平、为欠发达国家的发展提供更多资金,并为增进自由世界的实力做出更大贡献。

56. 通过以下方式将美日间的贸易量维持在较高水平:

  A. 保持美国自由的进口政策,并在考虑到外交政策目标、国家安全和整体国家优势的同时,根据已有的贸易协定原则和《关税和贸易总协定》,在互惠的基础上寻求进一步减少美国关税和贸易限制。

  B. 继续要求日本废除对美国进口产品的不公平待遇。

57. 通过以下方式将日本和其他自由世界国家间的贸易量维持在较高水平:

---

① 原编辑者注:目前有待国会批准的 HR 1157 号法案,将批准每年从联邦所得税中拨款达 600 万美元,这笔款项来自于驻守或受雇于琉球群岛的人员,将用于促进琉球群岛的经济和社会发展。与这一立法相关,政府的立场是,根据这一授权所做之拨款将满足这一指导的广泛需求。

A. 要求整体减少贸易壁垒。

B. 督促对日本产品给予不公平待遇的自由世界国家取消此种歧视，尤其是要寻求针对日本引用《关税和贸易总协定》第三十五条①规定的国家放弃此种行为，并给予日本《关贸总协定》成员国之全部权利。

C. 寻求确保日本在无差别待遇的基础上获取自由世界的原材料。

58. 与日本和其他国家合作，共同寻求解决《关贸总协定》框架内的市场混乱问题的多边解决方案。

59. 鼓励日本取消国际贸易支付限制，为国外投资提供良好环境，并取消对在日本进行直接投资的限制。

60. 努力防止日本对共产主义地区的重要食品、原料供应和市场产生依赖。

61. 鼓励日本在发展过程中遵循国际认可的贸易惯例，阻止设计盗版、侵犯专利、企业联合和其他不公平的商业行为。鼓励有秩序的市场行为，并避免市场混乱。

62. 1961财年底，终止拨款技术援助项目。

63. 继续鼓励美国对日本的私人投资。

64. 尽可能通知日本政府即将发生的预期会对美国政府的在日支出产生重大影响的进展。

65. 督促日本立即解决占领区治理和救济要求，以及其他的财产和赔付要求问题。

66. 鼓励日本通过民营企业、自由世界的国际机构和双边政府项目向欠发达国家的发展提供更多的资金和技术支援；在制定和执行美国在第三国的援助项目时，将日本包括赔偿在内的支援项目考虑在内，并适时与日本进行协调。

67. 积极支持日本继续参与开发援助集团，并适时倡议日本通过它的发展援助组织参与经济合作与发展组织，以及其他任何适宜的多边经济组织。

68. 鼓励日本继续支持提议的亚洲生产力组织；继续在第三国培训计划中进行合作。

---

① 原编辑者注：这一规定允许关贸总协定成员国拒绝给予新成员关贸总协定所规定的最惠国地位等利益。

69. 督促日本继续在东西方贸易统筹委员会中就将与中苏集团的出口贸易控制在约定的水平上进行合作,并努力在处理常规例外问题时,保持并促进日本维持约定的管控水平的意愿。

财务附录

财务附录中的费用估算仅表明数量级。

对政策声明的批准不表明对财务附录中的费用估算的批准,不应被解释为委员会对某项数额的批准或限制。

为该政策进行的拨款和支出将通过常规预算过程决定。

特别说明

1. 该财务附录下文展示的推断、脚注和简要说明对所有估算适用。

2. 尽管按照规定进出口银行是为促进美国产品和服务的出口而设计的,进出口银行的贷款正常也可用于促进美国国家安全目标的实现。因此,该附录将进出口银行的贷款数据包含在内。

3. 发展贷款基金和进出口银行运营时,并非把可用资金按计划分拨给受援国,而是一般而言等待受援国为某一具体项目提出申请,并根据项目条件和项目可从其他渠道获得的资金对申请进行审核。无论是发展贷款基金还是进出口银行都不对未来的贷款进行预测。因此,这些机构对本附录中所包含的费用估计不承担责任。

4. 同样地,关于第 480 号公法协定的数据被包含在内是因为这些协定也可能有助于美国国家安全目标的实现,尽管其主要目的之一是分销过剩农产品。

第一部分　现有政策之费用预估

表一　目前美国项目或拨款授权

(财年—百万美元)

	(实际) 1958	(实际) 1959	(估计) 1960
军事援助①	109.0	54.0	69.0
技术援助	2.5	2.5	2.0
经济援助	—	—	—

---

① 原编辑者注:包括对国家、地区和全球的无偿军事援助总额;但不包括多余库存。

(续表)

	（实际） 1958	（实际） 1959	（估计） 1960
贷款机构	242.2①	84.2②	33.0③
第480号公法协定④	—	—	—
教育交流⑤	1.6	1.5	0.9
信息项目	2.5	2.4	2.2

表二　目前美国支出、交付或付款

（财年—百万美元）

	（实际） 1958	（实际） 1959	（估算） 1960
军事援助⑥	122.0	100.0	87.0
技术援助	1.7	2.2	2.5
经济援助	—	—	—
贷款机构⑦	201.1	104.4	29.0⑧
第480号公法协定⑨			
第一条款⑩	9.5	—	
第二条款⑪	11.2	7.5	3.7

---

① 原编辑者注:包括1.75亿美元用于在美棉花采购的一年贷款。
② 原编辑者注:包括6 000万美元用于在美棉花采购的一年贷款。
③ 原编辑者注:截至1960年4月30日的实际批准之拨款;包括用于棉花采购的3 000万美元一年贷款。
④ 原编辑者注:1957年之后未再签署协定。
⑤ 原编辑者注:包括用于富布赖特项目的来自第480号公法资金的地方费用。
⑥ 原编辑者注:包括对国家、地区和全球的无偿军事援助总额;但不包括多余库存。
⑦ 原编辑者注:包括支付的长期贷款和短期信贷。
⑧ 原编辑者注:截至1960年3月31日所支付的短期和长期信贷。
⑨ 原编辑者注:第一条款的额度反应了出口市场的额度;第二和第三条款的额度反应了商品信贷公司的计算成本。
⑩ 原编辑者注:根据1956财年的销售协定所支付数额。
⑪ 原编辑者注:为1957财年批准的为期4年的学校午餐项目所支付数额之估算值。

(续表)

	（实际） 1958	（实际） 1959	（估算） 1960
第三条款①	3.7	4.2	5.0
教育交流	1.6	1.5	0.9
信息项目	2.5	2.4	2.2

简要说明及评论

一、国防部评论

1. 1950—1957 财年军事援助项目财政数据。1950 至 1957 财年间，美国共计划向日本提供 4.36 亿美元的军事援助。期间共支付了 2.28 亿美元，到 1957 年 7 月 1 日，尚有 2.08 亿美元未支付。

2. 军队

	现有军队	战略目标
陆军	1960 财年	
步兵师	6	19
后备步兵师	0	10
步兵旅	4	0
机械师	0	1
空降旅	1	1
地对空导弹营(奈基)	0	8
地对空导弹营(霍克)	0	4
地对地导弹营(诚实约翰)	0	2
海军		
航空母舰	0	2
驱逐舰/护航舰类	37	73
巡逻艇/鱼雷舰	18	40

---

① 原编辑者注：第三条款商品非根据与日本政府的正式协定提供。这些数额代表了商品信贷公司为志愿机构提供的供其在日本分发的可食用商品的价值。

(续表)

	现有军队	战略目标
潜艇	2	10
扫雷舰	52	150
布雷舰	2	7
坦克登陆艇	0	10
高速运输艇	0	2
反潜巡逻飞机	77	180
地对空炮台(鞑靼)	0	2
直升机	2	44
<u>空军</u>		
战术战斗机中队	7	15
战术侦察机中队	0	2
全天候战斗机中队	3	6
运输中队	2	6
地对空导弹中队	0	3
地对地导弹中队	0	2
电子对抗措施中队	0	0

3. 项目内容:1950—1959年间对日本军事援助的主要类目如下:

数额
（百万美元）

飞机、部件、零件及相关设备,包括180架F86F飞机、60架F86D飞机、60架S2F飞机和19架P2V7飞机。	256
船只和港务船、部件和零件,包括4艘驱逐舰、2艘驱逐护航舰、14艘扫雷舰和1艘潜艇。	22
坦克、其他交通工具、武器、部件和零件,包括77辆轻型坦克、144门105榴弹炮和90门155榴弹炮。	34
电子和通讯设备、部件及零备件及弹药训练支援	14

4. 成本分摊项目。越来越多的军事援助项目已经成为与成本分摊项目相关的项目。1950—1959财年间主要的成本分摊项目如下:

F-86F、T33项目：该项目的最初谈判始于1955年6月。根据这一项目，美国向日本生产的飞机提供部件、技术和其他援助。该项目中共生产了300架F86F飞机和220架T-33飞机。

P2V-7项目：1958年美国与日本签订了关于42架P2V-7飞机的本地化生产和组装的成本分摊协定。美国为这一项目提供部件、技术和其他援助。

造船：通过支持日本的战舰建设项目，军事援助实际上已经成为成本分摊行动。美国的贡献包括军械、电子器件和防火零件等由于技术限制或安全限制而不能在日本生产的零件。自1953年以来，大量包括驱逐舰、驱逐护航舰、扫雷舰、巡逻艇和潜艇在内的舰只都是在这一项目下建造的。

5. 共同安全军用品销售：至1959年6月30日，日本根据《共同安全法案》中的销售规定购买了总额达1670万美元的军用品。

6. 支出趋势：

<u>美国</u>：如表二所示，美国的军事援助支出在1959财年有大幅下降，预期1960财年会进一步下降。这一下降主要是因为美国整体的军事援助资源的减少以及世界其他地区对此资源需求的增加。

<u>日本</u>：日本的国防支出正以每年5%—10%的速度增加。换算成美元，日本的支出在1958财年大概为3.7亿美元，在1959财年为3.98亿美元，在1960财年估计为4.29亿美元。

7. 预期进展：1961—1963财年间，预期会产生以下进展：(1)日本地面部队的重组和有限扩充，(2)日本海军和空军配员和设备水平的大幅增长，(3)日本军队首次装备导弹武器系统，(4)日本国防支出每年增加大概10%。

二、国务院和国际合作署的评论

1. 主要经济援助项目。在共同安全项目下美国对日本的援助仅限于经济援助。

2. 经济承诺。在共同安全项目下，美国没有尚未兑现的对日经济援助承诺。

3. 技术援助项目。1955财年启动了一个技术援助项目。截至1960财年，援助承诺总金额达1060万美元。根据目前政策，1961财年的承诺金额大概为130万美元，但是已经通知日本该项目将在1961年底结束。该项目的主要目的是通过提供技术服务和在美国培训大概2500名技术人员以提高工业和农业生产力，并鼓励民主贸易运动的发展。此外，这一项目也是为了在民航和和平使用原子能领域提供技术咨询服务和培训。

4. 第 480 号公法项目

第一条款——第 480 号公法销售协定第一条款下小麦、饲料谷物、大米和棉花的销售总额达到了 1.463 亿美元(1955 财年——8 330 万美元,1956 财年——6 300 万美元)。此后未再进行第一条款范畴内的销售,未来也不预期会进行此种销售。

至今为止产生的相当于 1.463 亿美元当地货币的总额中,相当于 1.056 亿美元的数额被贷款给日本,用于经济发展项目,430 万美元留作美国之用,包括教育交流、农业市场开发、援助琉球群岛和军事支出。

第二条款——1957 财年批准了一个 3 740 万美元的学校午餐项目,这一项目在截至 1960 财年的 4 年时间内向日本提供小麦和奶粉。所有发货已经完成。日本政府尚未提出对此类项目的新要求。

第三条款——第三条款范畴内的项目于 1955 年通过第 480 号公法后在日本启动。在此之前,根据 1949 年的《农业法案》第 416 条的授权,已经向日本提供用于自由捐赠的剩余产品。第三条款产品并非根据美日政府间的正式协定所提供的,而是提供给志愿机构,由他们监督将产品分发给需要的人。志愿机构与日本政府签订协议。

1950—1959 年 10 年间,向日本志愿机构发送产品的总价值大约为 1 200 万美元。据估计,1960 年大约要交付 500 万美元的产品。根据第三条款供应的产品包括牛奶、黄油、奶酪、面粉、玉米面和大米。

5. 教育项目。已经向开始于 1953 年的一个国际教育服务项目拨款共计 1.11 亿美元,用于科学、社会科学、美国研究、人文学科、艺术和英语等学术领域的美国和日本的学生、老师和讲师的交流。

6. 发展贷款基金和进出口银行贷款。进出口银行已经向日本发放了总计 1.43 亿美元的长期贷款,为发电、钢铁生产和其他工业生产提供资金。此外,进出口银行还为在美国采购棉花提供了部分短期贷款。因为日本不属于欠发达国家,所以没有资格获得发展贷款基金的贷款。

7. 国际机构贷款。日本还收到了一系列来自国际银行的贷款,像进出口银行的贷款一样,这些资金主要用于扩展电力、钢铁和农业的生产。截至 1959 年 12 月份,国际复兴开发银行的贷款总额大概为 3.3 亿美元。

8. 私人投资。截至 1958 年底,美国在日本的直接私人投资总额大约为

1.8亿美元。

9. 其他支出。

	（实际） 1958	（实际） 1959	（估算） 1960
	1958	1959	1960
美国人员进行日元兑换	244.7	208.3	190.0
为日本和其他国家进行军事采购	166.0	168.6	150.0
为日本和其他国家进行非军事采购（包括GAS、国际合作总署和联合国韩国重建署）	106.3	108.3	110.0

第二部分 提议政策费用估算

表三 规划中的美国项目和拨款授权

（财年—百万美元）

	（估计） 1960	规划 1961	1962	1963	1964	总计 1960—64
军事援助①：						
多数立场（第45段）②	69	61	116	61	90	397
财务部—预算局立场（第45段）	69	55	35	15	2	175③
技术援助	2.0	1.3	④	⑤	⑥	3.3
经济援助	—	—	—	—	—	—

---

① 原编辑者注：包括在国家、地区和世界范围进行的所有无偿军事援助总额。

② 原编辑者注：多数的立场主要是基于目前美国东京大使馆的国家小组和统一指挥官所提议的军事援助项目。国务院认为现在还没法准确确定1961财年后何时以及在何种程度上安排削减是可行的。

③ 原编辑者注：因为舍人，数据之和与总额有差异。

④ 原编辑者注：国际合作总署的技术援助预期会于1961财年结束。

⑤ 原编辑者注：同上。

⑥ 原编辑者注：同上

(续表)

	（估计）	规划				总计
	1960	1961	1962	1963	1964	1960—64
贷款机构						330.0①
第 480 号公法协定②	—	—	—	—	—	—
教育交流	0.9	2.2	2.2	2.2	2.2	9.7
信息项目	2.2	2.2	2.2	2.2	2.2	11.0

表四　规划中的支出、交付及付款

（财年—百万美元）

	（估计）	规划				总计
	1960	1961	1961	1963	1964	1960—64
军事援助③：						
多数立场(第 45 段)④	87	89	81	97	88	442
财政部—预算局立场(第 45 段)	87	89	70	50	30	325⑤
技术援助	2.5	2.2	1.7⑥	—	—	6.4
贷款机构						325⑦
第 480 号公法协定⑧						
第一条款	—	—	—	—	—	—
第二条款⑨	3.7	—	—	—	—	3.7

---

① 原编辑者注：包括 1961 财年的前 10 个月实际批准的 3 000 万美元用于采购美国棉花的贷款。

② 原编辑者注：第三条款覆盖的时间段内预期不会再签署协定。

③ 原编辑者注：包括在国家、地区和世界范围进行的所有无偿军事援助总额。

④ 原编辑者注：见表三脚注 b。

⑤ 原编辑者注：因为舍入，数据之和与总额有差异。

⑥ 原编辑者注：1961 财年和之前年份的技术合作项目的计划支出。

⑦ 原编辑者注：包括 1960 财年的前 10 个月所实际支出的 2 500 万美元用于采购美国棉花的贷款。

⑧ 原编辑者注：第二和第三条款数额反映了商品信贷公司的计算成本。

⑨ 原编辑者注：1957 财年批准的为期 4 年的学校午餐项目的最终交付数额估算。

(续表)

	（估计）	规划				总计
	1960	1961	1961	1963	1964	1960—64
第三条款①	5.0	2.5	—	—	—	7.5
教育交流	0.9	2.2	2.2	2.2	2.2	9.7
信息项目	2.2	2.2	2.2	2.2	2.2	11.0

简要说明与评论

一、国防部评论

1. 长期军事援助计划。根据研究美国军事援助项目总统委员会（德雷珀委员会）的建议，美国国家小组与日本防卫厅联合制订了一个长期对日军事援助计划。本文关于未来项目的信息主要来自于这一计划。

2. 成本分摊。打算到1962财年，美国的援助主要是对商定的成本分摊的新武器系统和培训项目提供支持。美国将为新武器系统提供大约1/3的费用。每个提议的成本分摊项目都将进行自我约束，一旦日本的资金不能到位，美国将停止资助。这一成本分摊项目被认为是促使日本为国防做出最大贡献并将美日资源用于与美国对日本的目标最为相关领域的最好方式。

3. 无偿军事援助项目描述：

1960财年:1960财年的军事援助项目是一个美日联合成本分摊防御项目中美国承担的部分。美国承担的部分包括：F-86全天候战斗机；提供2 500万美元用于在日本生产F-104飞机；为日本生产的驱逐舰提供防火系统、电子器件和军械设备；为鞑靼导弹系统提供援助；将机载控制和预警设备由美国空军转交日本航空自卫队；培训援助。

1961财年：

多数立场：提议的1961财年军事援助项目是一个美日联合成本分摊项目中美国承担的部分。美国承担的部分包括：一个奈基导弹营，支援日本研发的选定项目；鞑靼导弹，为在日本生产的导弹驱逐舰提供军械设备和电子器件，一艘沿海扫雷舰，提供2 500万美元用于在日本生产F-104飞机，F-86D全

---

① 原编辑者注：第三条款商品非根据与日本政府的正式协定提供。这些数额代表了商品信贷公司为志愿机构提供的供其在日本分发的剩余农产品的价值。

天候战斗机,测高雷达及太空零件,培训项目。

　　财政部—预算局立场:如财政部—预算局的数额被接受,国防部将按照多数建议作出规划,但是删除 F-86D 项目、沿海扫雷舰和大部分支持日本研发的选定项目。

　　1962 财年:

　　多数立场:规划的 1962 财年军事援助项目是美国在成本分摊的基础上在以下方面所进行的援助:霍克导弹系统、雷达、特殊用途榴弹炮、直升机、在日本制造 P2V-7 和 F-104 飞机、为日本建造的海军舰只提供军械设备、电子器件和防火系统,一个奈基导弹系统、培训项目。

　　财政部—预算局立场:如果财政部—预算局的数额被接受,国防部将规划完成美国对在日本生产 F-104 战斗机所做的承诺;为成本分摊的奈基或霍克导弹采购项目提供 800 万美元资金以及一个 200 万美元的培训项目。

　　1963 财年:

　　多数立场:规划的 1963 财年军事援助项目是美国在成本分摊的基础上在以下方面所进行的援助:一个霍克导弹系统、M-14 步枪、M41 坦克和 M42 机动防空载体(motorized AA carrier)、雷达、在日本制造 P2V-7 飞机、为日本建造的海军舰只提供军械设备、防火系统和电子器件,培训援助。

　　财政部—预算局立场:如财政部—预算局的数额被接受,国防部将规划为一个成本分摊的奈基和霍克导弹采购项目提供 1 300 万美元资金,和一个 200 万美元的有限培训援助项目。

　　1964 财年:

　　多数立场:规划的 1964 财年军事援助项目是在成本分摊的基础上在以下方面所进行的援助:一个霍克导弹系统;M41 坦克;M-14 步枪;M42 机动防空载体;为日本生产的海军舰只提供军械设备、防火系统和电子器件,在日本制造 P2V-7 飞机;电子地面环境系统;一个奈基导弹系统;培训援助。

　　财政部—预算局立场:如果财政部—预算局的数据被接受,则国防部会规划一个 200 万美元的有限培训援助项目。

　　4. 预期的部队人数变化

　　多数立场:根据多数立场,国防部关于部队人数的观点认为美国的军事援助将按照表三和表四的多数立场所示的水平进行,而日本为改进日本军队所做的国防支出将大概会使美国对日本的军事援助支出翻倍。

	共同安全部队					
	61财年	62财年	63财年	64财年	65财年	66财年
陆军						
步兵师	9	9	12	12	12	12
步兵旅	3	2	0	0	0	0
机械师	1	1	1	1	1	1
空降旅	1	1	1	1	1	1
地对空导弹营(奈基)	0	0	0	0	1	1
地对空导弹营(霍克)	0	0	0	0	0	1
海军						
航空母舰	0	0	0	0	1	1
驱逐舰/护航舰类型	37	36	34	34	34	35
巡逻艇/鱼雷舰	21	22	25	30	34	35
潜艇	2	4	6	8	10	11
扫雷舰	44	38	46	53	56	56
布雷舰	2	2	2	2	2	2
坦克登陆艇	3	3	3	3	3	3
高速运输舰	0	0	0	0	0	0
反潜巡逻飞机	87	101	116	122	128	134
直升机	8	14	17	29	41	51
空军						
战术战斗机中队	9	10	10	10	9	8
战术侦察机中队	0	1	1	1	1	1
全天候战斗机中队	4	4	6	8	10	11
运输中队	0	0	0	1	1	2
地对空导弹营(奈基)	0	0	0	1	1	2
地对空导弹营(霍克)	0	0	0	0	1	1
电子对抗措施中队	0	1	1	1	1	1

财政部—预算局立场：根据财政部—预算局立场，国防部关于军队人数的观点认为美国的军事援助将按照表三和四的财政部—预算局立场中的数字所示的水平进行，而日本为改进日本军队所做的国防支出将大概会使美国对日

本的军事援助支出翻倍。

<table>
<tr><th colspan="7">共同安全部队</th></tr>
<tr><th></th><th>61财年</th><th>61财年</th><th>63财年</th><th>64财年</th><th>65财年</th><th>66财年</th></tr>
<tr><td>陆军</td><td></td><td></td><td></td><td></td><td></td><td></td></tr>
<tr><td>步兵师</td><td>9</td><td>9</td><td>9</td><td>9</td><td>9</td><td>9</td></tr>
<tr><td>步兵旅</td><td>3</td><td>2</td><td>0</td><td>0</td><td>0</td><td>0</td></tr>
<tr><td>空降旅</td><td>1</td><td>1</td><td>1</td><td>1</td><td>1</td><td>1</td></tr>
<tr><td>地对空导弹营(奈基)削减兵力</td><td>0</td><td>0</td><td>0</td><td>0</td><td>1</td><td>1</td></tr>
<tr><td>地对空导弹营(霍克)削减兵力</td><td>0</td><td>0</td><td>0</td><td>0</td><td>0</td><td>1</td></tr>
<tr><td>海军</td><td></td><td></td><td></td><td></td><td></td><td></td></tr>
<tr><td>驱逐舰/护航舰类型</td><td>37</td><td>36</td><td>34</td><td>34</td><td>34</td><td>34</td></tr>
<tr><td>巡逻艇/鱼雷舰</td><td>21</td><td>21</td><td>21</td><td>21</td><td>21</td><td>21</td></tr>
<tr><td>潜艇</td><td>2</td><td>2</td><td>2</td><td>2</td><td>2</td><td>2</td></tr>
<tr><td>扫雷舰</td><td>44</td><td>44</td><td>44</td><td>44</td><td>44</td><td>44</td></tr>
<tr><td>布雷舰</td><td>2</td><td>2</td><td>2</td><td>2</td><td>2</td><td>2</td></tr>
<tr><td>坦克登陆艇</td><td>3</td><td>3</td><td>3</td><td>3</td><td>3</td><td>3</td></tr>
<tr><td>反潜巡逻飞机</td><td>87</td><td>87</td><td>87</td><td>87</td><td>87</td><td>87</td></tr>
<tr><td>直升机</td><td>8</td><td>8</td><td>8</td><td>8</td><td>8</td><td>8</td></tr>
<tr><td>空军</td><td></td><td></td><td></td><td></td><td></td><td></td></tr>
<tr><td>战术战斗机中队</td><td>9</td><td>10</td><td>10</td><td>10</td><td>9</td><td>8</td></tr>
<tr><td>全天候战斗机中队</td><td>2</td><td>4</td><td>6</td><td>8</td><td>10</td><td>11</td></tr>
<tr><td>运输中队</td><td>2</td><td>2</td><td>2</td><td>2</td><td>2</td><td>2</td></tr>
</table>

5. 未来日本军力

<u>多数立场</u>：长期军事援助计划预期在未来5年间日本军队质量会有大幅提升，人数也有适度增长。如果计划成功实施，到1963—1964财年航空自卫队或许将能够执行现在由部署在日本的美国空军部队所执行的防御任务。根据这一计划，所有兵种都将首次配备防御导弹。这一计划的完成将使日本军队能够承担起更多的目前由美军承担的日本防卫责任。这一计划不考虑让日

本军队拥有防御地对地导弹的能力。

财政部—预算局立场：国防部认为，如财政部和预算局所提供的数据所显示的，有序减少并尽早取消无偿军事设备援助可能会带来的影响，是使日本减少训练军队的努力。如果日本减少自身的努力，再加上美国有序减少并尽早取消无偿援助，会造成日本军队在远东应对中苏集团的战斗能力逐步恶化。这样一来，日本的自卫能力将仍然有限，而美军将需要继续执行长期军事援助计划预期由日本来执行的使命。

6. 军事援助承诺

对日本的唯一正式承诺是美国同意为在日本生产 F-104 飞机提供 7500 万美元的资助。（根据可用资金的情况，可能会分别在 1960、1961 和 1963 财年每年提供 2500 万美元。）据国家小组称，尽管没有做出正式承诺，美国已经表明，在资金允许的情况下，支持日本获取部分武器的计划，以免日本缺乏此种支持而给美国带来相当大的难题。多数立场部分的数据反映了对这一计划的执行。

7. 支出趋势

日本防御支出：

多数立场：提议的成本分摊军事援助项目预期日本的国防支出以每年 10% 的速度增加。（兑换成美元，1961 财年日本的国防支出估计为 4.68 亿美元，1962 财年为 5.1 亿美元，1963 年为 5.56 亿美元，1964 财年为 6.06 亿美元。日本支出的增加，再加上根据多数立场所提议的军事援助，估计将足以完成规划的对日长期军事援助计划。）日本支出的逐步增加将用于在美国进行成本分摊项目相关的美元采购。1960 财年这些采购的金额估计为 1500 万美元，1961 财年为 2100 万美元，1962 财年为 2800 万美元，1963 财年为 3500 万美元。

财政部—预算局立场：如财政部—预算局的数额被接受，在国防部看来，日本国防支出的提高将随着美国援助的减少而逐步下降，并最终随着美国援助的终止而实际上被取消。随着美国援助的终止，日本为增进国防而在美国进行的美元采购将被取消或减少为对零件的象征性购买。

美国支出：

多数立场：（第 45 段）1960—1963 财年期间，美国的军事援助支出将继续停留在略低于 1958—1959 财年的水平。由于美国的支出伴随着在成本分摊项目下规划的日本支出的增加,所以美国的支出在对日本自卫队的总援助中的份额将逐步下降。

<u>财政部—预算局立场</u>:(第45段)由于1962财年军事援助项目的缩小,以及1963财年无偿军事设备援助的完全终止,1962和1963财年及之后几年美国的军事援助支出将锐减。

9. 费用。

表三和表四的多数立场中所列出的费用是根据提议政策的第45段作出的。

10. 琉球群岛—第50段

所拨款项用于琉球群岛美国民政府的运营费用以及(1)人员交流项目;(b)电力和供水设施建设;(3)援助琉球群岛经济、以无偿拨款的形势补充当地政府税收。附录表格中列出了拨款款项和根据第480号公法所提供的款项。民政府来自于琉球群岛美国民政府运营的业务性部门收入的一般资金所进行的经济援助和开发资助,成为对上述资金的补充。①

截至1961年的估算数值是根据美国预算给出的数额确定的,因为即使《价格法案》(见第25页脚注)及时获得通过,美国也不打算改变1961财年的拨款请求。1962—1963财年的规划项目包括(a)琉球群岛美国民政府每年180万美元的运营支出;(2)如《价格法案》所示,每年花费600万美元用于资助琉球群岛政府促进琉球经济发展(包括人员交流项目)、增进居民福祉、为琉球政府为美国军队提供的服务进行补偿,并为台风和其他灾难进行紧急救助。过去10年间的紧急救助支出都来自于第480号公法收入和琉球群岛美国民政府的非拨款基金。

---

① 原编辑者注:1959财年来自于此类业务性部门收入的经济发展投资总计360万美元,估计1960和1961财年分别为560万美元和350万美元。1959财年来自此类收入的经济援助(对琉球群岛政府的无偿拨款,以及台风和灾难救济)总计60万美元,估计1960和1961财年分别为90和40万美元。

琉球群岛项目及支出

	实际			估算	计划			总计
	50—57财年	58财年	59财年	60财年	61财年	62财年	63财年	60—63财年
项目								
经济援助	116.4	2.4	1.7	21.4①	4.7	6.0②	6.0	38.1
人员交流	2.3	0.2	0.2	0.3	0.3	—	—	0.6
总计	133.3	4.0	3.5	23.3	6.7	7.8	7.8	45.6
美国民政府运营费用	14.6	1.4	1.6	1.6	1.7	1.8	1.8	6.9
支出								
经济援助	114.1	0.9	2.3	3.8	5.0	10.0③	10.0④	28.8
人员交流	1.9	0.2	0.2	0.3	0.3	—	—	0.6
美国民政府运营费用	13.5	1.4	1.6	1.7	1.8	1.8	1.8	7.1
总计	129.5	2.5	4.1	5.7	7.2	11.8	11.8	36.5
第480号公法	4.3	2.9	1.8	6.6	N.A	N.A	N.A	—

注：因为舍入，部分数字总和与总计数额不符。

二、财政部—预算局评论

财政部—预算局的备选军事援助支出规划是为了反映出如果财政部提议的第45段的措辞被委员会接受，据此向日本提供的军事援助的数量级。该政策声明是为了反映出这一基本原则，即不应向有购买此种军事设备的经济能力的国家做出新的无偿军事援助的承诺。财政部—预算局备选方案预期与日

---

① 原编辑者注：1960财年项目包括1800万对琉球电力公司的贷款，用于建设电力设施。该贷款自贷之日5年后开始还款，25年还清。该款的支出预期自1962财年开始，当年金额为400万美元，1963财年金额亦为400万美元。

② 原编辑者注：包括人员交流项目。

③ 原编辑者注：1960财年项目包括1800万对琉球电力公司的贷款，用于建设电力设施。该贷款自贷之日5年后开始还款，25年还清。该款的支出预期自1962财年开始，当年金额为400万美元，1963财年金额亦为400万美元。包括人员交流项目。

④ 原编辑者注：同上。

本政府进行全面协商,并逐渐减少美国援助以避免突然终止可能造成的负面政治影响。

财政部和预算局强调,美国已经对日本政府做出了为在日本生产F-104飞机提供7 500万美元的援助的承诺。预期这一承诺将从1960财年开始兑现,在3年期间支付完成。据此,美国现在应该需要在1961和1962财年分别向日本进行2 500万美元的军事援助。为表明军事援助项目的逐步减少而提出的规划将包括在1961财年做出额外的3 000万美元的新承诺(在为F-104飞机提供的援助之外),1962财年做出额外的1 000万美元的新承诺(在为F-104飞机提供的援助之外),以及在1963财年做出额外的1 500万美元的新承诺,之后,将不再做出军事设备援助的新承诺,但是实际上对日军事设备交付可能在设备全被交付完之前持续一段时间。无偿培训援助可能会继续。

财政部和预算局提议政策的费用估算并不取决于对日本军队的规模及能力或日本国防支出的数额的任何特别假设。根据这一政策,日本军队的规模、能力或国防支出的增加或减少不会对美国军事援助的费用造成影响。

财政部和预算局在提议这一政策的同时完全承认,根据这一政策,无法执行长期对日军事援助计划,而国防部的备选军事援助规划正是基于这一计划的。财政部和预算局也完全承认这一事实,即,如果美国的援助按照提议的方式逐步减少,日本可能不会完全按照国防部的备用规划所规划的程度和时间来加强其军队并对其军队进行现代化改造——除非日本感到为其自身安全有必要加强其军队并对其军队进行现代化改造。在后一种情况下,日本将能轻而易举地进行所提议的军队建设和现代化改造。

国防部对财政部和预算局所提出的关于日本军队未来能力的政策的效果做了评论,对于这一评论是否是针对更为突然地终止军事援助而不是针对财政部—预算局提案所设想的新承诺的逐步减少,财政部—预算局存有疑问。

三、国务院和国际合作总署评论

1. 进出口银行贷款

在执行其促进美国产品和服务出口的法定目的时,进出口银行可能将继续向日本发放大额短期棉花贷款。

2. 国际合作总署对日技术援助

国际合作总署双边对日技术支援将于1961财年底结束。生产力项目已经足够稳固,可以在1961财年之后独立运行。1961财年的资金提议是为确保国际合作总署资助的双边行为的有序逐步减少。国际合作总署将对1961财年项目的尚未完成部分和之前几年的国际合作总署项目的义务进行清算。1962财年及之后,国际教育交流服务处和日本美国新闻处将负责劳工、民航和原子能领域行动的项目规划、经费筹措和执行。

1961财年之后,部分国际合作总署的地区技术合作活动将继续。根据与日本政府的合作、成本分摊协定,美国将继续使用日本设施培训其他国家的国际合作总署参与者。国际合作总署将在日本保留一个小的办事处以开展对第三国参与者的培训和地区剩余财产的采购活动所必须的管理和技术工作。预期这一小组还将执行与预期的亚洲生产力组织相关的功能。这一办事处暂时还需要一部分国际合作总署人员对1961财年和之前年份规划的活动进行清算。

3. 第480号公法项目

第一条款—1956财年以来,未再进行第一条款范畴内的销售,在可预见的未来,也将不再进行此种销售。

第二条款—已经非正式通知日本政府,国际合作总署不太可能延续1957财年批准的目前的为其4年的学校午餐项目,而日本政府也未再提出此一类型的新项目的要求。

第三条款—预期目前考虑的1961财年的项目之后,不再在日本为志愿机构活动开展第三条款下的项目。

(U. S. Policy toward Japan, Top Secret, National Security Council Report, May 17, 1951. Digital National Security Archive (DNSA), PD00141.)

4. 国家安全委员会备忘录

00052
1960/06/11
NSC 6008/1
1960年6月11日
国家安全委员会
美国对日政策
美国总统行政办公室

国家安全委员会
华盛顿
1960 年 11 月 10 日

国家安全委员会备忘录

主题：美国对日政策

参考文件：A. NSC 6008/1

    B. NSC Action No. 2215-c

  国家安全委员会计划局于 1960 年 7 月 22 日根据 NSC Action. No. 2215-c 文件审阅了 NSC 6008/1 文件，认为 NSC 6008/1 文件仍然有效，毋需更新。

  兹要求将该备忘录作为插页附于每份 NSC 6008/1 文件副本的封面之后。

詹姆斯·S. 莱伊（James S. Lay, Jr）
执行秘书

抄送：财政部长
   商务部长
   劳工部长
   预算局长
   参谋长联席会议主席
   中央情报局局长

NSC 6008/1
1960 年 6 月 11 日
执行秘书就美国对日政策向国家安全委员会所做说明

参考文件：A. NSC 5516/1

    B. NSC 5913/1

    C. NSC Actions No. 2072、2219-b-(1)

    D. 1959 年 4 月 8 日行动协调委员会关于 NSC 5516/1 文件的报告

    E. NIE 41-60

F. NSC 6008

G. NSC Action No. 2240

国家安全委员会、财政部长、商务部长、代理劳工部长、预算局长在1960年5月31日召开的国家安全委员会第446次会上，依照NSC Action. No. 2240-c文件中所做的修改，采纳了关于NSC 6008文件中的主题的政策声明。

在进一步考虑了第446次国家安全委员会会议上关于NSC 6008文件的第60段的讨论之后，指示，因为该段第一句结尾的以下文字过于详细，不适合包含在国家安全委员会的政策文件中，对该段文字予以删除：

"阻止设计盗版、侵犯专利、企业联合和其他不公平的商业行为。"

截至今天，总统已经批准了NSC 6008文件中的政策声明，修改之后作为NSC 6008/1文件在此附上。总统指示美国政府所有相关行政部门和机构执行该政策声明，并指定行动协调委员会为协调机构。

财务附录将稍后发布。

根据NSC 2240-d文件，委员会注意到，关于修改过的NSC 6008文件第51段，总统做出决定，即，现阶段，维持对《和平条约》第三条所列举的岛屿的现有程度的管辖对我们的关键安全利益至关重要。

随附的政策声明已获批准，将取代NSC 5516/1文件。

詹姆斯·S. 莱伊（James S. Lay Jr.）

执行秘书

抄送：财务部长

商务部长

劳工部长

预算局长

参谋长联席会议主席

中央情报局局长

美国对日政策

目录

概论 1

引言 1

日本的重要性 1

内部形势　2
　　国际导向　6
　　美国角色　8
目标　9
关键政策指导　10
　　政治　10
　　军事　11
　　琉球群岛、小笠原群岛及其他太平洋岛屿　13
　　经济　14
财务附录(待发布)

美国对日政策声明(略,见上文)

5. 帕森斯致麦钱特

00049
1960/06/09
1960年6月9日
收件人:管理事务副国务卿帮办办公室——麦钱特(Merchant)先生
经由:国务院执行秘书处
发件人:远东事务局——帕森斯(Parsons)先生
主题:国务院与国防部在琉球政策上的分歧

　　在狄龙(Dillon)先生给您的6月1日的备忘录中,他认为与参谋长联席会议就他们对国务院在冲绳问题的处理和我们与日本关系上观点的强烈不信任进行讨论会有所帮助。

　　特文宁(Twining)将军在国家安全委员会会议上表达的观点反应了国务院和参谋长联席会议在琉球问题的处理上的基本分歧,这一分歧已经存在了若干年。在过去大概一年的时间里,因为没有在琉球政策上与参谋长联席会议之间产生重大问题,掩盖了这一观点上的基本分歧。但是,近期国家安全委员会对日本的行动使这些分歧再次显现出来。

总体而言,自从杜勒斯(Dulles)国务卿承认日本对琉球群岛的剩余主权,参谋长联席会议就深信国务院不愿以足够坚定的态度拒绝日本返还主义者的要求。1953年归还最南端的岛屿奄美群岛给参谋长联席会议敲响了警钟。1958年早期,冲绳出现了关于我们土地政策的政治危机,危机期间,杜勒斯国务卿提出了在琉球群岛建立一个美国飞地,将飞地之外的领土归还日本的可能性,这进一步加深了参谋长联席会议的怀疑。麦克阿瑟(MacArthur)大使当时还提出了由民政府取代军政府的可能性。尽管这两种可能性都已经被否定了一段时间了,参谋长联席会议的不信任态度仍然存在。

最后,对于目前允许日本与该地区进行有限接触并在此享有有限利益的政策感到不满。

根本而言,我们猜测,参谋长联席会议希望美国政府发表措辞明确的声明,表明我们打算无限期地管辖琉球群岛,并认为在任何情况下都不可能归还琉球群岛。同时,他们显然寻求减少琉球群岛与日本的接触并加强他们与美国的联系,以便琉球人最终能倾向美国而非日本。

日本政策文件琉球部分的两个分歧反应了在这些问题上观点的不一致。(附件为国家安全委员会文件和我给国务卿的关于该文件的备忘录。)参谋长联席会议的目标是在目前的情况下,在琉球群岛的保留对我们的安全利益至关重要之时,维持美国对琉球群岛的管辖,对此我们完全支持,但是,我们相信,参谋长联席会议明确倡议的坚定立场并不会如他们所愿减少琉球群岛或日本的返还主义者造成的压力。相反,任何日本政府,无论多么友好,都会被迫最大程度上拒绝美国可能做出的在琉球群岛无限期停留的决定。此一行动的后果会是立即增加返还压力,并损害我们与日本的整体关系,包括新条约带来的关系。

参谋长联席会议也低估了连接日本和冲绳的文化、语言和种族纽带,尽管战前遭到日本一定程度上卑劣对待,琉球人是日本人,且他们自身也这么认为。他们不希望斩断与日本的联系,同样,日本对琉球人也有着强烈的情绪和情感依恋。想切断这些联系是不现实的,为此目的而采取的行动只会导致最严重的反应,可能还会使1958年显现的亲共产主义势力死灰复燃。

因此,我们认为,我们别无选择,只能接受返还主义者的压力,并尽力把它们保持在可管控的范围内。为此,我们赞成一个三管齐下的政策:

1. 仅在保留琉球群岛关系我们至关重要的安全利益的时期内,尤其是在琉球群岛作为我们在东北亚仅有的关键作战行动的军事基地的时期内,保持对琉球群岛的管辖。
2. 只要其行动不侵犯我们的管辖权,允许日本保持与琉球群岛的联系。
3. 管辖该地区期间,遵行为防止美国政府与琉球人之间的重大分歧而制定的政策,因为此种分歧容易刺激琉球群岛和日本的返还主义者施加压力。

(State-Defense Divergencies on Ryukyu Policy, Secret, Memorandum, June 9, 1960. Digital National Security Archive (DNSA), JU00049.)

6. 谈话备忘录

00090

1961/04/08

国务院

主题:日本

与会者:约翰·F·肯尼迪(John F. Kennedy)总统
　　　 欧洲事务局——道格拉斯·麦克阿瑟二世(Douglas MacArthur Ⅱ)大使

抄送:白宫——邦迪先生
　　　国务院执行秘书处　　　国务院国际贸易办公室商业政策和条约科
　　　政治事务副国务卿帮办　国务院经济事务局商品科
　　　国务院政策规划人员　　情报和研究局协调科
　　　远东事务局——2　　　 东京美国大使馆
　　　东北亚事务处——2
　　　国务院经济事务局

在讨论了比利时和刚果问题之后,总统提出了日本问题。他说他知道前总统艾森豪威尔(Eisenhower)今年秋天可能访问日本,并询问他将受到何种接待。我说,我认为艾森豪威尔将军会受到日本人民热烈而友好的欢迎,尽管日本社会党不会正式参与欢迎。之后总统说,尽管他没有明确的计划,他想知道如果未来有机会访问日本,他会受到什么样的接待。我说,总统年轻、有活力、外表精神,已经吸引了许多日本人的注意力。我认为除非有新的不可预测的情况出现，如果总统决定访问日本，会受到日本人民的热烈欢迎。

我们简短讨论了日本对美国和自由世界的重要性，我提到并简单概述了我所认为的在日本方面对我们自身利益至关重要的 4 个方面：

a. 我们与日本的贸易。日本是我们的第二大出口市场，是我们剩余农产品的最大市场之一，而且在过去 5 年中，日本通过商业途径购买的美国产品比我们购买的日本产品多 20 亿美元。

b. 美国在日本的军事基地对我们在受到威胁地区的合理距离内部署军队做出了巨大贡献，我们在那里部署的部队，不至于难以应对珍珠港式的致命一击，同时又在维护第七舰队和我们在西太平洋的其他部队方面每年为我们节省上亿美元的费用；

c. 日本作为全球四大工业国之一的战略重要性。

d. 日本通过赔偿和其他项目在资源和专业技能方面对东南亚经济发展所做的贡献。

我向总统提到，日本与美国最牢固的利益关系是，对日本而言，贸易必须是为生存而贸易。因此，我对于美国不断增长的要求对日本施加贸易限制的压力感到十分不解。我说，贸易限制就像某种形式的国际瘟疫一样，是传染性的，如果我们和其他国家开始通过贸易限制政策将日本产品隔离在我们的市场之外，我们所面对的日本要么选择通过绝食进行全国性自杀，要么就转向共产主义集团寻求帮助。日本不会自杀。长期而言，日本的对外政策和国际导向将受限于其生存的经济现实，尤其是这一事实，即日本要么贸易，要么死亡。因此，哪里能够谋生，和谁能够谋生，日本就会选择哪里，就会选择谁。

总统说，在部分进口产品，尤其是棉纺织品方面，正在出现巨大压力。他给我看了桌上一张表，该表表明，尽管由于日本自愿限制对美纺织品出口的项目，自 1957 年以来，日本对美国的纺织品进口一直维持在稳定的水平，但美国从香港和其他地区的纺织品进口已经出现猛涨。总统说，需要对该问题采取一定措施，因为否则国会可能感觉有必要采取措施。但是，因为日本表现良好，遵守了他们的限额，处理该问题时不应该处罚或伤害日本。

我提到说，日本对于施加贸易限制十分敏感。我说我们已经在进口自由化的项目上成功向日本施加了巨大压力，尽管日本行动的速度并没有我们所希望的快，他们正稳步朝着正确的方向前进，而去年我们向日本的出口与之前一年相比增长了40%多。我担心,我们对日本施加限制措施会对日本的贸易自由化项目产生负面影响。

之后总统询问了日本人对共产主义中国的观点。我向他解释了日本为何以完全不同的视角看待共产主义俄国和共产主义中国。我说,就在我离开东京之前,首相和外相已经向我承诺在7月份首相得到机会与总统透彻讨论对华政策之前,他们不会对日本的对华政策作出任何重大修改。我解释说,尽管日本保守党的领导和负责任的商界领导对对华贸易和政治关系问题态度很现实,并希望台湾保持自由和独立,但日本草根民众中有着强烈的怀旧情绪,认为日本应该采取措施改善其与中国的总体关系。

之后总统询问了冲绳问题,表示他已经阅读了我为新政府准备的备忘录(1960年12月16日),该备忘录概述了目前美国对日关系的现状,以及未来我们会面临的问题。在那份备忘录中我提到冲绳局面是一个持续问题,而总统想知道现在冲绳形势如何。我回答说,由于我们将土地征用政策由一次性付款改为了支付租金,以及我们不再将日本人排除在外,而是邀请他们参加琉球群岛的社会和经济发展政策,冲绳的总体形势是平静的,尽管直到回归日本管辖权之前,它将仍然是个棘手问题。我感觉,将该问题控制在易处理的范围之内的关键是让冲绳人民对我们的管辖感到适当的满意。因为当琉球人民对我们的管辖不满,并开始公开表达他们的不满时,日本的9300万居民迅速作出回应并反过来进一步煽动了冲绳人。因此,我们在冲绳的政策和行动都应该保持冲绳人的适度满意,因为这对于将冲绳作为一个可靠的军事基地至关重要。

(Japan,Confidential,Memorandum of Conversation,April 8,1961. Digital National Security Archive (DNSA),JU00090.)

7. 池田(Ikeda)首相华盛顿之访

VIW P-19
1961年6月15日
00109
1961/06/15

美国在琉球群岛问题上的立场和美日关系

（仅在日本主动提起时讨论）

预期之日本立场

1. 日本人希望收回琉球群岛的行政管辖权，并认为美国政府一直知道琉球人是日本人，而他们渴望岛屿的行政管辖权回归日本。

2. 因为美国对岛屿管理的成败直接影响美日关系，所以日本政府要求美国政府进一步考虑促进岛屿的经济发展和社会保障。日本政府方面准备进一步与美国政府合作为此努力。

3. 日本政府可能会提议以下具体措施：

（a）允许琉球岛民在新年假日的前3天（1962年1月1—3日）在公共建筑上悬挂日本国旗。

（b）允许那霸的日本政府联络办公室为符合条件的琉球人签发护照。

建议之美国立场

1. 对于日本政府与我们合作、帮助我们维持在琉球群岛的地位，我们深表感激，因为琉球群岛在远东自由世界的防御中至为重要。现在，美国政府想重申，因为远东存在的威胁和紧张形势仍然对自由世界构成危胁，美国有必要对琉球群岛实行《和平条约》第三条所规定程度的管辖。美国之所以留在琉球群岛，是因为侵略性的共产主义对整个自由世界，尤其是包括日本在内的远东国家的威胁。在保卫日本和其他太平洋地区的自由世界领域方面，美国很大程度上有赖于冲绳的军事基地。同时我们也希望向日本政府保证，我们知道将琉球和日本联系在一起的种族、语言和文化纽带。

2. 就我们在琉球群岛的管辖任务而言，我们的目标是尽可能满足琉球人民提高生活水平和自治程度的愿望。例如，去年实施的《价格法案》规定每年提供600万美元用于援助琉球的经济发展。而这仅是美国以救济物资、灾后修复拨款、重新安置基金和发电厂和供水设施等公共工程建设的形式提供的全部直接援助的一部分。对于日本提出的批准对琉球群岛提供技术和经济援助，以及批准美日联合采取进一步措施促进岛民的经济和社会发展的要求，我们也会给予同情的考虑。当然，我们明白，日本的援助需要和美国高级官员进行协商并受其管控。我们希望日本政府就对于该问题进行协商的建议做出进一步评论。两国政府的代表正开会对这一问题进行更为详细的讨论,此时,我们可以为约定项目的启动设定一个目标日期。但是,在不知道将开展的项目的性质的情况下,在这个时候设定日期看起来是不现实的。

3. 作为对日本政府的具体提议的回应,美国政府:

（a）准备同意琉球岛民在新年假期的前3天在公众建筑上于美国国旗旁悬挂日本国旗。

（b）将考虑日本提出的允许那霸的日本联络办公室签发日本护照的请求。美国政府将通过常规外交渠道向日本政府就这一请求作出回应。

讨论

正如《和平条约》第三条所规定的,美国在琉球群岛行使"所有及任何行政、立法和司法权",并承认日本对这些岛屿拥有剩余主权。此外,只要远东尚存在威胁和紧张局势,美国便有必要保持这些岛屿的状况。就在1961年3月19日,参谋长联席会议再次强调了岛屿的至关重要的战略重要性,强调美国对岛屿的管控对于其实现在太平洋地区的安全使命仍然具有根本重要性。现有的国家安全政策声明,考虑到远东的共产主义威胁和与日本的新安全协定,美国应该维持对《和平条约》第三条所列举的岛屿的管辖,总统认为这对于此类安全利益而言是至关重要的。1960年6月,艾森豪威尔（Eisenhower）总统声明,目前,维持对《和平条约》第三条所列举的岛屿的现有程度的控制是我们的关键安全利益所必须的。

但是,只要美国管辖这一地区,琉球群岛就将是美日关系中的敏感政治问题。琉球群岛知道并理解美国的行动和设施对于岛民的总体福利的重要性。在岸信介首相和池田首相的领导下,尽管面临着日本要求收回岛屿的压力,尽管要求收回的压力既来自对美国持友好态度的派别也来自日本和琉球群岛的左派,日本政府与美国政府合作,并未强烈要求美国归还琉球群岛的管辖权。作为其把返还主义者带来的压力限制在政治上可接受的范围内并表明其重视的努力的一部分,日本政府已经寻求在教育问题,以及经济和技术援助上扮演更积极的角色。但是,日本和琉球在种族、文化、经济和语言上的联系会继续在两地制造要求返还的压力。

过去已经表明,如果下列条件得到满足,可以控制返还主义者的压力:

(a) 琉球群岛和日本的政府稳定、温和而友好;

(b) 有效解决琉球人对经济和社会的抱怨,并避免琉球人民和美国行政当局之间的重大、长期矛盾;

(c) 琉球群岛的生活条件持续改善,如果在美国的帮助下,琉球地方政府无法提供与日本类似的社会福利项目,琉球人民预期会转向日本寻求经济援助;

(d) 给日本提供机会表明其对琉球人民福利的重视,以及对日本和琉球群岛间的文化和语言纽带的重视,并且,依照美国的安全需求,允许日本在美国管辖的框架内提供经济和技术援助;

(e) 美国抓住适当机会指出其对岛屿管辖的有效性。

目前,影响我们的对日关系的返还主义压力主要集中在以下问题上:

1. 琉球群岛一直存在要求增加日本和美国对琉球群岛的经济援助的煽动。尽管驻琉球美军开支巨大,美国今财年批准了价值500万美元的援助项目,日本也有一个大约130万美元的援助项目,当地琉球政府还是无法提供类似于日本的社会福利项目,而琉球人民也未实现与日本的大多数县相当的生活水准。这进一步增加了琉球人对于返还的渴望,并使它们转向日本寻求更多的经济援助。为此,预期日本可能会要求美国同意日本更多地参与对岛屿的经济援助。

2. 为实行日本的援助项目,琉球人提议成立一个美—日—琉球三方委员会。除了作为讨论和执行日本援助的论坛,该三方委员会还是琉球政府的行政长官和立法机构中占据主导的亲美党派领袖向琉球人民表明其按部就班的返还计划的现实性和成功可能性的途径。但是,目前,高级专员和琉球群岛政府与日本政府之间有效且在其他方面令人满意的联络事实上是通过我们在东京大使馆来实现的。考虑到更加正式的组织可能显然会给我们的立场带来的麻烦,我们既未接受也未公开拒绝琉球的建议。日本人对该建议也没有太大的热情。

3. 作为对各种琉球组织的请求的回应,日本外相小坂(Kosaka)在1960年9月与国务卿赫托(Herter)的会面中要求允许琉球岛民新年当天在琉球学校悬挂日本国旗。随后,日本政府要求进一步允许在新年假期的前三天内悬挂国旗,而且是在包括琉球所有的政府建筑在内的建筑上悬挂国旗。日本或琉球群岛并未出现大的公开煽动,要求将琉球人现有的权利扩展到在私人住宅或在非政治性集会中悬挂日本国旗。但是同意日本的请求是符合我们的利益的,在感谢日本政府在管理琉球中与我们的合作时,我们会这样做,也是暗中以此交换日本政府在此方面的继续合作。

4. 近期日本议会通过了一项决议,要求邀请琉球"观察员"到日本议会。作为回应,琉球立法机构通过了一项支持性决议,赞同议会的决定。一旦这些决议致使琉球人受到邀请,这会给美国和日本都造成严重问题。琉球人在日本议会的出现不仅会在事实上——如果不会在法律上——侵犯我们的管辖权,并且会为社会党人不断在美日关系问题上向政府发起攻击提供方便的借口。因此,尽管哪个政府都不支持邀请琉球观察员到日本议会,这一问题仍然具有潜在的危险性。

5. 一直有来自琉球的较大压力要求派日本的教师顾问到琉球,帮助琉球教师改善他们的教学方法。1959—1960年这一年中开展了一个此类项目,但是因为高级专员的反对,并未继续。高级专员反对该项目(尽管日本保证他们会遵守他所提的任何条件)的理由是,地方教育工作者是满意的,而教育是激起返还主义者情绪的主要领域,他同意了最初的项目是因为日本议会的行动造成了既成事实,允许项目得以完成是政治上的权宜之计,而参加了该项目的琉球教师预期可以自己继续类似的项目。

6. 希望防卫琉球群岛并"视察"那里形势的日本议员会时不时制造压力。因为安全原因和我们与日本的关系,不可能让议员源源不断地访问琉球群岛。同时,我们不能允许因为我们拒绝议员访问琉球群岛,反对我们管辖的煽动在日本变得活跃起来。1957年和本月,高级专员邀请议会代表团作为他的客人访问琉球群岛。尽管高级专员如此具有远见的举动会暂时平息骚动,稍后此类骚动还会复苏。这样看来,议会参观者的问题是我们对日关系中存在并且只要管辖琉球群岛是我们的安全利益所必须就将继续存在的所有问题的典型表现。

7. 琉球群岛的居民被承认是日本人,在去国外旅行时可以使用日本护照或者琉球群岛美国民政府所签发的身份证明。但是,要获得日本护照,他们必须去东京。过去,由于旅行时使用作为旅行证件并不广为人知的身份证明,部分琉球人遇到了一些麻烦,尤其是在欧洲和南美。因此,日本要求批准那霸的日本政府联络办公室签发日本护照,以为琉球人到国外旅行提供方便。

起草：

东北亚事务办公室——哈弗坎普（Haverkamp）先生

施耐德（Sneider）先生

审查：

东北亚事务办公室——培根（Bacon）先生

远东事务局——詹金斯（Jenkins）先生

国防部——里迪（Reidy）上尉

（Visit of Prime Minister Ikeda to Washington, June 20—23, 1961_ United States Position in the Ryukyus and United States-Japanese Relations, Confidential, Position Paper, June 15, 1961. Digital National Security Archive (DNSA), JU00109.）

8. 国务院谈话备忘录

00122

1961/06/22

日期：1961年6月22日

1961年7月17日国务卿办公室批准

主题：琉球群岛

与会者：日本

外相小坂善太郎（Zentaro Kosaka）

浅井一郎（Koichiro Asakai），日本驻美大使

岛重信（Shigenobu Shima），副外务大臣帮办

牛场信彦（Nobuhiko Ushiba），外交部经济事务局长

西山晃（Akira Nishiyama），日本大使馆公使

抄送：岛之内户城（Toshiro Shimanouchi），外交部参赞，翻译

加藤忠雄（Tadao Kato），日本大使馆参赞

美国

国务卿

埃德温·O.赖肖尔（Edwin O. Reischauer），美国驻日大使

远东事务局——莫尔特·P.麦康瑙希（Malter P. McConaughy），助理

国务卿

东北亚事务办公室——理查德·L. 施耐德(Richard L. Sneider)，日本事务主管

公共事务局——罗伯特·J. 麦克洛斯基(Rober J. McCloskey)，新闻官

詹姆斯·J. 威克尔(James J. Wickel)，国务院翻译

抄送：国务院执行秘书处—3

政治事务副国务卿帮办

政策规划委员会

远东事务局

东北亚事务办公室——3

情报和研究局协调科——2

国际安全事务国防部长办公室——尼采(Nitze)先生

国际安全事务国防部长办公室——里迪上尉

那霸高级专员政治顾问

那霸美国领事馆

东京美国大使馆

白宫——邦迪先生

白宫——罗斯托(Rostow)先生

  国务卿告诉外相他打算随后告诉首相，美国同意他提出的假日期间在所有公共建筑悬挂日本国旗的建议。高级专员所建议的假期和公共建筑列表及高级专员公告的文本交给了外相。外相随后对这些细节表示了赞同。

  国务卿督促，不要给公众造成这样的印象，即，悬挂日本国旗意味着美国对琉球群岛的管辖责任发生了改变。他说，美国希望这一举动的作用仅在于确认日本对琉球群岛的剩余主权，以及琉球人日本国民的地位。外相表示完全赞同。国务卿还回忆说，在总统和首相6月21日的最后讨论中，总统问首相悬挂日本国旗是否会增加或缓解要求返还的压力。总统之所以同意首相关于悬挂日本国旗的建议，是因为这一举措有助于稳定琉球群岛的局势。

  (The Ryukyu Islands, Confidential, Memorandum of Conversation, June 22, 1961. Digital National Security Archive (DNSA), JU00122.)

9. 马歇尔·格林致希尔斯曼

00313
1964/02/17
国务院
助理国务卿
1964 年 2 月 17 日
收件人:远东事务局——希尔斯曼(Hilsman)
发件人:远东事务局——马歇尔·格林(Marshall Green)

　　此处是关于上周六您向我提到的关于在琉球群岛设立文职高级专员的建议的几点思考,请向国防部长汇报。

　　我承认这一方案有若干优势。这会大大拓宽高级专员人选的选择范围,从而更有机会找到有能力和声望,并致力于执行肯尼迪总统 1962 年 3 月 19 日声明的人选。一个文职高级专员也不会感觉他的事业取决于他遵行陆军部的观点和期望的程度。第三,一个文职高级专员有助于为我们设想的变化创造条件,例如由国防部国际安全事务办公室而非陆军部在民政问题上提供支援。

　　我认为这一方案的主要问题在于,在日本,日本人会把它解释为这是美国向着对琉球群岛进行永久统治迈进一个步骤,强大的日本左翼也会抓住这一点。我们在那里的使命完全是军事上的,现在由军事人员统治体现了这一点。此外,管理建制上的任何变化都倾向于将注意力集中在冲绳问题上,因此,这会给日本和冲绳那些努力让人们关注冲绳问题的人提供动力。

　　经过这一系列相互矛盾的考虑,我的结论是,如果我们能够选定一个没有偏见且在政治上成熟的军官[如我们在考虑博恩斯蒂尔(Bonesteel)将军时所想的那样],则继续由军事人员统治优势更大一些。如果我们找到这样一个军官,我认为我们还应该坚持让他对国防部国际安全事务办公室而不是陆军部汇报,且他一定要执行肯尼迪总统关于琉球群岛的政策,并定期汇报执行情况。

　　另一方面,如果我们找不到这样的军官,则我同意,找一个有能力和声望的文职高级专员更好些。这样的话,我们应该以以下理由解释这一变化:我们希望更有效地促进肯尼迪—约翰逊总统增进琉球自治、提高人民自由,并建立更有成效的琉球—日本关系的目标的实现。现有的军事建制有时会对日本人进行粗暴对待,因此我们提议的变化可能使日本人感到很舒服,尤其是如果按照以上说法加以解释的话。

(High Commissioner for the Ryukyus, Secret, Memorandum, February 17, 1964. Digital National Security Archive (DNSA), JU00313.)

10. 谈话备忘录

00324

1964/06/04

国务院

1964年6月4日

主题:美国对琉球群岛政策

与会者:艾尔伯特·沃森二世(Albert Watson Ⅱ)中将,候任琉球群岛高级专员

约翰·J. 达菲(John J. Duffy)上校,陆军部军事行动副参谋长办公室内政主任

马歇尔·格林(Marshall Green)先生,远东事务助理国务卿帮办

罗伯特·A. 费尔耶(Robert A. Fearey)先生,东亚事务局代理副局长

理查德·W. 皮特里(Richard W. Petree)先生,日本事务处代理主管

抄送:远东事务局—(3cc) 远东事务局公共事务官—1 东京美国大使馆—(2cc)—2 东亚和太平洋事务局—(3cc) 情报和研究局—8

格林先生说他个人与琉球问题的接触始于50年代中期,当时世界各地遍布基地问题。1955年助理国防部长纳什(Nash)被任命代理一个研究小组研究我们海外驻军的范围以及大规模海外驻军所带来的各种问题。这一小组的研究将高层的注意力集中到了这些问题上。1957年,美国从日本撤出了所有战略地面部队。自此,基地数量的减少以及在处理可称为"社区关系"问题方面的改善,减少了我们的海外基地相关问题的数量和严重性。

格林先生评论说,美国在琉球群岛的问题总体而言不是一个"社区关系"问题。他知道我们与琉球当地人民之间的关系良好,而且在"社区关系"层面

上我们也处理得很好。

格林先生接着说,我们在冲绳最大的问题与我们和日本的基本关系有关。他督促沃森将军访问大使馆听取关于目前日本的形势和日本与我们的琉球问题之间的关系的简报。格林先生指出,在议会中占据几乎 2/3 席位、并拥有大多数选民支持的保守的自民党,完全明白维持我们在琉球群岛的军事基地的必要性。他说,日本的保守派认为,如果我们削弱在琉球群岛的军事地位,日本的中立主义会变得更加强大。领导层中的保守派希望保留我们在琉球群岛的基地。

格林先生说,日本的问题不在于领导层中的保守派的理解和认识。日本领导人的关键政策问题在于,任何惊慌和琉球人民对目前形势不满的证据都会加强左派反对目前政府的地位。他说我们强烈感觉,为目前日本的保守派尽可能长时间掌权创造便利是符合我们的利益的。

有助于减轻日本的友好执政派别的压力的具体行动的一个例子是,我们应该允许来自多个群体的日本人到琉球群岛旅行,以促进日本和琉球群岛更加自由地往来,并维持对这一地区的积极重视。很显然,日本个人去琉球群岛的动机并不总是纯正的。如果我们能这样处理此类问题,让日本人感觉我们承认他们的长期主权,并打算为将琉球群岛归还日本创造条件,反对派对目前友好的日本政府的压力将被抵消。我们必须继续明确表明,我们对琉球群岛没有领土野心,我们在此驻军的唯一目的是保卫该地区,只要此种保卫仍属必须。

格林先生表达了这一观点,即,如果在琉球群岛问题上我们对日本采取此种路线,我们与日本之间将不会有严重问题。过去 15 年间,我们对此问题的处理总体上是很成功的,但是如何兼顾日本在琉球群岛的自然利益的问题一再出现,并仍然是影响我们在琉球群岛地位的关键因素。1962 年肯尼迪总统的政策声明为在琉球群岛问题上与日本达成理解并建立合作关系打下了良好基础。该政策声明是进一步解决该问题的纲领。

沃森将军说,他希望在这一点上更详细地向赖肖尔(Reischauer)大使咨询,但是很想知道,在我们保留冲绳基地的军事理由这一关键问题上,我们是如何加强目前日本政府的地位的。他认为,我们有必要继续督促日本政府教育日本人民知道琉球群岛的防御使命。成功地在日本人心中明确这一点,对于左派和大众对我们在琉球群岛地位的反对将是一个重要的抵制力量。我们寻求在琉球群岛完成的使命是军事防御。正是因为这个唯一原因,我们才留在那里。因此,沃森将军表示愿意探讨尽可能施展这一理由的方式和方法,以巩固日本政府的地位。

作为回应,格林先生指出,日本的政治趋势看似正在远离极端主义。他描述了左派选举力量的逐步增长,尽管1963年增长的速度放缓了,但是这种增长可能会使左派在20世纪70年代的某个时间掌权。他描述了日本左派中观点和政策温和化的相反趋势。这两种相对的趋势明确表明,我们在日本的基本利益并没受到迫在眉睫的威胁,即使中国问题也没有使日本发生以意识形态为分界线的分裂。的确,商业利益正驱使日本增加与大陆的接触,但是日本政府的政策仍然是明显支持美国利益的。简言之,日本的基本趋势是对美国有利的。

格林先生说,在军事方面总体趋势也是对我们有利的。由于二战中的灾难,大多数日本人对任何与核相关的事务都有着强烈的恐惧。但是,过去5年间,我们看到了此类负面态度减弱的趋势。日本人民已经逐步开始从更理智的角度接受目前世界的军事现实。

格林先生说,我们打算顺应日本的这些趋势。长期来看,对于成功应对琉球问题的唯一威胁是可能出现的民族主义恐慌。琉球群岛是日本的,日本人和琉球人都这样认为。我们已经公开承认了这一基本的民族主义关系。鉴于目前日本和琉球群岛的情绪,几乎任何问题都有可能造成民族主义情绪的爆发。我们必须以此种方式处理与日本的关系,即,承认日本在琉球群岛的权利和天然利益。

费尔耶先生说,美国并没有让日本公众相信琉球基地对日本安全的重要性的公开项目,以作为在这一点上支持日本政府立场的方式。这样的项目可能会刺激左派,并可能产生事与愿违的结果。但是东京美国大使馆和高级专员给态度友好的日本军事评论员提供了汉森·鲍德温(Hanson Baldwin)类型的机会,让他们来到岛屿并向日本公众报道我们在那里的权力,及其对日本安全的重要性。此外,日本议会和其他领导人也对琉球群岛进行了组织有序的参观。此类行动是可行的也是可取的,但是美国在日本的公开项目却非如此。

沃森将军谈到了他的姐夫(妹夫)在德国慕尼黑的一个陆军司令部的经历。该陆军部队在某一地区有个小的步枪靶场,并因为靶场的噪音而遭到当地居民的批评。沃森说,他的姐夫(妹夫)的回答是,"唯一比我们在这里更糟的事情就是我们不在这里"。格林先生指出,1957年决定从日本撤离美国地面部队之后,出现了很多反对我们撤军的示威。

格林说,民族主义是个大问题,其表现形式有时候危险而又徒劳无益。我们在琉球群岛的统治是我们全球唯一的一处"殖"统治,这一局面遭到了共产党以民族主义为号召力的攻击。目前为止我们竟然像我们已做到的这样很好地维持了对冲绳的统治,这简直是惊人的。他认为,这是对岛屿的军事指挥部很好地完成工作的嘉奖。因为民族主义的因素,日本在这一地区角色的问题比琉球的内部问题更加难以解决。

费尔耶先生说,在琉球群岛问题上,日本政府并没有向我们提过多要求。日本政府只是需要表明对琉球人民福利的适当程度的关心;在不有损于美国的基地权利和责任的基础上,逐步与琉球的行动建立更密切的联系;并让美国政府如肯尼迪总统的声明所表示的,承认未来琉球群岛将归还日本管辖。大多数日本人承认琉球群岛基地对日本安全的价值,也承认日美关系总体上的重要性,这意味着,如果我们满足这些温和的要求,我们有望在未来很长一段时间将日本的要求返还的情绪加以良好控制。格林先生说,琉球人中存在公开的返还主义情绪是自然的事情,但是只要加以控制,对我们而言,是件好事,因为这让日本确信,美国并没有让琉球人疏远日本。

费尔耶先生说,他认为高级专员对日本问题的处理中有些不必要地造成不快的方面,例如,在授予入境许可时的长期拖延。此类事情让态度友好的日本人深感不满,而他们已经表现出了很大的耐心。如果我们满足他之前提到的要求,并避免此类不必要的刺激,在未来不确定的时间段内,我们在琉球群岛的地位应该是稳固的。

格林先生评论说,泰国人和印度人等到冲绳旅游是件好事。他还认为,我们在冲绳的海军陆战队间或在东南亚执行任务是件好事。这样的机会使我们得以向全世界表明我们在冲绳驻军的重要性。

费尔耶先生说,琉球群岛最为棘手的内部问题之一是工人问题,日本工人中的左派对任何问题都进行放大,琉球的工人组织有时行为蛮横,需要高级专员采取强硬措施。除了兼顾所有相关因素——其中包括对国际工人组织方面进行关注,对于这一问题,没有完整的答案。沃森将军问谁是高级专员的劳工顾问,国际自由工会联合会亚洲区域工人组织在琉球群岛的代表[最近的代表是杰拉尔德·丹尼尔(Gerald Daniel)]被指认给沃森将军看。格林先生评论说,分管国际事务的助理劳工部长乔治·L·P·韦弗(George L. P. Weaver)也对冲绳问题深感兴趣,但是,作为高级专员顾问的主要官员是琉球群岛美国民政府的劳工部部长。据表示,我们驻东京大使馆的劳工专员会很愿意就有关琉球群岛的劳工问题与沃森将军协商。远东劳工顾问金尼(Kinney)先生或许也能帮忙。格林先生评论说,日本和琉球群岛间的劳工关系尤为敏感且难以处理。在我们看来,与日本工会总评议会(Sohyo)的领导不同,日本贸易联合会(Zenro)的领导能带来最为有利的影响。

(High Commissioner for the Ryukyus2, Confidential, Memorandum of Conversation, June 4, 1964. Digital National Security Archive (DNSA), JU00324.)

11. 谈话备忘录

00326
1964/06/04
国务院
主题:美国对琉球群岛政策
与会者:艾尔伯特·沃森二世中将,候任琉球群岛高级专员
　　　约翰·J.达菲(John J. Duffy)上校,陆军部军事行动副参谋长办公室内政主任
　　　哈里曼(Harriman)州长,副国务卿
　　　罗伯特·A.费尔耶(Robert A. Fearey)先生,东亚事务局代理副局长
　　　理查德·W.皮特里(Richard W. Petree),日本事务处代理主管
抄送:国务院执行秘书处　国务院政策规划人员　远东事务局东亚事务处—3　东京美国大使馆　政治事务副国务卿帮办办公室　远东事务局　情报和研究局长办公室　那霸领事部管理事务副国务卿帮办办公室　远东事务局公共事务官　中央情报局

哈里曼州长说大部分日本人明白我们在琉球群岛的重要性。他强烈感觉我们应该帮助日本人适应我们在琉球群岛驻军。很遗憾我们不能在琉球群岛指定一个限定的基地区域,而把剩下的岛屿归还琉球人。我们的目标必须是让日本政府足够满意并获得其在管理琉球问题上的合作。赖肖尔

(Reischauer)大使与日本人关系很友好，并且了解他们的行事方式。哈里曼州长说，他希望向沃森将军推荐赖肖尔大使的意见。沃森说他期待与赖肖尔大使共事。

哈里曼州长说，有人相信如果你在琉球群岛问题上向日本人让步一寸，他们会前进一尺，但是这一态度的问题在于，这几乎必然会招致问题激化。我们应该允许日本和琉球群岛之间进行交流，美国已经承认了日本对琉球群岛的主权，在这一背景下，维持我们在那里的地位就是心理、判断和策略的问题。

沃森说，他有过几次在氛围相似的被占领地区的经历。在冲绳军事行动的最后阶段，以及战争刚结束时，他都在冲绳待过。他还在柏林待过20个月，德国人有个词来形容那里的美国军队，这个词在英语中的意思是"保护部队"。

哈里曼说，麦克阿瑟(MacArthur)将军的政策为我们与日本的关系建立了良好的基础。日本人对我们很友好，但是在一个民主国家，观点可以随意变化。保守派实际上是通过一个若干保守派别组成的联盟统治日本，因此，日本政府必须努力改善不良关系。他感觉我们在冲绳的统治有点过于僵化了；他希望沃森将军能使该地区尽可能保持开放。

沃森将军评论说，根据他近期看到的数据，日本和琉球群岛之间旅行的数量实际上很可观。根据他的理解，去年有大约200 000日本人到琉球群岛游览。哈里曼州长回忆了拒绝向一组日本政府官员发放入境许可等事件。费尔耶先生相信，延迟发放入境许可，而不是没有正当理由的拒绝才是最大的问题。哈里曼州长说，他感觉我们可以大体上信任日本政府，而且我们应该对日本和琉球群岛之间旅行的规定和现实进行研究。

哈里曼州长说，他感觉高级专员和大使之间的关系尤其重要，他建议沃森将军和赖肖尔大使安排不时见面讨论共同关心的问题。

哈里曼州长说，全球范围内共产主义活动有所上升。莫斯科和北京显然正在争夺世界共产主义领导权。中国人表现得比苏联更咄咄逼人，他们的路线比赫鲁晓夫的"更多更好的炖牛肉"路线对欠发达国家的共产党更有吸引力。他说最大的问题是核战争，自1962年10月的古巴危机之后，苏联已经不再以核战争相威胁。中国比苏联更肆无忌惮，中国已经开始走出他们所经历的"大跃进"的失败。现在，中国的注意力集中在粮食而不是工业发展上。哈里曼州长表达了这一观点，即，中国可能不想在没有苏联支持的情况下跟我们作战。另一方面,尽管苏联可能希望中国遭受挫折,无疑他们会帮助阻止中国的共产党政权的崩溃。中国认为,如果他们施加压力,印度会崩溃。中国正在以欠发达民族友人的身份向非洲推进。东南亚是个长期问题。在未来很多年里我们会在那里面临问题。正如沃森将军所知,美国政府决心在东南亚坚持现有路线。

沃森将军评论说,冲绳距离大陆仅400英里远,这使哈里曼州长的评论显得尤为重要。

哈里曼州长说,他近期从前驻北京印度代办那里收到一份令人失望的报告,该印度官员说下一代的中国领导人比目前这一代更加强硬。哈里曼州长说,他认为很可能是这样。在苏联历史上,斯大林比列宁更强硬,但是赫鲁晓夫采取了更为柔和的路线。在来自中国的危险增加的同时,苏联对美国的危险正在减小,没人能够预料这会带来什么结果。

沃森将军提到了奥古斯特·博莱索(August Bolitho)写的一本书,《反对神的十二个理由》,他说该书的主题是财富对历史上12次历险的令人深思的影响。哈里曼州长说,这个主题很可能是正确的。显然,苏联渗透的速度在放缓,他不认为共产主义中国和苏联会完全决裂,苏联也不会寻求美国的援助以对付中国。

哈里曼州长说,战后时期,日本已经取得了长足进步,并与自由世界和美国保持了密切距离。但是,日本不希望在对共产主义中国的关系方面,欧洲走在它前面。日本与中国贸易的总量并不大,仅占1％,所以并没有强烈需求要在对大陆的关系上超过某个点。哈里曼州长认为,整体上,在中国问题上日本与我们的合作的密切程度要超过欧洲。

哈里曼州长谈到了日本左翼社会党人态度的温和化。他感觉,执政的保守党能再执政很多年,等到社会党统治日本的时候,他们会比现在温和许多。他感觉长期来看,日本能成为我们最好的盟国之一。沃森将军评论说,社会党态度的转变可能跟日本经济的繁荣有关,这也符合他之前提到的那本书的主题。

哈里曼说,在帮助日本方面,我们已经做了很多,但是美国也收益颇多,尤其是从两国间贸易关系的发展中。我们不能把日本看成我们理所当然的盟国,正是因为这个原因,日本和琉球群岛之间的关系才如此重要。

哈里曼州长说,有人提倡用几枚炸弹解决东南亚的问题。这一方法的问题在于,我们必须有坚持到最后的准备。南越的形势比我们几年前所最初认为的要更为棘手。因为冲绳的军事任务,它必将被卷入东南亚问题。

关于韩国,哈里曼州长说,尽管朴正熙(Pak)总统声称目前的学生运动受共产主义影响较大,我们的情报表明,其所受影响很小。朴正熙政府的腐败看起来是最关键的问题,在这一方面,朴正熙令美国失望。

(High Commissioner for the Ryukyus3, Confidentizal, Memorandum of Conversation, June 4, 1964. Digital National Security Archive (DNSA), JU00326.)

12. 国务院电报

00332

1964/07/07

编号:4619

接收时间:1964年7月7日,上午8:32

来自:东京

收件人:国务卿77

日期:7月7日,下午7点

7月7日我拜访首相时,他提起了冲绳问题,并说他将面临议会对那里的政治局面的严峻拷问。(关于地方自治)他说,1962年的肯尼迪政策声明并没有重申也没有得到执行,相反,情况出现了倒退,或者至少没有重申和进展。他感觉卡拉韦(Caraway)将军的管理并没有重申,没有表现出对局势的适当理解,而东京和冲绳之间的真实交流存在困难。他说,日本防卫厅长告诉麦克纳马拉(MacNamara)部长,美国需对亚洲人民的情感表现出更大尊重时,也说出了他的心声。

首相微笑着但是着力地告诉我说,如果我没有重申,没有住院,日本政府的抱怨会更强烈。

我告诉首相,我可以向他保证,美国对冲绳的政策正如他和肯尼迪总统讨论的那样,并反映在肯尼迪的政策声明中。我指出,进展可能是很缓慢,但是我感觉即将上任的新任高级专员极为适合该职,对未来我充满信心。

首相表示他希望与高级专员进行更密切的接触,而当我问他,沃森经由东京去往冲绳时,我是不是应该带沃森来拜访首相时,他回答说,当然尽管谈话在友好的氛围中进行，我必须强调，在督促我们在冲绳立即采取措施时，首相的态度看起来很严肃。他使用了"局面必须予以整饬"的措辞，很显然，那霸的政治骚动引起了他和日本政府的巨大担忧。

在同时进行的谈话中，防卫厅长福田（Fukuda）告诉公使他向麦克纳马拉部长提起冲绳问题，是应首相的明确要求，因为首相认为骚乱可能对日本自身的安全产生不利影响。

（Prime Minister Ikeda's Questions about U. S. Policy toward Okinawa］，Secret，Cable，July 7，1964. Digital National Security Archive（DNSA），JU00332.）

13. 美国驻日大使馆致国务院

00344

1964/08/07

A-169

收件人：国务院

抄送：琉球群岛高级专员

　　　太平洋总司令

发件人：东京美国大使馆

主题：琉球群岛；新任高级专员在东京的正式拜访

参考文件：Embtel 390

高级专员致政治顾问和美国领事部

太平洋总司令致政治顾问

国务院转交陆军副部长和行动与规划副参谋长办公室

　　随附的为琉球群岛高级专员中将艾尔伯特·沃森二世于7月30日如下时间拜访如下人物时的会谈备忘录：

　　10：15——外相椎名（Shiina）

　　11：00——首相池田

　　11：45——首相办公室主任碓水（Usui）

　　最重要的是与首相的谈话（附件2）。首相主要指出美国对琉球群岛的管辖应该符合1962年3月份前肯尼迪总统所宣布的政策，该政策承认日本对琉球群岛的特殊关注以及与琉球群岛的特殊关系。值得一提的还有首相提到的东方的治理概念(无为),他认为应将这一概念应用到琉球群岛(见附件2第3页)。

椎名外相在与沃森中将的谈话中强调了"依照肯尼迪总统的声明所表达的理解和宽容精神管理琉球群岛的必要性"。首相办公室主任硷水表达的主要观点是在已经进行了长期谈判但未获成功的微波问题上达成一致。

在谈话中,大使和沃森中将表明了以下要点:(1) 美日合作的根本基础仍然是1962年的"肯尼迪声明";(2) 应为此项合作制定机制和方法,为此,美国相信,琉球和日本间应进行更多的官方互访,并相信,那霸的日本政府联络办公室应该得到充分利用。

我们认为沃森中将与日本政府官员的最初接触逐步营造了友好的感觉,并使日本政府建立了对其作为新的高级专员的信任。沃森中将的拜访,尤其是拜访首相时的宽松氛围反应了这一点。7月30日椎名外相在午宴上向沃森中将的祝酒词也反应了这一点,当时,椎名外相称新高级专员体现了军官和文官优点的平衡。他尤其说道,日本政府对他即将开始的管理给予极大的信任。

代大使:

J. 欧文·泽赫伦(J. Owen Zurhellen Jr.)

使馆参赞

附件:

1. 与外相谈话备忘录

2. 与首相谈话备忘录

3. 与首相办公室主任谈话备忘录

附件 1

谈话备忘录

参加人员:椎名悦三郎(Etsusaburo Shiina),外相

西堀真弘(Masahiro Nishibori),外务省美国事务局代理局长

有马达雄(Tatsuo Arima),翻译

艾尔伯特·沃森二世中将,候任琉球群岛高级专员

埃德温·O. 赖肖尔(Edwin O. Reischauer)大使
威廉·H. 布伦斯(William H. Bruns),一等秘书
日期:1964年7月30日
主题:琉球群岛

相互寒暄后,外相宣读了一份备忘录,指出1962年3月肯尼迪总统的声明规定取消一切对琉球人自由的不必要侵犯。他说,琉球人民很失望,肯尼迪政策的执行并没有带来他们所期望的"现实";而之后的政治混乱已经引起了日本人民和媒体的注意。日本政府相信,如果琉球的不稳情况继续,那里和日本的局面可能会对目前美日间的友好关系造成负面影响。因此,外相希望琉球群岛的局势能够得到改善。

椎名外相声明,日本承认美国对琉球群岛的管辖对于维持远东和平至关重要,但是请求沃森中将依照肯尼迪总统声明所表达的理解和宽容精神管理琉球群岛。他说,琉球人民的信任和合作,不仅是维持军事基地所必须,还会提高这些基地的效用。外相希望他的关于对琉球人民持同情态度的必要性的建议能对沃森中将有所帮助。

作为回应,沃森中将声明,他自然熟悉前总统肯尼迪声明中表述并由约翰逊总统确认的政策。他说很高兴外相在言辞中承认了美军驻扎琉球群岛对远东防御的重要性。他说同意外相关于有必要在日常生活问题上对琉球人民持同情和理解态度的建议。沃森中将说,人民比政治和程序更为重要,美国军队驻扎琉球群岛的目的是保护人民。他向外相保证,他的政府将尽其所能,以巧妙地促进琉球人民的福利和安康的延续为指引,管理琉球群岛。

外相表达了对美国的琉球群岛新政府的信心和期待。沃森中将为此向其表示感谢,并说,在他的政府中,"进步而非革命"将是一个指导方针。

大使评论说,就远东的防御和琉球人民的福利和利益而言,日本和美国的国家利益是一致的。他希望未来几年能建立更为密切的关系。大使馆希望充分发挥其作用,并充分合作,解决两国在就琉球群岛问题进行合作时面临的问题,因为两国在此问题上的合作造成了极为复杂的局面。正如沃森中将所说,不可能出现奇迹,但是在利益相关方的全面合作下,有可能找到问题的解决方案。外相同意期待出现奇迹是危险的,并说常规的方式更为安全。

沃森中将提到了琉球群岛的日本政府联络官。他说他打算很快与其结识,并希望该官员能在管理中对他进行协助。

大使评论道，联络的途径有很多，例如，外交途径、日本政府联络官，以及咨询委员会和技术委员会。所有这些途径都应该得到充分利用。

大使表达了增进东京官员（日本的和美国的）和沃森中将及其部下互访的愿望。外相说，日本完全同意。

沃森中将说，华盛顿对琉球事务很感兴趣。他幽默地指出，他在华盛顿所做的汇报洋洋洒洒，篇幅很长，像是试图从消防水管中喝水一样。这一表述翻译给外相后，外相不禁大笑，并请求允许他"借用"这一表述。

沃森中将继续表明，华盛顿对琉球群岛持平静的关心态度；华盛顿希望美国在肯尼迪总统表达的政策的基础上对琉球群岛进行良好管理。

附件 2

谈话备忘录

参加人员：池田勇人，日本首相

　　　　　西堀真弘，外务省美国事务局代理局长

　　　　　有马达雄，外务省美国事务局（翻译）

　　　　　艾尔伯特·沃森二世中将（Lt. General Albert Watson II），候任琉球群岛高级专员

　　　　　埃德温·O. 赖肖尔大使

　　　　　威廉·H. 布伦斯，一等秘书

日期：1964 年 7 月 30 日

主题：琉球群岛

首先首相进行了一番寒暄，并提到了沃森中将在日本的上一次任职（1945年10月到1947年10月在盟军最高统帅总司令部）。他评论说他以前经常"往返于"总司令部，与马夸特（Marquart）并在之后与财政顾问约瑟夫·道奇（Joseph Dodge）接触很多。

首相表示很高兴能在此时与沃森中将会面，以进行对美国、日本以及琉球人民都有利的意见交流。首相还简短提及很遗憾没有类似的机会与卡拉韦将军会见。

首相接着说，日本媒体和人民对于在美日关系中极为重要的琉球群岛问

题十分关心并充满期待。因此,日本人民对于这次与沃森中将的会面感到很高兴。

（在提到沃森中将可能在华盛顿进行的汇报时,首相表示他认为新任高级专员被信息给"淹没"了。"淹没"一词让人联想到沃森中将早几分钟拜访外相时使用的一个幽默表达,那个表达是说沃森中将在华盛顿的汇报如此长篇大论,就像是用消防水管喝水一样。听到首相的用词,沃森中将问外相是否已经告诉了池田他们之前的对话。首相高兴地说,外相已经给他打过电话了。沃森中将同样高兴地说,很遗憾,他还没能给首相讲这个笑话,外相就把他的笑话"偷"走了。）

首相提到了他与肯尼迪总统 1961 年在华盛顿的讨论,也提到了随后一年的 3 月份关于琉球群岛的政策声明。（此时,沃森中将把手伸到衣兜里,然后向首相展示了他带在身上的声明的副本;首相也从他自己的衣兜里拿出了他的声明副本,以示回应。）他说,冲绳是"美日友好关系中的一个重要因素",并表示希望沃森中将能在此地区的管理上取得成功。

首相提到了琉球和日本的关系,而因为沃森之前有在琉球群岛和日本的军事经历,他可能对这一关系十分熟悉。他说,琉球人民十分渴望回归日本管辖。但是,日本政府并不反对美国保有其位于琉球群岛的对世界和平十分重要的军事基地。他还说,琉球群岛的居民是日本人,正如 1962 年的肯尼迪声明所阐释的,美国政府完全承认这一事实。他表示希望沃森中将在履行其军事职责的同时,对琉球人民的福利给予同情之考虑。首相说,每天早晨他都祈祷沃森中将成功完成使命。

作为回应,沃森中将说,他也祈祷神明给予其执行管理所必须的智慧和判断。他说他的使命是执行美国政府的政策,而对这些政策首相都十分熟悉。他说,在如何实现政策目标的问题上,可能存在观点的分歧,正如在神明的性质上存在不同观点一样。他说他可以尽力实现符合美日共同国家政策的目标。

沃森中将将其最重要的两项使命描述为:(1) 维持琉球群岛作为在东方保卫自由世界的基地的地位,(2) 继续促进琉球群岛居民的福利和安康。他说,每个使命都反应出了人的要素;当然,军事基地是为了保卫人民,而人的要素是为琉球人民提供福利的基本因素。他说,决不能忘了"人民"的重要性。

接着人民这个话题,首相强调满足琉球人民的"精神"需求的必要性。他说，他们想要自治，并且，尽管他们理解目前限制他们自治权的需要，仍希望有一个能激励他们与美国合作的政府体制。首相说，他希望沃森中将帮助扩大琉球人的自治权。

首相说，沃森中将会在琉球人民和高级专员间的关系不融洽的艰难时期到达冲绳。这一点的原因之一是冲绳自民党在地方自治问题上的分裂。他说，"很不幸"冲绳自民党发生了分裂，而该党（可能是日本自民党）将与冲绳自民党合作，采取一切可能的措施，修复局势。冲绳的许多问题都是琉球群岛美国民政府和琉球人民之间缺乏足够的交流造成的。首相表示希望今后能更好地进行交流。

沃森中将说，他知道冲绳自民党的问题，并想更多地了解这一问题，并找到对琉球人民最为有利的解决方案。他说打算尽最大努力在琉球群岛建立负责任的政府。他补充说，我们（大使、首相、日本政府和高级专员）对琉球群岛及其居民负有重要责任，而如果我们消除冲突，进行合作，则将能更好地履行这些责任。

这时，赖肖尔大使说，池田首相和肯尼迪总统已经建立了合作的根本基础。因此，我们已经有了稳固的基础，只需要找到一个实施之前确立的良好政策的途径就可以了。首相确认说，肯尼迪总统和他自己所表述的即为基本政策，现在的问题是以何种方式执行这些政策。

首相说，他作为一个日本人希望表达一个关于如何统治的东方观点。东方人认为，最好的方式就是在政府尽可能不施加压力的情况下，让人民自发实现他们的潜力，这被称为无为。琉球人，因为与日本分离，发现很难将此东方理念应用于他们的政府之中。从这个意义上说，琉球群岛的局面是"独特的"。麦克阿瑟将军的最大成就之一是他遵照日本人民的自发愿望保留了日本天皇，这反应了他对日本人观点的理解。琉球群岛的问题是，那里的人民与祖国相分离。首相说，目前美国的琉球政府发布了一系列法规，造成了困惑，人民的抱怨表明管理中存在失误，政府的基本目的是营造一种氛围——简而言之，是以无需强迫的方式进行领导。首相接着说，部分人批评他在政府中的"低姿态"，但是他认为，他已经担任首相5年之久这一事实已经表明了无为而治的成功。

大使说他理解这一东方的治理理念（无为），会向沃森中将作进一步解释。

沃森中将说，他希望以尽可能民主的方式进行治理，全面遵照美国的政府体制，听取民众的声音。他说希望能做出改善，并取得逐步进展，以避免突然的变化可能造成的严重伤害。

首相表示希望沃森中将能够经常访问日本。大使说，我们（琉球群岛美国政府、日本政府和大使馆）应该保持密切接触。

附件3

谈话备忘录

参加人员：碓水聪一（Soichi USui），首相办公室主任

　　　　　古谷彻（Toru Furuya），首相办公室副主任

　　　　　三枝三郎（Saburo Saigusa），特区联络局局长

　　　　　有马达雄，翻译

　　　　　艾尔伯特·沃森二世中将，候任琉球群岛高级专员

　　　　　大使埃德温·O.赖肖尔

　　　　　威廉·H.布伦斯，一等秘书

　　　　　纳撒尼尔·塞耶（Nathaniel Thayer），新闻专员

日期：1964年7月30日

主题：琉球群岛

相互寒暄之后，主任说沃森中将可能已经知道关于琉球群岛的问题，并表示希望新任高级专员能增进合作以加强美日关系。主任说，他希望近期访问琉球群岛，并期待届时在未决问题上交换意见。但是，有几个需要立即给予关注的问题。首先，是1963年确立的微波设施问题。日本政府提供了解决收入划分问题的两个提议，有必要立即关注以便及时解决问题，不耽误使用微波设施对9月初在琉球群岛进行的奥运会圣火传递进行电视转播。

还有琉球人民自治权的问题，但是主任说他现在不会谈论这个问题。关于咨询委员会和技术委员会，主任希望能利用它们来为琉球人民的福利和安康服务。

作为回应，沃森中将说，他知道这些问题，并表示将不遗余力为这些问题和其他问题找到解决方案。他说他知道日本政府为成功举办奥运会做出了巨大努力。

之后沃森中将提到了日本政府在琉球群岛地区的联络官,他说他期待与该联络官见面,并在共同关心的问题上得到他的合作。

主任表示,管理琉球群岛,相互信任和理解是必不可少的。关于扩大地方自治的问题,有必要首先让琉球人自己在尽可能大的程度上管理自己,以便让他们做好准备。他说他祈祷沃森中将身体健康,在管理琉球群岛上取得成功。

关于主任的祈祷,沃森中将回应道,正如对于神明存在着不同的理解,对于实现我们在琉球群岛的共同目标,也有多种方式,重要的是关于琉球群岛我们怀揣同样的目标。

大使说,他和沃森中将早上已经与首相和外相进行了卓有成效的讨论。他说,这些讨论进一步确认了美国和日本在琉球群岛有着共同的利益和目标。对于我们,问题是要为政策的顺利执行确立良好的理解和方法,主任办公室和大使馆可以帮助达成这种理解。

主任在谈到他之前担任议会对外关系委员会主席的经历时说,他明白美国在冲绳的军事基地和东南亚局势之间的重要关系。沃森中将说,他在琉球群岛的工作与保卫自由世界直接相关。他请求日本的合作,因为这对于高级专员工作的成功至为关键。

(Ryukyu Islands; New High Commissioner's Official Calls in Tokyo, Limited Official Use, Airgram, August 7, 1964. Digital National Security Archive (DNSA), JU00344.)

14. 讨论文件

00393
1964/12/29
1964年12月29日
琉球和小笠原群岛

1. 鉴于亚洲普遍存在的不确定局面,日本政府完全承认美国在琉球群岛的军事设施在维护远东安全中所扮演角色的重要性。但是,美国对琉球群岛的管辖已将近20年之久。因此,随着时间推移,岛屿居民日益希望扩大他们的自治和其他政治和社会自由,并进一步将岛屿管辖权归还日本,而日本人也越来越关心琉球群岛问题,这都是自然而然的事情。

我们完全理解琉球群岛问题本身的复杂性。但是,两国政府能否巧妙而智慧地处理上述琉球群岛居民的愿望关系重大,因为这会对日本和美国未来的关系产生深远影响。日本政府真诚希望,美国政府能着眼长期,以积极而建设性的方式处理此问题。

在此方面,令人欣喜的是,自已故的肯尼迪总统1962年3月的关于琉球群岛的声明以来,随着美日合作的顺利展开,在增进琉球人民的经济发展和福利领域已经取得了重大成就。

为实现巧妙而智慧地解决琉球群岛的总体问题的目的,日本政府特在本讨论文件的附录中附上其关于扩大居民自治和个人自由以及增进美日合作关系问题的观点。日本政府希望美国政府对此文件给予仔细考虑。

2. 日本政府还在其中表明了其对于小笠原群岛的态度。和琉球群岛一样,小笠原群岛也由美国政府管辖。日本政府希望美国政府能对其予以仔细考虑。

(The Ryukyu and Bonin Islands, Secret, Talking Points, December 29, 1964. Digital National Security Archive (DNSA), JU00393.)

15. 谈话文件附录

00394
1964/12/29
JTP-7 APP
1964年12月29日
琉球和小笠原群岛

1. 引言

尽管美国根据《和平条约》第三条管辖琉球群岛,但是琉球群岛是日本国土的一部分。岛上居民为日本人,他们的生活方式是基于和日本本土的日本人相同的语言、习俗和道德的,因此也和日本人的生活方式一样。

日本政府对于进一步提高琉球群岛居民的生活稳定和改善他们的福利有着深切而持久的关注。在美国方面,琉球居民的合作是顺利运营并管理其在该岛的军事设施,并以此保证远东安全所不可或缺的前提。

鉴于上述内容,日本政府认为,只要不对维持军事设施造成干涉,美国和日本共同尊重琉球群岛居民的意愿并对其意愿给予足够关注,努力改善其福利和安康,并采取措施对他们对自由和自治的要求作出回应,是明智的。

2. 行政管辖权归还日本

将行政管辖权归还日本是日本人民——更不用说琉球群岛居民——长期以来的真诚愿望。美国政府自身也声明了其未来将行政权归还日本的意愿。日本政府希望尽早实现返还。

3. 增加自治权、保证个人自由和权利

尽管已故的肯尼迪总统早在1962年春天的声明(第5、6段)中便承诺通过将部分政府职能转交琉球群岛政府来扩展琉球居民的自治领域,但是看来在这一领域尚未取得足够的成果。尽管日本政府完全理解美国政府对于维持军事设施的考虑的重视,还是希望美国政府在情况允许的条件下,尽快采取并执行必要措施以便尽可能满足琉球群岛居民对于扩大政治自治的渴望。此外,日本政府希望美国政府对个人自由问题给予特别关注,以便实现对人权原则的尊重。在此方面,主要问题如下:

(1) 审查关于琉球群岛管理的行政命令等:

在琉球群岛,总统的行政命令、法令、条例总体上构成了琉球群岛管理的基础。

但是,由于他们未能充分反映琉球居民的意愿,目前的管理模式不完全符合民主的精神。尤其是与居民的权利和义务相关的事务,尽管与军事设施的运营和管理并无直接及重要关系,却也是由法律和条令所决定,而这几乎没有在琉球群岛的健康发展和民主进步方面产生过积极影响。这一局面已经在琉球群岛持续了20年,琉球群岛居民十分渴望改善这一局面,因此通过要求扩展所谓的政治自治权,表达了他们的强烈愿望。日本政府希望美国政府重新审视目前琉球群岛的法律体系及其内容。日本政府尤其认为,有必要确立这样一个原则,即,对于与军事设施的运营和管理不直接相关的事务,由琉球政府立法。不用说,在采取这些措施的同时,也有必要进一步努力深化琉球群岛对军事设施角色的理解并增进他们对军事设施的了解。

A. 对于有关琉球群岛管理的行政命令的审查:

总统的行政命令构成了美国对琉球群岛管理的基本法律。因此,日本政府希望美国政府进行全面考虑,以便行政命令能明确对琉球群岛居民的基本人权做出广泛保证,并将部分政府职能委派给琉球政府,希望美国政府重新审视行政命令第八条中所规定的行政长官的任命办法,并仔细研究是否可能对高级专员有权颁布法律、法令和规定的范围和情况加以限制。

B. 对法令和条例的审查：

现有的法律和法令,很多要么是在美国部队占领之后立即颁布的,要么是占领之后几年便颁布的。因此,尽管其中许多是关于居民的权利和义务和关于自治和个人自由问题的,他们仍然构成了美国对琉球群岛管理的法律的主体。日本政府希望美国政府研究修改或废除这些法令和条例的可能性。以下为需要研究和重新审视的法令和条例的例子：

（a）政党：

第 23 号军政府特别公告（1947 年 10 月 5 日）

（b）议员、市长、城镇和乡村选举法（修订版）：

第 17 号军政府条例（1950 年 7 月 7 日）

（c）医院和诊所条例：

第 34 号民政管理条例（1951 年 1 月 19 日）

（d）牙科保健师条例：

第 32 号民政管理条例（1951 年 1 月 19 日）

（e）琉球群岛教育法典：

第 66 号民政管理条例（1952 年 2 月 28 日）

（f）财政机构审计责任：

第 85 号民政管理条例（1952 年 9 月 30 日）

（g）律师差旅费、每日津贴、住宿津贴、薪酬：

第 156 号民政管理条例（1956 年 6 月 22 日）

（h）护士学校和护士执业资格条例：

第 162 号民政管理条例（1956 年 10 月 19 日）

（i）城市、城镇和乡村自治法：

第 2 号高级专员条例（1957 年 11 月 23 日）

（j）商品税法：

第 17 号高级专员条例（1958 年 10 月 27 日）

（2）重新审视琉球政府行政长官任命制度：

长期以来实现行政长官的所谓民选一直是琉球居民的强烈愿望。尽管在目前尚未完全取得充分政治稳定的时候推行新制度可能比较困难,日本政府希望美国政府能研究并审视以下可能性,即,实行合适的行政长官选举制度,以代替目前的任命制度,以尽可能满足琉球人民的愿望,同时巩固并稳定政府的统治。

(3) 加强琉球政府的统治:

日本政府希望与军事设施的运营和管理没有直接或重要关系的行政细节主要由琉球政府进行管理,无需在之前或之后与美方进行协商或协调。

此外,日本政府希望美国政府研究将以下行政职务委任给琉球政府的可能性。相应的,有必要加强琉球政府的管理能力。为此,应考虑对行政体制进行改革,例如废除局长的政治任命制度或者实行多个副行政长官制度。

A. 将任命副行政长官和局长的权力委派给行政长官。

B. 拓展琉球法庭对刑事案件的管辖权:

根据《刑事法和程序》法规(第144号民政管理条例),美国民政府对刑事案件的管辖权不仅包括违反美国民政府的法令、条例和指令的犯罪,也包括违反琉球群岛刑事法规的犯罪。这委实过于宽泛了,因此,日本政府希望美国政府研究将此类法庭管辖权委派给琉球法庭的可能性。

C. 将琉球电力公司、琉球内部供水公司和琉球发展贷款公司的管理权转交给琉球政府(如果转交困难,建议增加琉球政府任命的董事的数目)。

D. 转交琉球银行的控制权。

E. 转交旧冲绳县财产的控制权。

(4) 加强城市、城镇和乡村的自治能力:

从政府应有的理想职能来看,琉球群岛的城市、城镇和乡村管理中的许多特点还需要重新审视。也就是说,因为这些地方政府的职能与居民的日常生活密切相关,所以这些地方政府部门应该获得尽可能多的管理职能。因此,有必要进一步增进政府能力。以下是部分待考虑的问题。

A. 取消城市、城镇和乡村的教育区划,将教育税纳入地方税。保留学校委员会,并给予其对特殊教育领域的管辖权,以便使城市、城镇和乡村能够整体上对其地方管理进行协调。

B. 将渔港、港口和港湾的管辖权交给琉球政府,这看起来是妥当的。

简言之,满足居民获得更大的地方自治权的一个途径是,为加强城市、城镇和乡村的地方政府的能力,在琉球政府和地方政府间重新分配管理职能,并加强地方政府的财政地位。

（5）在美国军事人员和文职人员犯罪相关问题方面尊重人权：

不仅在琉球居民中，在日本人中也普遍存在对美国的军事人员和文职人员对琉球居民所犯罪行的处理方式的强烈不满。因为这些罪行仅由美国军方处理和起诉，而琉球政府不能参加此程序，因此，公众对处理结果并不明了。尽管日本政府相信美国政府严格主持公道，其仍然希望美国政府能审视这一问题，因为，制定一个琉球居民能够理解的方式来处理犯罪案件，无疑对美国也是有利的。

日本政府还希望美国方面能对减少此类犯罪的数量进行全面关注。

4. 促进美日合作

（1）建立关于琉球群岛的美日协商组织：

为了深化日美两国间的相互理解，并寻求解决关系美日双方的琉球群岛局势相关问题的合适解决方案，建立一个美日能够一直彼此协商并交流关于此类问题观点的机制是尤其可取的。实现这一目的的一个方式可能是扩展咨询委员会和技术委员会的职权范围（例如，将尽可能减少琉球群岛最终归还日本管辖时随之而来的压力的相关职权委派给委员会）。

如果美国政府能对这一可能性加以考虑，日本将深表感激。

（2）建立日本管理顾问制度。

肯尼迪总统1962年3月19日的声明中明确表示，有必要采取措施尽量减少将琉球群岛归还日本管辖时随之而来的压力。作为协调琉球居民和日本人民对于归还的强烈愿望和目前美国政府对于琉球群岛的管辖的最有效的方式之一，建议在琉球政府中设立日本行政顾问，并建议美国民政府在管理岛屿的过程中，在其认为必要时考虑日本行政顾问的意见和建议。希望美国政府能以积极态度研究这一建议。

（3）加强那霸的日本政府南浦（Nampo）联络办公室：

为了加强日美在琉球群岛问题上的合作机制，日本政府希望除了设立日本行政顾问外，美国政府能够研究增进日本政府在那霸的南浦联络办公室的管辖权的方式，以便其能够在技术性管理问题上与美国民政府和琉球政府合作。

5. 加强经济援助

（1）修改《价格法案》：

既然未来有必要增加美国和日本对琉球群岛的经济援助，日本政府希望美国政府能够修改《价格法案》，取消目前美国对琉球群岛援助的限额。

(2) 系统执行经济援助：

肯尼迪总统 1962 年 3 月 19 日的声明中明确表示要提高公共健康和教育及福利服务，使其达到日本其他类似地区的水平。目前看来，上述两者之间仍然存在相当大的差距。

这一局面如果得以继续，将不可能缩小现存的琉球群岛和日本之间水平的差距。因此，日本政府希望，美国政府现在能够研究制定一个限定时段的财政项目的可能性，并通过比较日本本土类似的行政单位的财政政策数字，研究执行这些措施以在规定时间内消除差距、并在能对资金加以最有效利用的领域集中进行财政投资的可能性。

6. 其他改善项目

(1) 建立社会保障制度

因为在社会保障领域琉球群岛严重落后于日本，日本政府希望美国方面能够计划早日建立该制度。需要即刻执行的项目如下：

（A）制定医疗保险制度

没有医疗保险制度，居民需承受高昂的治疗和药物费用。

(2) 为公务员制定养老金和互助项目

没有这类项目，包括学校老师在内的琉球政府公务员，因为年老时没有生活来源，也没有足够能力支付医疗费用等紧急支出，一直生活在焦虑之中。与日本本土的公务员相比，这是低人一等的待遇。因此，日本政府认为，为了改善琉球政府的管理，也为了确保高效而有效地实行其管理，应确保此类项目的尽快制定。

(3) 其他

以下是日本政府希望改进的项目的列表：

（A）取消出版审查制度。

（B）放宽旅行限制：

尽管近期已经放宽了旅行限制，日本政府希望美国政府适当考虑允许获得进岛许可的人员在规定时间内再次进岛无需重新申请许可。

（C）在冲绳悬挂国旗的自由：

日本政府希望美国政府准许公共建筑在任何时间悬挂国旗。

（D）将永久住址从日本迁至琉球群岛的自由：

日本本土和琉球群岛间的人员交流频繁,人员关系状态的变动也很常见。目前,尽管琉球居民可以自由将永久住址迁至日本,但如果要从日本迁至琉球,则需要向美国民政府申请许可。日本希望废除这一制度。

(E) 放宽对来琉球群岛的海外旅客在岛停留的时间限制:

日本政府希望在琉球群岛停留时间少于72小时的海外旅客无需申请入境许可。

(F) 日本政府希望将出国的琉球居民的身份证上的"琉球人"的称呼改为"日本人"。

7. 小笠原群岛问题

日本政府希望,和琉球群岛一样,小笠原群岛和硫磺群岛的管辖权能够归还日本,因为这是日本人民多年以来的愿望。同时,日本政府希望美国政府能适当考虑这些岛屿的前居民收回岛屿的愿望。

尤其是,考虑到参拜祖先墓地是日本习俗中不可或缺的一部分,日本政府希望美国政府哪怕是在特定的情况下,允许他们进行参拜。

8. 结论

上述七点之中,日本政府已经声明其愿望。日本政府仔细思考了如何既能满足居民将岛屿返还日本并增加自治权的强烈愿望,又能维持目前美国政府对琉球群岛的管辖,同时还能坚定维持目前的防御体系,从而维持远东的和平与安全之后,制定了上述最低要求。因此,日本政府希望美国政府对这些项目进行认真研究。

日本政府希望美国政府能够勇敢地解决改革各项行政工作的问题。这是圆满解决目前和未来的琉球群岛问题的唯一方式。在研究和执行日本的提议时,日本政府将为美国政府提供一切其所能提供的合作。

日本政府相信,美日可能在琉球群岛问题上实现的合作关系对于进一步深化相互理解,以及对于加强两国间的整体合作关系,都是不可或缺的。

(The Ryukyu and Bonin Islands, Secret, Talking Points, December 29, 1964. Digital National Security Archive (DNSA), JU00394.)

16. 佐藤首相之访

1965年1月11—14日

00422
1965/01/07
SAT/B-19
1965年1月7日
背景文件

琉球群岛

《对日和约》第三条赋予美国对琉球群岛的全部行政、立法及司法权。我们承认日本对岛屿拥有剩余主权，并已同意一旦自由世界的安全利益允许，即将它们归还日本全权管辖。尽管日本和琉球群岛都一直渴望返还，日本政府和公众中的大量派别，都对日本从我们在琉球群岛的基地和核威慑的持续存在中所获利益有现实的认识。

相应的，美国和日本政府共同的根本问题就是，调和无限期在琉球群岛保留美国基地的强大地位和日本更多地参与琉球事务以及为最终的返还做准备之间的关系。在应对这些方面的过分要求上，保持日本政府的合作，对于我们在琉球群岛的地位至关重要。我们必须承认，要对目前形势保持温和化影响，日本政府必须对岛屿表现出积极兴趣，并能够指出在改善琉球人的经济福利和扩展琉球自治方面取得的合理进展。

考虑到这一困难局面，我们在琉球群岛的根本政策，正如肯尼迪总统1962年3月19日的声明所勾勒的，是灵活而合理的，而我们的管辖也是有效的。近几个月，艾尔伯特·沃森二世中将在一系列的"问题"领域取得了实质性进展，并对符合我们的安全利益的要求作出更多变革的提议做出了积极回应。在目前占据主导的有利氛围下，琉球和日本要求立即返还的公众要求的扩展速度并不像过去某些时候那么危险。但是，要求在现有框架内进行改善的要求一直存在，对此我们必须做出回应，以便维持现有程度的管控。

日本给了我们一份关于佐藤(Sato)访问的讨论文件,提议:(1) 提高琉球政府的自治程度,(2) 增加美国和日本对琉球群岛的经济援助,(3) 扩展美日对琉球事务的联合商讨。根本的提议是,美国和日本就琉球事务进行更加正式的对话,不仅包括迄今的经济援助合作,也包括琉球政府自治、社会安全和肯尼迪总统1962年3月19日的声明所称的,与"预期琉球群岛最终返还日本管辖时伴随而来的重点问题"相关的其他问题。日本暗示着或许可以通过扩展美日咨询委员会和技术委员会的职权范围来实现,前者的成员包括美国驻日大使、日本外相、首相办公室主任,而后者由高级专员、首相办公室主任和琉球行政长官的代表组成。

尽管我们认为没有必要改变技术委员会的职能,我们并不反对扩展咨询委员会的职权范围,只要新的职权范围明确表明美国的管辖责任和决策权保持不变。我们还应规定,除双方约定的发布,委员会的讨论应严格保密,且我们期望通过预先的非正式外交讨论避免引进显然无法接受的日本提议。

我们相信,讨论文件中提出的其他日本提议,尤其是在琉球政府中建立日本顾问制度和加强琉球群岛的日本政府联络办公室的提议,应予推迟,或可由咨询委员会商讨。这会给佐藤首相他希望在琉球问题上取得的实质进展,而又不会有损于美国对岛屿的基本管控。

起草:远东事务局东亚事务处——吉文斯(Givens)先生
　　　　　　　　　费耶里(Fearey)先生
审查:国际安全事务助理国务卿办公室——索尔伯特(Solbert)先生
　　　国防部规划人员科——卡里克(Karrick)上校
　　　政治军事事务助理国务卿帮办——林乔德(Lindjord)上校
　　　远东事务助理法律顾问——萨伦斯(Salans)先生
　　　远东事务局——格林先生

(Ryukyu Islands, Confidential, Background Paper, January 7, 1965. Digital National Security Archive (DNSA), JU00422.)

17. 致参谋长联席会议主席备忘录

00428
1965/01/09

净化版本

敏感信息已删除

陆军部

参谋长办公室

华盛顿特区

主题:日本就琉球群岛问题施压

1. 1月11日(星期一)11:00参谋长联席会议与赖肖尔大使的会议上,部分讨论会涉及我们对琉球群岛管辖问题上的美日关系。附件(附件一)是国务院修改过的关于该问题的背景书,是为约翰逊(Johnson)总统即将与佐藤首相进行的讨论所准备的。预期佐藤将提出的关于琉球群岛的最重要的建议在为此次会面所准备的日本讨论文件的第11页(附件二),该文件建议扩展咨询委员会的职权范围。国务院在附件一的最后一段建议同意这一要求,这使我深感忧虑,因为这一让步毫无疑问会为日本进一步参与琉球群岛的管辖创造条件。

2. 佐藤希望扩展其职权的委员会建立于去年4月,是为对日本的对琉球群岛的经济支援问题进行咨询而建立的。其成员包括两个日本人(外相和首相办公室主任)和一个美国人(大使);其作用被严格限制在经济和技术问题领域。它还有相应的执行机构,称为技术委员会,这一委员会的成员包括日本人,琉球人和美国人。这一委员会的结构符合政府间经济和技术合作的正常双边协议的模式,不能被看做是对琉球内政的干涉。但是,一旦像日本所建议的那样将其职责范围扩展到政府和管理领域,将正式产生一个实际上由美日共同管理该地区的机制。

3. 我知道国务院之所以默认这一安排是因为受到附带条款的限制,即扩展该委员会之职能不会改变美国的管辖责任和决策权。根本问题在于,鉴于日本所表现出的参与琉球内政的执着,这一限制是否有实质意义。扩展委员会职责将给使用这一现成的渠道提供机会,而且对日本在公认的双边委员会的高层论坛——经总统同意专门为考虑此类提议而设立——上提出的提议将更加难以拒绝。因此,日本将得以确保其在实现其目标中的外交优势。

4. 目前是否需要对日本做出如此重大的让步尚有待商榷。咨询委员会才成立了8个月,只要日本可以通过正常的便利外交途径提出关于琉球群岛的建议,看起来并没有必要对其基本章程做出如此重大的改变。通过正常的外交途径而不是地区委员会提出的建议,可以被转介到华盛顿,由国防部和陆军部向国务院进行咨询,进行前期政策考虑,而不是绕过华盛顿的机构,直接到达高级专员那里。

5. 在评论日本的提议时,高级专员沃森将军声明,如果已经决定再向日本做出一项重大让步,日本所提议的扩展咨询委员会的职责,而不是新建一个委员会,可能是做出让步的最好方式。但是,他并不认为目前需要做出这样的让步,而他对日本的全部提议的观点如下:"我不认为这些问题如此重要或急迫,以至需要被纳入总统和首相的讨论之中。我认为在考虑大部分此类问题时,美国不应被日本政府牵着鼻子走。我认为我们应该要求日本政府采取更多措施以支持美国政府在琉球的立场,以此来回报美国通过在日驻军为日本提供的防御,和日本因美国在琉球的军事基地所获得的客观经济利益。"

6. 总之,我想强调,日本试图把他们的提议与肯尼迪总统所做的关于希望尽量减少最终返还时的压力的公开声明联系起来,为他们的提议提供合理依据。但是,除了那个声明,肯尼迪总统也对国务卿签发了一项秘密指令,要求在与日本进行经济援助谈判时,日本对琉球群岛的经济和技术援助不应干涉到我们的管辖。(1962年3月5日的《国家安全行动备忘录第133号文件》(NSAM 133))。这是问题的关键所在,而且看起来这一政策今天仍然有效。

7. 这些思考可能对您与赖肖尔大使的讨论有帮助。您可能也希望与国防部长讨论此问题。

哈罗德·K. 约翰逊(Harold K. Johnson)
美国陆军上将
参谋长

附件:
国务院背景文件
日本讨论文件
副本提供给:
空军参谋长
海军总司令
海军陆战队总司令

(Japanese Pressures on Ryukyus, Secret, Note, January 9, 1965. Digital National Security Archive (DNSA), JU00428.)

18. 国务院谈话备忘录

1965 年 1 月 12 日

国务卿会议室

下午 3:30

主题:琉球和小笠原群岛

与会者:佐藤荣作(Eisaku Sato),日本首相

　　　椎名悦三郎,日本外相

　　　竹内隆二(Ryuji Takeuchi),日本大使

　　　三木武夫(Takeo Miki),自民党秘书长

　　　牛场信彦,代理副外相

　　　安川武(Takeshi Yasukawa),日本外交部美洲司司长

　　　岛之内敏郎(Toshiro Shimanouchi),日本驻洛杉矶总领事(翻译)

　　　中川进(Susumu Nakagawa),日本大使馆公使

　　　金泽正雄(Masao Kanazawa),日本大使馆参赞

　　　国务卿腊斯克(Rusk)

　　　副国务卿鲍尔(Ball)

　　　埃德温·O. 赖肖尔,驻日大使

　　　威廉·P. 邦迪,远东事务助理国务卿

　　　G. 格里菲思·约翰逊(G. Griffith Johnson),经济事务助理国务卿

　　　马歇尔·格林,远东事务助理国务卿帮办

　　　罗伯特·W. 巴内特(Robert W. Barnett),远东事务助理国务卿帮办

　　　约翰·K. 埃默森(John K. Emmerson),东京美国大使馆公使

　　　罗伯特·A. 费耶里(Robert A. Fearey),东亚事务主任

　　　理查德·W. 皮特里,东亚事务办公室日本事务主管

　　　詹姆斯·威克尔(James Wickel),语言服务部

抄送:

　　国务院执行秘书处　远东事务局　中央情报局　美国驻东京大使馆　琉球群岛高级专员政治顾问　国务院政策规划委员会　情报和研究局长办公室　国防部长办公室　太平洋总司令政治顾问　白宫　政治事务副国务卿帮办

政治军事事务助理国务卿帮办　琉球群岛高级专员

佐藤首相说,他已与总统讨论了琉球群岛问题。小笠原群岛前住民访问一事已被纳入《联合公报》草案。但是,他说他希望对将批准之访问的时间予以考虑。竹内大使询问了访问的可能时间,因为一旦公报发布,媒体将会询问访问何时进行。竹内大使暗示,就日本而言,3月或4月春分前后,或夏天日本的盂兰盆节时比较合适。

腊斯克国务卿说,赖肖尔大使将与首相指定的负责该问题的人员保持联系。他说,原则上,我们并不反对访问,但是我们希望与日本政府就种种实际问题进行坦诚讨论,并请日本政府向我们建议解决问题的最佳方式。赖肖尔大使说,埃默森公使1月13日返回日本,可以立即与外交部展开初步讨论。

腊斯克国务卿暗示,首相可能希望指定一位个人代表,对岛屿进行秘密的非公开访问,以探究我们应对访问可能带来的问题的最佳方式。此一研究性的访问对于双方都是有利的。他说,他做出这一建议并非为拖延《联合公报》中提到的访问,而是为促进我们关于此访问的协商。佐藤首相说,进行这样一次秘密的非公开访问可能很困难,但是他愿意予以考虑。他用日语对其党内成员评论说,不论选谁,该人都可能希望就此进行吹嘘,使得很难对此一访问保密。

（Ryukyu and Bonin Islands, Secret, Memorandum of Conversation, January 12, 1965. Digital National Security Archive (DNSA), JU00444.）

19. 国务院谈话备忘录

00453
1965/01/13
日期:1965年1月13日
腊斯克国务卿在托马斯·杰弗逊招待室为佐藤首相设午宴
主题:美日关系及相关全球问题
与会者:佐藤荣作,日本首相
　　　腊斯克国务卿
　　　詹姆斯·J.威克尔(James J. Wickel),语言服务处(翻译)
抄送:

国务院执行秘书处 经济事务局 情报与研究局长办公室 国防部国际安全事务办公室 东京美国大使馆 政治事务副国务卿帮办 军备控制与裁军署 政治军事事务助理国务卿帮办 白宫 太平洋司令部总司令政治顾问 国务院政策规划人员 近东和东亚事务局 礼宾长办公室 高级专员政治顾问 远东事务局 空军 中央情报局

琉球群岛

首相说他承认美国在冲绳驻军对于远东安全的重要性，并明白将继续由美国执行管辖权。

国务卿说，北京的态度和近期共产主义中国的核试验更加强了冲绳的重要性。

首相问，美国是否会考虑将冲绳之外的部分琉球群岛岛屿的管辖权归还日本，因为那些岛屿非防御所必须，目前也未用于防御。即使是部分归还，也是向前迈进了一大步，会受到日本和琉球居民的欢迎。具体来说，美国和日本目前正在岛上开展提高居民福利的联合项目、被丛林覆盖的西表岛正是这类岛屿，尤其是该岛也未做训练之用。

日本国际角色的扩展

国务卿说，对于日本在全球扮演角色的提升，他感到高兴，这是日本的成就所赋予它的正当角色。

首相说，日本希望扮演更大、更为有用的角色。但是，他补充道，日本有些担心它可能会承担过多。因此，在增加其对外承诺的时候，日本必须克制。但是，他说，日本会更多地参与亚洲事务。

国务卿说，如果日本能给雅加达、金边和仰光等首都施加外交压力——因为美国做不到这一点——以改善形势，这将十分有用。他说，我们很高兴看到日本采取更多的外交活动，尤其是"沉默外交"。

亚洲开发银行

首相说，国际复兴开发银行的前日本理事渡边（Watanabe）先生正在研究成立亚洲开发银行的实际问题。该银行将基本依照类似的美洲机构的原则运行。他认为美国的公开参与是不可取的，但是他问国务卿美国是否会支持这一计划。

国务卿对亚洲开发银行的主意表示欢迎，并说，美国会尽可能在这一项目中扮演"隐名伙伴"的角色。

亚非会议

首相说,日本已经初步表明,它会向亚非会议派出一个代表,但是鉴于苏加诺(Sukarno)总统的活动和声明,日本也可能会决定不派出任何人。

国务卿说,最好日本和其他自由国家,如菲律宾和印度,能参加,以便对会议施加影响。最好不要让倾向北京的国家主导这样一个会议。他希望日本代表能与会并支持亚非国家中的自由国家的立场。

首相说,印度看似倾向于提议苏联参加会议。他认为,这很有意思,把北京和苏联放在一个组织里。国务卿同意他的看法,并说,美国不反对苏联成为会议成员国。

国务卿说,除了尼日利亚,美国拥有全球最多的黑人,但是一般这一事实都被忽略了。他说,去年秋天的联合国大会上他向很多非洲国家的外交部长提到这一点时,他们都很惊讶。他问为何非洲国家允许本·贝拉(Ben Bella)和纳赛尔(Nasser)等人承担非洲发言人的角色,尽管美国有着第二大黑人人口,我们不要求参加亚非会议。

国务卿说,最近,看似纳赛尔和其他阿拉伯国家在他坚持阿拉伯民族主义运动领导权的问题上产生了分裂。黎巴嫩、约旦、利比亚和突尼斯等阿拉伯国家感觉纳赛尔不能充当他们的代言人。

裁军

首相说,日本已经被提议成为裁军会议成员国,但是这提议遭到了否决。但是,日本对于参加这一重要会议有着深刻而持久的重视。他请国务卿尽全力让日本成为成员国。

国务卿说,日本和美国间的伙伴关系如此密切,美国也会从日本的参与中获益。

日本政治形势

首相指出,日本已经发生重大转变,由于这些转变,即使有人想复活战前的日本,也已经不可能了,尤其是战后的一代人是社会中稳定的民主因素。尽管犯下严重罪行的年轻人得到广泛宣传,但不应忘记,大部分年轻人是值得敬佩的。

首相提到了日本议会的年龄构成。他的自民党中有许多20多岁和30多岁的议会成员,但是日本社会党只有较老的成员。佐藤说,当他被任命为首相时,他拥有日本年轻选民压倒性的支持。

国务卿指出，在近期的选举中约翰逊总统也在美国拥有年轻人的类似支持——其中75%都是20多岁。他说日本社会党缺少年轻人表明年轻人意识到了这一事实，即，马克思主义已经过时，已经不再是未来的潮流。即使是在苏联，马克思主义也已经过时，因为近期俄国人已经开始讨论个人主动性、利益和分权化。

首相说，在日本，他被认为是保守的，甚至被部分人认为是"超级保守"，但是他不知道在目前的情况下，如何能有人"激进"（意味着马克思主义者）。

天皇

首相说，在动身来美前，天皇接见了他。在日本政治中，天皇已经不再扮演角色，但是他个人极为关注加强美日关系。

国务卿说，天皇给他和天皇在联合经济委员会会议时接见的其他美国内阁官员都留下了良好的印象。

首相说，回国后，他会向天皇汇报说国务卿一直关注日本，而他已经在增进美日关系中扮演了重要角色。

美日经济委员会

国务卿请首相保证今年7月份来华盛顿参加美日联合贸易和经济事务委员会会议的日本内阁成员携夫人一同前往。他受美国内阁官员夫人之托做这一邀请，美国内阁官员的夫人们想要回馈上次会议上他们在日本所受到的热情欢迎。

（U. S.-Japan Relations and Related World Problems，Secret，Memorandum of Conversation，January 13，1965. Digital National Security Archive (DNSA)，JU00453．）

20. 国务院电报

00474
1965/05/01
1965年5月1日，上午5:55
发件人：东京美国大使馆
收件人：国务卿，华盛顿特区，3538
琉球冲绳高级专员 183
抄送：陆军部 78

太平洋总司令 634

太平洋陆军司令 UNN

国务院 GRNC

高级专员致政治顾问和美国领事部；太平洋总司令致政治顾问；陆军部致行动和规划参谋长帮办办公室

参考文件：HC-L0 51137

  首相要求于5月18日前召开下一次咨询委员会会议，因为这之后他将忙于会见日本代表团团长。大使馆建议同意于5月17日召开会议。

  除非有反对意见，大使馆将着手与外交部制定如下议程：

  1. A. 管辖冲绳之基本政策。同意高级专员的评论，并将评估草案。

    B. 经济与社会发展长期规划纲要。同意高级专员的意见，即将美国的报告限于概念和目标，并将评估草案。

  2. 比较冲绳和类似的日本本土县的教育和福利等方面。大使馆发现高级专员提出的以全国平均为新的标准，替代最穷县的标准，是个极好的主意。建议将这个议程分成两部分。编号2A"琉球群岛教育状况"对应高级专员的议程建议2，而2B"琉球群岛社会安全项目"对应高级专员的议程建议6。然后我们会根据高级专员在参考电报第二部分中所给出的基本理论来准备美国关于这些议程项目的声明。也会对这些议程项目的草案予以评估。

  3. 冲绳自治市的自治范围问题。根据高级专员的意见，将要求日本政府推迟这一议题。未来将力求避免在双方认定为并非必要且会造成误解的标题中使用"问题"一词。

  4. 关于冲绳居民地位的问题。我们认为把自由悬挂日本国旗的问题包含在这一议程议题中不妥当，因为这与居民的地位没有关系。但是，在国旗问题上，外交部已经再次跟我们提到，这是优先级很高的问题，因为这能换来琉球和日本对美国的善意。为了降低他们的热情，我们已经表明希望删除这一议题，应为不太可能达成一致。他们的回复是，希望我们不要仅仅因为认为无法达成一致而拒绝讨论此问题。我们回应表示，这当然不是我们的本意，但是我们认为双方都感到咨询委员会不是一个表达此类分歧的地方，这种分歧可能会泄露给公众，并从而损害我们的整体关系。

  在公共建筑自由悬挂日本国旗现在基本上是全体民众的权利，大使馆相信，允许琉球的公共建筑不受限制地悬挂日本国旗将会赢得公共的善意，并增强保守派在面对反对者时的立场,而对美国在琉球的地位的影响,即使有,也很小。但是,除非我们准备同意,否则不建议将该议题加入议程。将请高级专员对该议题做出进一步评论。如果加入议程,会将其作为一个与冲绳居民地位不相干的单独议题。

关于日本政府包含在这一标题下的另一议题,"关于固定户籍转移的问题",将解释高级专员的意见并要求将其从议程中删除。

5. (新议题)琉球群岛外贸及工业。对应高级专员的议程建议 3. 琉球产品的市场开拓,4. 琉球工业贷款,和 5. 扩展对琉球航运的使用。我们会向首相口头解释我们希望这一议题所涵盖的项目,但是希望仅有一项,以避免议程过长。将对高级专员的报告草案进行评估。

赖肖尔

(Meeting about Okinawa, Confidential, Cable, May 1, 1965. Digital National Security Archive (DNSA), JU00474.)

21. 国务院谈话备忘录

00498

1965/07/16

日期:1965 年 7 月 16 日

主题:美国对琉球群岛政策

与会者:斯坦利·R. 里索(Stanley R. Resor),陆军部长

大卫·麦克吉福特(David McGifford),陆军副部长

约翰·M. 斯特德曼(John M. Steadman),国际事务陆军副部长帮办

威廉·斯帕尔中校(Lt. Col. William J. Spahr),国际事务陆军副部长办公室

埃德温·O. 赖肖尔,美国驻日大使

罗伯特·A. 费耶里,东亚事务局长

理查德·W. 皮特里,日本事务主任

抄送:远东事务局　陆军部

东亚与太平洋事务局

东京美国大使馆

前条约要求

里索部长说众议院定于 7 月 28 日就陆军部关于冲绳的前条约要求举行听证会。沃森将军表示其强烈希望能在今年秋天冲绳立法选举运动开始前采取立法行动批准对此类要求进行支付。陆军部也将将其拨款提交参议院讨论，在与国会就前条约要求立法进行接触时，必须将此考虑在内。在回答一个问题时，里索部长和麦克吉福特先生表示，他们希望在 7 月 20 日之后了解国会对前条约要求法案的态度，届时他们希望与参议员斯帕克曼（Sparkman）会面。相关国会委员会的关键成员对于提议的立法持同情态度，但是尚无明确迹象表明国会议员和参议员的态度。

佐藤首相访问冲绳

赖肖尔大使表示他感觉修改《价格法案》以提高美国对琉球群岛援助的上限十分关键。里索部长也同意应该这样做。他说陆军部正在起草一份备忘录，要求国防部和预算局批准为此提出立法要求。他回忆说，众议院最初通过了每年 2500 万美元的美国援助最高限额，但是参议院将其削减为目前执行的 1200 万美元。陆军部无需请求国会批准其每年将此金额用于援助，但是其需要为此资金争取拨款。里索部长表示，众议员帕斯曼（Passman）是获得资金的最大障碍。他回忆说，今年春天，沃森将军在国会作证时，帕斯曼先生问沃森，陆军是否会要求提高用于冲绳的资金数额。沃森上将仅回答说，他无法预测会要求什么，但这是有可能的。

里索部长说沃森将军希望获得对援助的无上限授权，不在法律中规定明确的限额。但是，部长说，他和他的部下感觉沃森将军的希望不切实际，而他们应该努力获得 2 500 万美元限额的授权。他相信短期而言 2 500 万美元是足够的。

赖肖尔大使同意短期而言大概 2 500 万美元的美国对冲绳援助资金是足够的。他说，我们的目标应该是，与日本一起，每年提供总额大约 5 000 万美元的外部援助。将琉球群岛与日本主要岛屿上与琉球群岛人口和经济水平大致相仿的县——比如佐贺——相比较，得出了 5 000 万这一数字。在地方收入之外，佐贺每年从中央政府收到的各类资助金额大约为 5 000 万美元。我们应该给予琉球群岛大概同样水平的援助，主要用于教育和社会安全系统。他说，对我们来说，试图大幅提高琉球人民的生活水平并不现实，但是我们能够为其提供与日本政府对其各县所提供的资助水平相当的资助。但是，大使说他感觉沃森上将提议，即做出公开声明，确定改善琉球人民的生活水准的大致目标，是可以的。

　　里索部长说，他曾经怀疑过设定这么高的目标是否明智，因为可能无法实现这些目标。赖肖尔大使同意，不太可能实现这些目标，但是他感觉，包含大致目标的声明在政治上是有用的。里索部长感觉，将目光锁定在可实现的目标上可能更好些。赖肖尔大使同意，为更明确、可度量的目标而努力可能更好，例如改善公共教育、建立与日本水平相当的社会安全福利。但是，他感觉，从政治考虑出发，做出公开声明，确定大致目标，并无坏处。里索部长说，沃森将军提议在公开声明中提出的生活水平目标在短期是无法实现的，所以他感觉在公开声明中对其加以宣传是不明智的。

　　赖肖尔大使说，他认为修改《价格法案》、改善琉球公共教育系统的努力和其他的措施仅仅是权宜之计。他强烈感觉到，在琉球，我们所剩的时间相对来说很少了。越南事态的进展加剧了日本和琉球人民根本上的民族主义反应。两年前，对于琉球问题，他持轻松的态度，并不担心我们在岛屿的统治可能的终止日期。但是，自从过去几个月越南所发生的事件以来，他已经完全改变了他的思考。日本和琉球群岛的氛围已经发生了变化，我们在琉球的时日所剩不多了。因此，他并不担心做出包含重大承诺的公开声明可能造成的影响。他说，不管我们在琉球群岛尚有多少时间剩余，他都认为对《价格法案》的援助上限采取行动是必要的。今年秋天它对我们尤其重要，因为琉球群岛定于11月份进行选举。如果我们在选举中失败，其在日本政局中的反响将使日本政府更加难以维持其目前对我们在琉球群岛的持续统治采取默认的合作态度的立场。

　　里索部长说，他对要求对《价格法案》采取立法行动的请求和前条约要求两个问题在国会中的累积有些担心。他说，陆军部希望先要求对前条约要求采取行动，之后再解决《价格法案》问题。赖肖尔大使说，我们需要拿定主意，是否寻求及时修改《价格法案》，以便在佐藤首相8月份访问冲绳之前通知他我们的意图。这将使他能够就日本政府考虑对琉球群岛进行大规模援助做出公开声明。

　　里索部长说，陆军部已经决定为修改《价格法案》做出努力。麦克吉福特先生说，他们在让国会批准1200万美元的援助上限时颇为费力。他回忆说，罗素（Russell）参议员持反对态度。在发起正式的立法提议之前，先与国会领导人就《价格法案》的进一步修改做出讨论，可能是明智之举。他说在国会中的策略需要进行仔细研究。

赖肖尔大使说国会中的参议员是最大的问题。沃森将军希望在 8 月初之前就此问题作出明确决定，以便他能在 8 月份佐藤首相访问冲绳时明确对提议的日本政府关于大规模援助的声明采取何种处理方式。沃森将军还希望提前与行政长官松冈（Matsuoka）就此问题进行讨论。麦克吉福特先生和斯帕尔向里索部长确认，正在准备一份要求国防部批准对《价格法案》进行修改的文件。

赖肖尔大使询问，陆军部能否接受日本提出的关于佐藤公开宣称对琉球群岛进行长期、低利率财政援助的提议。里索部长表示，在陆军部看来，这不会带来任何问题。

赖肖尔大使接着说，日本外交部发言人说，取消对于在琉球悬挂日本国旗的限制的要求，对于他们来说和大规模的经济援助提议同样重要。里索部长说，我们在巴拿马曾遇到类似的国旗问题，极其难以解决。大约 5 年前，我们决定允许在运河区同时升美国和巴拿马国旗。他说他们现在感觉这一决定仅仅加速了巴拿马民族主义情绪的出现。因此，除了在琉球群岛美国民政府总部，琉球群岛不同时升美国和日本国旗。而琉球群岛美国民政府总部恰好也是琉球群岛政府的所在地。他说，我们在琉球群岛所剩的时间将对该问题的判断产生影响：如果赖肖尔大使认为我们时间所剩不多的判断是正确的，则与佐藤的访问相关的国旗问题在我们看来不是一个重要问题；但是，如果我们有希望在琉球群岛统治更长时间，则国旗问题可能是一个十分重大的问题。

赖肖尔大使说，在他看来，毫无疑问近几个月来形势已经发生了变化，所以现在我们确信能统治该岛的时间已经很短。我们应该开始在另一种前景的基础上与日本政府做出安排。我们即将面临整个美日关系的显著变化。1970 年将是一个主要的"分水岭"。几个月前，他感觉，尽管 1970 年仅有 5 年之遥，对日关系看起来进展良好，而两国关系中潜在的危机甚至似乎能够在 1970 年之前自行化解。但是，现在，日本的形势进展不容乐观，今年春天，我们的关系甚至出现了倒退。5 月以来，我们看似阻止了倒退的趋势，而现在还能坚持得住，而如果越南问题以某种方式得以解决，我们则能收复损失，一如既往，无需改变政策。但是，近期解决越南问题的希望渺茫，所以我们的时间不多了。

日本和琉球群岛的民族主义都有抬头，他们对越南问题的反应更加剧了这一趋势。因此,赖肖尔大使相信,冲绳问题会在1970年之前爆发。

赖肖尔大使说,鉴于这些趋势,我们最为安全的策略是停止继续在对日关系上随波逐流。我们必须开始开桨划船了。他相信,我们能够成功地对此类进展产生影响。日本的保守党人一直回避国防等问题,但是现在他们中更多的人开始相信,他们将需要采取积极的立场,并将能够在国防需要问题上面对日本公众。保守党人面临的最棘手问题是冲绳,但是如果能够帮助自民党解决冲绳问题,这将不仅对他们来说是一笔巨大的资产,对我们亦如是。赖肖尔大使说,他希望就前财政大臣田中(Tanaka)(现自民党秘书长)所提议的解决方案与保守派的关键领导人进行私下会谈。在前司法部长罗伯特·F. 肯尼迪(Robert F. Kennedy)访问日本时,田中曾声称解决冲绳问题的最佳方案是日本人允许在日本领土上部署核武器,此一言论曾在日本引起愤怒。如果日本接受在其领土,包括冲绳,部署核武器,且如果日本能够向我们保证确保我们的军事指挥在军事危机中对岛屿实行有效的控制,则,即使将行政管辖权或"全部主权"归还日本,我们也能够保持我们在岛屿的军事基地。赖肖尔大使说,我们必须在冲绳问题爆发前完成这一新的安排。里索部长询问赖肖尔大使是否预计与日本签署实际上将冲绳置于日本宪法范畴之外的条约。赖肖尔大使表示,诸如此类的安排是有必要的,尽管在宪法中没有对核武器的明确禁止。我们能用于完成此类安排的时间很短,但是除非我们这么做,否则我们又将面临巴拿马一样的局面。如果受军事形势所迫,美国对北越人口稠密的中心地区进行轰炸,导致共产主义中国直接参与战争,我们可能需要通过从我们在日本的军事基地采取行动以加强我们在韩国的非军事区的防御。在目前的形势下,日本政府无法允许我们为此目的使用我们在日本的基地。

斯特德曼先生询问琉球群岛问题可能多快爆发,是否会在1970年。赖肖尔大使说,甚至1970年都比之前更令他担忧。但是,冲绳的现状无法再维持两年以上。

在谈到赖肖尔大使关于我们带头制定涉及日本对琉球群岛的行政管辖的新安排的建议时,里索部长表示,他不太理解,作为对于我们在这样一种方案中的默认的回报,我们能从日本的保守派中得到什么。赖肖尔大使说,如果自民党能在琉球群岛的主权完全归还日本的问题上与美国达成一致,面对反对派的压力,在日本公众的眼中,这将是巩固该党立场的一大政治成就。解决了这一问题,自民党将能够直接谈论防御问题和东南亚的发展问题。对美国的重大好处将是，我们与日本的关系可以在更长的时间里获得一个更加巩固的基础。这将消除对美日关系的最大威胁，并将使日本成为一个更加致力于我们在东南亚的极其重要的目标的盟国。目前，除了各种支持要素之外，我们在日本只有打击力量。或许我们应该在日本部署防御力量，或许由日本承担费用。我们应该加强与日本的联合战略协商。简言之，赖肖尔大使提议的冲绳问题的方案将使日本"从一个冷酷但令人愉悦的伙伴成为一个真正的盟友"。

麦克吉福特先生询问赖肖尔大使所考虑的协定的期限。赖肖尔大使说，协定没有终止日期。他说，我们在越南的军事行动之后出现的进展改变了他的时间观念。他重申了他的观点，即，我们应该去日本，努力制定一个包括冲绳在内的一揽子安排。

斯特德曼先生说，存在着若干个理论上可能的替代方案，并问大使他是否感觉日本可能接受在冲绳实行某种共同管辖安排。赖肖尔大使说，他认为，与其试图解决共同管辖局面可能造成的大量复杂问题，不如做个彻底了断。

费耶里先生问道，如果不给自民党就冲绳的美国军事基地的使用与美国进行协商的权利，他们是否会同意这样的协定。他认为很难想象自民党不会要求与他们对位于日本的美国军事基地所拥有的权利相同的权利。赖肖尔大使说，日本会收回岛屿，这将使关于协商权的任何问题都黯然失色。费耶里先生同意返还对于自民党将是重大的政治利好，但是如果日本在我们对琉球军事基地的使用上没有发言权，这一利好将大打折扣。他怀疑在冲绳基地的使用上，我们是否能够给日本任何真正的发言权。赖肖尔大使说，我们将会给他们所有重要的政治性标志，这就够了。

斯特德曼先生问道，大使的建议能否争取 2—3 年的时间。如果形势像赖肖尔大使所表明的那样恶化，我们应该考虑应急方案，以及应对琉球的暴动和骚乱的方案。赖肖尔大使说，如果我们在 11 月的选举中失败，我们会有一定的麻烦。但是，重要的不是冲绳的骚乱，而是在日本的回放，因为其在日本造成的影响将影响日本政府在冲绳问题上与美国合作的意愿。费耶里先生说，其效果可能会显示为日本政府在与琉球毫不相关的问题上无法与美国合作，例如东南亚的经济发展问题。

赖肖尔大使说，7 月 12—14 日的联合经济委员会会议让他感觉我们可以谨慎地与日本领导人讨论此类事务。在近期的讨论中，日本有所进步。尤其是国际贸易和工业大臣三木（Miki）以及财政大臣福田这两个现任政府中的关键领导,看似对东南亚发展提议做出了积极回应。他们看似感觉他们可以从在东南亚扮演积极的经济角色中获取政治利益。

斯特德曼先生问大使他认为我们何时能够就此类敏感问题与日本政府进行接触。赖肖尔大使说,他认为他可以首先在他回日本后试探性试探一下日本政府的意见。他说他希望首先试探一下佐藤首相的口气。他已经非正式地向佐藤建议其在纽约参加完联合国大会之后到华盛顿与约翰逊总统和腊斯克国务卿进行会谈。佐藤看似对此提议做出了积极回应。

斯特德曼先生问大使赖肖尔此次来华盛顿有没有与参谋长联席会议会面。他回忆说,1965 年一月大使与参谋长联席会议会面时,他谈到的我们在琉球群岛统治的时间期限是不一样的。赖肖尔大使说,之后他的想法改变了。之后他对时间的计算主要取决于对日本和琉球不断增长的民族主义的评估。但是,自此之后,越南的形势造成了其他必须考虑在内的强烈反应。

里索部长问赖肖尔大使是否与麦克纳马拉部长讨论过他的想法。大使说讨论过,并且在麦克纳马拉部长的建议下,为其和腊克斯国务卿写了一份关于该问题的备忘录。

斯特德曼先生说,琉球群岛的日常管理事务仍需小心处理。赖肖尔大使说沃森将军在琉球群岛的工作是非凡的。他并未感到在琉球群岛的日常管理中沃森将军漏掉了什么需要做的事情。沃森将军以其品格和智慧对琉球群岛做出了巨大贡献。他说,对琉球群岛援助的大规模增加是必须的,尤其要关注在教育和社会安全系统的实际成果。

斯特德曼先生说,如果接受赖肖尔大使的理论,国旗问题只是一个战略问题,那么何时以及如何处理该问题才能最大程度维护我们眼下在琉球群岛立场的利益。费耶里先生说,尽管时间长了我们容易忘记,但是一个盟国和伙伴管理着另一个盟国和伙伴的将近 100 万人民一定程度上说是不合常规的,尤其是还违背了他们的意愿。赖肖尔大使说他感觉我们的地位维持这么久已属幸运。里索部长说,关于对加大援助的授权、前条约要求和其他问题,在国会中还有大量的说服工作要做。

秘密行动计划

赖肖尔大使提议的美国采取行动影响琉球群岛的选举的计划。斯特德曼先生说,他已经收到通知,303 委员会计划在 7 月 22 日(星期四)的会议上讨论这一计划。

赖肖尔大使问里索部长,他是否读了前远东事务助理国务卿帮办马歇尔·格林关于此问题的来信。里索部长表示,他已阅读了信件。大使说,他认为信件很好地表述了这一问题,并代表了他的观点。他说他强烈感觉我们不应承担双重责任,通过两条路径向冲绳选举提供资金会使我们的行动暴露的危险翻倍。仅通过日本一条线路,让日本自民党以最有效的方式处理该资金,会安全得多。冲绳是个小地方,就像美国的一个小镇。冲绳也像是日本的一个小县,在那里,政治阴谋,尤其是涉及钱的政治阴谋,是众所周知的。试图利用直接的美国—琉球群岛渠道在冲绳采取秘密政治行动是有风险的。无论如何,日本保守派都会参与琉球群岛选举中的资金和其他行动,仅仅帮他们提供资源,而不是试图直接在琉球群岛运用这些资源,将是一个完美的掩护。

斯特德曼说,他被告知,通过这两条途径提供资金的风险大致相当。他感觉,既然这样,不如至少直接在琉球群岛运用部分的资金。赖肖尔大使不认为风险是相当的。冲绳的局面十分脆弱。沃森将军希望对这些资金的使用保持密切而有效的掌控,这是可以理解的,但是资金应该通过日本的保守派使用。如果美国直接插手而被抓个正着,日本会出现严重的激烈反应。

费耶里先生问到,赖肖尔大使是否从这个角度跟沃森将军讨论了此问题。大使说,在计划之初他就向沃森将军表明了他的观点,但是近期他没有以个人名义跟他谈论过此事。里索部长问给日本人的钱是否可能到达琉球群岛的目标人群。赖肖尔大使说,这十分安全,因为和我们一样,选举成功对日本保守派来说是重大利益攸关的事。斯特德曼先生问是否对两条可选途径的相对风险有任何疑问。赖肖尔大使说,他认为无疑通过日本自民党的途径更为安全,尽管不论哪条途径,都无法绝对保证安全。

斯特德曼说他认为他们应该把赖肖尔大使的观点发给沃森将军,征求他的意见。他解释说,他们的思考部分是基于这一希望的,即,尽可能在不依赖日本在该岛的政治参与的情况下,执行这一行动计划。赖肖尔大使表示理解,但说,在表现出来的整体形势中,他对这一点并不担忧。

里索部长在总结会议的一致意见时说,我们可以推进给国防部的备忘录的工作,要求获得批准争取修改《价格法案》的立法行动。他指出,佐藤8月份将访问冲绳,所以期限很短。

关于国旗问题,费耶里先生说,他与外务省的安川(Yasukawa)先生讨论了该问题,感觉安川理解为何美国会难以接受改变目前关于在琉球群岛悬挂日本国旗的规定,安川看似并不倾向于在这一问题上进行强求。费耶里先生说,他怀疑在佐藤访问期间修改升旗规定是否明智,因为这会造成这样的印象,即,由于佐藤在琉球群岛的谈话,美国同意日本在琉球群岛的管理中扮演一定角色。媒体肯定会这样描述。如果我们决定在此方向采取行动,另择时机可能更妥。

赖肖尔大使说,在国旗问题上做出让步并非佐藤访问的成功所必须,佐藤的访问本身将巩固冲绳民主党在秋季选举中的地位,在国旗问题上的妥协可能并非日本所必须的。赖肖尔大使说,几年前我们在冲绳发布日本教科书时,启动了导致目前聚焦于国旗问题上的民族主义的发展趋势。教科书开篇都提到了"我们的祖国",提醒了冲绳人他们是日本人。

(U. S. Policy in the Ryukyu Islands, Secret, Memorandum of Conversation, July 16, 1965. Digital National Security Archive (DNSA),JU00498.)

22. 美国驻日大使馆致国务院

00560

1966/05/02

A-1299

收件人:国务院

抄送:福冈,神户—大阪,名古屋,那霸,札幌,横滨,首尔,台北,马尼拉,西贡,香港,曼谷,仰光,新德里,伦敦,巴黎,莫斯科,雅加达

发件人:东京美国大使馆

日期:1966年5月2日

主题:美国政策评估——日本1966

参考文件:1965年11月17日,CA-5400,政治经济评估

附件是大使馆对日本的和与之相关的进展对1965年美国的主要政策目标的重要性的评估。该评估包括对主要美国政策路线的持续有效性的评价,和根据1965年的事件可能对目前框架内的重点所做的修改或变动。

代大使:

J. 欧文·泽赫伦(J. Owen Zurhellen)

使馆参赞

美国政策评估

引言

美国关于日本的基本政策目标可以归纳为以下标题：日本自身的政治导向——温和、高效、以自由世界为导向的政府在日本的持续统治；日本为自由世界的利益所从事的活动，尤其是在亚洲范围内；保持日本与共产主义政权，尤其是亚洲的共产主义政权的关系，符合自由世界的一般利益；美日共同安全关系，包括冲绳；在经济、科技和文化交流领域的美日双边关系。

自然，看起来首先要说的是美日双边关系。但是，1965 年间，我们的对日政策在塑造美日关系的主要趋势，以及在塑造日本自身的政治和经济发展方面所起到的作用，不及美国在世界其他地区——尤其是越南——的政策和行动，以及产生于美国政策的范围之外的因素，所起到的作用大。因此，最好从这些主要的影响因素谈起。

"政策含义"中所建议的变动，大部分仅限于在美国对日政策路线内改变侧重点。大使馆相信，尽管越南的冲突给日本民众的情绪带来了冲击，尽管日本的左翼组织起来对此大加利用，美日关系仍然保持了根本上的密切与稳定。可以预见未来会有若干障碍，尤其是 20 世纪 70 年代后共同安全关系的形式和冲绳问题。本文并未对此两个问题给出具体的答案，但是，对此两个问题给予关注，以便在非解决不可的时刻到来之前，对他们做出适当的研究和考虑看起来十分重要。

A. 日本为自由世界的利益所从事的活动

1. 积极成果

1965 年，日本政府为更明确而具体地表明其面向自由世界的态度做出了巨大努力。尽管造成了国内政治的紧张和混乱，日本政府缔结并批准了实现与韩国关系正常化的条约和补充协定。成功入选联合国安全理事会。表现出了更多对欠发达国家，尤其是亚洲的欠发达国家进行经济援助的兴趣（目前，其表现出的兴趣远大于其所取得的成就）。承诺对亚洲发展银行出资 2 亿美元。尽管自民党领导人没有做出给以下政治决策，即，给日本政府足够自由，使其以日本资源作为主要工具影响欠发达国家的政治经济发展过程和欠发达国与发达国家的关系，但是，日本对联合国贸易与发展会议和《关税和贸易总协定》机制表现出了总体上响应的态度。但主要由于对其商业利益的考虑，日本在这一领域仍然是一个追随者而非领导者。

总体而言，日本的这些举措反映出，佐藤首相及其顾问决心实施日本现有的以以下几点为重心的政策路线：维持国内的政治稳定和经济繁荣；继续与美国和其他的自由世界大国结成联盟；主要通过联合国，以亚洲唯一主要的发达国家的身份，逐步扩大日本的国际影响力。主要由于为了清除诸如与韩国的条约的旧有问题在国内所做的政治努力，截至1965年，日本尚未真正开始实施可以被称为"佐藤路线"的新方针。

2. 对越南的负面反应

1965年的大部分时间里，越南敌对的加剧，以及美国在此扮演的军事角色的强化，严重削弱了日本民众对我们远东政策的支持。组织起来的左翼不遗余力地利用公众对于战争蔓延并直接影响日本的担忧。有一段时间，大众媒体似乎接受了这一论调，即，民族解放阵线正是它所宣称的那样，而在越南，美国是过错的一方。之所以出现这种情况，很大一部分是因为，日本人不知道共产主义者在越南和其他地区行径的历史和现状，尤其是不知道北平的"民族解放战争"论的含义。1965年下半年，美国部门（在日本保守派和南越的部分帮助下）加强了努力，而河内和北平也比以往更明确地坚持称和解条件由它们说了算，这两方面的因素结合，使日本更好地认识到了越南冲突的性质以及美国的角色，并帮助修复了日本对美国政策的观点早先所遭受的损伤。但是，公众反对哪怕最微小的卷入战争的可能性的情绪限制了日本政府在1965年的大部分时间里对我们的亚洲政策给予支持。而且也阻碍了日本对南越给予哪怕是非军事支援，或是大幅增加其在东南亚的经济或其他责任。

3. 对美国政策的意义

(1) 日本的积极一面。日韩关系的正常化以及日本做出的更多地参与经济合作的努力，尽管十分犹豫，在整体上是密切符合美国的政策目标的。尽管这些举措大部分是因为日本日益认识到了日本的国家利益所在以及这些利益所需要的政策，这也在一定程度上源于美国的鼓励和劝说。继续努力让日本根据其国家利益来考虑他们的政策对我们来说十分重要。同样重要的是，继续对美日总体政策进行谨慎而积极的共同协调，尤其是在对欠发达地区进行经济援助的项目上，以便对我们的共同资源进行最为有效的利用，也避免我们朝不同的方向努力，不管是在经济上还是政治上。如果我们把日本的合作看做是眼下理所当然的事情,或者是过分强调这些领域里美日利益的竞争性,则我们可能无法全面实现潜在的利益。

(2)越南与残酷的现实。在处理诸如共产主义直接入侵的紧急情况时,显而易见,可能对像日本这样的第三国造成的影响和诸如此类的考虑,肯定是次要因素。但是,1965年的经历表明,通过确保我们认为不言自明的目的和动机为他人所清晰了解,对我们自身将大有帮助。就日本而言,越南战争揭示出,甚至对于我们在日本的朋友,我们也急需做出更有效的信息传递的努力——有人可能会说,尤其是对我们的朋友要这样做,因为,我们的很多批评者已经明确表明,我们说什么都不太可能让他们信服。这既适用于与政府和政党官员之间对话的层面,也适用于公众信息的层面,因为在公众信息层面,有一段时间大众媒体使得人们极其难以获得对越南战争的客观报道。这一阶段的经历也表明,目前为止,日本尚缺乏与其他自由的亚洲国家的直接接触,并表明,除了通过我们自身的努力来影响日本的观点外,我们应该强烈鼓励其他自由世界成员,尤其是发展中国家,有效地向日本政府和公众表明他们自身的情况。

B. 日本与亚洲共产主义政权的关系

1. 乐观情绪削弱

1965年的事件在整体上削弱了改善与亚洲的共产主义政权的非正式关系的根本乐观情绪,而这曾是近年来日本对这些地区态度的主要特征。与其说这是因为美国的影响或说日本政府的计划,不如说是因为共产主义政权自身对日本和其他地区的行为和态度。与亚洲的共产主义国家(或任何其他国家)的贸易仍然神圣不可侵犯,在日本没人能公开进行攻击,除非贸易可能给日本带来实际的敌意。但是,日韩关系的正常化显然对朝鲜和对日本那些希望日本避免直接站在任何一边的人士是一个政治打击。在越南战争中北越的角色,以及其拒绝和平提议的态度,已经显而易见,足以打消日本倾向于做出友好表示的倾向。中国的共产主义者,因为在越南问题上的好战路线,随时准备对日本政府进行达到干涉内政水平的批评,并显然试图利用贸易为政治目的的服务,很少顾及日本政府和人民的敏感,也没给他们在日本的朋友留下寻求甚至是倡议建立更亲近关系的行动的机会。

2. 基本前景

然而,一定程度上反映在政府政策上的日本公众意见,仍然希望与亚洲的共产主义政权建立更好的实际关系,并希望增进与它们的贸易。这一希望主要集中在中国大陆身上,朝鲜和北越必定是次要的考虑因素。总体而言,除了政治派别两端的一小部分,日本的观点认为"一个中国、一个台湾"是对中国问题合理的解决方案。尽管日益认识到这一解决方案存在着现实的障碍,尤其是认识到两个中国的政府的观点,但是这并未消除这一解决方案对他们基本的吸引力。除了极左翼,总体而言日本和美国一样,希望看到台湾处于共产主义统治之外。另一方面,明确表达的公众的意见倾向于责怪美国阻碍了"一个中国,一个台湾"解决方案的进展。1965 年联合国大会(译者按:原文为 U. S. General Assembly,结合上下文,疑为 U. N. General Assembly,即联合国大会。经查美国并没有名为 General Assembly 的机构。)就中国代表权的投票强化了日本的这一观点,即,对中国问题的这一方面,以及对采取行动改变目前僵局的前景进行重新审视的时机已经成熟。

面对此种公众意见,日本政府抱有十分模糊的希望,即希望日本能够以某种方式对亚洲的共产主义政权的温和化和民族化施加适当的影响,而这种影响可能会降低分裂国家内的紧张程度,即使在他们的重新统一尚不能预见的时候。就政策而言,目前为止,这意味着谨慎地加强与分裂国家中的非共产主义部分的友好关系,但同时尽可能避免采取必定会使共产主义政权关闭非正式接触的大门的行动。如果能够与亚洲的分裂国家双方都保持关系,日本的公众意见会非常强烈地要求日本政府采取此种政策。

尽早改善与北平关系的乐观情绪的降温增加了日本对与苏联建立更密切的经济和政治关系的兴趣。这正好与苏联发起的显而易见的政治攻势同时发生,这一专门设计的攻势利用更大的市场和参与西伯利亚开发的前景来吸引日本商人,而利用"和平共处"的前景来吸引日本政客。

3. 政策内涵

从远东的总体形势来看,近期日本政府不太可能对亚洲的共产主义国家采取引人瞩目的主动行动。对与苏联建立更加有利可图的经济关系的强烈要求看起来是日本采取具体行动的最可能的原因,例如修改信贷政策,限制战略性产品出口(尤其是大口径管道),而这可能给美国带来问题。如果日本对苏联采取此类措施,日本政府将很难在国内为对共产主义中国采取的限制性贸易政策辩解。日本重视对中国大陆贸易的人士将无论如何要求更为有利的政策框架,包括使用进出口银行的贷款。

从更宽广的图景上来看，为了维持在远东政策上我们对日本的政治影响力，我们需要更努力地让日本进一步认识到，我们远不是"不承认亚洲共产主义政权的存在"，我们除了准备好与亚洲的其他共产主义政权打交道外，也已经准备好在实际问题上与共产主义中国打交道，我们所反对的是它们对其他国家采取的行动而不是他们的存在。在就含糊的"共产主义中国的威胁"问题上对日本政府或公众进行说教上，我们应该十分谨慎，相反，我们应该集中精力提供关于亚洲共产主义政权采取的我们认为危险的行动的信息。在可行的范围内，对于日本提议的任何缓解这一领域的紧张局面的措施，我们都应该表现出出于同情的兴趣，但同时要坦诚而明确地指出这些建议的缺陷。我们应该通过政府和私人渠道增进美日之间关于中国问题和一般亚洲整体形势问题的意见交流，我们也不应该害怕承认不是所有问题我们都有答案，我们应该加倍努力，让日本公众理解我们的远东政策的积极一面。

C. 日本自身的基本立场和美日政治关系

1. 保守政府面临新问题

1965年，执政的自民党和其反对党日本社会党、民主社会党和日本共产党之间有效的力量平衡并未发生重大变化。公明党是佛教组织创价学会的挚友，视所争论的问题不同，该党时而支持一方，时而支持另一方，而由于其在决定性的众议院中没有代表，所以在全国层面上，其直接的政治力量仍然有限。除了越南战争所带来的限制性影响，在支持美日密切合作方面，自民党和日本政府所拥有的支持也未发生变化。但是，国际事件，尤其是在对韩条约上的国内政治斗争以及对美国在越南角色的不同观点，使得自民党与反对党之间在1961—1964年间已经大为缓解的直接对抗再次爆发。1965年的经验表明，因为避免了引起双方表达冲突性观点的关键问题而产生的暂时安静，并没有对日本达成政治共识带来像有些人希望的那么大的进展。

在越南问题和在批准与韩国关系正常化的问题上，日本共产党和日本社会党，在日本工会总评议会工会联合会的支持下，回归他们1960年的策略，举行大规模反对美国和日本政府的街头示威，而在本年中，左翼组织增加了他们实际上的共同合作。但是，结果远未达到他们的预期，这表明，草根层面的外交政策已经有了明显的温和化。在两次重要的选举中（参议院选举和东京都议会选举），左派在东京取得了大量成果。这在很大程度上是偶然因素所致，但是这使部分反对党领导人受到鼓舞，认为强硬的政治路线是对付保守党的优势地位的最佳武器。

在越南战争的压力下，日本社会党在国际问题上转向了教条的"马克思—列宁主义"的公开路线。社会党的领导权由左翼掌控更加快了这一政策转变。共产党由倾向北平的领导人所领导，数目上有所增加，对1965的示威公开吹捧，称其是旨在1970年前粉碎美日安全关系的运动的开端。

几乎没有迹象表明，除了在越南问题上，左翼的路线对构成有组织的左派的那些政党、前沿组织和工会成员之外的公众产生了大的吸引力。左翼在试图激起公众对美国核潜艇在港口停靠和对与韩国条约的愤怒时，也未取得进展。而另一方面，越南战事的蔓延着实让日本人震惊。左翼逐渐集中力量指控日本与美国的安全关系将使日本卷入一场大规模的亚洲战争。但是，到年底，他们在越南问题上所取得成功看似已经过了风头最劲的时候，不会再进一步有大的提升。

在佐藤首相的新领导下，保守党发现，清理未决事务（以上A部分）比其所预想的更费时费力。整个一年，日本经济的停滞状态和不断上涨的消费价格，成为公众关注的焦点，也成为佐藤赢取公众支持的最大障碍。随着本年中时间的流逝，自民党内和自民党的商业和金融支持者内部，有人发出了对于佐藤的领导权的质疑。部分由于佐藤的两个主要竞争对手前首相池田勇人和河野一郎(Ichiro Kono)在1965年去世，党内并未出现公开的反佐藤运动。然而，1965年结束时，日本蔓延着对自民党未能恢复经济繁荣的失望情绪，而佐藤的批评者指出，佐藤之所以能够牢牢的握住权力，与其说是因为其上任首年的表现，不如说是因为没有一个合适的继任者。

随着1965年6月份佐藤内阁的重组，自民党的保守一翼排挤了"新右派"，重新占据主导，而在河野统治期间，"新右派"曾试图通过获取工会、城市青少年和类似新团体的支持来扩大在自民党内的基础。这一自民党内影响力的变化强化了这样一种印象，即日本的国内政治中出现了新的两极分化。

大众对日本经济形势的关心以及保守派支持者对佐藤的成就的暗中不满，使保守派的领导层在1965年处于左右为难的境地。自民党已经清楚了若干长期未决的主要问题，但是这么做却未收获好评或赞誉。其获得成功的代价是与反对党在议会中发生了直接冲突，这显然证实了佐藤在成为首相前所倡导的自民党的"高姿态"的承诺。但是，在1965年结束时，自民党发现，为让社会党同意恢复（被关于批准对韩条约的喧闹所打断的）议会的正常进程，不得不讨价还价,付出了众议院议长和副议长辞职并在预算立法的处理上做出让步的代价,而这一对反对党的让步是诸如池田等人所从未做出过的。看起来很明显,佐藤和自民党在该年结束时很担心如果他们不得不面对提前大选的话,情况会如何,而社会党正威胁(显然不顾他们自身的政治局限)在几个月内强行要求提前大选。

2. 对美国政策的意义

尽管1965年结束时自民党面临着一系列问题,也表现出了可能存在的弱点,但是自民党的所有重要派别都仍然坚定地支持美日间的密切关系。正如上文所指出的,这一点与左翼反对党公开声明的反美路线形成了鲜明对比。寓意很明确——采取可行的措施确保来自目前的保守阵营中的领导人继续在日本掌权是符合美国利益的。在今天的日本,美国对任何政党的公开直接支持都会带来适得其反的效果。但是,如果不冒这个风险,我们可以通过多种方式来支持日本的保守派领导人。首先,我们应该继续通过言辞和行动明确一点,即,日本政府和日本其他负责任的派别的观点十分受美国政府重视,我们一直,而不是仅在个别场合,将日本看作是美国在政治和经济领域的主要盟国之一。

佐藤首相对约翰逊总统的访问和副总统汉弗莱(Humphrey)对东京的访问使1965年在美日友好的高潮中开始,也在美日友好的高潮中结束。对于首相需要我们制造的印象,此类访问无疑是最有效的方式。但是,在列举我们最高级别的友邦和盟国时将日本包含在内,以及避免在"西方"阵营一词可能具有排他性的时候强调这一用词,也有助于促进日本认识到其确实是自由世界的大国之一。

第二,我们应该尽可能更多地考虑到美国即将采取的行动对日本的潜在影响,尤其是在经济领域。1965年12月民航问题的解决对于我们在日本的政治友人来说是一次士气的有效提振。对废铜出口禁令的最初处理,尽管完全考虑到了当时的情况,但这一举措却能够被我们在日本的批评者用来作为我们其实并不关注这个国家的证据。

最后,在华盛顿和东京,我们应该与自民党的所有重要派别保持良好的工作接触,同时避免表现得对自民党内的任何一个特别派别过于重视。和自民党内的任何人一样,佐藤首相是美国的坚定朋友。但是,如果表现得相对于其他保守派领导人我们更偏爱他(除了由于其职位的原因)会对他和对我们都会带来政治上的不利影响。这会让佐藤（也会在一定程度上让其哥哥、前首相岸信介）受到有损其国内形象的屈从美国影响的指责。同时，这会进一步诱使保守派中可能的竞争对手考虑采纳中立主义或者其他有损于美国和日本的外交政策路线。

1965年的事件表明我们的工作假设，即日本社会党和日本工会总评议会所主导的工会中的主要派别，潜在的——以及日益在实践中——在导向上既是理性的也是基本民主的，而且未必对美国持不友好的态度，是可以经受住考验的。随着日本社会党的领导权落入极左的佐佐木（Sasaki）手中，出现了对反美论调的强调以及与日本共产党和共产主义中国关系的拉近。同时，美国对北越的轰炸和越南战争中的其他行为引起了对美国的东南亚政策可能导致一场日本必定会卷入其中的战争的广泛担忧。这些各自独立的趋势本可能造成美国和日本社会党间深刻的疏远，但是尽管这些趋势同时发生，社会党代表仍然愿意与美国政府代表保持较大程度的接触，而按照对他们对美国政策的攻击的直白理解，他们本不会愿意与美国代表保持此种程度的接触。在正式的政治左翼之外，例如在媒体和学术期刊中，已经出现了越来越多的对社会党立场中不切实际的方面的批评。社会党内存在着深刻而广泛的分裂，在外交政策问题上，分裂的双方类似于中苏争端的两方。此时任何一方都不能被称为是亲美的，但是美国成功地与一方维持了相对友好的交流，而与另一方至少在私下保持了正确的关系。很可能，社会党不那么极端的派别会最终重获控制权，可能就在明年，这种情况下，将有希望在"结构性改革"方向的缓和上取得进一步进展。

尽管无法确切预测作为一个政治实体的社会党的方向，尽管必须承认在可预见的未来，从实际的美日关系的立场来看，保守派在日本的持续掌权是极为可取的，谨慎促进日本政治中出现一个温和的局面来替代目前零和博弈的局面，仍然是我们的利益所在。这意味着我们必须恢复并加强与日本社会党中更加理性的派别建立相互理解的努力。

这一行动的部分内容包括，通过诸如以下方式，更加努力地让日本有组织的左翼从支持马克思主义的理论教条转变为支持具体而切近的经济目标：将美国官员与左翼工会组织的接触主要集中在经济和工会问题上，并将日本工会总评议会对人员交流的参与引导到研究、工资决定和工会福利等专门或职业领域的官员交流上来。在世界马克思主义运动出现新动向的背景下，尤其是在中苏分裂、中国共产主义所表现出来的顽固，以及这种顽固所招致的反应的背景下，我们应该寻求增进倾向于反对党的日本人，尤其是年轻知识分子对非共产主义（或后共产主义）世界中的选择范围的认识。

如果日本的极左派教条领导继续重视追随中国共产主义的路线，越南战争可能会因为使他们走上日本大多数人无法接受的极端而成为他们的一个陷阱而非绝好机会，并可能有助于彰显出他们的教条无法解决当代日本的问题。

过去一年，美国对民主社会党和相应的工人组织全日本劳动总同盟的关注已经使我们获益。尽管在1965年潜在的最关键问题——越南战争问题上，民主社会党并不支持所有的美国行动，但是民主社会党是基于反对共产主义接管东南亚的立场行动的，尽管并不总是同意美国的行动，但是大体上是支持美国的目标的。这一事实所表明的反对派的态度证明，不仅只有日本的保守派能与美国达成理解，对美国的理解也成为对左派内的日本社会党的极端声明的纠正。而在越南和冲绳的工人运动方面，全日本劳动总同盟与美国合作的意愿也有助于帮助美国避免与执政的保守党的完全关联。

D. 共同安全关系——包括冲绳

1. 1965年的进展

越南战争更加凸显了与日本的《共同安保条约》和我们对冲绳的占领所给美国带来的基地权利和特权的重要性。过境权、关键基地设施、培训和后勤能力，以及对我们在东南亚的军事行动的其他形式的支援，在1965年得到了更多利用。正如日本人看到的，就《美日共同安保条约》而言，重点已经在很大程度上从"为日本的安全做贡献"转变为维持远东的国际和平与安全。这一转变基本为日本政府所接受，日本政府并未提出异议。

日本的左翼极力激起大众对于核潜艇停靠日本港口和其他醒目的美国军事存在的不满，但是总体上，日本公众仍然接受现存的关系。1965年出现的类似的涉及日本的美国基地和人员的具体摩擦事例都根据不伤害总体关系的和睦团结的精神，通过规定程序，在地方层面得到了圆满解决。社会党在防御问题上试图抛出的"炸弹"——揭露所谓的"三矢计划"，声称是一个爆发战争时对朝鲜和中国大陆采取行动的美日联合军事计划——也未能给公众留下印象并激起公众的情绪。

总体上，日本公众看起来认为美军的存在对于美国对日本防御的承诺而言是必须的，尽管有时不太舒服。美国的驻军仍然背负着残存的污名，即，在日本公众心中，仍然被看做是占领的残存形式，而美军存在所针对的危险在很多日本人看来并不十分明确。在日本公众看来，1965年，《共同安保条约》给日本增加了额外的责任，即不管日本是否愿意，日本将被卷入美国在亚洲其他地方的军事行动。

日本政府承认条约对日本的重要性，而1965年，消息灵通、有政治意识的派别也更加认识到，日本不仅必须维持共同安全关系，而且应该根据其国内工业能力增进其自身的防御能力。尽管佐藤首相及其直接支持者在上任时提倡提高自我防御能力，但是1965年艰难的经济形势以及不愿增加与政治反对派冲突的可能性，阻止了在这一方向取得实质性进展。原则上，公众对日本自卫队的接受度在持续增长。这主要是由于他们在应对灾难方面的行动和类似的职能，而这对于其基本目的都是辅助职能。对于在需要国防的时候他们的力量是否充分的质疑事实上看起来已经有所增多。含蓄的建议已经开始出现，且经常是在讨论共产主义中国的核爆炸时出现，即，对日本唯一的现实军事威胁是核威胁，所以如果日本自卫部队无法应对核威胁，则他们的存在便没有什么作用。

1965年，关于冲绳形势的实际方面的若干尚存的不满得到了消除或缓解。美国对日本在冲绳扮演更重要的援助角色的支持、佐藤首相访问琉球、放松琉球和日本间旅行控制的措施，以及修改相关行政命令以允许琉球立法机构选择琉球行政长官，都受到了日本的欢迎，也共同造成了在该问题上真正的美日合作的主要印象。

左派关于冲绳内部形势的宣传看似仅对日本产生了有限影响。冲绳基地在西太平洋的集体防御以及在日本自身防御中的重要性在东南亚形势的背景下，在日本获得了更好的理解。对于这种更好的理解，不出所料，日本的不同政治派别做出了不同反应，保守党派更加确信维持军事基地的重要性，尽管他们也更加渴望收回岛屿，而左翼反对党则比以往任何时候都渴望取消军事基地并收回岛屿。上述措施成功应对了具体的不满，但是日本民族主义情绪的上涨使得这一基本问题，即美国管辖着一个主要盟国的领土和人民，显得十分突出。琉球群岛这一基本问题更加有可能成为美日摩擦的唯一最重要根源。<u>日本人也只能原谅美国目前的角色为暂时的权宜之计，而除了归还日本岛屿的管辖权，别无解决该问题的令人满意的长期方案。</u>

2. 对美国政策的含义

正如上述 C-1 节所表明的,日本有组织的左派,尽管未能成功激起民众对目前美国军事行动的反对,却已经开始为在 1970 年后要对《共同安保条约》终止或实施修改时破坏美日安全关系而努力。鉴于目前日本民众对安全关系支持度的薄弱,这一左派运动在 1970—1971 年或之前可能导致大量混乱,并有可能至少成为日本在中间的几年中在自由世界扮演更积极的角色的障碍。近期,通过增进日本民众对于日本对共同安全保证的需求的认识,并通过揭示左派关于现有条约的假设和断言的虚假性,日本政府和自民党已经开了自己的抵制左派活动的运动。

这一任务的主要责任必然落在日本政府和其支持者的肩上。目前阶段,美国做出贡献的最有效的方式是让主动权保留在日本人手中。当然,我们应该适时表明我们将继续坚持与日本维持共同安全关系的概念,并意欲完全履行我们的义务。总体而言,日本政府和自民党的目标是,使日本公众相信,美日安全关系是日本的国家利益所必须,而并不是像左派所声称的,是由于美国的占领而强加给日本的。为此,我们必须小心合作,以传达这一观点,即,日本过去有、现在亦有真正的选择权,日本与美国的安全关系是符合日本人民的代表表达的意愿的,而 1970 年后该关系是否继续取决于日本所愿为何以及美国所愿为何。既然日本的注意力已经开始集中于共产主义的威胁,尤其是北平的政策所表明的威胁,看起来,聚焦在威胁的具体表现而非对威胁存在的一般警告,以及通过共同努力应对威胁的实际途径和方法才是符合我们的利益的。

我们需要让日本公众对日本自卫队的未来角色及其与驻日美军的关系有更恰当的理解。这可能也是大量增加驻日美军数量的主要前提条件。考虑让日本早日参与多边防御组织是不现实的。但是,我们应该在我们的双边关系内努力向类似于北约的多边和互惠性质的关系靠近,包括使日本公众更好地理解日本的"自卫"不应止于海边,远东的稳定对日本的福祉至关重要,因此,驻日(包括冲绳)美军有责任承担日本自身防御之外的责任也就是顺理成章的。我们必须避免坚持具体的基地权利,并将此作为日本权力控制范围之外的特权。为了增进公众对于共同安全概念的支持,我们必须在无损于现存的条约框架的情况下,对于日本提出的修改目前美国在日本驻军安排的细节特征的提议给予仔细考虑。

目前看来,在不进行基本改动的情况下,美国在琉球的统治尚能持续一段时间。同时,我们应该面对现实,即,我们在琉球的地位,既非美日关系坍塌后能供我们撤退的共同安全关系的替代品,也不太可能长期以其现在的形式继续存在。任何造成日本政府和普遍的公众情绪对我们在琉球地位的强烈反对的情况都可能使目前的局面戛然而止。而且,这本身就自相矛盾,为了应对共同安全的威胁,我们管辖着我们承认属于我们在远东的主要盟国之一的领土,而同时我们试图让该盟国在加强安全的同一过程中扮演更加积极的角色。如果一旦日本不但通过双边关系,也通过联合国和其他地区的世界舆论来强烈要求返还冲绳,我们能否以牺牲对日关系为代价保住冲绳,尚存疑问。这样的策略在日本几乎必然会导致消极抵抗和其他形式对我们在琉球的统治的反对。

在这种情况下,在我们尚能选择的时候,将我们在冲绳的防御安排置于永久可行的基础上显然是符合我们的利益的。换句话说,我们最好在问题当头前早日着手积极规划能够满足我们关于琉球安全需求的方案取代目前全面管辖的安排。

这显然不是一项简单的任务,因为能否圆满解决问题看似取决于日本是否愿意签署明确协定,允许美国在不受目前在日本本土的基地所受限制的情况下,使用琉球的军事基地。日本政府和自民党尚未准备做出此承诺,而反对党,如上所述,呼吁取消军事基地,认为这是收回岛屿之外的又一目标。但是,通过积极的方式,我们完全有可能,利用早日归还琉球的管辖权为杠杆,诱使日本给予我们所希望类型的基地。我们还可能收获大量附加的收益,不仅能赢取日本的友好,还可以消除最有可能使得称呼美国为"新殖民主义者"的指责具有可信度的局面。

E. 经济、文化和科技关系

1. 经济发展和政策暗示

1965年日本经济图景的主导因素是国民生产总值增长率的大幅下降,按实值计算,降到了2%—3%的水平。尽管工业工资、就业率和生活水平仍然很高,但是日本企业长期以来的资金脆弱以及工业利润的下降在不稳固的中小企业中造成了前所未有数量的破产,并导致国内民众普遍相信,日本正在经历一定程度的衰退。日本传统上依赖于货币政策来指导经济,但由于货币政策证明无法维持经济增长或刺激经济复苏,政府决定使用财政政策,包括在国内发行债券以弥补预算赤字。

尽管有这些问题,日本的对外贸易持续增长,1965年与美国的双边贸易达到了49亿美元,其中大约25亿美元为日本出口(日本统计数据;美国统计数据显示日本出口24亿美元,美国出口21亿美元)。国外对日本出口产品的大量需求,加上进口需求的相对停滞,造成了日本国际收支地位在近年来的逆转;1965年日本的全球经常性账户顺差(根据国际货币基金组织)为9.13亿美元,而之前几年日本是贸易逆差国。

为日本政府的美国采购免去1亿美元的利益平衡税,政府担保证券和1965年12月28日对《民用航空协定》作出修改允许日本航空提供到纽约及全球其他地区的服务,极大解决了美日双边经济关系中两个突出的摩擦点。剩下的可能带来摩擦的领域,例如捕鱼和诸如钢铁、纺织等商品问题,看起来不太可能对总体友好的关系造成严重的或长期的损害,或者威胁到保守派在日本的统治。

尽管日本经济状况基本良好,而且可能在一年之内重新恢复相对较高的增长率,目前国内对经济的信心对于任何可能影响贷款可用性、市场和对原料获取的外国行动,尤其是美国行动而言,是脆弱的。我们应该提前对任何此类的美国行动可能对我们的日本盟友产生的影响进行仔细评估。应尽可能给予日本政府和经济界机会,使其通过双方同意的尽可能非正式的措施应对双边关系中他们一方的问题,而不是让他们面对美国单边行动的现实或前景。

2. 文化和科技交流

日本与包括共产主义国家在内的世界其他地区接触的稳步增多已经使日本受到了日渐多样化的外国文化的影响,而这在狭义上会在这一领域给美国带来更多的竞争。但是,其实际结果是拓宽了日本公众对世界其他地区的生活的理解,这一点是完全符合我们的主要目标的,尽管我们必然仍需对共产主义的具体宣传进行关注,并适时加以反击。

1965年,政府资助或支持的教育、科技和演艺领域的美日间文化交流在现有安排和模式的框架内取得了令人满意的进展。但是,在私人资助的交流领域,知识领导人和学生的双向交流有显著增长。这一方面是因为日本政府为个人旅行之故放松了对对外交流的控制,另一方面是因为1964年奥运会之后东京成为了一个国际会议的主要召开地。在他们自身或他们所属机构的经济能力范围内,越来越多的日本知识界领导人发现,举例来说,不寻求美国的公众或私人财政援助,接受参加在美国举办的学术会议或职业活动的邀请是可能的。同样的，1965年夏天，包括60名大学校长在内的100多名著名美国学者到日本参加国际大学协会大会，这也表明访问日本的美国知识分子的人数也在上升。

或许1965年间最值得一提的美日知识界交流上的新动向是，有越来越多的证据表明，现今日本的评论家和作家们对美国在国际事务上的学术观点给予了更多的尊重。学术期刊以及大众媒体对美国中苏事务和现代化理论领域的专家的观点所给予的关注尤其值得注意。尽管这一有利的趋势可能大部分要归功于泛太平洋地区学术交流的稳步上升，大使馆和美国新闻处对于促进这些领域的美国学术的可信度的重视可能也是原因之一。1965年，这方面的努力的重点包括大使通过其演讲、文章和访问持续与日本学者进行对话；去年夏天普林斯顿大学的西里尔·布莱克(Cyril Black)教授在美国专家拨款资助下访问日本并与苏联问题和现代化问题领域的日本专家进行了一系列的专题研讨和会议，和一个包括500本书的名为"美国的亚洲研究"的大型日本全国巡回书展，这一书展在日本的学界领袖中吸引了广泛关注。

另一个值得注意的有利趋势是日本经济学家对凯恩斯经济理论和计量经济学兴趣的提升。1965年间，一些重点大学引入了强调凯恩斯经济学和计量经济学研究的名为"现代经济学"的课程。可以推测，长期来看，这一对非马克思主义经济学进行严肃研究的趋势将会大大削减目前马克思主义经济学在学术界的普遍影响。

在科技领域，人员和信息的交流在不断扩展的制度框架内进展顺利。1965年4月份美日合作医学科学项目的启动进一步拓宽了联合科技交流和工作的范围。目前需要的不是扩展科技关系的框架或结构，而是全面实施现有项目并消除日本学术界对目前项目残存的怀疑和政治疑虑。汉弗莱副总统1965年12月的访问所开启的太空探索领域的合作在潜在的新领域中看似最有希望吸引日本职业、政治和公众层面的强烈兴趣。许多日本人将这一领域内我们与日本的关系与我们与欧洲的关系进行仔细对比，而日本受到了真正的平等对待的结论将产生远远超出科技领域的影响，对建立公众对美日关系的信心产生影响。

（U. S. Policy Assessment—Japan, 1965, Confidential, Airgram, May 2, 1966. Digital National Security Archive (DNSA), JU00560.）

23. 国务院电报

00672

1967/05/11

发件人：美国驻东京大使馆

收件人：国务卿，华盛顿特区

抄送：美国太平洋司令部总司令

驻日美军司令

日本 8159

参考文件：Tokyo 7014

State 18809

1. 我现已收到冲绳文件的草案，并显然对以下一点感到很失望，即，草案没有对参考文件 A 第 2 段中提出的日本政府最关心的问题作出足够积极的回应。

我承认参考文件 B 中所提出的问题，但是建议在不涉及"美国核武器的数量和位置"的情况下，对草案始于第 8 页的"飞机出行架次"部分进行更多阐释。在我看来，我们完全可以对"预警机和攻击机"以及"战略空军司令部重型轰炸机"的整体角色表述的更为具体；并在必要时使用"双重目的"或者"一般战争战略任务"等词汇。我还注意到，没有提到冲绳的马斯导弹，而这是一般大众都知道的。我也不明白为什么我们不能谈论北极星导弹的部署，至少我们可以在一般公众所知的范围内谈论该问题。在这些问题上，日本政府官员并不像我们的法律仍然认为的那样无知，而在我看来，关于武器系统，在不涉及弹头数量和位置的情况下，我们可以进行更为有意义的讨论，而不是限于目前文件的范围内。

我们应该记住日本政府要我们在冲绳的安全重要性上进行这一深入讨论的根本原因。美国管辖下冲绳的未来问题和以某种形式归还的可能性会使日本政府在未来 7 年内做出重要而艰难的决策。如果冲绳得以返还，而冲绳的基地无条件地被纳入《安保条约》，日本方面将不会有大的问题。但是美国坚持认为，根据我们认为必要的方式自由使用基地是冲绳的军事重要性的关键部分，而对日本人而言，这意味着，我们不愿意让冲绳基地受制于《安保条约》

的协商条款,而这进一步又意味着,我们需要在冲绳拥有核武器的自由和无需与日本政府和其他任何人进行协商而从冲绳基地直接发起作战行动的自由。正如参考电报第2段所表明的,日本政府中有意见认为,武器系统的发展会稳步降低这两块返还的绊脚石对于安全的重要性,而在此类协商中,日本政府正给我们机会以使负责任的日本领导人相信情况并不是这样。如果我们的报告表明我方的坚定态度,并辅以可信的证据,则日本政府在其决策中会对此加以考虑,而其决策将不得不承认冲绳基地的持续自由使用对于美国(和包括日本的在内的世界)安全至关重要。如日本领导人不相信,则我们预期他们必然会认为我们可能终将改变在自由使用基地的必要性问题上目前拒不妥协的立场,并依此制定其政策。在这一背景下,如果我们的报告过分强调冲绳的常规和后勤角色而忽略了核战和直接作战的方面,则我们预期日本政府必然会推测我们不重视这些方面,并相应地得出他们的结论。因此我们应该充分利用这次机会,尽可能公正客观地描述冲绳的战略重要性。

2. 我感觉只要我方灵活应对,可以执行上述内容而不涉及保密或之前保密的数据,而如果涉及保密数据,将需要签署《核信息协议》。无论如何,北约或其他类型的此类协议都远远超出我们目前在此问题上的需要,而且此时对日本政府而言在政治上也是完全不可能的。

约翰逊

(Request for Revisions of Okinawa Paper, Secret, Cable, May 11, 1967. Digital National Security Archive (DNSA), JU00672.)

24. 美国驻日大使馆致国务院

00663

1967/04/17

A-1398

收件人:国务院

抄送:曼谷、波恩、太平洋指挥总部(CINCPAC)、雅加达、福冈、琉球群岛高级专员署、香港、神户—大阪、伦敦、马尼拉、莫斯科、名古屋、那霸、新德里、巴黎、仰光、西贡、札幌、首尔、台北(太平洋美军总司令和琉球群岛高级专员政治顾问)

发件人：东京美国大使馆
主题：美国政策评估——日本，1966
参考文件：3 FAM 212.3-5

1. 有利于美国基本目标的政治和经济条件

1966年对美国对日政策目标意义最为重大的进展是日本国内事务中的趋势和决策，这些国内事务对于维持美日利益共同体所需的国内环境至关重要。正如高级跨部门小组文件《美日整体关系》所指出的，日本国内的政治和经济基础是实现延续我们与日本经济、政治和安全关系的主要目标的关键，而与日本的经济、政治和安全关系是与我们利益攸关的。

在政治上，反对党为削弱并危及保守党在日本的统治，做出了坚决的努力，但更多的不是通过在实质性的政治问题上吸引公众的支持，而是利用关乎政治道德的问题和保守派内部的派别分歧。在1967年1月29日的大选中，保守派和马克思主义左派政党都在众议院中维持了他们原有的席位，而采取了温和的中间派立场的政党力量有所加强。这实际上是一次对延续与美国的密切关系的信任投票，并可能意味着日本政治中深刻的意识形态划分的趋势正在改变，而这一划分对美日密切关系造成了潜在威胁。

同时，从美国政策利益来看，选举结果并未对部分问题作出解答。保守党的公众投票率持续下降，尽管此次保守党丢掉的席位是落到了中间党派手中。保守党（和一定程度上其他政党）内部丑闻的暴露造成这样的可能，即，公众的失望可能在未来会威胁到议会政府的进程，尽管大部分选民仍然支持政策内容，包括保守党所代表的美日密切关系。

在经济领域，从在日本保持对密切的美日关系有利的环境的角度来看，1966年和1967年初的事件总体上是鼓舞人心的。1965年的"衰退"心理随着经济活动的复苏，在1966年烟消云散，而经济的复苏部分是由于政府的财政政策的刺激作用。1966年国民生产总值的实际增长率达到了大约9％，而日本已经习惯于这样的增长速度。繁荣心理在日本又回来了。评论家们对价格的上升和预示经济在年底又会呈现过热状态的迹象表示担忧；但是，完全有理由相信，政府能够像过去那样，也就是说用严厉的反循环性措施，应对此类问题。

2. 美国关于越南和中国目标的更为良好的前景

在这一整体有利的背景下，中国和越南所实实在在发生的事件与日本政府领导人倾向于促进对中国和越南政策进展的政策倾向结合了起来，而此种政策与美国的政策既平行又互相支持。正如上述提到的高级跨部门小组文件中所指出的，这是美日关系中的敏感领域。中国大陆的"文化大革命"和红卫兵的可笑行径打击了部分关于共产主义中国的推断，这些推断曾在日本具有极大的吸引力，尤其是打击了以下信念，即北京政权，无论有何弱点，在整体上享有坚定的拥护，并且给中国大陆带来了繁荣和稳定。中国的混乱降低了日本国内对日本的审查制度的反对，并且减少了对中国在联合国的代表权问题上的"重要问题"方案的支持。事实上，在联合国就该问题投票前的一段短促的时间里，美国和日本所通常扮演的角色发生了颠倒，日本政府领导有些担心华盛顿正在考虑在该问题上采取危险的创新举措。中国共产党和日本共产党之间的隔阂使北京失去了其在日本的部分最有纪律性、最勤劳的支持者。日本社会党领导人继续坚持亲北京的路线，但是在1月份的大选中，这给该党带来了损失。更为温和的希望与中国大陆建立更好关系的党派显然感到，现在不是尝试对华政策新路线的时候。但同时，政府和公众都未表明希望放弃"贸易和政治分离"的政策，而这一政策已经造成了对中国大陆贸易的大幅增长。这一被广泛接受的信念也未见有显著变化，即孤立共产主义中国的政策是无效的，原则上，应该努力增加与中国的接触，希望藉此消除他们对外部世界的忽视和误解，由此产生缓和性影响。

  1966年，越南战争尽管仍然造成日本的担忧，但是其作为美日关系中的刺激因素，重要性已经显著下降。1966年初的暂停轰炸与和平攻势、共产党一次次表现出来的不愿谈判的态度、南越军事形势的改善及其立宪政体的进展，以及日本对其他东南亚自由国家观点的关注的增加，增进了日本对越南形势的理解。日本日益承认南越抵抗共产主义的进攻对该国的重要性，以及日本无法接受战争之外的其他选择，例如，美国从越南撤军，或者接受共产党的条件达成和解。

  这一态度转变的实际效果有限，部分因为日本政府忙于国内政治。尽管日本仍然避免哪怕是直接卷入对南越的大规模经济援助，其在部分自由世界领导人的督促下，做出了部分外交努力以促进和平谈判，其中包括椎名外相1966年1月对莫斯科的访问，以及随后进行的可能有助于将北越带到谈判桌前的寻求接触的努力。保持足够中立的姿态以使此类努力对河内具有可信度的渴望，与国内对于限制强烈公开支持南越的政治担忧不谋而合。1967年1

月份的选举之后,佐藤首相和三木外相在议会政策演讲中表达了增加对南越的非军事援助的整体意图。日本发出的请官员访问日本的邀请促成了1967年4月份南越外交部长陈文杜(Tran Van Do)访问日本,而这一邀请进一步表达了日本对西贡的支持。值得注意的是,这是对南越领导的首次正式邀请。

3. 琉球群岛和日本的防御政策

在高级跨部门小组文件所指出的美日关系的其他敏感领域,具体来说也就是琉球群岛和日本的防御政策问题上,自1966年初以来的进展从美国政策利益的角度来看更加复杂化了。尽管在大使馆看来,在日本,关于这些问题的总体趋势完全符合美国的长期利益,也符合维持美日之间密切友好关系的目标,但是看起来也加速了这一时间的到来,即我们必须在政策之间做出选择,并面对我们在这些领域目前部分政策目标所暗含的冲突。

关于琉球群岛的进展,及其对美国政策的意义已经通过其他的报告方式进行了大量论述。我们可能在此注意到,1967年2月,日本副外相公开指出许多关心该问题的日本人早已认定的琉球群岛局面的关键因素,这样做,他其实是放了一个测风气球。他说,实际上,因为维持琉球的美国军事基地的自由使用权,包括核武器的使用,对于日本的防御以及美国在远东的战略角色至关重要,所以,如果日本希望在千年之前收回岛屿,需要考虑对此类性质的基地权力做出安排。这一逻辑说不上有多大新意,但是日本对这一观点反应相对平静暗示着相比于二三年前看起来所具有的可能性,日本政府可能在国内支持下严肃地对此类基地安排作出提议的时间将更快地到来。这将很可能意味着,很快美国就将不得不找到一种新的关系安排,使其既能满足日本在琉球群岛利益的迫切要求,又能维持我们在琉球群岛的安全要求。

尽管冲绳问题因此而成为坦诚而集中的公众讨论的对象,官方的美日合作消除了与琉球群岛的管辖相关的部分具体棘手问题。日本经济援助的增多、对日本的民族自豪感的照顾,例如为琉球商船设计了包含日本国徽的新旗帜,并同意为出国旅游的琉球居民颁发日本护照,这些都明确表明了两国间的合作关系。日本左派利用琉球群岛的局面获利的行为收效甚微,但是三木外相在1967年3月份的议会政策演讲中不得不称目前的形势为"反常"。

在美国的两个政策目标方面,即日本自卫队的现代化,和有助于日本承担更积极的防御角色的公众态度的提升,日本的防御政策有了一定程度的进展,但是所取得的进展更多是心理上的而非实际上的。第三国防建设计划(覆盖

1967—1971)于1967年初被政府采纳。该计划规定,使最初计划的此前五年计划的总支出增加一倍,但是相较于可测量的其他领域的日本国家实力的快速增长,第三计划所预测的大约每年10％的国防支出增长率仍然是保守的。

1966年,日本关于国家安全问题的辩论变得大为活跃。1967年1月份大选中对于保守党统治的支持实际上意味着公众对美日共同安全关系延续的支持。1967年3月份,佐藤首相在其议会政策演讲中正式声明,希望《安保条约》在其最初的10年有效期于1970年结束后继续有效。关于1970年后条约的"自动延期",或任何一方声明条约失效一年之后条约终止的可能,是否足以保护日本的安全或为日本自身的防御部队的必要规划和预算留有余地,保守派政治家之间仍在进行争论。争论的焦点日益集中在1970年后条约的有效期上,而不是是否应该废除该条约上。随着中间派政党的领导对共同安全关系的延续表示了有条件的支持,对条约持完全反对态度的日本左派能够实施其通过1970年或之后的群众示威迫使政府废除条约的威胁日益降低。高级跨部门小组文件《美日安保条约》中关于向佐藤首相转达美国观点的具体建议已得到实施。美国的立场受到了欢迎,但是佐藤尚未对于在1970年后延续条约的策略(而不是原则)做出公开承诺。

美国依照《安保条约》享有的日本的基地和设施仍然被大量使用,最重要的是在对越南行动的后勤支援方面。1966年,美国在日本的军事采购有大幅增长,达到了4.77亿美元,而1965年的数字是3.45亿。左派偶尔发起的激起公众对美国使用军事基地的反对情绪的努力收效甚微。美国海军核潜艇停靠佐世保港口也已成为惯例,核动力攻击潜艇三次到访东京附近的横须贺,所遇到的左派反对党的反对也有稳步下降。相关高级跨部门小组文件所指导的对影响美国基地设施的压力的研究已接近完成。

日本政府对于日本在其管辖之外的领土可能扮演的防御角色的极少数的几次涉猎,从美国的角度来看,因为这一事实而变得更加复杂,即他们的焦点集中于日本在冲绳防御中可能扮演的角色,而这相应也就意味着日本也会在冲绳扮演其他类型的积极角色。日本保守派政府将冲绳看作是破坏左派反对日本在海外派驻防御部队的最佳地点,这是完全符合逻辑的。最初的反应表明,佐藤首相首次在议会提出日本帮助琉球群岛防御外部进攻的可能性时,正确地判断出他表达了大多数日本公众的情绪。但是,从法律和正式政策的角度而言,他发现自己根基并不牢固。截至1967年初,看起来日本要在地区防御安排中扮演任何实际角色都还有待时日，而且有赖于无从预测的进展，例如联合国在非战争局面下对部队的紧急需求，或者其他可能使日本保守派在充分利用相关宪法规定方面赢得积极的公众支持的特殊情况。

4. 在地区事务中加强合作的进展

在美国政策利益的另一重大领域，即在日本在亚洲和世界事务中重要性日益提升的情况下，与日本合作促进自由亚洲的和平与发展上，相对于日本之前的活跃度，1966 年取得了大幅进展，但是同时，如果以客观需要和愿望的标准衡量，1966 年也凸显出了部分令人失望的方面。1966 年 4 月在东京召开的东南亚部长会议上，日本首次对东南亚地区经济发展做出了重大提议。日本还承诺对亚洲发展银行提供 2 亿美元的资金捐款，成为援助印度尼西亚新兴政权的多边努力的积极参与者；于 1966 年 12 月份召集了关于东南亚农业发展的地区会议，对增加对印度援助的呼吁做出了回应；在促进对柬埔寨的特诺河大坝的外部资助方面起了带头作用，并且尽管最初有些误解，还是在于首尔召开的亚洲与太平洋理事会上起到了积极作用。越来越多的迹象表明，外务省和日本的保守领导层认为如此扩大日本在亚洲的影响是有利于实现在其他亚洲国家建立坚实的经济基础的目标的，而他们相信，在其他亚洲国家建立坚实的经济基础将带来稳定，有利于和平的前景，并为包括日本在内的所有相关国家带来贸易的繁荣。尽管之前日本的对外援助主要是以获取商业优势为目的的，并且在国内也是以此为理由的，在三木外相的努力下，政府已经开始逐步承认对外援助所涉及的更广泛的政治层面。

将日本对亚洲地区合作，主要是经济领域合作的高涨兴趣转化为具体项目的尝试凸显了国内和国外对日本资源需求之间的竞争。大选运动，以及保守党在城镇地区票数的下降，让日本的保守政治家认识到了满足他们自己的选民对于实实在在分享日本繁荣的长远愿望的必要性，这也就意味着用于公共事业的大笔政府支出、城镇再建和国内的社会福利项目。大藏省和涉及国内政策行动的政府部门的态度对外务省扮演更重要的国际角色的意愿形成了限制。但是，外部压力、贸易和援助政策的政治和实际需求，正迫使日本通过更大的优惠政策增加其对外经济援助。即使现在，政府的规划者仍在重新审视对于对外援助的法律和行政安排，试图使它们更加符合目前的需求与现实。尽管议员们整体上对于日本在对外经济合作领域扮演更重要的角色持支持态度，他们也明白，日本公众十分关心消除日本和其他发达国家的生活水准差距的问题。

5. 日本民族主义的复苏——对美国政策的含义

在目前的进展中，越来越多的迹象表明日本的民族主义的复苏正在加快，领导层和公众都日益希望日本采取卓著、独特而独立的国家政策。这一趋势基本符合美国在对日关系中的总体利益。事实上，如果没有这一趋势，我们没有理由期望实现我们关于日本的最重要的政策目标。但是，短期来看，这也带来了不利于部分美国政策的具体路线的现实因素，而预期这一情况必定会持续。

1966年，这些因素以可预见的形势呈现出来，表现为日本日益重视对冲绳局面"做点什么"，也表现为要求根据第三个五年计划增加国防材料的国内生产。对于美国要求日本每年与美国协商为联合国大会作准备的提议的反应，表明日本不希望在这一国际论坛中与美国关系过于密切。1967年早期，日本公众对外国媒体报道中所描述的《核不扩散条约》提议的批评态度，使日本的民族主义呈现出了一定程度上出乎意料的形式。日本是最为激烈而一贯地反对核武器的国家之一，按理说预期会对《核不扩散条约》持欢迎态度。事实上，主要的反应是冷淡的，甚至是反对的，但并不是针对条约概念本身，而是对其据称的不平等和对非核国家的不公平对待。担心在和平利用核能方面被置于不利的地位，以及对未来国家安全可能造成的影响，一定程度上在知识有限的各界人士中加剧了此种反应。但是，就媒体和公众而言，最有力的批评可能是说提议的核不扩散条约是一个"不公平条约"，而这一说法又会勾起对于日本过去的记忆。正是在这一点上，日本在关于《核不扩散条约》问题上达成了战后少有的一定程度上的一致。

看似日本不太会希望或者能够免于遵守《核不扩散条约》，负面的反应也不太可能是反映了日本自身拥有核武装的真实渴望，而高级跨部门小组文件中曾提到了这一与美国利益相悖的可能性。相反，这一态度看起来是反映了日本对任何可能被认为对日本不公平的事务的根深蒂固、由来已久的敏感。进一步，这看起来又反映了日本认为外国不是通过征服而是通过经济和政治压力对日本进行控制，尽管因为日本目前的经济实力，这看起来不合逻辑。从反对资金流入自由化、对可能的美苏和解程度的担心等不同问题的态度上可能都能察觉出类似的担心被外国阴谋所欺骗或排挤的误解，可能三木外相反复建议将亚洲地区的概念扩展为亚太共同体也以某种更积极的方式体现了类似的误解。

6. 新领域的潜在问题

日本民族自豪感的增长,加上对外国对日本意图的潜在不信任,造成了这样一种可能性,尽管现在还仅仅是理论,即长期来看,对美日关系的威胁,或许不太可能是来自于停滞不前的日本左派反对党精心策划的努力,而更可能来自于不断增长的日本自信心和抱负遭到某种挫败时出现的不可预测的、总体上情绪化的反应。但是,美日基本利益中,没有必然造成此种挫败、甚至带来此种挫败的可能性因素。

7. 结论

总体而言,相关政策文件中表述的美国目前的政策路线,以及所表明的执行此政策的措施,能很好地保持并加强目前两国的关系,而且在大使馆看来,仍然完全有效,但需符合相关政策文件中的附加说明,而该附加说明明确了在维持和进一步发展极为有利的双边经济、政治和安全关系中美国利益的首要地位。但是,单独来说,美国对琉球群岛的政策看似将要失去可行性,急需对制定备选方案加以关注,该备选方案应既能让美国满足日本收回琉球群岛的管辖权的愿望,又能保留——或者可能的话加强——美国安全部署的有效性。

约翰逊

(U. S. Policy Assessment—Japan, 1966, Secret, Airgram, April 17, 1967. Digital National Security Archive (DNSA), JU00663.)

25. 致国防部长备忘录

00699

1967/08/07

助理国防部长

华盛顿特区 20301

主题:冲绳和小笠原群岛返还

过去几周,在华盛顿和东京,日本政府都向我们表示他们希望就于1970年前归还琉球和小笠原群岛进行谈判。按照您在原则上批准的程序(表D),我们已经与国务院就附件中的关于琉球群岛返还的致总统备忘录草案(表A)进行了谈判。备忘录获得了比尔·邦迪(Bill Bundy)和吉恩·罗斯托(Gene

Rostow)的批准,并已经转发给腊斯克国务卿。如果您表示希望对备忘录做任何改动,我们会与国务院进行谈判。

鉴于日本的提议,国务院相信我们应该在三木外相9月17日的访问之前确定获总统批准的立场。这样,在11月份佐藤访问前,我们将有6个星期的时间与日本就将由总统和首相批准的条款进行谈判。我建议,在我们做出您希望的任何改动并获得国务院的批准之后,您将总统备忘录草案发给参谋长联席会议征求意见。附件中有参谋长们对冲绳(表B)和小笠原群岛(表C)的最新观点,供您参阅。国务院希望9月5日,也就是与三木会面之前8天,将总统备忘录发给白宫。

总统行动备忘录

主题:琉球群岛、小笠原群岛和其他西太平洋岛屿[①]**返还日本**

我们面临着日本的以下明确要求,即在1970年前解决琉球和小笠原群岛问题。他们希望现在就开始讨论,以便早日将小笠原群岛和其他西太平洋岛屿的民政管辖权归还日本,并随后在以特别安排保留美国的军事基地并满足我们的军事要求的前提下,将琉球群岛的民政管辖权归还日本。在他们可以同意何种具体安排问题上,日本态度模糊。

在与日本进行进一步的商讨之前,我们需要您决定是否开始与日本就以下两点进行谈判,即将两组岛屿的民政管辖权归还日本,以及日本需要提前做出何种承诺以保证返还不会损害我们关键的安全利益以及我们打越南战争的能力。

一、背景

冲绳是琉球群岛的主要岛屿,是美国在西太平洋最重要的军事基地。我们在此的行动自由不受限制,更突显了其重要性。冲绳基地紧邻作战区,该基地的使用可大幅提高美国的整体能力和灵活性。小笠原群岛和其他西太平洋岛屿军事重要性很小或并无军事重要性,但为应急起见,也予以保留。

目前,我们在这些岛屿上行使全部民政和军事管辖权。

---

① 原文件注:除了琉球群岛之外,日本对和平条约第三条中的以下岛屿拥有剩余主权:小笠原群岛,西之岛,硫磺列岛(包括硫磺岛),冲之鸟岛,南鸟岛和大东群岛。

日本对琉球群岛和其他岛屿的主权已获承认。日本政府目前为止在抑制日本和琉球群岛的要求归还岛屿的情绪方面采取了合作态度,但是日本政府在两国都面临着日益加大的要求解决这一问题的政治和公众压力。返还是目前美国和日本之间的唯一重大问题。

三木外相已经向约翰逊大使提交了一份外交备忘录,其中提议了三个步骤:

1. 研究一个在返还琉球群岛的同时能保留"冲绳应该扮演的军事角色"的方案;

2. 在改善对琉球的管理的临时措施上达成一致;

3. 就早日将小笠原群岛和其他西太平洋岛屿归还日本达成协议。

他要求约翰逊大使 8 月底回美国前对此进行初步评论。

三木外相提议在其 9 月份访问华盛顿期间讨论返还问题。这将为您在 11 月份与佐藤的会面做好准备,届时,日本显然希望发布联合声明,表明同意就岛屿管辖权的归还开始谈判。他们已经告知我们,希望我们保留在琉球群岛和其他岛屿的军事基地,而且他们实际上准备通过谈判达成特殊安排,满足我们在这一地区的军事需求和责任。

他们希望谈判及时结束以便能在 1970 年前进行返还。这一时间很重要。这一年,反对派将自 1960 年以来首次有机会发起要求废除《安保条约》并断绝美日同盟关系的运动。反对派打算以美国对琉球群岛的占领作为他们的集中攻击点。

二、可选方案

我们研究了两大行动线路:

1. 拒绝日本要求,理由是,我们不相信至少在越南战争结束前开始讨论返还会有用,或者,更明确地说,我们不相信在远东的安全形势发生根本转变前有可能归还岛屿。

2. 告知日本政府,如果我们提前获得日本的以下承诺,我们将准备归还琉球群岛、小笠原群岛和《和约》第三条中的其他岛屿:

a.(此处文字被删除。)

b. 加强其在亚洲的地区政治和经济角色,并在未来几年大大增加对亚洲国家发展的经济援助;

c. 同意我们保留整个硫磺岛作为军事基地。

三、建议

1. 我们建议您批准第二个行动方案。

2. 我们还建议：

a.（此处文字被删除。）

b. 如果您不同意就琉球群岛问题进行谈判，则只要日本同意我们保留整个硫磺岛作为军事基地，批准归还小笠原群岛和其他西太平洋群岛的谈判。

c. 如果您批准任何上述建议，则授权我们在与日本进行进一步探讨前与国会的关键领袖进行协商。

四、对可选方案的研究

拒绝日本要求的两大理由：

首先：没有必要改变现状，因为我们在那里的立场在政治上仍然是站得住脚的。

其次，因为军事的原因，维持现状是十分关键的。

以下对这些理由和早日进行谈判的好处进行了讨论。我们的结论是，努力维持琉球群岛的现状会带来我们无法接受也不必要的风险。我们还得出结论，只要日本满足我们的关键要求，并且不以任何方式妨碍我们支持越南战争的行动自由，则现在进行归还琉球群岛和其他岛屿的谈判是适时的，也是有利的。

A. 政治等式

美国对琉球群岛和其他岛屿的管辖一直存在政治风险。直至现在，这些风险是可接受的，因为返还激进人士的压力尚在可容忍的范围内，并部分受到有效的美国管辖以及日本和琉球与美国的合作的抑制。截至目前，日本政府承认，允许美国对琉球群岛进行全面管辖，并在琉球群岛享有行动自由是维护日本利益的最佳方式。

我们会在目前的基础上继续对琉球群岛进行一段时间的管辖，因为返还激进人士的压力未达到最高点。在此情况下，日本政府会不情愿地同意我们的立场，而不是强行与我们进行重大对抗。但是，日本政府无法长期坚持这一立场。

日本和琉球群岛返还激进人士的压力都在上升。这已经不再仅仅是反对派的要求。我们两地的保守派友人中也有越来越多的人开始坚持这一要求。因此，保守派领导感到，现在是时候尽快解决这一问题了，这不仅对他们的政治利益至关重要，对美日关系也很关键。此外，日本政府认为，现今日本的安全态度也允许返还之后满足美国的军事需求。还有机会进行安静的谈判，而不受公众的坚决要求的影响。

谈判推迟的时间越长，局面发展到一发不可收拾的程度的危险越大。

未来3年，我们已经面临着两个存在潜在危险的最后期限。在1968年琉球选举中，保守派可能失去微弱优势，而一个合作态度大为降低的左翼政府可能上台。1970年，《安保条约》辩论会带来不可抗拒的要求返还的压力。随后对条约和返还的辩论对1971年1月之前必须举行的下一次大选可能产生相当大的影响。

苏联正准备利用返还问题。他们感觉到了琉球问题在日本的情绪化内容，我们得到报告说，他们计划提议归还部分北方岛屿以给美日关系施压。

如果我们等下去，直到事态发展迫使我们改变琉球群岛政策，之后再不情愿地让步，则我们可能获取多几年的时间。但是我们将冒着对日关系遭受巨大压力的危险，给友好的日本政府带来麻烦，并且，可以想见，可能会损害我们的基地在琉球群岛的地位。

B. 美国军事要求

1. 目前地位

我们和日本都完全同意在可预见的未来保留琉球军事基地是符合我们双方利益的。我们之间需要解决的问题是，为维护双方利益，美国需要多大程度的行动自由。

如果按照目前我们与日本的《安全协定》的条款将琉球群岛归还日本，则我们的行动自由会受到限制，而琉球基地的军事价值也会打折扣。目前日本本土的安排施加的主要限制为：

a. 除非为保卫日本或韩国，否则在从日本的基地发动军事行动前，需要与日本协商并获得日本同意；

b. （此处文字被删除）

除了失去对琉球群岛的管辖权所带来的限制性影响，还会有其他次要的限制。值得指出的是，这些限制并未阻止美国有效使用在日本的军事基地，以进行许多同样在琉球群岛实施的行动，并支持美国在越南的部队。

2. 所需的特殊安排

因此，将日本现有的条约安排应用于琉球并不够满足我们的关键军事需求。作为返还的代价，需要谈判确定新的特殊安排。

3. 军事作战行动

（此处文字被删除）

在越南战争期间，除了有几次 B-52 飞机被迫在琉球群岛躲避台风，并随后从那里起飞执行到越南的任务外，我们并未直接从冲绳发起作战行动。未来，除非我们希望对中国大陆进行常规轰炸——这不太可能，否则我们无需直接从冲绳发起常规作战行动。

我们不确定日本政府是否准备给我们这一行动自由。但是，无需协商使用琉球基地的权利不仅是紧急情况下的安全保障，也是将日本与我们在越南的行动联系起来，并确保对越南的关键作战不受限制的途径，因此十分重要。

（此处文字被删除）

5. 其他基地安排

有部分其他行动我们是从冲绳而非日本发起。（此处文字被删除）我们相信我们能通过谈判达成协定，规定日本在冲绳的这些事务上给我们比在日本大陆更大的自由。这些权利将被包含在一个特别基地权利协定中，而该协定将在返还时通过谈判商定。

B. 早日谈判的优势

时机是有利的，如果我们现在对返还采取行动，我们将表明美国对我们盟国所关心的问题的敏感性，表明我们建立新的建设性盟国关系的能力，并表明提前应对具有潜在危险问题的能力。我们将以最及时的方式处理了我们与日本之间唯一重要而严重的问题。

我们判断，我们的谈判地位不会比现在更好了。佐藤的政治地位稳固，足以让人们接受一个在琉球群岛问题上对我们有利的方案。在 1 月份挺过了对其持续任职的一大威胁之后，其权力地位在未来几年将是稳固的。如果我们立即开始谈判，我们很有希望得到我们需要的所有特殊基地权利，以及日本对承担更大的地区责任的承诺。

这种可能性一直存在，即佐藤无法接受我们的返还条件。但是，如果这样，我们的提议将把拖延返还的责任完全加在日本政府身上。

归还琉球群岛还将极大激励日本政府在亚洲承担更广泛的责任。日本所做的贡献已经越来越多，尤其是对该地区的非共产主义国家的经济发展方面。琉球群岛的归还本身将促进日本扮演更广泛的地区角色，并必然促使日本增加保卫该地区的军事行动。但是,应该督促日本做的更多。日本尚未准备好在地区安全中扮演军事角色,而我们也怀疑此次是否大多数其他的亚洲国家会接受这一点。但是,如果我们承担大部分的军事负担,他们应该承担更多的经济负担。日本为返还付出的代价之一应该是加大对东亚的经济援助。

五、小笠原群岛和其他西太平洋岛屿的特殊问题

我们认为保留这些岛屿的军事意义微乎其微。美国现在在这些岛屿上没有任何重要的地区设施,我们目前也没有计划增加任何新的设施。

我们提议将这些岛屿的返还和琉球群岛一起进行谈判。但是,如果决定不就琉球群岛进行谈判,我们应该同意提前归还小笠原群岛,以试图暂时遏制要求归还琉球群岛的压力。

六、国会的考虑

琉球群岛和其他岛屿管辖权的归还,就像1953年若干琉球群岛岛屿的归还一样,通过行政协定外加一个基地权利协定,或者还有几个秘密附录来实现。我们预期国会会反对返还,尤其是反对返还硫磺岛,并因此提议保留整个岛屿作为军事基地。但是,我们相信,只要日本做出下文建议的承诺,而且我们在越南的作战明确不会受到负面影响,这一行动将会得到大量支持。

(Reversion of Okinawa and the Bonins, Top Secret, Memorandum, August 7, 1967. Digital National Security Archive (DNSA), JU00699.)

26. 国务院电报

00701

1967/08/14

起草:东亚和太平洋事务局日本事务处R·L.施耐德(R. L. Sneider)先生

批准:东亚和太平洋事务局W·P.邦迪(W. P. Bundy)先生

国际安全事务助理国防部长办公室:哈尔珀林(Halperin)博士(草案)

国务院执行秘书处:里德(Read)先生

白宫:乔登(Jorden)先生(副秘书)

发件人:国务卿,华盛顿特区

收件人:东京大使馆,0232

抄送太平洋总司令

琉球群岛高级专员

致大使，来自邦迪

太平洋总司令致政治顾问

参考文件：A. Tokyo 260
　　　　　B. Tokyo 271
　　　　　C. State 5236
　　　　　D. Tokyo 702

1. 你知道,外务省关于琉球和小笠原群岛的提议对美国关于这些岛屿的政策提出了根本性质疑,而美国高层正在研究这些岛屿的问题。显然,在您8月28日动身去日本前,尚无法进行必要的讨论。

2. 因此,建议您根据以下原则在动身前对佐藤做出暂时回应：

A. 外务省外交备忘录(参考文件 A)：正在进行充分考虑,国务卿准备在9月14日与佐藤的双边会谈中讨论日本政府的提议。

B. 与国务卿的会面之前,我们选择推迟做出最初回应的时间。

C. 临时,希望日本政府仔细审视美国在琉球群岛的军事行动,正如我们在安全下属委员会会议上从日本自身安全需求的角度与日本政府讨论的那样。正如您对三木所说的,问题不仅在于美国的军事需求,也在于日本和东亚地区的军事需求。

3. 在回应下田(Shimoda)对我的咨询的时候,我们打算采取跟他类似的立场(参考文件 C)。

4. 承认这对日本用处不大,但是我们希望三木到访时,我们能够进行有意义的对话。这为佐藤11月份访问之前进行必要的讨论留出了足够的时间。

腊斯克

(Delay in Discussion of Policy regarding Ryukyus; For Ambassador Johnson from William P. Bundy, Secret, Cable, 020561, August 14, 1967. Digital National Security Archive (DNSA), JU00701.)

27. 备案的备忘录

00713

1967/08/31

备忘录

白宫

华盛顿

1967年8月31日

主题:国家安全委员会1967年8月30日会议,主题:琉球群岛、小笠原群岛和其他西太平洋岛屿归还日本

与会者:总统

副总统

国务卿腊斯克

国防部长麦克纳马拉(McNamara)

财政部长福勒(Fowler)

副国务卿卡岑巴赫(Katzenbach)

局长马克斯(Marks)

局长赫尔姆斯(Helms)

W. W. 罗斯托(W. W. Rostow)先生

约翰逊(Johnson)将军

威廉·邦迪(William Bundy)先生

布罗姆利·史密斯(Bromley Smith)先生

威廉·乔登(William Jorden)先生

总统主持会议,提出了需要讨论的三个主要问题:

(1)日本希望开始着手解决琉球群岛和小笠原群岛问题;

(2)我们希望日本配合减轻我们的国际收支问题,尤其是军事账户的问题;

(3)日本需要对亚洲进行更多经济援助。

他说,外相三木(9月)和首相佐藤(11月)即将到访,急需立即讨论这些问题。

他请腊斯克国务卿总结目前形势。

腊斯克国务卿说,保持日本作为我们在自由世界的愿意合作的伙伴,并由其承担更多的共同任务关系我们的关键利益。日本很快将成为世界第三大工业国。(此处文字被删除)他们在支援亚洲方面提供了帮助,但是应该做得更多。日本的援助现在占国民生产总值的0.65%;日本的目标是达到1%。国

务卿说,即将到来的佐藤首相的访问是提出该问题的好机会。

国务卿回忆说,在杜鲁门政府时期,他曾是早日将南方岛屿归还日本的支持者之一。他说他现在不急于这么做了,他回顾了《安保条约》问题和日本宪法对于任何军事承诺的限制。他说《安保条约》将被修改。国务卿说,如果国防部感觉我们急切需要这些岛屿来执行我们在亚洲的任务,则国务院不会反对。他指出,1968年琉球群岛将进行选举,采取措施向返还迈进将产生有利影响,他说约翰逊大使会讨论这一方面的部分临时措施。他说,我们不希望修改《安保条约》,日本政府看似也不希望。他说需要做出决定的问题是:

(1) 实现我们的防御目标所需的主要条件;

(2) 向返还迈进的时机与步骤。

他认为,在小笠原群岛问题上采取措施可以很大程度上给琉球群岛问题降温。

U. 亚历克西斯·约翰逊(U. Alexis Johnson)提出了以下需要注意的问题:

(1)(此处文字被删除)

(2) 这一问题不是日本政府人为制造的。日本和琉球群岛的政治形势是被强加于佐藤身上的。

该问题受到如此关注的原因之一是,这是美日之间"最后一个待解决问题"。此外,日本感觉日本的领土被一个美国将军统治是"不合理的"。

(此处文字被删除)

有两个主要问题:

(1) 如管辖权更迭,我们是否能够从冲绳展开军事行动以保卫台湾和东南亚;他指出,根据目前的条约,我们可以直接援助韩国。

(2)(此处文字被删除)

佐藤希望:

(1) 进行谈判或归还小笠原群岛,不撤除基地,但是将岛屿置于目前条约下。

(2)(此处文字被删除);他希望1970年前解决琉球群岛问题。

关于临时措施,大使建议了两种可能:

(1) 经济措施——在高级专员之下建立一个经济咨询委员会,由日本、琉球群岛和高级专员办公室派出代表组成,这会是有用之举。

（2）由公众选举现在由立法机构任命的琉球群岛行政长官。

总统问，这么做，我们会得到什么。

约翰逊大使说，在琉球群岛，如果不采取积极措施，我们会面临一个敌对的政府。

（此处文字被删除）

约翰逊大使说，他认为我们可以让日本为远东安全承担更多责任。考虑来自日本的军事援助是不现实的，但是考虑让日本扮演更大的政治角色是现实的。他说，在亚洲，我们需要让他们更多地与我们合作。

总统问，日本能否在我们的国际收支问题上在经济方面给予更多援助。约翰逊大使说，他可以肯定日本会在亚洲进行更多支援。在国际收支问题上他不确定。

总统说，他想要一份清单，列出我们想从日本得到什么。

福勒部长说，他认为国际收支问题应该和琉球群岛问题分开来。他认为美国应该提议成立一个收支平衡委员会。除了其他职能，该委员会将对收支平衡进行联合记账，而这应该包括军事交易。

第二，他会强调对于军事支出的美日联合规划。他指出，在日本，28—29亿美元的计划被指定用于军事装备。他认为应有竞标和共同生产的因素，提议支出的合理份额（多达1/3）也仅仅会减少我们的部分逆差。他提到希望增加日本在地区合作中的作用。

麦克纳马拉部长说，他对于返还问题不是十分担心。他说问题是：我们是否该保留那里的基地？保留基地的理由是什么？至于条约，1970年我们是否该延长条约有效期？

（此处文字被删除）

总统指出，曼斯菲尔德（Mansfield）参议员将去日本和其他远东地区进行演讲。他要一份一页的备忘录，列出曼斯菲尔德参议员动身之前他可能与之讨论的部分事项。

腊斯克国务卿（此处文字被删除）指出，在国际组织中日本支持美国的投票记录不亚于世界上任何一个国家。

约翰逊将军说，参谋长联席会议在冲绳问题上的立场很简单：我们在亚洲有承诺，而只要我们有这些承诺，我们就必须能够不受限制地使用冲绳。

马克斯局长说，日本和冲绳的媒体评论反应了三个主要问题，这些问题是：

(1) 美国人员的犯罪行为；

(2) 缺乏劳工集体交涉；

(3) 核问题。

腊斯克国务卿提出了在管辖上的"中庸之道"，即由一个日本文官和一个美国将军共同承担管理责任。总统问，一个文官管理者是否有助于解决问题。

约翰逊大使说，他认为这不是问题的答案，也没有正中问题的要害。

邦迪先生提到了关于美国基地的"飞地"的主意，但是说，因为基地分布广泛，且与非基地区域混杂，这是不可能实现的。

罗斯托先生问多大比例的日本国民生产总值是用于军事项目和经济支援的。

会议结束时，总统说，我们明白日本想要什么，但是他想知道我们想要什么。

会议对南越的选举进行了简短讨论。

会议于下午1:00结束。

威廉·J.乔登

(Reversion to Japan of the Ryukyus, Bonins and Other Western Pacific Islands, Top Secret, Memorandum for Record, August 31, 1967. Digital National Security Archive (DNSA), JU00713.)

28. 国务院电报

00720

1967/09/06

起草：国务院日本事务办公室 R. L. 施耐德

批准：威廉·P. 邦迪

国际安全事务助理国防部长办公室——哈尔珀林博士（草稿）

[译者按：原文文字无法辨认]——希金斯（Higgins）上尉（草稿）

国务院执行秘书处——汤普森（Thompson）先生

陆军部——西恩纳（Sienna）先生（草稿）

约翰逊大使（草稿）

发件人：国务卿，华盛顿

收件人：美国驻东京大使馆，紧急，0259

琉球群岛高级专员

国务院国防部联合消息

参考文件：[译者按：原文文字无法辨认]

1. 目前的想法是基本采纳与三木的关于琉球和小笠原群岛返还的"口头简报"，但是愿意与日本人讨论可能采取的减小冲绳和日本差异，并因此可以缓解我们在日本和琉球群岛问题的临时政策。

2. 在此方面，我们准备对日本可能提出的一切具体措施持接受态度，只要这些措施不侵犯美国的管辖期限和管辖权。显然，除非有充分机会供你我进行仔细研究，否则我们不会就任何具体建议作出承诺。

3. 我们还建议，暂时接受参考电报描述的日本人关于对经济咨询委员会进行共同研究的建议。我们会明确表示，如果日本政府认为值得研究，美国和日本政府以及琉球群岛政府需要对提议进行进一步讨论。

4. 我们会明确向日本表明，目前，不应对任何临时措施进行公开讨论，而且可能直到佐藤首相访问、而所有相关方面都有充分机会对临时措施进行研究之前，都不应对任何临时措施进行公开讨论。

5. 高级专员：上述步骤，尤其是关于经济咨询委员会的提议，是否会造成您与琉球群岛政府之间的严重问题？显然在做出任何决定之前，都要与琉球政府进行充分协商，但是我们的想法是，在我们暂时将想法提交日本政府并待他们做出初步反应之后再与琉球政府进行协商。提前通知琉球政府我们打算与三木讨论经济咨询委员会一事，可由您定夺，需强调提议的保密和临时照会性质。如果你想通知琉球政府，请告知我们，以便我们及时进行协调。

6. 本报文经过约翰逊大使批准。

腊斯克

(Strategy regarding Reversion of Bonin and Ryukyu Islands, Secret, Cable, September 6, 1967. Digital National Security Archive (DNSA), JU00720.)

29. 谈话备忘录

00749

1967/09/14

日期：1967 年 9 月 14 日

时间：下午 3:00

地点：国务卿办公室

1967 年 9 月 25 日获国务院批准

第三部分,共五部分

主题：琉球和小笠原群岛

参加者：三木武夫(Takeo Miki),日本外相

　　　　下田武三(Takeso Shimoda),日本大使

　　　　近藤慎一(Shin-ichi Kondo),代理副外相

　　　　东乡文彦(Fumihiko Togo),外交部北美事务局局长

　　　　鹤见清彦(Kiyohiko Tsurumi),外交部经济事务局局长

　　　　渡边诚(Makoto Watanabe),翻译

　　　　国务卿

　　　　U. 亚历克西斯·约翰逊(U. Alexis Johnson),驻日大使

　　　　威廉·P. 邦迪(William P. Bundy),东亚和太平洋事务助理国务卿

　　　　罗伯特·W. 巴奈特(Robert W. Barnett),东亚和太平洋事务代理助理国务卿

　　　　理查德·L. 施耐德(Richard L. Sneider),日本事务办公室主任

　　　　詹姆斯·J. 威克尔(James J. Wickel),翻译

抄送：

国务院执行秘书处　　　中央情报局　　琉球群岛高级专员昂格(Unger)上将(唯一收件人)

国务院政策规划人员　　　白宫　　　　东京美国大使馆

政治事务副国务卿帮办　　远东和太平洋事务局　　　政治军事事务助理国务卿帮办

情报和研究局长办公室　　国防部　　国务卿办公室和副国务卿办公室

　　三木说,约翰逊大使知道,美日关系中最重要的问题仍然是冲绳和小笠原群岛问题。日本政府在议会中的声明一直小心谨慎,但是由于媒体每天的报道以及政党日益关注,公众的关注度提高了。总体而言,没有人关心 1970 年的《美日安保条约》问题,所有的注意力都转移到了冲绳和小笠原群岛问题上。20 多年过去了,冲绳继续由外国管辖被认为不合常规,国内的情绪认为是着

手解决问题的时候了。必须在维持美日密切友好关系的框架内解决问题。他并未低估冲绳在维持远东、包括日本的安全中的重要角色。即使不按照目前的安排,也必须维持冲绳的基地。因为日本有赖美国保护其安全,这些声明的前提是,基地必须保留。因为日本人民强烈渴望收回管辖权,日本和美国的问题是如何调整安全需求和公众意见。由于日本的国内政治原因,在11月份佐藤首相访问华盛顿时,在这一问题上取得进步是很关键的。三木外相说,周六他会继续尽量全面而坦诚地与国务卿进行探讨。

国务卿说,我们承认该问题对两国的重要性,且他期待着与国务卿的谈话。他表示,美国对这一问题的看法是,承认日本的剩余主权。我们认为20年确实是一段很长的时间,但是我们需要看看对于围绕冲绳问题的问题,我们是否有深刻的相互谅解。正如日本一样,美国也期望《安保条约》继续有效。这对我们双方都是一个重要的政治和安全结论,总统和佐藤首相应该明确这一点。

如果《安保条约》继续有效,则我们必须创造一个使《安保条约》保持说服力的环境。苏联面临着与10亿拥有核武器并要求苏联部分领土的中国人为邻的前景。日本和美国面临相似的前景,面对10亿拥有核武器的中国人,《安保条约》必须有说服力。《安保条约》不仅对美国和日本必须可信,对北京也必须可信,以便对共产主义中国的威胁形成威慑,并防止他们得出错误的结论。

国务卿说,他和麦克纳马拉部长现在正在从这一角度研究冲绳基地问题,但是尚未对总统提出建议。但是,如果美国要承担其对日本和韩国的责任,我们的确希望充分探讨基地的重要性。他希望外相能够理解,如果为其预定目的使用基地受到政治限制,则任何基地都无法发挥作用。如果这只是个表象或是一个空无一物的基地,则这将是制造一个责任,但却不提供执行该责任的有效方式。这仅仅是虚张声势。他说他知道日本公众对于基地的使用、部署在那里的武器和这些基地的含义尚感到一定程度的紧张。在研究这一问题的时候,我们的态度必须坦诚。

还有第三个范围内的问题需要考虑,两国的公众舆论。很多时候,如果不是因为公众舆论,政府可以达成一致。例如,公众舆论可能阻止印度和巴基斯坦政府解决克什米尔问题,并可能妨碍希腊和土耳其政府解决塞浦路斯问题。美国的公众舆论由于越南的形势而变得复杂,不仅因为冲绳和越南在军事行动上的关系,以及冲绳在应对共产主义中国中的角色,还因为越南战争持续期间的公众心理。国务卿指出,他并不是在为根本问题提供答案,而是在陈述问题。如果不是因为越南战争,美国的公众舆论会更容易应对,但是如何能确定战争何时结束?两国政府的任务是友好、坦诚地看待该问题,以期找到一个既能为两国公众舆论,又能为立法机构所容忍的有效方式。周六可继续对此进行详细讨论。

三木说,就连日本的社会党也已经认识到,根据《安保条约》,军事基地是不可避免的,而民主社会党也已大致接受基地的必要性。日本的一致意见承认在《安保条约》及《驻军地位协定》下基地的必要性,但是,关于基地的类型,尚未形成一致意见。他请美国对冲绳进行战略评估。既然美国承担着远东安全的责任,美国最有条件进行这种评估。其次,在评估的基础上,他询问美国的最低基地要求为何。第三,他询问了美国对于返还管辖权后在冲绳应用《驻军地位协定》的意见。

总统和首相在他们的联合公报中已经表示,远东形势的缓和是将冲绳的全部权利归还日本的一个条件,但是远东的形势尚未正常化。即使这样,只要美国和日本在使用基地的条件上达成一致,即使在目前的情况下开始与日本就归还冲绳进行谈判,对美国来说也是一种进步。

国务卿说,周六他会回答对冲绳的战略评估的问题,并希望提出另外2—3个问题进行讨论。他询问了关于返还的局部措施的政治影响。这时候会增加日本对完全返还的期望,或是有助于满足冲绳或日本的公众舆论的要求?他回忆说,肯尼迪总统和池田首相在讨论国旗问题时问道,这一解决方案是否会是在公众舆论领域的一个建设性举措,或者这会提高要求美国做出额外让步的胃口,从而启动一个逐步蚕食的过程?池田说,不会出现蚕食。

国务卿说,他不打算说条件并没发生变化,1967年和1961—1962年是一样的。我们正在认真考虑在共产主义中国不改变目前态度的情况下,任何关于冲绳的决定会对第三国造成的影响。例如,这对韩国、"中华民国"和菲律宾的影响如何。这一举措是否看起来意味着美国驻军的撤离以及美国承诺的减少?他说,应对这一问题进行全面研究,而两国应该判断在目前的形势下,怎样做才算明智。

三木说,从日本公众舆论的角度来看,首相感觉,应该一致同意研究返还冲绳的具体准备和步骤,前提是,返还是以在基地使用的条件上达成一致为条件的。关于这一举措对邻国的影响,日本没有人,甚至日本社会党也不期望美国撤离基地。因为美国同意基地的使用条件是返还的基础,他预期返还不会给第三国带来不安全感。目前,首相正在仔细研究这一问题,为他的访问做准备,而无疑,他将在来美国之前作出决定。他意识到,问题无法立即得到解决,但是,他的确感到,美日有必要在一段时间内就归还管辖权的准备步骤进行讨论。

国务卿说,认真考虑所讨论的是何种基地是很重要的。即使是支持此类基地的社会党人可能也认为美国的部队是为了冲绳的经济利益作为游客而非战士驻守冲绳。对于这样的基地我们不感兴趣。必须从现实军事的角度考虑,增加日本自我防御的努力,并增强日本在促进亚洲的自由国家的团结中的领导力,会对美国的公众意见产生积极影响。但是,总统尚未对这一问题作出任何指示。他说,周六他会与外相更全面地探讨这一问题,但是总统很可能希望与首相讨论这一问题。他说,佐藤访问前将有大量机会全面讨论这一问题,因为周六不是我们与外相再次见面的唯一机会。他问,公众舆论在哪里更为严重和活跃,是日本还是冲绳。

三木说,冲绳的舆论更加激烈,该问题是日本的政局中的焦点问题。该问题关系到所有的日本人。但是,日本人对小笠原群岛的看法与对冲绳的看法不同。作为高加索后裔的小笠原群岛的岛民在战后被允许回归岛上,这使问题复杂化了。不必立即归还冲绳,但是是时候为其做准备以便在1970年前完成返还了。另一方面,日本的多数公众认为,只要美国愿意,他就可以归还小笠原群岛,而且,不管岛上有什么基地,根据《安保条约》和《驻军地位协定》,都可以轻而易举地得以保留。

国务卿问,硫磺岛和其他的小笠原群岛的战前人口是多少。东乡先生说,人口总共有7 000,其中硫磺岛上有1 000平民。然后国务卿问,早日归还小笠原群岛是否会使冲绳的形势更加麻烦。三木说,他不认为首先解决小笠原群岛问题会产生坏的影响。

国务卿说,美国和日本的政治日程看似并不有助于早日解决冲绳问题。即使法律未做此种要求,总统也极不可能在此问题上不寻求国会对决定的支持便采取行动。但是,寻求行政与立法的统一将是好的政策。几乎不可想象,在目前越南仍是主要问题的形势下,本次国会会议会持接受态度对此问题进行考虑。总统还面临着1968年的选举运动,而按照常规,在选举结果揭晓前,不会做出长期决定,也不能理所当然地认为这会是他的决定。他说,媒体上不能出现关于今天会议的讨论,这很重要。

下田大使说,外相很难否认讨论了冲绳问题。经过讨论之后,双方同意告诉媒体对包括以下问题在内的问题进行了讨论:中国、越南、地区合作和经济援助,包括债务决算和援助在内的印度尼西亚问题,以及冲绳和小笠原群岛问题。

(Ryukyu and Bonin Islands, Secret, Memorandum of Conversation, September 14, 1967. Digital National Security Archive (DNSA), JU00749.)

30. 谈话备忘录

00758
1967/09/16
谈话备忘录
1967年10月2日于国务卿办公室获得批准
日期:1967年9月16日
主题:琉球群岛(第一部分,共两部分)
与会者:三木武夫,日本外相
　　　　下田武三,日本大使
　　　　渡边诚,翻译
　　　　国务卿
　　　　U.亚历克西斯·约翰逊,驻日大使
　　　　詹姆斯·J.威克尔,翻译
抄送至:
国务卿办公室　　政治事务副国务卿帮办　　东亚与太平洋事务局　　美国驻东京大使馆　　副国务卿办公室　　国务院执行秘书处　　政治事务副国务卿　　国防部(国防部长)

白宫

国务卿说看似两国政府可以在两个层面上讨论冲绳问题。第一个是现实层面,这一层面必须考虑到现实生活中令人不快的事实,首相和总统必须在这个层面上保持密切联系。目前以及将来,美国对日本负有安全责任,但是除了在日本防御方面,日本对美国没有责任。根据《共同安保条约》,一旦战争爆发,我们将以一亿人的性命作担保。"不管走到哪里,都有一个拿着收音机的人跟着我。"在这一关乎国家生死存亡的问题上,公共舆论和国内政治的问题并不重要,因为我们面临的是人类的存活问题。

第二个层面的问题是两国的公共舆论和国内政治问题。如果佐藤(Sato)首相和约翰逊(Johnson)总统对第一个层面的根本问题有明确共识,则他们可以讨论应对第二层面的公共舆论和国内政治问题的最佳方式。但是不应把这两个层面进行混淆。他希望,在首相访问前,关于如何应对两国的公众舆论问题的协商继续进行。我们所不能做的是消除安全这一最终问题,因为今年、明年或后年可能出现短暂的政治混乱。对此,安全太过重要了。他并没建议日本应如何应对他们自身的公众舆论问题,但是指出,首相和总统应正视彼此,并以现实的态度讨论第一层面也是根本层面所出现的问题:需要做什么以延续日本的存在,及应对中国大陆所造成的问题。或许我们能够以更能为公众所接受的方式来处理此类问题,但是在关键问题上态度必须明确。

国务卿说,公共舆论确实造成了具体问题,我们应该寻求采取部分措施,帮我们应对公众舆论和国内政治问题。他希望此类讨论在首相访问前能继续,以便了解进展。他说,我们很难向大众和国会解释说我们拿我们国家人民的性命做担保承诺保护日本的安全,但是日本却不愿让我们执行这一承诺。这是一个根本性难题,它超越了公众舆论和国内政治问题的范畴,因为它涉及美国和日本两个国家的生存。

三木说,根据《共同安保条约》,日本的安全和威慑都有赖美国。日本也在着手改进自卫队的质量。他说日本明白,正如国务卿指出的,安全问题关乎人类存亡,但是在民主政治制度下,不能完全忽略公众舆论。第一层面的认识是最重要的,但是也要根据公众舆论的需求进行权衡。他说,因此,美国和日本必须明确且明智地讨论该问题。国务卿所指出的两个层面,日本政府都明白,但这是一个应由两国政府公共讨论并决定的问题。首相11月份访问之前,日本民众已经对在冲绳返还问题上取得一定进展产生了极大期待,所以,如果不采取进一步举措,将会出现最大的难题;事实上,这将会威胁到政府的政治生命。

国务卿说,对于任何能够表明我们预计将岛屿归还日本的措施的建议,我们都愿意接受。但是,由于亚洲的战争,及每周有两百名美国人在其中丧生这一事实,美国存在巨大的公众舆论问题。国务卿说,尽管美国政府很难解决这些公众舆论难题,他并不完全悲观,而且做出某种安排也是有可能的。

他说美国政府十分感激日本政府在越南问题上的暗中合作，尤其是提供日本设施供美国使用，而这一点公众并不知晓。他说，美国不仅使用冲绳的此类设施，也使用日本本土的此类设施，对于日本政府在这方面的理解，我们表示感激。三木询问，是否冲绳的核基地是绝对必要的。国务卿说，对核基地的选择权是绝对必要的。根据目前局面的发展，很难确切地说需要什么，但是他说，他相信这应该由安全需要，而不是公众舆论所决定。三木说，美国可能不完全理解目前形势下日本关于核问题的国民情绪。国务卿说，我们理解日本对该问题极为敏感，但是这表明应该让美国政府而不是日本政府来对此类问题负责。只要日本政府能说这是美国的行动，日本政府就能免除对此类行动的责任。但是，如果日本政府在核事务方面承担责任，其在日本公众舆论方面所面临的将是另一个问题。三木说，对核扩散的坦诚争论至少已经打破了日本长期以来对讨论和问题的禁忌，这是有所帮助的。国务卿说，在一个问题上美国有一定的敏感性：这个问题就是，美国被期望为安全承担责任，但却没有被提供执行该责任所需的手段。美国不希望成为外国的雇佣军，仅能按照其盟国所开出的条件战斗。要么我们有共同的目标和责任，否则我们无法保证安全，因为我们是以我们国家人民的性命为担保的。

　　三木说日本将下决心着手处理这一问题。在确定其可以领导人民到达的极限方面，日本政府也负有重大责任。日本政府应该在安全问题的主要需求方面做出决定，但是这也将受到公众舆论的限制。

　　国务卿说，最大程度的利用威慑因素是十分重要的。如果北京明确知道他们采取行动，我们将做出回应，并且有能力做出回应，则他们可能会很谨慎。但是，如果他们想不清楚，错误地以为美国不会采取行动，并因此向日本发动进攻，则日本将面临危险，而美国也将面临危险。必须绝对明确地向北京表明，美国将做出回应，也有能力做出回应。

　　三木询问，在首相11月份的访问之前，他应该在心里做出什么决定。国务卿说，在首相访问之前，两国应该就那些在公众舆论方面对我们有所帮助，而又不会干涉到安全问题的可用的备选方案进行讨论。由于即将到来的总统选举和越南战争期间国会的态度，至早1969年前美国无法在冲绳问题上给出答案。近期没有返还的可能。这就带来了如何应对日本和琉球群岛的国民意见的问题。三木说，之前的《联合公报》是在远东形势稳定的条件下看待返还问题的，但是他问道，美国能否在一份联合公报中表明，两国政府对于返还的研究将在最终实现返还的前提下继续进行,但是鉴于冲绳在安全问题上的重要性,这些研究既不会妨碍军事基地的维持,也不会阻止对基地的积极使用,而是要解决返还将采取的形式的问题。但是,考虑到两国的政治日程,此时展示一定的进展,例如小笠原群岛的归还,是必要的。国务卿说,我们很高兴就一个能表明我们预期将岛屿归还日本的方案进行讨论,但前提是,这不会影响到目前条件下冲绳所扮演的安全角色。

关于小笠原群岛,他说,他对两个问题较为关心:如果归还小笠原群岛,这不会使琉球群岛的局面更加难以应对吗?因为这会促使琉球人问这一问题,即,"为什么不把我们也归还了"。第二,硫磺岛是一个特例。考虑在近期归还小笠原群岛中的其他岛屿相对来说是更为可能的,但是,在战争还在进行的时候,对硫磺岛采取任何行动都不太容易。他问是否可以将硫磺岛从小笠原群岛的其他岛屿中分离出来。日本无法向美国保证,美国也无法向日本保证在3—6月的时间内我们不会与中国开战;他说,既然硫磺岛情况特殊,应对其特殊对待。他说在表述我们的目的时,他很坦诚。

美国、苏联及日本都担心北京可能在其目前领导层的领导下采取荒谬行动,不能让北京感觉这一时期美国正在放弃太平洋地区的地位和承诺。否则,他们会做出错误判断,而这会给日本和美国带来危险。硫磺岛、冲绳和韩国都与这一安全问题有关。他说,我们明白苏联想在即将到来的联合国大会中向美国施压,让美国撤离韩国。我们这样做,必然会让北京误解我们的意图。三木询问,联合国大会是否会采纳这样的解决方案。国务卿说,我们认为这一方案无法获得2/3的票数。三木说,他认为苏联与朝鲜关系特殊。尽管据报道苏联运动员到达了东京来参加近期的第五届世界大学生运动会,但是他们并没有出现在比赛中,无疑这是支持朝鲜的姿态,因为朝鲜由于在他们参赛的国名问题上产生争论而退出了比赛。国务卿说,看起来苏联试图巩固他们在平壤的地位以对抗北京。尽管并不同意他们的做法,但美国理解他们的态度。

下田大使说,他是一个高层官员,而非政治家;所以,他的观点可能与三木不同。作为一个官员,他不认为自民党在议会中会一直占据多数。近期就有几位社会党人当选了县知事。随着年轻人的不一样的思想在政治上的显现,社会党人的政治力量可能会进一步增长。尤其是,中国共产党会在其针对日本年轻人的宣传中巧妙利用冲绳等未决问题。

尽管他们承认日本需要核保护伞,部分美国人可能还是认为日本希望收回岛屿，仅仅是为了平息国内情绪。但是或许美国人会认为，即使面对日本和冲绳的仇视，他们也可以保持其军事基地，因为即使到现在，他们还保有在古巴的关塔那摩基地。国务卿说，如果日本和冲绳仇视美国，则美国必须要求日本免除其安全责任。下田说，日本政府尽其所能在此类问题上对公众进行教育，应该受到赞扬。三木说，他一直在日本讲一个笑话，即，尽管激进派别认为1970年对于有关《共同安保条约》（ANPO）的斗争来说是一个危机年份，他，三木却告诉人们，1970年将仅仅是召开世博会（EXPO）的年份。激进派目前正将注意力集中在冲绳问题上，但是即使在自民党内部，也有声音要求至少部分归还，比如说，教育权。

三木说，国务卿让人们关注美国承担的安全责任，但是日本政府也承担责任。但是，日本政府希望在不伤害美日友好关系的前提下解决此类问题。目前，不能无视对未能收回岛屿持批判态度的公众舆论，因为这是目前局势中的一个主要因素。尽管在第一层面的问题上，日本政府同意美国政府的观点，但是，采取措施平息第二层面的公众舆论将是明智之举。否则，冲绳将成为日本的一个重大核心问题。国务卿说，美国并不希望仅仅为了占有更多的领土或维持对另一个民族的统治而统治琉球群岛；事实上，正如他曾对首相说过的，1949年，他任远东事务助理国务卿时就曾建议将琉球群岛归还日本，但是建议未被采纳。返还并不涉及威望问题，但是涉及太平洋地区的和平问题，和美国对日本和其他国家负有的维持和平的责任问题。他说他将继续讨论日本可能制定的有助于解决公众舆论问题的替代方案。美国可以在安全和公共舆论方面对此进行研究，尤其是因为它与越南战争相关，以便发现如何能够在不妨碍美国的安全能力的前提下取得进展。此类协商应该缜密、坦诚，且应以友好的态度进行。美国希望，在不影响我们自身的公众舆论地位的前提下，在应对公众舆论问题方面对日本政府有所帮助。

约翰逊大使说，三木之前曾告诉他，应该考虑采取临时措施以争取时间；此类措施并不承诺何时、如何以及在何种条件下完成返还。他向三木建议为冲绳成立一个美日联合经济咨询委员会，但是或许还有其他的选择。三木问，是否可能进一步声明，在冲绳将最终归还日本，以及两国在充分考虑到冲绳在远东所扮演的角色的情况下达成一致时将返还冲绳的前提下，美日两国将研究何时以及如何完成返还。国务卿说，美国愿意考虑此种方案，但是对具体措辞的使用必须十分谨慎。因为总统没有发布指示，所以他没法说美国是否会同意三木的建议。他说毫无疑问,美国同意将冲绳归还日本这一原则。他说,如果不使用与之前的《联合公报》相同的措辞,或许可以说,两国将在日本希望收回岛屿这一前提的基础上,研究归还岛屿的条件。美国预期并期望返还岛屿,但是美国总统在 1968 年前无法决定返还的时间或条件,因为我们还面临宪法的问题。三木说,归还小笠原群岛并不会对美国的安全能力造成负面影响,而且会是一种友好的表示,并能够展示出这一领域所取得的进展。国务卿说,小笠原群岛问题还需要进一步研究。但是,与国会领导人的初步讨论已经揭示出,受越南战争的严重影响,国会对于早日返还小笠原群岛持严厉的反对态度。但是,在首相访问前,我们将继续对这一问题进行研究。约翰逊大使说,总统的问题在于,他不能受到送东西给别人的指责。国务卿说,日本政府领导人可能能在一点上帮助美国获得公众舆论的更大理解。举例来说,部分欧洲人认为在美国和苏联的斗争中,他们是无辜的旁观者,仅仅通过脱离与我们的联系,他们就能改变国家的局势。但是,事实是,美国和苏联之间的主要问题正是西欧以及西欧的安全。美国并不是为北极圈里的北极熊在跟苏联斗争,而是为了欧洲的安全。在远东,我们并不仅仅因为他们是中国人而我们是美国人而对与中国的战争感兴趣。我们与韩国、日本、"中华民国"、菲律宾和东南亚的若干国家都签署了安保条约,因为他们的遭遇与我们有关。这些国家并不是斗争中无辜的旁观者;他们是斗争的起因所在。如果所有这些国家的人民都能生活在安全之中,则我们与北京无可争论。日本不仅仅是个旁观者,日本的安全是美国与中国可能也是与莫斯科之间的问题所在。

　　三木说,这个世界遵循的逻辑是威慑。共产主义中国很快赶上美国是不可想象的,尽管他们可能像报道所说能够制造洲际弹道导弹。对北京必须保持时刻警惕,但是他对于在目前的条件下中国发起对外进攻的可能性表示怀疑。国务卿说,中国的行动比他们的声明更加谨慎,且他希望这一局面能够延续。但是,我们不能指望这一局面的延续,因为中国的形势是极其危险的,在权力斗争中,领导人的生命都有可能处于危险之中。

　　在首相与总统的讨论中,他希望能够找到降低该问题热度的方法,以便能够以日本公众和美国公众更能够接受的方式,并按照战略需求解决此问题。如果越南和北京的形势发生变化,则可以重新考虑。三木说,我们应该记住,在首相的访问中,冲绳是主要的政治问题,日本政府无法把火扑灭。首相和日本政府的政治前景都取决于是否能够在此问题的解决上取得进展。国务卿说，还有其他因素能对美国的公共舆论产生积极影响。日本防御能力的增长无疑会促进人们对这些岛屿产生更为积极的看法，正如亚洲自由国家领导能力的提高和日本对地区项目贡献的加大有助于美国政府应对诸如国际收支等问题领域的公众舆论一样。他说他希望日本寻求早日收回岛屿不仅仅是为了获取外汇，因为，美国在琉球群岛的军事支出再加上在日本的军事支出，将使美国对日本的国际收支状况变得更为糟糕。三木说，日本今年启动的改进日本自卫队质量的第三个五年国防计划将使日本的国防力量超过意大利。很难精确计算，但是三木说日本的国防力量在全球的排名位于第 7 位到第 11 位之间。国务卿说，美国当初没有坚持将共同防御安排下与西欧和日本的国际收支优势中和掉是一个错误。在做出这些承诺的时候，存在全球范围的美元短缺，美国努力供应美元以弥补缺口。但是，现在情况相反，美国发现自己缺乏外汇。他让三木务必向首相和内阁报告财政部长福勒和日本大藏大臣水田（Mizuta）之间的讨论。三木说，在动身回日本前水田大臣已经在私下会面中同意，日本政府应对这些讨论进行全面研究。

　　三木问，关于安全理事会对于讨论解决越南战争的意愿，美国征询到的意见为何。国务卿说，对于讨论解决越南问题，安全理事会热情不高。多勃雷宁（Dobrynin）大使昨天给他打电话表示苏联像其他国家一样，拒绝了该提议。三木说，日本将对增加琉球群岛的自治权和对行政长官的普选表示欢迎。他说，日本希望在美国高级专员所进行的对琉球未来经济的长期研究中进行合作。他问政府在《价格法案》方面的努力取得了何种成功。

　　约翰逊大使说，如果选错了行政长官，冲绳问题将会恶化。三木说，自民党正在积极帮助政府，尤其是在冲绳，而且自民党不希望看到其失败。国务卿说，美国政府将继续密切研究此类问题，并希望在此类问题上与日本政府保持密切接触。

　　(Ryukyu Islands (Part I of II), Secret, Memorandum of Conversation, September 16, 1967. Digital National Security Archive (DNSA), JU00758.)

31. 致国防部长备忘录[①]

00766
1967/10/00
参谋长联席会议
20301
JCSM-568-67
主题:小笠原和琉球群岛返还问题(非保密)

　　1. (非保密)提到起草一份《约翰逊—佐藤联合声明》,并起草一份给东京美国大使馆的报文,对此,助理国防部长要求参谋长联席会议进行非正式的评论或协调。

　　2. (秘密)总体而言,公报和报文草案中关于小笠原群岛和《和平条约》第三条中除琉球群岛之外的其他西太平洋岛屿的部分,从军事角度来看,是不能得到支持的。参谋长联席会议关于这些岛屿的观点在 1967 年 6 月 29 日的主题为"小笠原群岛军事用途(非保密)"的 JCSM-376-67 文件和 1967 年 9 月 6 日主题为"琉球群岛、小笠原群岛和其他西太平洋群岛归还日本(非保密)"的 JCSM-491-67 文件中做了表述。这些观点仍然有效。此外,参谋长联席会议曾表达其如下担忧,即,小笠原群岛的归还会削弱美国在亚洲的安全地位,而失去对这些岛屿的直接控制可能使美国失去应对大量军事紧急情况的重要潜力,自参谋长联席会议表达该担忧以来,亚洲的安全形势并未发生重大改变。

　　3. (秘密)以下因素会对小笠原—硫磺群岛、西之岛、南鸟岛和冲之鸟岛的未来地位产生影响:

　　　a. 就美国在西太平洋的地位而言,小笠原—硫磺群岛的政治地位和太平洋岛屿托管领土之间的关系十分重要。在美国解决太平岛屿托管领土的政治地位问题之前,为确保军事灵活性和行动自由,对于放弃对小笠原—硫磺群岛,尤其是有港口和飞机跑道的岛屿的管辖,必须持谨慎态度。

[①] 此文件中划线为原件所有。

b. 关于反潜艇战，日本希望确保来自小笠原群岛基地的海运安全是可以理解的。但是，必须承认，根据1960年的《美日安保条约》，日本与太平洋地区没有相互防御责任，也没有义务保护除他们自己的利益之外的任何利益。需要对小笠原—硫磺群岛对日本和美国的军事用途，包括他们在共同防御中的作用，进行进一步协商。

c. 在小笠原—硫磺群岛问题上行动的幅度过大过快可能增加日本要求返还琉球群岛的压力，并增加要求恢复与密克罗尼西亚人关系的压力。

4. （非保密）我们注意到，根据《联合公报》草案，美国政府目前仅仅会试图保留硫磺岛。父岛有港口，硫磺岛有飞行设施，在满足最低军事需求方面两者实际上相互补充，所以两者都应保留。

5. （秘密）如果做出了与之前表达过的参谋长联席会议的观点不符的决定，则以下概述的做法代表着最大程度的让步：

a. 除父岛和硫磺岛之外，美国政府准备就小笠原—硫磺群岛中的剩下的岛屿，以及西之岛、南鸟岛和冲之鸟岛之全部返还进行谈判。

b. 关于父岛和硫磺岛，美国政府准备继续就这些岛屿对日本和美国的军事用途以及它们在共同防御中的作用进行协商。

6. （秘密）草案中关于琉球群岛的部分，行文的主旨是可以接受的。但是，不建议提议为在岛屿管理问题上与琉球政府进行协商而扩展日本政府联络办公室的职能。如此扩展日本政府联络办公室的职能会使其成为一个牢骚委员会，大为减损高级官员的行政权力，并为美国民政府和琉球群岛政府带来严重问题。

7. （非保密）附件A和B是对公报和报文草案进行插入和删除修改的建议。

参谋长联席会议

附件A

《约翰逊—佐藤联合公报》草案

总统和首相鉴于目前东亚的安全局势以及美日两国加强此地区安全的共同利益，认真考虑了琉球群岛和小笠原群岛的地位。他们承认，目前美国在琉球群岛这些岛屿的军事基地仍然在确保日本和该地区的其他自由国家的安全中扮演关键角色。同时，他们同意，早日将小笠原群岛部分归还日本管辖，就美日共同的安全利益而言,现在是可能很快将成为可行之举。他们进一步同意,两国政府立即就以最能增进该地区安全的方式早日归还这些岛屿的具体安排进行协商继续在安全咨询下属委员会的框架内协商,以确认在不影响该地区安全的情况下归还岛屿所需的条件。首相指出,小笠原群岛归还日本管辖后,日本会承担起保卫该地区的主要责任。总统和首相约定,美国暂时保留硫磺岛作为军事基地。

首相表示,对于总统的决定在归还这些岛屿方面所取得的进展,而且是在美国在维护亚洲安全方面承担如此重任的时候,表示感激,并声明,这些岛屿管辖权的归还,不仅有利于巩固两国间的友好关系,还有助于使日本人民相信,琉球群岛管辖权的归还也可以在两国互信的框架内实现。

总统和首相进一步承认,琉球和日本人民渴望统一的愿望是可以理解的。他们同意,两国政府应该:

a. 鉴于琉球和日本人民的这一愿望,以及两国在维护和加强东亚地区安全方面的共同利益,定期联合对这些岛屿的地位进行研究。[RLS(译者注:原文文字不清晰)—草案]

或者

b. 联合研究归还对安全的影响(国防部-草案)

两位领导人盼望着有一天将琉球群岛的管辖权归还日本成为符合两国共同安全利益的事情,并约定,应采取措施进一步使琉球人民及其制度与日本接轨,并增进琉球人民的经济和社会福利。为了给两国政府以及琉球的美国民政当局提供建议为使两国能够在此类问题上获得建议,总统和首相同意在那霸为琉球群岛高级专员建立一个咨询委员会。日本政府、美国政府和琉球群岛政府将各自向委员会派出一名高级代表和适当人员。委员会应该制定能实质性减少冲绳和日本之间尚存的经济和社会阻隔,并尽量消除管辖权归还日本带来的压力的建议。双方同意扩大日本政府联络办公室的职能,以使日本政府能够就关系双方利益的问题与高级专员、美国民政当局和琉球群岛政府进行协商。

附件 B

报文草案

收件人:东京美国大使馆

抄送：高级专员

美国太平洋总司令

1. 鉴于日本提议之公报草案，我们现在已经进一步仔细审视了佐藤访美期间可能出现的关键问题。这些问题仍是 9 月份三木的谈话中提到的那些，即，日本希望在解决琉球群岛和小笠原群岛的领土问题上取得实质性进展，而我们希望日本明确地在增加对东亚的地区援助方面和在解决双边国际收支不平衡方面承担更多的经济责任。反过来，也必须从我们的根本目标的角度来看待这两个问题，即让日本在东亚承担起更多的主要是政治和经济责任，但也承担更多的对其自身领土的防御责任。

2. 三木访问之后，我们也注意到，日本政府承认了其地区责任，也承认了琉球问题的解决和其自身及更广泛的地区安全之间的关系，这是令人鼓舞的。佐藤在亚洲的访问、佐藤和三木在越南问题上有所帮助的声明，及日本政府将琉球问题置于现实安全基础上的公开努力，这些行动的方向都是十分正确的。我们希望并期待佐藤在访问美国期间愿意就日本政府增加对东南亚的援助以及关于收支平衡问题的计划进行更明确的讨论，尽管我们也知道，由于需要议会批准，日本政府在做出财政承诺方面受到限制。对越南的援助，尤其是增加技术援助和对地方工业的投资，作用将会尤为突出，而愿意将对亚洲发展银行的捐助增加到至少美国的水平，也尤为有用。

3. ［译者按：此处少量原文缺失］日本对于需要在亚洲承担更多责任做出积极回应的迹象，考虑到安全因素，我们准备采取有意义的措施，解决领土问题。关于这些问题和其他问题的决定显然要视总统和佐藤首相的谈话而定，因此我们希望先讨论关于琉球和小笠原群岛的公报草案第 7 段的措辞，以确定双方同意的行文，供总统和佐藤参考。随后的单独电报中有我们提议与外交部讨论的用语 。评论如下：

4. 关于小笠原群岛和《和平条约》第三条中的除琉球群岛外的其他西太平洋岛屿，若日本政府做出以下承诺，我们准备就归还管辖权进行谈判。我们准备继续就这些岛屿对日本和美国的军事用途，以及这些岛屿在共同防御中的作用进行协商。此类协商被认为是最终将管辖权归还日本的必要初步措施。

a. 承担协助维护目前设施的责任，并在一段时间内承担在该地区扩展反潜战和其他防御行动的责任；

b. 同意美国保留整个硫磺岛作为需要有应急待命设施的军事基地；

c. 如三木所声明的，保证有效利用这一行动，抑制要求立即返还琉球群岛的压力。

5. 如三木所解释的，关于琉球和小笠原群岛，我们目前不准备做任何关于返还的报告和具体承诺。我们认为日本政府的草案用语以及提议的临时措施让我们在返还的具体承诺方面走得太远了。此外日本政府的用语在弦外之音上还有些粗糙，这可能仅仅是语言学上的问题，但是却可能带来真正的问题。相信我们提议的包含了以下三个基本要素的用语能够满足日本政府对于"取得进展"的要求：基于共同利益基础上的返还方案，定期审视岛屿地位，或者联合研究安全（译者注：此处少量原文缺失）前瞻性临时措施。我们希望，这些措施，加上归还小笠原群岛，能够为琉球和小笠原问题的处理提供可行基础。

6. 随后的单独电报对提议的临时措施做了评论。

东亚和太平洋事务助理国务卿 威廉·P. 邦迪

(Reversion of the Bonin and Ryukyu Islands Issue, Secret, Memorandum, c. October 1967. Digital National Security Archive (DNSA), JU00766.)

32. 国务院电报

00771

1967/10/11

发件人：东京美国大使馆

收件人：国务卿，华盛顿，优先，6801

抄送：琉球群岛高级专员，优先

转交国际安全事务国防部长办公室—哈尔珀林博士

转交副陆军部长帮办办公室

东京 2422

1. 应其要求，今天我与三木外相进行了两个小时的会面[日方参加会面的还有牛场、东乡和翻译］。会面时他给了我公报草案，我们也就草案进行了讨论。草案已由单独的电报发送。会面结束时，他还给了我关于临时措施的文件，该文件也已由单独电报发送。尽管我们的对公报的讨论也涉及了临时措施文件中的部分问题,但我们并未就文件本身进行讨论。

2. 关于琉球群岛问题的公报草案(第七部分),我表示,那一部分的第二段让我生出了这样的疑问,即,这样的措辞是否会给双方带来更多的麻烦,而不是为我们争取我们都需要的时间。我表示,说美国"准备将琉球群岛的管辖权尽早归还日本",以及两国政府同意"就包括安全问题在内的具体问题"进行磋商,并"对他们进行调整以配合返还",其言外之意是返还在即,但是我们双方都还没有考虑到这一步。我表示,这样的措辞将使人们预期佐藤回国后我们会立即就安全问题达成一致,而如果不能快速达成一致,我们会面临针对我们的抗议和压力。因此,在我看来,在"尽早"一词和就安全问题达成一致之间存在矛盾。我们双方已经约定,只有在就安全问题达成一致之后才有可能考虑返还问题。

3. 作为回应,三木说,首相并不期待就返还琉球群岛问题与约翰逊总统达成坚定及最终理解,但是他试图达成"基本理解",即,两国间政府在安全问题上达成一致之后,将进行返还。

4. 我说,我感觉我们或许可以接受与1965年不同的措辞。相较于"尽早",在我看来类似于"共同的安全利益允许时"的说法可能能更准确地表达我们双方的意图。我还表示,我认为三木使用的"承诺返还"一词也不妥。当然,我们致力于最终返还岛屿,但是目前,任何意味着美国承诺在一定时间而不是根据一定情况进行返还的说法,我都认为不妥。

5. 然后我说,尽管我没受到任何指示,因此只能代表我的个人观点,我的想法是,可以采取部分举措,明确表明将在合理的时间范围内返还岛屿,但是不涉及或暗示任何一方政府关于返还时间的承诺。

6. 之后我们讨论了社会经济事务咨询委员会以及以一定方式将其纳入公报,使其成为迈向返还并明确指向返还的又一步骤。我也就此从我个人角度向其做了概述。三木说,他接受咨询委员会的原则。我坚决拒绝了委员会可以处理冲绳人民、美军和高级专员之间的摩擦的建议后,三木说,他接受将委员会的职责限于经济社会事务的原则。最后我们决定,让大使馆向东乡更详细地描述我们关于委员会的想法。三木说,成立这样一个委员会是个好主意,但是如果不事先就返还达成理解,仅这个委员会是不够的。我说,有办法在公报中表达他的意思,我会尝试这么做。

7. 关于小笠原群岛问题,三木暗示说美国海军和政府之间在此问题上存在分歧，我否认了他的说法，并说，基本问题之一是国务卿所提出的问题，即，这会给琉球群岛问题争取时间，还是会吊起人们的胃口，从而给两国政府造成更大的困难。我说我个人对此深感忧虑，希望三木和首相深思之后再判断是否以及为何他们认为归还小笠原群岛将有助于解决琉球群岛问题。三木回应说，首相访美时将对小笠原群岛的归还给予高度重视。他和首相都认为，小笠原群岛的归还将表明，美国政府对于管辖权问题不甚重视，他们所关心的仅是安全问题，因此将有助于首相更好地应对日本关于琉球群岛的公众舆论问题。当我问他政府实际上是否能并会以此来为琉球问题争取时间时，他回答说，政府会并能以此来争取时间，因为政府能够以此展示美国的"善意"。他说，"因为在首相访问中，冲绳和小笠原群岛问题将是人们关注的焦点，而他们说不准冲绳何时能够归还，所以在11月份获得关于小笠原群岛的承诺将对应对整个问题大有帮助。"

8. 我问他关于将硫磺岛分离出来的问题时，三木回答说，不返还硫磺岛将非常困难，但是他承认美国在此问题上面临的公众舆论问题，因此他认为为此做出特别安排或许可行。当我追问他认为这一特别安排具体为何时，他说，硫磺岛的空军基地可以根据《安保条约》"留下"，而日本政府会考虑采取"一定措施"来应对美国国内情绪，但是不归还硫磺岛将会使归还其他岛屿的效果大打折扣。

9. 关于上次安全附属委员会会议上做出的如归还硫磺岛日本防卫厅将承担更多的防御责任的 Miwafis 声明，我询问这是否是日本政府观点的坚定表达，以及他们的想法是什么。三木说，日本政府承担起更多的防御责任是自然而然的事，首相应该准备在11月份就这一点向总统做出保证，但是，因为这是军事问题，日本政府需要时间来确定立场。

10. 关于行政长官的直接选举问题，我说，我们理解存在着许多实际问题。我说，昂格将军担心民主党是否仍然坚持采取会导致与反对党在教育法案问题上直接冲突的行动，这会在民主党内引起困惑、带来混乱，并增强反对党在冲绳问题上的立场，以至于直接选举的结果会大大有损于日本和美国政府的利益。我要求三木无论如何为了自民党劝阻民主党不要采取引起对抗的行动，尽管现在看起来民主党已决意如此。三木说他会照做。我说，如果已经最终决定把直接选举归功于佐藤，这样做是否对我们双方来说是最好的选择，或者是否不处理此问题，以便将最大的功劳归于民主党，也是一个问题。我也指出，看似即使在民主党内部，也没有就直接选举达成真正一致。因此，最好不在公报中提及直接选举或者至多说佐藤提出了此问题，而美国政府承诺考虑此问题，以在时间上给美国最大的灵活性。三木表示，他不觉得在公报中提及直接选举是主要问题，且应该将其作为"现实政治问题"对待。

11. 关于公报的其他部分，我指出，在第五段中日本政府没有做出任何关于其计划增加对东南亚的经济援助的声明。三木说，他觉得日本政府可以做出比目前的版本更加积极的表态。

12. 我还询问三木，他是否预期日本政府会在佐藤的访问之前对我们做出的关于收支平衡委员会的提议做出回应。关于福勒在里约与水田（Mizuta）的对话，我说，对于委员会的具体名称，我们持灵活态度。我还强调，我们视委员会为真正的双向事务。三木说，他原本希望在今天的内阁会议之后与水田讨论此问题，但是未能如愿，但是他打算很快与水田进行谈话，而他们的确计划在佐藤出访前作出回应。

13. 我问三木，他们是否考虑过将任何其他问题包含在公报中。之前的会议都增进了我们在协商和合作方面的安排。虽然没有必要每次都这么做，但是我想知道他们是否考虑过这一点。三木说他认为这是一个好主意，但是他们并没有真正将注意力集中在这一问题上。我说我们并没有确切的想法，而且我也没有在这一问题上得到指示。我说我个人是在思考关于航天的问题，但是猜想就日本政府目前的组织处境而言，这一时机可能并不合适。我说还试图在勘探和开发东南亚资源方面进行思考，但是尚无确切想法。三木说，他认为，尽管存在组织问题，问题已经在解决中，而且他们很可能对某种航天方案及东南亚的资源感兴趣。我说，我们会对想到的问题进行整理，并希望他们也这样做。他承诺对此进行研究。

14. 结束时，三木说，他预期首相和总统的会面会以对东亚的安全形势的广泛而坦白的探讨开始，而以"设定"关于冲绳和小笠原群岛的"目标"结束。我说，我同意这将是有益的方式，因为，正如三木所知，我的观点一直是，如果两国政府能就东亚的整个安全形势达成一致意见，则琉球和小笠原群岛问题将迎刃而解。我还说，我肯定，总统会很想听一听首相如何看待他近期对东南亚多国的访问。

15. 最后，他将佐藤目标的关键点总结为，"对解决冲绳问题的承诺将是比1965年的公报又向前迈进一步"。当然，日本需要时间来研究和讨论安全问题,也需要时间来为冲绳的真正返还做准备,但是需要美国政府在 11 月份做出返还冲绳的决定。

16. 我说我自然会立即将他们的草案进行转发,且一旦得到指示,尽快与他联系。他说,我们可能需要再见 2—3 次面,我对此表示同意。

17. 我希望对我们的下次会面做指示时,能授权我对公报中的具体措辞按照我的 2304 电报中的原则进行讨论,并指出国务院希望做出的任何建议和修改。同时,政务参赞将会根据我们的 2305 电报的原则向东乡详述我们关于咨询委员会的想法。

18. 我们的咨询委员会的建议对于解决日本在临时措施文件中提出的很多问题大有帮助,而政务参赞也肯定会向东乡指出这一点。同时,我们将会更加仔细地研究临时措施文件,并随后作出评论。

约翰逊

(Meeting with Foreign Minister Miki regarding Draft Communique on Ryukyu and Bonin Islands, Secret, Cable, October 11, 1967. Digital National Security Archive (DNSA), JU00771.)

33. 备忘录

00788
1967/10/27
白宫
华盛顿
1967 年 10 月 27 日,星期五,下午 6:45

总统备忘录

主题:琉球—小笠原群岛和佐藤访美

如您所知,11 月中旬佐藤首相访问中的一个主要话题将是琉球和小笠原群岛的未来地位。

眼下关于这一问题,日本的局面十分不确定,约翰逊大使收到您批准的美国为佐藤访美公报谈判而定的立场,感到十分不安。

尤其是，佐藤不想在此问题上与我们争论。在合理范围内，他愿意听从我们的引导，但是，在他依照我们的引导再去引导日本人之前，他需要大概知道我们愿意做什么。现在他就需要这样的引导。

表 A 是来自国务卿的备忘录，请您批准佐藤访美公报草案（表 B）中的美国立场。

表 C 是建议发往东京以解释我们立场的电报。

国务卿的备忘录明确表述了这些问题。我认为此时您没必要阅读表 B 和 C。

我建议您批准表 A 中国务卿的建议。

麦克纳马拉部长已审阅并批准了该建议。

罗斯托

附件：

表 A、B、C

（The Ryukyu-Bonin Islands and the Sato Visit, Secret, Memorandum, October 27, 1967. Digital National Security Archive (DNSA), JU00788.）

34. 国务院电报

00806

1967/11/06

发件人：东京美国大使馆

收件人：国务卿，华盛顿特区，优先，7199

抄送：高级专员，优先

太平洋总司令

转交国际安全事务国防部长办公室哈尔珀林

转交陆军副部长帮办办公室

太平洋总司令致夏普（Sharp）上将

琉球群岛高级专员致昂格

参考文件：A. Secstate 65117；B. Secstate 65118

1. 今晨我与三木外相进行了大概 1 小时 15 分钟的会面，会面中我根据参考文件 A 进行了口头陈述，并给了他修改过的公报的全部文本（国务院电报 5-981），其中包括参考文件 B 中关于琉球和小笠原群岛的措辞，以及关于之前交给日本政府的关于收支平衡委员会和科学的部分。在我们会面开始和结束时，我都着重强调，关于公报中所涉及问题的最终决定仍取决于总统和首相的谈话，我们的草案不过是尚待总统和首相进一步审核的草稿。因此，向媒体或其他方面泄露美国政府的可能立场为时尚早，应不遗余力保持这些初期交流的保密性质。三木表示完全理解。

2.（此处文字被删除）作为对他的问题的回应，我也指出，我们使用"小笠原群岛"一词指代除了琉球群岛之外的第三条中的所有岛屿，硫磺岛也不例外。我说，我们当然希望讨论硫磺岛上的设施，包括之前日本政府提出的在小笠原群岛建设纪念公园的提案，或者详细谈判框架内的其他类似建筑的提案。

3. 我们还简短讨论了我们再起草的公报的其他部分。

4. 三木显然不想做出承诺，甚至避免在他有机会与佐藤谈话前进行"初步修改"。他唯一指出的一点是关于冲绳的。他说，"因为日本政府有责任通过表明在冲绳和小笠原群岛的归还上的进展以平息公众舆论，关于冲绳的说法十分重要；即使归还了小笠原群岛，如果在冲绳问题上的措辞十分被动的话，日本政府也很难平息公众舆论"。我回答说，我不认为我们提议的措辞是被动的，而且，即使使用了可被理解为表示"即将"返还的词汇，其带来的政治优势也是暂时的，因为我们都知道，情况并非如此，这样的措辞只会在未来给两国政府造成更大的麻烦。我认为，我们提出的方案包括了所有满足日本政府立场所必须的要素，并说，尽管我肯定会收到并考虑他们提出的任何措辞的变动，我确信，我们不会超出我们建议之方案的内容。

5. 三木说，他今天将与首相会面，希望明天上午能再见我一面。他还建议我不要计划在星期三下午之前离开东京，我同意了。我说，同时任何时候我都可以与他或首相见面进行解释或进一步讨论。

约翰逊

（Reversion of Ryukyu and Bonin Islands, Secret, Cable, November 6, 1967. Digital National Security Archive (DNSA), JU00806.）

35. 国务院电报

00808

1967/11/07

发件人：东京美国大使馆

收件人：国务卿，华盛顿，优先，7241

抄送：琉球群岛高级专员，优先

太平洋总司令

东京 3142

转交国际安全事务国防部长办公室，致哈尔珀林

转交陆军副部长帮办办公室

太平洋总司令致夏普上将

琉球群岛高级专员致昂格将军

参考文件：Tokyo 3139

1. 11月7日，在与三木一次长达3个小时的激烈会谈中，大部分时间都在讨论日本修改的关于琉球和小笠原群岛的第七部分。三木再三重复，首相需要并且"急切希望"协定的语言能使公众舆论接受冲绳返还时间的延迟。他说人人都明白到一段时间内归还冲绳群岛还不可能，但是政府要应对公众舆论的话，就有必要确立基本的路线。他说，在日本政府看来，日本改写的草稿中第七部分第一段的最后一句话是公报最重要的一点，而1亿日本人的目光都会聚焦在这个声明上。首相希望冲绳问题能迈进到"起跑线"上，而很重要的一点是，尽管小笠原群岛的归还是日本政府所希望的，也大有助益，但是，不应该被解读为冲绳群岛归还没有进展的替罪羊，这是日本政府最不愿看到的。

2. 当然，在强调我们的草案的优点时，我们也尽量强调日本政府的草案可能会给美国政府造成大难题，而且我担心这个草案可能会因为必然导致无根据的乐观情绪并在美国立即引起争议而在未来几年给我们带来很多麻烦。我说，主要的问题是日本改写的草案的第一段的最后一句话（这句话的开头是："经过他们讨论……"），这句话暗示，已经达成了返还协议，仅需要就如何执行进行协商。我们的草案表明，在可以进行返还谈判时，愿意"定期进行联合探讨"。而日本的草案强调时机，并暗示返还近期即将完成。我表示，在我

看来,这是方式上的根本区别。

3. 我告诉三木,我肯定,日本政府修改的草案肯定不会被华盛顿所接受,而且,尽管我会转达他的话,我劝他尽量修改日本政府的草案以使其与我们的草案相一致,并成为华盛顿能够认真考虑的文件。经过牛场和枝村(Edamura)也参加的冗长谈判,三木终于同意,尽管不情愿,但接受用以下一句话替代第一段的最后一句话:"经过讨论,总统和首相同意,为将琉球群岛的管辖权尽早归还日本,两国政府应该通过外交途径联合对这些岛屿的状况进行探讨。"

4. 我告诉三木,即使在这一草案中,对于"尽早"一词,我也觉得不妥,而且即使是要在佐藤动身访美前得到华盛顿对该草案的回应也不可能,但是我希望到达华盛顿后能就这一问题进行讨论,然后我会在从西雅图到华盛顿的飞机上向首相转达美国政府的意见。单独的电报是关于公报中争议较小的部分。

约翰逊

(Communique on Ryukyu and Bonin Islands, Secret, Cable, 003142, November 7, 1967. Digital National Security Archive (DNSA), JU00808.)

36. 日本首相佐藤荣作之访

1967年11月14—15日

00820
1967/11/09
琉球群岛

根据《对日和约》第三条,美国对琉球群岛和小笠原群岛拥有完全之管辖权。条约并未规定美国将岛屿归还日本,但是,条约签署时,美国承认日本对岛屿保留剩余主权。1953年12月,美国通过行政协定将琉球群岛中最北端的奄美群岛归还日本。其他岛屿的归还被无限期推迟。1957年6月,艾森豪威尔(Eisenhower)总统声明,只要远东的威胁形势存在,我们就打算保留其他岛屿。1962年,肯尼迪总统承认琉球群岛"为日本国土的一部分",但也声明我们打算保留岛屿,直至"自由世界的安全利益允许其归还"。佐藤首相上次于1965年1月份访问美国时,美国重申了这一政策。

美国对这些岛屿上大约 1 000 000 日本人的持续管辖一直以来是美日间严重摩擦的潜在根源。日本政府，尤其是近年来，积极与美国合作限制日本和琉球群岛的返还压力。日本政府已向琉球群岛提供了大量经济援助，并承认美国需要保留琉球群岛的主要军事设施——不管这一地区是否仍属美国管辖。

但是，日本正越来越成为一个全球性大国，日本人——最初是政治左派，但近期也包括了保守党中的主要派别——已经日益感到日本领土的一个主要部分处于美国的完全管辖之下与日本的世界地位不符。返还主义情绪近年来稳步增长，佐藤上次访美之后的大约 3 年中，增长的速度更有加快。日本政府并未故意挑起此问题，相反，一直努力使公众更广泛地认识到任何最终返还方案对安全的影响。但是，日本政府对于日益增长的要求返还的压力很敏感，而且对人们对于近期在此问题上取得进展的日益升高的期望也很敏感。

在日本，琉球问题也在政治上关系到 1970 年之后《美日安保条约》的延续问题——这一条约是我们与日本关系的基石。1970 年，日本的反对派将首次获得机会发起要求废除《安保条约》并解除美日同盟的运动。反对派打算将美国对琉球群岛的管辖作为他们进攻的焦点。日本目前坚称，并为我们的判断所确认的是，除非 1970 年前琉球和小笠原问题得到解决或即将得到解决，否则日本的情绪将制造高度紧张，并可能使条约遭到损害，或者至少，即使安保条约得到延续，也将面临 1960 年条约修改时所引发的骚乱。

9 月中旬三木外相访问华盛顿时，以及在随后的几个星期，形势已经变得很明朗：佐藤的政治命运和他对美国眼下和未来利益作出积极回应的能力都取决于他是否能够满足日益高涨的在返还问题上"取得进展"的公众要求。在等待我们对琉球和小笠原群岛的关键问题作出回应期间，除了概括性的表达，佐藤一直不愿意公开表明立场，并因此受到了大量指责他缺乏领导力的批评。

日本立场

（此处文字被删除）

美国立场

（此处文字被删除）

起草：东亚和太平洋事务局日本事务办公室——蒙乔（Monjo）先生

审查：东亚和太平洋事务局——施耐德先生

国际安全事务助理国防部长办公室——塞利格曼先生（Mr. Seligmann）

国际事务陆军副部长帮办办公室——蒲逸慕(Mr. Proimuth)

(Ryukyu Islands, Secret, Briefing Paper, November 9, 1967. Digital National Security Archive (DNSA), JU00820.)

37. 谈话备忘录

00943
1968/05/10
1968年5月10日
主题:琉球群岛
与会者:若泉敬(Kei Wakaizumi),京都工业大学教授,日本政府政治军事顾问
　　　理查德·L.施耐德,日本事务处主任
抄送:国务院执行秘书处　　情报和研究局长办公室
　　政治事务副国务卿帮办 东亚和远东事务局—2
　　　白宫 美国驻东京大使馆

在与若泉就琉球群岛问题进行的稍许冗长的讨论中,若泉明确的关键几点为:

(1)保守党在1968年11月的琉球选举中获胜是至关重要的,主要是为了抑制日本要求立即收回岛屿并废除《美日安保条约》左翼的情绪。屋良(Yara)获胜不仅在政治上对佐藤是致命的,也会为1970年左翼的攻势提供有力的跳板。在琉球我们或许可以忍受屋良获胜,但是在日本不行。

(2)因此,确保保守党在琉球选举中获胜可能对日本政府和保守党人比对美国更重要。他们打算全力以赴支持西铭(Nishime)。

(3)选举中的关键问题将是美国军事基地的活动和岛屿返还。若泉希望我们在选举之前不要采取增加基地摩擦的行动,并督促我们,如果可能的话,在选举日之前撤离B-52飞机。在返还问题上,若泉预期西铭会采取一定程度上比日本政府更为激进的立场,并感觉关键因素将是西铭能否使琉球人相信他的渐进主义途径将比左派更激进的途径更为有效。选举前能采取的任何增进冲绳对日本的认同,并明确表明其更为渐进的途径的有效性的措施都将有助于西铭。

(4)对于需要在1970年前取得进展一点,若泉仍然十分关心。主要的障

碍是日本公众仍然拒绝部署核武器,而对于快速扭转日本人的观点,他已不再向11月份那么乐观。另一方面,他不认为美国自由使用基地是个大问题。

2. 若泉提出的返还方案仍然是个分为两个阶段的计划。首先,我们在1969年约定返还日期——他建议1972年。届时,返还将在双方共同接受的条件下进行这一点将变得明晰。在第二阶段介于中间的二三年时间里,可以展开谈判。若泉表示希望在这一阶段核武器的问题可以得到解决,或者通过进一步引导日本公众,或者通过根据越南战争之后的局面重新评估美国的需求,因为越南战争之后的形势会降低美国对冲绳的此种武器的需求,而后者更为可取。

3. 施耐德确认了我们对琉球选举的重视,并强调需要在此问题上密切合作,但美国不会采取除中立之外的其他任何公开立场。关于返还,我们感觉,现阶段,讨论不能超出11月份首相访问时讨论的范畴,但是,当然,我们承认展望1969年和1970年的重要性。我们希望日本认识到,美国在琉球群岛的军事部署不仅是需要美国决定的问题,更为重要的是,日本自身需要考虑,在冲绳,何种军事部署能最大程度确保日本所期望的美国安全保护伞的可靠性。

(Ryukyus, Secret, Memorandum of Conversation, May 10, 1968. Digital National Security Archive (DNSA), JU00943.)

38. 冲绳—短期

01023

1968/12/00

日本

问题

随着日本和琉球群岛(冲绳)要求将岛屿返还日本的压力的升高,我们面临着维持日本和琉球对美国管辖琉球群岛的合作和默认这一亟待解决的短期问题。

背景

根据《对日和约》第三条,美国在琉球群岛拥有完全管辖权。自1953年12月,美国已经承认日本对岛屿保有剩余主权,并公开承诺将其归还日本,但归还的时间和条件迄今尚未确定。我们曾根据第三条管辖的其他岛屿已经归还日本；1953 年归还了奄美大岛，1968 年归还了小笠原群岛。

尽管我们的管辖权在法律上不受任何限制，但我们早已承认，对岛屿的有效管辖和不受阻碍地使用冲绳基地有赖于当地人民的合作和默许。因为琉球人的意见一般是反应本土岛屿的趋势，日本人对美国在琉球驻军的态度，尤其是日本政府的态度，也同样重要。

为保证日本人和琉球人的合作，我们遵循了四大政策纲领：(a) 在与美国的管辖不冲突的情况下，鼓励日本政府最大程度参与琉球事务，(b) 在维持美国的根本权力和我们军事基地安全的条件下，给琉球人民最大限度的自治权，(c) 促进较大程度上的琉球群岛和日本的融合，(d) 增强琉球经济，改善公众福利。

日本政府参与琉球事务体现在许多方面。1961 年设立了美日咨询委员会以处理日本对琉球群岛援助和"其他美日能够合作持续推进岛屿居民福利的问题"。除了其他职能，该委员会安排了在冲绳签发日本证件，并安排设计了包含日本国旗的新的琉球船旗。日本政府还在冲绳设有一个办事处，负责与民政府和琉球人民进行联络。此外，日本政府在技术和经济等广泛领域向琉球群岛政府提供非正式的建议和指导。

通过用琉球法律代替大量高级专员法令，琉球群岛的自治程度有了提高。琉球人现在对几乎所有不涉及军事设施的内政职能实行管辖。所有主要政治机构，包括琉球群岛政府行政长官、立法机构，以及市长和议会，都是通过公众选举产生。尽管美国民政府对琉球群岛政府进行监督，高级专员也拥有他不愿使用的否决权，琉球人享有很大程度的独立。

促进琉球群岛和日本在经济和社会领域的融合是高级专员的美—日—琉球政府咨询委员会的主要任务。该委员会是 1967 年的佐藤—约翰逊会议之后建立的。三国政府已经通过该委员会提出了 30 多项执行建议。在政治领域，琉球和日本的联系最明显的体现是在近期允许琉球人进入日本议会的协定。

琉球经济基本依赖于军事基地的存在。军事基地每年提供超过 2 亿美元，或说一半以上的国民生产总值。为了加强与基地无关的经济部门，我们早已开始对琉球群岛进行直接支援，现在每年的支援额度为 1750 万美元。近年来，我们还鼓励日本进行支援，这也进一步促进了岛屿的经济繁荣和政治稳定。尽管开始支援力度较小，日本政府已经快速提高了支援的数额，目前支援的额度是4200万美元,下一财年预期会超过7000万美元。此外,美国政策还鼓励外资建立基础更为广泛的经济。

目前政策

我们仍在执行上述政策纲领,截至目前,这些纲领保证了必要程度的合作和默许。由于1968年11月屋良朝苗(Chobyo Yara)当选为琉球政府行政长官,我们的任务更加难以执行了,因为屋良朝苗是左派支持的自由主义者,并推行立即实现返还并反对军事基地的计划。

行政长官拥有相当大的权力,因此,有可能制造麻烦。例如,他控制着当地的警察,而面对示威者,我们正是依靠警察在基地外部进行保护。屋良强烈反对B-52飞机在冲绳驻守以及攻击型核潜艇在冲绳港口停留等军事行动,这会导致他拒绝在控制"反基地"示威方面进行合作,这进一步又会招致琉球和美国议员之间严重的政治对抗的问题。屋良在选举之后的立场尚属温和,他已承诺不在政府中任命走共产主义路线的官员。但是只有时间能够检验他是否会遵守保持温和立场的诺言,或者是否会成为他的极左顾问的牺牲品,如果这样,可能会是因为一个类似于1968年在嘉手纳空军基地发生的B-52坠毁事故所造成的压力。即使屋良在日常管理事务中遵循温和路线,他也很可能在对美国军队的刑事管辖权等敏感领域要求赋予琉球政府更大的权力,或者寻求在其他问题上造成美国和日本政府的"对立"。

(Okinawa-Short Term, Secret, Briefing Paper, c. December 1968. Digital National Security Archive (DNSA), JU01023.)

39. 杰克逊致参谋长联席会议主席

01128

1969/10/03

发件人:杰克逊(Jackson)上校,参谋长联席会议主席主任参谋

收件人:惠勒(Wheeler)将军,参谋长联席会议主席,临时任务(TDY),西贡

绝密——参谋长联席会议——1237——1969年10月

引述下文供您参阅:

引文:

系统安全官说明:如惠勒将军当晚尚未休息则收件后立即呈递,否则,于工作

时间呈递。
警告：
参谋长联席会议主席绝密信息
小心处理
发件人：太平洋总司令空中指挥所
收件人：参谋长联席会议
抄送：太平洋总部行政长官
后勤副参谋长致太平洋总部行政长官

致海军上将约翰逊(Johnson)，抄送：行政官麦凯恩(Mccain)，来自海军中将柯蒂斯(Curtis)

主题：1号谈判报告

1. 外务省首次会议于9月30日召开，东乡(Togo)、千叶(Chiba)和大川原(Okawara)参加了会议。[译者按：此处文字无法辨认]双方审视了谈判的进度，列出了需要在未来会议中解决的问题，而国务卿和爱知的会议将作为解决方案的基本参照。

2. Tokyo 8118文件汇报了大使和爱知关于10月2日的公报草案的会议。

3. 今天施耐德和我会见了东乡、千叶和大川原，讨论了核问题。我指出了以下几点：

A. 重申并强调了华夫(Warfle)上校指出的几点（冲绳谈判9号(OKNEG Number 9)）。

B. 美国军队不打算减少地区核资源，因为这将影响执行应急计划的能力。

C. 由于预算和国际收支平衡造成了我们常规部队的缩减，具有核能力的部队对亚洲安全变得更为重要。

D. 美国国会精打细算，不会允许将大量仅可使用常规武器的部队部署于亚洲。因此，有必要部署同时具备常规和核作战能力的部队，既能降低费用，又可制造足够威慑。

E. 冲绳对部队和武器而言位置都很关键，因此也是日本安全所必须。削减冲绳的军事部署会给东北亚的防御线造成重大缺口。

F. 审视了全球和地区威慑之间的差异。

G.（此处文字被删除）

4. 大使馆稍后将对上述讨论做出汇报。

5. 根据一次会议得出结论并不妥当，但是，（此处文字被删除）。

6. 在横田与麦凯恩（McCain）上将讨论了上述内容。

7. 此致敬礼

系统安全官说明：工作时间呈递

（Negotiation Report Number One，Top Secret，Cable，October 3，1969. Digital National Security Archive（DNSA），JU01128.）

40. 格林致国务卿

01168

1969/11/18

国务院

华盛顿特区 20520

1969 年 11 月 18 日

收件人：国务卿

　　　　驻日大使约翰逊

经由：国务院执行秘书处

发件人：东亚和太平洋事务助理国务卿马歇尔·格林（Marshall Green）

主题：您与佐藤首相的会面以及您与爱知（Aichi）外相的会面，11 月 19 日——简报备忘录

安排您于 11 月 19 日（星期三）下午 1：15 设午宴招待佐藤首相，随后在您办公室与其作进一步讨论。

当天早上佐藤首相还将与总统进行会面，这将是他与总统三次会面中的第一次。如果按照我们的设想进行，他们会简短回顾 20 世纪 70 年代的美日关系，之后还会重点对中国、朝鲜和越南问题做简洁而全面的讨论。这将为讨论归还冲绳做好准备，而在归还冲绳的讨论中，我们预期总统将会谈及包括核储备在内的基本问题。

总统第二个会议的议程将更多讨论冲绳问题、《美日安保条约》、双边贸易和纺织品问题，以及核不扩散和裁军问题。

我们认为除了翻译人员外,总统计划在会议的大部分时间单独会见佐藤首相。这将意味着您和爱知外相有大量机会就一些问题进行讨论。我们相应地将这个备忘录分成两部分——一部分为您在 11 月 19 日午宴后与佐藤首相的会面所准备,另一部分为您与爱知的会谈所准备。后者有些应急文件的性质,因为无法预测在没有总统和首相的情况下您与爱知外相独处的时间。

A. 11 月 19 日与佐藤会面

1. 亚洲政策

在与佐藤的讨论中,您可以继续就 20 世纪 70 年代美日应在亚洲所扮演的角色交换意见。种种迹象表明,日本对讨论关岛主义感兴趣,并对该声明中的方式持赞成态度。维持美国对东亚的承诺,并同时减少美国的驻军以增加地区防御责任,这完全符合日本的趋势。首相可能会强调,尽管宪法和政治因素限制日本不能承担地区军事责任,日本完全愿意在经济和其他非军事领域承担起其应承担的责任。(供参考:他计划在 11 月 21 日(星期五)的记者俱乐部的演讲中做大意如此的有力声明。)在与佐藤讨论这些问题时,你可以表明一下几点:

(1) 美国决定维持足够的外援项目,其大部分是针对亚洲的。

(2) 对于日本扩展其援助项目所做的巨大努力和其在未来 10 年继续增加援助的打算,表示感激。放松援助条款以免给发展中国家带来难以承受的债务负担,并让发展中国家的出口更容易进入日本市场这两点尤其重要。此外,日本的经济已经发展到可以使其解除外援限制的水平。

(3) 美国希望在日本取得进展的同时,通过定期协商与其计划保持密切联系,以保证我们两国的项目支持我们在亚洲增进经济增长并创造机会的共同目标。我们相信,美日合作援助印度尼西亚所取得的良好结果已经表明 a. 采用多边方式,b. 依赖国际复兴开发银行、国际货币基金组织和亚洲开发银行是明智的。

(4) 越南对外援的需求仍然很大,援助的机会也很多,而随着战事平息,需求和机会必然会增加。我们将希望在最大程度上做出积极回应,但是我们不得不继续承担该地区防御的责任的主要部分——通过军事援助项目、军事基地的维持以及我们的核威慑。我们注意到了日本政府关于增加其对越南重建的经济援助的声明。正如国务卿去年 7 月份在东京所表明的,我们对于日本所做的对此类援助进行协调的提议十分感兴趣。

（5）除了扩大其经济援助项目，我们盼望日本在亚洲承担更多的政治责任，例如，通过亚洲与太平洋理事会。我们承认在这一背景和利益多样化的地区建立某种看似统一的目标存在困难。我们承认，动力必须来自地区内部。美国随时准备援助，并欢迎日本在此类问题上进行协商。

2. 对华政策

在讨论美国和日本在 20 世纪 70 年代所扮演的角色时，您可以指出，我们高度重视延续我们在对华政策上的密切接触。美国目前正在考虑改变我们目前的对华贸易政策的一系列可能。这包括对美国国外子公司的国外资产控制做出部分改变，并改变适用于在原产地为中国的产品问题上与第三国打交道的美国公司的规定。我们也在考虑一定程度上放松对有限数量的美国产品向共产主义中国的出口和其他小的调整。对于这些问题尚未做出最终决定。无论如何，我们都会继续与日本政府讨论在我们的对华政策上的重大变动。

3. 在冲绳的商业利益

我们相信，您应该表示我们希望制定一个合理安排以缓解冲绳的美国商业利益问题。因为总统可能不会提起该问题，我们相信由您提到该问题尤为重要。在返还前谈判中会对这些问题进行详细讨论，但是我们相信现在让美国商人放心是很重要的。对美国在冲绳的商人而言，这在未来几个月内会是一个棘手问题，而我们认为应该告知佐藤这个问题。相应的，我们正在建议爱知给迈耶（Meyer）大使写信，表示日本打算以同情之态度处理美国目前在冲绳的商业利益问题。这样一封信对我们是有帮助的。供参阅：我们也相信，这对日本人也有一定吸引力，因为这将因相机处置而将希望在返还前的短时段内——即从现在到 1972 年间——向冲绳投资、以便在返还后确立在日本权利的其他任何公司排除在外。

4. 国际通信卫星组织

斯克兰顿（Scranton）州长特别要求我们向佐藤表示我们十分重视目前就国际通信卫星组织永久协定进行的谈判。作为最大的两个使用者，美国和日本在国际通信卫星组织系统的成功上有着共同利益。我们期盼在国际通信卫星组织的谈判中与日本代表团进行密切合作。

B. 与爱知的会面

需要总统和首相做出决定的两大问题是冲绳的核存储问题和纺织品问题。这两个问题之外，您可以和爱知就一系列关系共同利益的问题进行有用的研究，尤其是因为爱知可能无法直接领会总统在这些问题上的观点的益处。

1. 越南战争

告诉爱知，我们对日本领导人关于总统11月3日演讲的有用的公开声明表示感激。我们也期望日本政府为美国战俘向红十字会求情，并指示其在河内的外交代表要求河内对总统的和解行动做出积极回应。你们可以回顾总统演讲中表明的政策。外相会对巴黎会谈和作战行动的状况深感兴趣。他会渴望听到你对于未来几个月的形势进展的观点。

2. 限制战略武器会谈/核不扩散条约

限制战略武器会谈届时将刚刚在赫尔辛基开幕。爱知会想知道我们的总体态度，尤其是苏联人的反应。我们已在限制战略武器会谈问题上与日本做了详细协商，并计划继续这样做。

尽管核不扩散条约在日本是一个敏感的国内问题，支持该条约的高级日本政府官员会欢迎我们向其保证说将高度重视日本的签署。日本尚未决定签署条约。您可以再次向爱知强调美国政府对该条约以及对日本政府早日签署该条约的重视。总统也会向佐藤做类似的表示。

3. 美国安全新战略

近期美国政府采纳的新安全战略（NSDM 27）得到了大量宣传。国防部长莱尔德（Laird）公开将该战略称为一个1—1/2应急战略，即，在和平时期维持准备在欧洲或亚洲打一场大仗的有效军事力量，但是不维持在欧洲和亚洲同时打一场大仗的军事力量，并有足够的力量应对一个小的突发状况（例如，多米尼加共和国）。有必要大概告诉爱知这一新战略。可以告诉他以下几点：

（1）和平时期美国从未拥有能够同时应对两场主要战争的军事力量。新的战略承认了这一事实。

（2）就亚洲而言，美国将遵守对其亚洲盟国的承诺，尤其是会维持其核保护伞。

（3）我们不相信目前共产主义中国或苏联会对任何自由亚洲国家发起重大进攻。更可能的威胁是朝鲜、越南，以及外部共产主义势力对东南亚国家内部叛乱的支持。

（4）东北亚国家越来越有能力应对安全威胁了。美国将继续向我们的东北亚盟国提供关键军事支持，但是这将主要集中在海军和空军力量而不是地面部队上，尽管我们会继续在太平洋地区维持部分地面部队，并保持增援能力。现在我们无法预见在未来几个月我们希望在日本进行何种程度的兵力削减。我们预期不会进行大幅削减,而且无论如何,随着形势的变化,我们都会与日本政府进行协商。

(5)对于中国或苏联可能在亚洲发起的进攻或核威胁,美国将继续维持强大核威慑。

4. 亚洲政策

询问爱知他如何看待未来亚洲的局势——红色中国的发展和中苏关系。关于我们计划对对华贸易政策所做的改变,你可以告诉爱知更多的背景知识。您可以让他谈谈日本关于亚洲的思考——未来与红色中国的贸易和政治关系、亚洲与太平洋理事会的角色,和任何对日本的援助和经济政策的特别关注。(供参阅:佐藤首相计划于11月21日在记者俱乐部发表涵盖广泛的关于"新太平洋时代"的演讲。他将表示:"日本和美国间的合作不限于我们两国或亚洲的范围内。因为这一合作是自由世界排名第一和第二的两个经济大国之间的合作,该合作将涵盖广泛的国际问题,早前我曾在对20世纪70年代的预测中涉及这些问题,例如,总体紧张局势的缓和、联合国功能的加强、军备控制和实现裁军、南北问题的解决、保留自由贸易体系和确保稳定的国际货币体系。")

附件为总结上述问题的两份谈话要点,以及您发给总统的关于佐藤访问的简报备忘录。

附件:

表A——《佐藤谈话要点》

表B——《爱知谈话要点》

表C——《总统简报备忘录》

审查:

国际发展署——奥康纳(O'Connor)先生

军备控制和裁军署——内德尔(Neidle)先生

东亚事务局——布朗(Brown)大使

巴内特(Barnett)先生

(Your Meeting with Prime Minister Sato and Your Meetings with Foreign Minister Aichi, November 19, Secret, Briefing Memorandum, November 18, 1969. Digital National Security Archive (DNSA). JU01168.)

41. 谈话要点

01167
1969/11/18
附件1
(国务卿与佐藤首相的会面)
援助及亚洲政策
　　1. 美国将维持足够的对外援助项目。
　　2. 日本计划增加其援助项目,令人鼓舞。援助条件的宽松化,也是令人满意的,例如不再要求援助款须在日本进行花费。
　　3. 随着越南战争的平息,日本有条件承担越南重建的一大部分费用。
　　4. 除了其经济角色以外,我们也希望了解日本对其地区政治角色的观点,例如它可以通过亚洲与太平洋理事会扮演的角色。
　　5. 美日在这一重要领域的协商符合双方利益。
对华政策
　　1. 我们正考虑对对华贸易管制加以改变(外资管制,经与第三国有生意往来的美国公司处理的原产中国的商品,部分商品出口)。
　　2. 对于在对华政策上计划做出的重大改变,美国将继续与日本密切协商。
冲绳的美国商业利益
美国希望返还后日本对美国目前在冲绳的商业利益给予同情对待。
国际通信卫星
美国希望与日本密切合作,研发一个唯一的全球卫星通信系统。
　　(Talking Points (Secretary's Meeting with Prime Minister Sato), Secret, Talking Points, c. November 18, 1969. Digital National Security Archive (DNSA), JU01167.)

42. 美国驻日大使馆致国务卿

01235
1970/04/10

国防部

国家军事指挥中心

情报中心

发件人：东京美国大使馆

收件人：国务卿，华盛顿特区，1689

Tokyo 2494

主题：冲绳返还；筹备委员会原则与纲领

大使馆已经就筹备委员会的原则和纲领与外交部达成了有待批准的协议。高级专员表示同意。协议全文已经提请国务院批准。对谈判过程中主要问题的解释将通过单独电报发送。

"返还筹备及筹备委员会职能原则与纲领，1979年4月（空白）采纳。"

"在美日冲绳咨询委员会第19次会议上，根据外相爱知揆一（Kiichi Aichi）和美国大使阿明·H.迈耶（Amin H. Meyer）在3月3日互换的照会，日本和美国政府就以下将冲绳管辖权归还日本的筹备工作以及管理筹备委员会未来职能的原则和纲领达成一致。双方还同意，咨询委员会还将不时确立其他原则和纲领。"

一、一般原则

1. 在日本、美国和琉球群岛政府进行密切协调和协商后——此类协调和协商将反应出根据1969年11月21日的佐藤荣作（Eisaku Sato）首相和理查德·M. 尼克松（Richard M. Nixon）总统的《联合公报》在东京为达成返还协定而进行的渐进的外交谈判的成果——将着手进行冲绳返还的准备工作。

2. 此准备工作的主要考虑如下：

（1）以最符合冲绳居民观点和期望的方式增进冲绳居民的福祉和利益，确保社会、经济和商业领域的有序平稳过渡。

（2）返还之前，美国在冲绳的管辖权保持完好不受损减。

（3）在相关政府的合作下，日本政府迅速而有效的展开为返还后承担管辖权而做准备所需的复杂工作。

（4）在为返还后在冲绳应用《共同合作和安保条约》和相关协定而做准备的同时，驻冲绳美军执行其在远东的关键任务的有效性需得以维持。

（5）关于需要琉球群岛政府执行的准备工作，该政府可以接受日本政府和美国冲绳当局共同提供的包括建议和指导在内的援助。日本政府将通过即将在那霸建立的日本政府的冲绳及北方领土署冲绳局向琉球群岛政府提供支援。

二、筹备委员会

1. 筹备委员会应首先完成以下任务：

A. 确定归还管辖权之前需要解决的问题，制定解决问题的措施，这些措施尤其包括建立冲绳县、在冲绳应用《驻军地位协定》和转交琉球群岛美国民政府职能所必须的地方准备工作。

B. 考虑到冲绳的长期工业和经济发展，制定尽可能减少日本和冲绳社会差异的措施。

2. 以上第 1 段中所提到的措施应在或咨询委员会批准后，根据将由筹备委员会制定的进度表予以执行。

3. 筹备委员会作为日本和美国政府间进行地方协商和协调的唯一官方渠道，应为以下领域确立程序：

A. 通过它们的各自代表向各政府提供双方一致认为为促进返还的准备所必须的信息。

B. 对日本政府官方代表团从冲绳美国当局收集信息的行为进行协调，以为返还服务。

C. 提供有效方式，以便包括商人和专业人士在内的冲绳的非琉球居民在返还前可以通过这些方式向日本政府的相关机构咨询。

4. 在工作过程中，筹备委员会应充分考虑作为委员会顾问的琉球群岛政府行政长官的意见。

5. 筹备委员会应在间隔适当时间之后向咨询委员会报告其行动。

（Okinawa Reversion _ PREPDOM ［PREPCOM］ Princples ［Principles］ and Guidelines，Confidential，Cable，April 10，1970. Digital National Security Archive (DNSA)，JU01235.）

43. 冲绳琉球群岛高级专员致陆军部

01254

1970/05/22

国防部

国家军事指挥中心

情报中心

发件人：冲绳琉球群岛高级专员

收件人：陆军部

抄送：东京美国大使馆

国务卿

太平洋总司令

太平洋陆军司令

助理国防部长办公室

主题：山中(Ymanaka)冲绳之访

1.（机密）首相办公室主任山中贞则(Sadanori Ymanaka)5月21日14点拜访了高级专员。在90分钟的友好会面中，双方讨论了以下问题：

A. 劳工：山中说，他刚跟全冲绳军事基地工会的领导人进行了一小时的会面，并对于他们准备和美国当局合作的态度感到高兴。他向工会领导人强调了他们保持这一态度的重要性。目前工会的方向是正确的，应该有助于维持美国基地的全面使用。山中表示希望继续就冲绳的劳工问题在冲绳和高级专员和美国民政府以及在东京和迈耶大使进行讨论。山中希望他近期的努力能有所帮助。

高级专员对山中的帮助表示感谢，并表示期待未来的合作。在私下的评论中，高级专员指出了我们的目标是在日本的劳工系统中使用电脑，在此应用之前，大幅减少管理人员和管理费用。山中希望派有资格的日本人到冲绳学习新方法并培训当地劳工管理人员。在返还之前，日本政府将承担任何此类项目的费用。

B. 琉球政府赤字：山中说主要问题是琉球政府试图根据支出调整收入。提出了增加对外国人征收的所得税和增加美国汽车牌照费等小的解决办法来解决大问题。日本政府缺乏琉球政府预算程序的细节。日本政府也和美国政府一样担心规划的1971财年的赤字，以及琉球政府从商业银行借款600万美元的计划。最明智的举措是在幕后纠正琉球政府的行为。公众批评可能会倾向于将琉球政府与日本政府和美国政府隔绝开来。如果琉球政府延续其宽松的财政实践，多少外部援助都不够。他表示希望美国能在所得税和牌照费上做出部分让步，而日本政府和美国政府可以共同解决问题。

高级专员表示对琉球政府解决财政问题时的方向深感担忧。给予琉球政府最大程度的可行自治权的政策限制了我们纠正局面的能力。琉球群岛美国民政府的审计官已经向日本政府官员详细表达了我们的观点,高级专员一边递给山中一份审计官做的琉球政府财政形势研究,一边强调了美日政府合作让琉球群岛政府改善财政实践的必要。山中说,他已经告诉行政长官和其他人不要抱怨美国援助的减少以及取消对教师工资的援助。这些费用应该由琉球群岛政府承担。他明白美国的问题和立场。美国和日本政府应该协商使琉球政府税收和日本政府税收一致的方法。山中说,1972财年日本政府对琉球政府的援助会包括对琉球群岛政府和地方市政的类似于日本平衡税的直接援助。日本政府将希望能够密切监视这些资金的使用。

高级专员说,他期待美国、日本和琉球群岛政府进一步的详细讨论。他指出,逐步实行日本政府的税收水平一年会给琉球群岛政府带来 2 000 万美元的额外收入。两国政府都需要努力建立琉球群岛政府对于项目的信心,说服其将财政实践置于健康的基础之上。

C. 冲绳的美国商业:山中提到了迈耶大使对于未来美国在冲绳的商业地位的担心。他指出,日本政府的立场是保护尼克松—佐藤会面前确立的商业利益。高级专员提到了当地美国公司的担忧,尤其是小公司的担忧。山中说,美国和其他第三国国民对于返还时美元经济的结束感到担忧,但没有详细说明。他说,他正在考虑一个制度,在这一制度下,在冲绳的军事基地外的美国人在返还后可以继续使用一段时间的美元。

D. 职业培训:山中说,目前日本政府的援助包括对基地职业培训的小额援助。他强调这些培训有必要让工人准备好从事基地外的工作。他说,如果项目今年进展顺利,下一财年日本政府在这一领域的援助将会大幅增加。高级专员说,我们支持此类性质的项目,并希望就此与日本政府密切合作。

E. 化学武器:山中说,新闻对毒气进行了大量报道,冲绳的左翼和右翼政治团体都向他询问日本政府的立场。对于这样的询问,他的回答是,武器是保密的,而正如琉球政府立法机构的决议所提议的,日本政府无权过问。山中告诉高级专员,他理解美国目前的问题,和美国向美国人民解释撤离行动的努力。他建议说,更努力地解释冲绳的安全防护措施可能有助于缓解冲绳的焦虑。他认为解决问题需要在公共关系方面做出更多努力。高级专员说,这是一个好的建议。并强调要采取严格的安全防范措施。我们希望很快对规划的安全防范措施做出更全面的公开解释。

F. 琉球人旅行问题：高级专员告知了山中5月21日的新闻公告，该新闻公告宣布改变规定，允许所有琉球人持有多用途出入境证件。山中可能误解了，将目前的措施与放宽对部分日本人到琉球旅行的限制联系了起来。高级专员又向山中解释了一次，目前的新闻公告仅适用于琉球人。

G. 那霸航空站：高级专员向山中解释说，美国需要在6月10号前得到日本政府关于其打算完成这一项目的回答，以便美国为项目设计拨款。山中看起来对该问题不太了解，并询问美国有无可能继续援助。随后向山中的工作人员（佐藤）阐明了我们需要日本政府早日做出肯定的回复。

H. 6月访问：高级专员提出陪同山中乘直升飞机飞跃冲绳上空，山中说，目前的日程安排不允许。但是，他计划6月份回来访问此次没有到访的近岸岛屿，届时将欢迎高级专员一起访问。

其他部分将于收到后分发。

（Ymanaka[Yamanaka] Visit to Okinawa, Confidential, Cable, May 22, 1970. Digital National Security Archive (DNSA), JU01254.）

44. 美国驻日大使馆致国防部长

01277
1970/06/20
国防部
国家军事指挥中心
情报中心
69333
发件人：美国驻东京大使馆
收件人：国防部长
参谋长联席会议
抄送：国务卿，华盛顿特区，2943
太平洋总司令
驻日美军司令
太平洋总司令琉球代表

Tokyo 4580

参谋长联席会议致联合参谋长;国防部长致国际安全事务副国防部长;国务院致费恩(Finn)

主题:冲绳谈判—冲绳防御,日本自卫队部署

参考文件:AMEMB TOKYO 3315/090238Z,1970年5月

1. 在6月19日与冲绳谈判组美军高级代表的会面中,日本防卫厅防卫局主任宍户(Shishido)总体上确认将以参考文件中所汇报并见于1970年3月13日冲绳谈判组美军高级代表备忘录(非发至所有地址)中的部队列表和计划部署的首批自卫队人数作为基础进行规划。宍户称3 360的人数(陆上自卫队—1150;海上自卫队—780;航空自卫队—1430)在预算审核和稍后日本政府更高层人员的正式讨论中,会有稍许改动。他打算在获得其他政府部门批准后,于几天内提供一份备忘录,确认最初的部署打算。我们应根据眼下所掌握的信息和以下评论,继续为在冲绳安置首批日本自卫队和转交防御责任做规划。

2. 根据日本防卫厅的最初部署规划,返还日之前,会进行大规模增兵,而主要部队增兵会在之后很快结束,这一规划看似过分乐观。因为计划还在微调,实际的部署时间将在一定程度上取决于是否有可用设施及新的建设所需的时间,包括在那霸为F104J飞机建设500英尺的延长跑道。从宍户讨论中的言论来看,日本防卫厅仍然想在返还前在冲绳派驻部分非战斗人员,以对建设进行监督,并准备接收在返还日前逐步将筹备小分队人数增加到适当水平的部队。宍户说,日本防卫厅打算在返还后"大约"6个月的时间里完成军队部署,主要看是否有可用设施(尽管附加说明允许有所松懈,宍户坚持称日本防卫厅的目标仍然是在返还日后的6个月内完成部署)。

3. 美国早日确定可用于安置首批日本自卫队人员的具体设施和区域,是进一步规划部署的重要因素,因为日本防卫厅希望将所有必要的建设资金都纳入日本1971财年的预算中。(注:日本防卫厅大概在1个月之内提交预算,因此日本防卫厅的目标是7月底,以尽量减少调查和数据收集时间。)

4. 宍户重申,部署于冲绳的部队总数将被看做日本整个防御结构的一部分,而其规模应根据始于1972日本财年的新的五年国防建设计划而确定。日本防卫厅大概可以于10月份提交新国防建设计划纲要,以与我们进行讨论。日本政府将在秋天对计划进行审议,并于1971年春天(5月)批准。我们现在

所接触的部队仅是计划返还后立即开始的最初部署。

5. 日本防卫厅已就冲绳将承担的防御职能达成总体一致，计划最初部署的兵种证明了这一点。（但是，必须指出，保卫国内安全主要是日本警察的职责，而涉及非军事事故的海空救援则是海事安全部的责任。）下一步讨论的议题将是分阶段承担使命，该问题必须根据到达冲绳的部队和部队的战备状态来决定。

6. 最重要的是对业已开始的地对空导弹部队部署的滞后进行讨论。在随后的会议中，宍户打算探讨可能的解决方案，为此，早期我们需要之前要求过的关于硬件可用性和成本的信息。

7. 日本防卫厅显然没有能力应对已经部分开始的第四国防建设计划之外的冲绳防御兵力计划，这让我们相信，我们应该根据初步部署计划行动，并制定在冲绳安置这些部队的计划，以保持住势头。

8. 如果从规划角度而言，初步部署项目看起来可以接受，是否承认这一项目将仍然取决于部分变动。建议向我们提供必要信息，以便与日本防卫厅就可向日本自卫队提供的设施和区域进行讨论。相信目前进行这样的讨论对于约定有意义的部队人数和部署时机是必要的。

迈耶

（Okinawa Negotiations—Okinawa Defense，JSDF Deployments，Secret，Cable，June 20，1970. Digital National Security Archive (DNSA)，JU01277.）

45. 美国驻日大使馆致国务院

01317
1970/09/02
Tokyo A-902
收件人：国务院
抄送：国防部
　　　陆军部
　　　　太平洋总司令　琉球群岛高级专员
　　　　太平洋陆军总司令　驻日美军司令
发件人：东京美国大使馆　　日期：1970年9月2日

主题:冲绳返还谈判:9个月之后状态报告
国防部致国际事务陆军部长办公室
陆军部致陆军副部长帮办
概述:1969年11月21日签署《尼克松—佐藤联合公报》9个月之后,美日之间的冲绳返还谈判将进入艰难而具体的讨论阶段。下文对美国为谈判所做的准备和目前为止谈判的状况作了概述。概述结束。
附件:
1. 美国关于商业利益的立场。
2. 美国关于高级专员法令的立场。
3. 美国关于民航的立场。
4. 美国关于移交防御责任的立场。
5. 美国关于《驻军地位协定》相关问题的立场。
6. 美国民政府移交提议。
7. 美国关于《驻军地位协定》劳工问题的立场。

一、《尼克松—佐藤公报》

1969年11月21日签署的《联合公报》中所确定的美日之间达成的理解是两国政府谈判态度的基础。公报中,日本政府对亚洲的和平与繁荣,以及美军在维持远东的国际和平和安全中所扮演的重要角色深表关切。日本政府还特别承认,美国应该能够完全执行《防御条约》所规定的其在这一地区的义务。两国政府都确认愿意维持《美日共同合作和安保条约》,而该条约正是目前美国在日驻军的基础。双方同意,在获得立法支持的情况下,立即为在不损害远东——包括日本——安全的情况下早日(1972年间)就归还冲绳展开关于具体安排的协商。作为其防御本国领土的努力的一部分,日本将逐步承担起冲绳的即时防御责任。而美国将依照《安保条约》,在冲绳保留两国的共同安全所需的军事设施与区域。总统和首相一致认为,为确保包括一系列财政和经济问题的解决在内的管辖权的顺利转交,两国政府应密切协商。他们指定现有的美日咨询委员会承担起进行必要之筹备工作的全部责任,并决定在冲绳建立筹备委员会,以在当地协调此类措施。

在与尼克松总统达成1972年之前将冲绳作为日本大众媒体所称的日本"本土"归还日本的协议后,1969年11月份佐藤回国时在羽田机场受到了英雄般的欢迎。掌权的自民党和日本商业界称赞这一协定是日本外交的重大胜利。马克思主义反对派——日本社会党和日本共产党指责《联合公报》是"欺骗性的",并控诉该协定将使日本冲绳化(核化),并阻止日本和共产主义中国的和解。中间派的民主社会党和公明党欢迎美国同意归还冲绳,但是对于在撤离核武器和归还后美国对冲绳基地的使用问题上措辞模糊一事,表示担忧。

首相动身访美时曾受到喧闹的示威的阻挠,与此相反,11月26日返回日本时,他仅遭到了左翼学生和工会主义者的象征性抗议,而自1969年11月以来,左翼未能再就冲绳问题组织大规模示威。

为进行众议院选举,首相几乎是立即解散了1969年12月份召开的常规议会会议。因此,12月份议会实际上并未就返还协定进行讨论,但是,在随后的选举运动中,《联合公报》成为了主要问题。日本政府将自民党所取得的压倒性胜利(赢得了486席中的288席,是自民党20年来获得的最大胜利)解释为日本选民对其冲绳政策的支持。在选举运动中,为使政府难堪,日本社会党发布了佐藤首相与尼克松总统结束正式会谈后副国务卿约翰逊所举行的记者招待会的文本。但是,不管是在选举运动中,还是在1970年1月底开始的议会会议中,这都没有成为一个主要问题。

尽管1970年1月底至5月的议会会议对《联合公报》进行了零星讨论,其他的国内政治问题还是盖过了冲绳问题,再一次表明多数日本公众欢迎或至少暗中接受了去年11月份所达成的理解。曾在1970年6月份达到高潮的左翼反对《美日安保条约》运动的失败,在很大程度上也要归功于佐藤首相于去年11月份成功访美后归还冲绳已经不再是个问题。

二、美国为谈判所做的准备

1970年1月份,有关冲绳返还的关键美国官员在冲绳召开会议。这次会议的工作凸显了谈判中有待解决的许多重要事项与问题。1970年1月27日(Tokyo 450)已将责任分派给各派出机构(大使馆、琉球群岛美国民政府、美国驻日部队),由他们展开解决下列领域问题的初步工作:

土地
劳工关系
投资和商人
未完成的援助项目
领事馆
债权

司法安排

纪念建筑

第三国侨民

高级专员法令

批准行政行为

日本政府驻冲绳代表

琉球培训

政府调整

《驻军地位协定》应用

邮政安排

此外,需要华盛顿对以下问题做出指示

货币兑换

美属资产处置

条约修改

贸易安排

民航安排

美国之音

防御责任

财政安排对冲绳防御的影响

1970年3月6日(Tokyo A-267),第一批完成的根据谈判指示进行的实地考察结果发给华盛顿,待华盛顿研究批准。之后,其他的研究结果已分别发送。

1970年4月8日(State 51278),国务院批准美国驻日大使开始根据一系列总体目标进行谈判。在此之后,已经收到了关于预期会在谈判中出现的大部分主要问题的更为详细的立场文件,对谈判做出了更多指示。

三、归还准备

根据1969年11月21日的《联合公报》中达成的一致,1970年3月3日,美日咨询委员会的权限扩展到包括对返还准备工作进行整体监督,并在冲绳建立美日筹备委员会,其中包括一名琉球群岛政府代表,作为顾问(TIAS 6838)。1970年3月24日,筹备委员会举行了随后的一系列月度会议中的第一次会议。委员会通过副代表们和顾问经常召开的会议,以及负责工业和经济事务、行政权转交的地方准备工作、促进《驻军地位协定》在冲绳实施的地方准备工作和一般事务的下属委员会来行使其职责。

1970年4月21日,咨询委员会颁布了《原则与方针》,对冲绳为归还做的准备工作,包括委员会所做的准备工作进行管理(Tokyo 2699和2834)。1970年4月30日(Tokyo A-469)取消了日本政府冲绳联络办公室,日本政府被批准在那霸建立冲绳—北部领土办事处,主要履行两国政府约定的日本在为归还做准备方面所应承担的责任。1970年5月1日(Tokyo A-468),美日经琉球群岛政府同意,取消了存在两年的高级专员咨询委员会。

1970年4月28和29日通信之后(1970年5月1日寄给东亚和太平洋事务局日本事务处),大使馆和日本外交部建立了一个《驻军地位协定》工作小组,以继续就返还后在冲绳实施《驻军地位协定》所带来的问题进行工作层面的讨论。工作小组的美国人员包括大使馆代表、高级专员办公室和驻日美军总部。

为了解冲绳的美国商界观点,并使他们完全了解与他们利益相关的归还谈判的进展,1970年4月11日(迈耶大使寄给A. D. 希普利(A. D. Shipley)的信,附件于1970年4月17日寄给东亚和太平洋事务局日本事务处),大使馆建立了一个由冲绳的美国商业和职业人士组成的小规模商业资讯组。1970年6月11日,该小组召开了第一次会议,会上美国官员参与了归还谈判,冲绳的美国商人卓有成效地交换了意见。随着谈判的进行,该小组将召开更多会议。

四、谈判指示的执行

1970年6月5日(Tokyo 4116),迈耶大使向爱知首相简要介绍了美国在关于冲绳返还的具体安排的谈判中,美国的基本目标,并表示美国政府关于每个目标的详细立场将由大使馆人员不时提交(1970年6月17日的谈话备忘录,已寄给东亚和太平洋事务局日本事务处)。1970年6月19日,商业咨询小组的第一次会议后,大使馆提交了美国关于冲绳的商业利益的立场(附件1)。1970年6月29日[25日?译者按:原文字迹不清]和7月24日,美国关于高级专员法令的立场(附件2)和关于民航的立场(附件3)也分别提交给了外交部。

1970年5月21日,在公使陪同下,柯蒂斯(Curtis)中将(冲绳谈判组军事代表)在日本外交部提交了美国关于转交冲绳防御责任的目标(附件4中的

《报告概述》)。之后,与日本防卫厅代表的讨论进展令人满意。关于计划的日本自卫部队在冲绳最初的兵力部署,以及在将冲绳防御纳入日本防卫的大背景中应承担的任务,已经达成理解。日本承担起地对空导弹防御的时间目前仍有待讨论,美国希望日本在返还之后一年内承担起空防的全部责任。日本自卫队驻军冲绳的设施已经根据谈判指示的意见向日本防卫厅做出提议。关于设施的进一步讨论有待获得更详细的数据和制定预算和日程表所必须的设施描述。目前与日本防卫厅的谈判集中在设施数据和空防责任转交的规划上。下一步谈判将考虑在收到设施描述后对日本承担其他防御功能的规划。设施描述将是在适当时间承担起每个涉及的防御任务的关键。

1970年6月5日,富兰克林(Franklin)少将(驻日美军参谋长)在公使陪同下,在外务省提交了美国关于《驻军地位协定》相关问题的立场(附件5)。之后,《驻军地位协定》工作小组召开了多次会议,并在下列领域建立了下属委员会。

军事设施和区域
电信
频率
航空管制
劳工

除了航空管制委员会外,所有的下属委员会都召开了会议,以交流相关信息。但是,截至目前,还未就重大问题进行讨论。

1970年6月10日和11日,财政部特别助理朱里奇(Jurich)和大藏省副大臣柏木(Kashiwagi)在东京会面,讨论了关于返还的经济和财政方面的详细安排。这次会面之后日本发布了声明(Tokyo 4289),表示日本政府希望确保对美国在冲绳的民用资产的权利,并为此,对此类资产进行评估。随后财政部官员已经多次访问冲绳,并从琉球群岛美国民政府当局获得了大量关于公共建筑、铁路、电力公司、供水公司和发展贷款公司的数据。琉球群岛美国民政府正在为油料设备和美国在琉球银行股份的处置制定单独计划。

整个谈判过程中,美国的谈判人员一直关注冲绳的美国之音设施的未来地位问题。1970年3月20日(寄给东亚和太平洋事务局日本事务处),公使再次向日本外务省重申了在返还之后美国之音继续播音对美国的重要性。1970年7月1日(Tokyo 4971),美国再次向日本外务省声明了美国对此问题的重视，1970年7月15日（Tokyo 5397）迈耶大使以个人身份向日本外相爱知强调了这一问题。1970年8月13日，外交部向大使馆提供了一份清单，列出了外交部确定的返还之后美国之音继续运营的种种问题（1970年8月27日寄给东亚和太平洋事务局日本事务处）。该列表成为之后与日本进行的讨论的基础（1970年8月27日寄给东亚和太平洋事务局日本事务处的谈话备忘录）。

1970年7月14日，筹备委员会的美国副代表将美国"促进返还时民政管辖权转交的提议"文件提交给委员会，供其考虑（附件6）。关于日本和琉球政府代表的回应的最初报道看起来是积极的，而本文所包含的提议将成为未来几个月筹备委员会工作的主要部分。委员会已开始就第一阶段的美国提议中的许多项目展开详细讨论，但是，截至目前，咨询委员会尚未同意任何关于返还准备的建议。准备委员会也正在对高级专员法令进行审核，以决定返还前应对其中哪些予以修改或废除。在外国投资许可和商业运营方面，委员会扮演了美国商人及琉球政府和日本政府间信息交流的核心角色。

1970年7月30日，公使在外务省就关于《驻军地位协定》劳工（附件7）的若干一般性问题进行了交谈。截至目前，外务省尚未对公使提及的问题作出回应。

五、评论

在大使馆看来，目前为止与日本官员进行的关于返还准备工作和返还具体安排谈判的讨论进展顺利，不必担心无法实现在1972年完成返还的目标。在这些谈判中，美方既能够也愿意首先做出提议。而日本方面尚缺乏对现实情况的足够了解，故无法对美国的提议做出十分肯定的回应。此外，日本方面可能认为推迟对美国的立场做出实质性回应能使他们在谈判中处于优势地位。但是，正如在为他们提供了大量信息的防御责任和财务安排领域一样，一旦了解了现实情况，他们愿意快速表明立场。

Tokyo A-902 附件1

1970年6月19日

冲绳返还：商业利益

美国草案

作为简化冲绳及其经济向日本的完全转交的措施的一部分，日本政府打算采取必要措施,避免对美国统治期间批准在冲绳进行商业或行业活动的公司或个人的基本经济利益造成损害。对于此类公司和个人——不一定仅限于美国的公司和个人——日本政府做出以下事先保证,并将在返还后对日本法律、法规和政策的应用所带来的额外问题以同情态度予以考虑:

1. 返还之后,日本将承认所有美国管辖期间批准的外国投资许可——包括其附带的所有权利和特权以及在日本任何地方行使此类权利和特权的自由——在日本的有效性。

2. 日本承认美国公司和个人在美国管辖结束之时在琉球群岛所持的所有财产权在返还之后继续有效。

3. 日本将允许冲绳的美国公司和个人在返还后兑换或以美元的形式自由输出(1)合法所有资产出售所得,(2)商业运营或职业税后所得,(3)出售任何其他的合法获得的有形或金融资产的所得。资金转移不受时间和金额限制。

4. 如果直接实施会对美国的公司或个人带来困顿,必要时,日本将设立过渡期,以分阶段在冲绳实施日本的贸易和金融法律法规。

5. 日本将允许冲绳的美国公司和个人继续从事返还时他们合法进行的商业活动。

6. 只要相关个人继续居住在冲绳,日本允许非日本籍个人继续受雇,包括继续从事在返还时他们合法从事的职业。

7. 日本法律法规和行政措施在应用于美国的公司和个人时,不得对他们有有利于其他国家或日本的公司或个人的不公平待遇。

8. 日本将接受本协定的附录＿＿＿＿中所列出的美国公司和个人作为美国军事承包商有资格继续经营。

9. 根据理解,日本不会对美国管辖期间的商业或其他活动或冲绳的任何财产征收税收、费用或罚款。

Tokyo A-902 附件 2

1970 年 6 月 26 日

美国关于现有高级专员法令的立场

1. 美国准备在返还之前与日本政府逐个讨论尚未废除的高级专员法令的地位问题。如果相关的美国利益得到两国政府间具体安排的保护,部分条例将可能在返还前被废除。剩余部分将继续有效,至少直至返还之日,以保护美国利益。

2. 美国承认,返还后剩余的高级专员法令是否继续有效将主要取决于日本的利益并主要由日本决定。这一立场是以下假设为条件的,即,返还前美国立法所确保的美国权利在返还之后将受到美日政府间的《返还协定》的保护。如果返还之前美国或日本政府需要在返还之日后继续保留某一特别法令,返还之日之前需达成共同协议以确保保留相关立法。

3. 关于其认为为确保必要的法律延续性有必要进行特别考虑的问题的公告、法令和指令,美国将与日本政府进行协商。在此情况下,不应仅仅依赖国际习惯法来确保立法继续有效,日本政府颁布的(1)解决现在由此类美国法规所作出规定的具体问题的法规,(2)或在保证此类美国立法将继续有效后采取的延续此类美国立法有效性的合适的总体性措施,或许能满足需求。

评论

1. 通常所称的高级专员法令由法令、公告和指令构成,这些文件都是根据第 10713 号行政命令第 11 条的规定所批准。它们也经常被称为高级专员立法。

2. 即使不是大部分,很多高级专员法规都是为实行美国对琉球群岛的管辖而颁布的。其中很多将直到返还之时继续有效,之后将被美国政府废除,或者继续有效,直到被日本政府取消或修改。

3. 尽管其中很多为立法性质,部分在地方法律事务中十分重要。他们可以被地方法律所取代,但是除非返还前颁布足够多的地方法,否则他们应该在返还之后继续保持效力。根据国际法,一主权国所颁布之法律,除非与继任国的法律不符,否则不受主权变更的影响,且直到被废除或修改之前,继续保持全部效力。

4. 一旦被琉球群岛政府所颁布的法律充分取代,就立即取消相应的高级专员立法,这是高级专员的一贯政策。直至返还之时,该政策将继续被执行,并进一步减少返还时尚未废除的高级专员法令的数目。

Tokyo A-902 附件 3

1970 年 7 月 24 日

航空运输权

美国谈话要点

目前的《美日民用航空运输协定》承认,根据 1951 年 9 月 1 日签署的多边《对日和约》第三条,冲绳被看作美国的航点。

在将第三条所授予美国的权力归还日本之时,美国承认,不应再将冲绳看做美国航权中的航点,因为冲绳返还的概念中即有这一含义,因此《航空运输协定》应该相应作出修改。

但是,如果没有美日之间的具体协定,对航空运输协定作出修改以反映冲绳航点性质的变化将会带来比返还所必然暗含的影响广泛得多的影响。将会对美国的国际收支和美国的商业航空公司造成负面影响。

在冲绳返还讨论中双方都已在原则上接受的基本主张之一是,冲绳返还不应造成美国国际收支的损失,也不应损害在冲绳经营的美国商业利益。表明这一主张不仅已经应用到其他的美国的经济和财政利益方面,也应用到了返还的航空权益方面,对于美国十分重要。由于对美国国际收支和对美国商业航空公司的巨大影响的持续担忧,美国对日本政府就至少暂时缓解此各种影响的方法进行讨论的意愿十分重视。

美国政府承认,要求日本政府同意将冲绳作为一个航点给予永久性特殊待遇是不合理的。相应的,美国政府不要求日本作此考虑。但是,美国政府的确要求日本政府同意返还之后 10 年内,缓解冲绳返还对美国航空所造成的<u>部分负面影响</u>。

以下描述了冲绳返还对美国航权所造成的种种影响,以及美国关于每一影响的立场:

一、继续将冲绳(那霸)作为美国航空公司的服务点

目前 4 家美国航空公司为冲绳提供航空服务。(见附录 1《美国民航局历史》和附录 2 目前的美国航空服务》)美国政府认为美国应继续在冲绳享有航空运输权,以便该 4 家航空公司能够在冲绳继续其已经建立的运营。

对《美日民用航空运输协定》时间表的修改将确认保留此类航权,这些修改包括(1)将那霸增加为美国航线 1 和 2 的东京和大阪外的共同终点,和(2)将航线 3 连同附带的脚注对美日共同删除。

二、暂时保留美国的冲绳—日本运输权

目前,美日航空公司都提供冲绳和日本本土间的航空服务。美国政府认为,返还之后10年内,应继续允许美国航空公司保留他们的服务。日本同意这一暂时保留并不会对日本的航空公司造成负面影响,但是却能减轻冲绳返还对美国航空公司的经济冲击。

对于冲绳的返还将使目前的国际航线成为日本的国内航线一点,美国并无异议。相应地,美国政府并不要求日本政府永久授予该权利。实际上,美国政府要求有一个短暂的过渡期,以一定程度上推迟对美国在冲绳的航空服务的经济冲击。如果日本不批准这一短暂的过渡期,返还之后目前运营冲绳—日本航线的美国航空公司将被立即禁止目前的运营,从而将遭受相应的不利经济影响,而美国的国际收支也将立即受到负面影响。

对于日本根据国际惯例所享有的将国内航空权限于其本国国民的权利,美国并无异议,而美国也肯定不会要求日本政府授予美国航空公司历史上位于日本领土内的航线。通过转交管辖权,美国政府和日本政府将创造之前从未存在过的国内航空路线。如果日本抓住新创造的冲绳—日本航线的国内航空航线性质,作为立即禁止美国航空公司使用该航线的原因,并给这些航空公司造成紧急困难,则日本在获得美国对《冲绳返还协定》的立法支持时会遇到困难。

美国注意到在第130条中,日本的国内航空条款明确规定,尽管通常要求国内航线航空公司为日本籍,但是运输大臣可以允许有例外情况存在。

三、缓解返还造成的"利益平衡"影响

美日都接受这一准则,即,《航空运输协定》的基本目标之一是实现大约等值的商业航空权的交换。1969年,美国承认之前有利于美国的净逆差,授予了日本两条新航线。该两条新航线的给日本带来的估算效益(1 100万美元)弥补1968年的700万—1 200万美元的逆差绰绰有余。

美国政府承认,返还之后,像目前这样继续对日本从冲绳和日本间的交通运输所得的航空收益收费,和对《航空运输协定》批准的冲绳之外的航线收费,是不妥当的。相应的,由于这一事实,返还之后,日本将无需再缴纳大概680万美元的效益收费(见附录3)。此外,由于对冲绳实行管辖,日本将能够扩大其对路线的管辖权,例如,冲绳和太平洋岛屿托管领土和关岛间的航线,以及冲绳—美国和冲绳到第三国的航线。反过来,美国将需为使用冲绳的航空服务的航线收益缴费。根据美国的初步计算，《美日冲绳返还协定》所给日本带来的航线收益变化总计超过 1600 万美元。如果这些变化是由正常的原因所造成，美国将给予日本要求以新航线权的形式获得补偿的权利。

但是，既然承认这些航线收益变化是源自返还行为本身，美国要求日本同意，在返还之后 10 年的过渡期内，日本不以这些额外收益为基础，要求美国授予补偿性航线权。

美国的立场不仅基于转交冲绳管辖权的非同一般的性质，也基于这一事实，即美国与冲绳间航空运输的大部分源于美国在冲绳驻军的需要，而这符合两国政策，且即使在返还之后，也将获得《美日安保条约》的批准。因此，美国航空公司的收入主要是来自于美国政府为支持我们在远东的安全部队所支付给美国航空公司的费用，而冲绳航线收益也是基于此计算的。而且，返还之后，未来可能对在冲绳的驻军进行调整，并肯定会减少美国在日本的军事基地数量，因此，对美国至冲绳的航空服务的需求可能会下降，而冲绳作为太平洋航线中的航点对美国航空公司的价值也会逐步下降。这一不稳定性使得对返还之后美国至冲绳的航空服务价值的任何预计都有极大的不确定性。这一事实，加上目前美日从已获批的航线许可所得的盈余余额仍不稳定，都表明，试图在返还之时甚至在返还前不久以授予新航线许可这样本质上不可逆的方式来确认预测会出现的盈余余额的变化是不明智的。

因此，美国的要求是，在任何一方决定航线的效益平衡时将冲绳服务所带来的收益纳入计算之前有一个为期 10 年的过渡期，这是基于对返还性质的公平考虑、美国运营冲绳航线的航空公司的收入来源于美国的军事支出，以及根据本身不断变化的情况所作出的计算的不确定性之上的。

Tokyo A-902 附件 3
附录一

冲绳美国航空管理权的历史

美国航空公司自 1947 年便开始提供至冲绳的定期航班。美国管理冲绳航空服务的权限最初是源于依据战争法获得的占领权。自多边《对日和约》生效后，规范和管理该岛的航空权的权利源自该和约的第三条，该条规定美国"对此等岛屿之领土及其居民，包括其领海，行使一切及任何行政、立法与司法权力"。

1952年，美日经谈判签订了目前的《民用航空运输协定》。在该协定谈判期间，美国收到一条从美国经中太平洋到达东京的航线。美国代表团向日本指出，这一航线描述批准了美国提供冲绳至日本的航空服务，因此，依据《民用航空协定》的第二条，被包含在美国领土的定义之内。日本代表团承认，情况是这样。但是，由于在冲绳主权问题上日本十分敏感，美国同意了日本的提议，即互相交换冲绳航线，并伴有脚注声明："在授予此类航线时，各缔约方都明了《对日和约》第三条的规定，根据该条，美国对冲绳行使行政、立法与司法权。"

附录二

目前冲绳的航空服务

目前，4家美国航空公司为冲绳提供航空服务。美国航空服务的模式和频率如下：

西北航空

7个美国—东京、大阪—冲绳—台北每周往返航班（在东京更换航班号）

3个向南航行的美国—东京、冲绳—马尼拉每周一次的航班

2个向北航行的马尼拉—冲绳—东京—美国每周一次的航班

2个美国—东京—冲绳的每周往返货机航班

1个东京—冲绳—台北每周一次的航班

3个美国—东京—冲绳—香港每周往返航班

飞虎航空

6个向西航行的每周一次的货机航班，运营美国—东京—冲绳及之外航线

环球航空

7个每周往返的环球航班。这些航班双向运营美国—关岛—冲绳—台北—香港及之外航线

大陆航空/密克罗尼西亚航空

1个每周往返的塞班—冲绳航班

附录三

收益结余

以下的簿记收益结余显示了1968年《美日民用航空协定》中的航线权交

换所批准的航空服务所带来的收益：

1968 年收益结余

1968 年客运收入（省略 000）

	美国航空公司	日本航空公司
美国—日本及之外	$86 967	$75 561
冲绳—日本	3 218	5 894
冲绳—台北		1 143
冲绳—香港	————	———12
	$90 185	$82 610

美国净逆差+7 575。

（以上收入逆差成为了 1969 年向日本授予两条新航线的主要理由，这两条新航线是：日本—安克雷奇—纽约和日本—塞班—关岛。该两条航线的授予将给收益结余带来大约 1 100 万美元的变化，而这对于抵消 1968 年有利于美国的逆差绰绰有余。）

冲绳回归日本管辖后，《民用航空运输协定》的分类账目将有若干变动。日本将继续保持冲绳和日本间的航空运输所得（590 万美元）。但是，除了 30 万美元来自冲绳—美国航线的收入，在双边账户中日本将无需再为这些收入缴费，因为这些运输将成为日本国内航空运输。此外，美国也不能再就冲绳—台北航线和冲绳—香港航线（120 万美元）向日本收费，因为这些服务将无需《美日航空运输协定》的批准。除了这些有利的簿记变化（总计 680 万美元），对冲绳的管辖将使日本航空公司可以根据目前双边航空协定中的航线许可运营冲绳至美国的航线。

返还对至冲绳的航线权收费的影响

1968 年客运收入（省略 000）

	美国航空公司	日本航空公司
1968 年航线价值（总计）	$90 185	$82 610

冲绳返还后：

美国需缴纳费用：

冲绳—美国	+1 612
冲绳—台北	+280
冲绳—香港	+395

冲绳—马尼拉		+225
日本无需再缴纳费用：		
冲绳—日本		−5 602
冲绳—台北		−1 143
冲绳—香港		−12
	$92 697	$75 853

有利于美国的净逆差为：16 844 000 美元

因此，岛屿归还后继续保留目前美国在冲绳的航空运输权，加上随着返还产生的双边盈余余额计算中的簿记变化，将使净逆差由 760 万美元变为 1 680 万美元，净增加 920 万美元。

返还在无收费阶段的影响

美国航空公司将遭受很少或不遭受收入损失，而日本航空公司的收入增加将限于随着返还日本的航空管理权的扩大所带来的收入。

在经济收入结余的计算中，在无收费期间，返还将产生以下影响：

美国保留目前权利—无收费
1968 年客运收入（省略 000）

	美国航空公司	日本航空公司
美国—日本及之外	$86 967	$75 562
冲绳—美国	无收费	
冲绳—日本	无收费	
冲绳—香港	无收费	
冲绳—台北	无收费	
	$86 967	$75 853

因此，（目前和返还之后的）逆差净增长将是 350 万美元（1 100 万美元减去 760 万美元）。如果在上述计算中将 1969 年授予日本的航线所带来的估算影响考虑在内，向双方所征收的航空收入大约相当。

Tokyo A-902 附件 4

琉球防御责任向日本的转交

1970 年 5 月 21 日美国报告概述

1. 总体目标：执行佐藤首相和尼克松总统所达成的关于返还之后日本逐

渐承担起冲绳的即刻防御责任的理解。

2. 具体目标：在上述总体目标的背景下，在认可的时间期限，日本政府应承担起下列具体领域的防御责任：

（1）空防：包括地对空导弹发射台、处于戒备状态的拦截机，以及机载控制和预警网络的运营。地对空导弹防御应在返还后 1 年内由日本自卫队运营。

（2）内部安全：足够的日本陆上自卫队力量提供地面防御并对当地安全力量提供紧急支援以确保内部安全。

（3）港口防御、近岸巡逻和连续水域海事监控。

（4）空中和海上救援。

3. 预计将快速但有序地将冲绳防御责任转交给日本。这一转交的规划最好分两个阶段执行。规划的第一阶段应该确认将转交的军事使命，确定承担此类使命所需使用的部队，并提供一个分阶段军队部署时间表。在日本政府同意上述使命的情况下，一旦就将部署于冲绳的日本自卫队的人数、类型和分段实施计划达成一致，即可开始讨论如何最好地在冲绳安置日本部队。此类讨论可以看做是转交防御责任规划的第二阶段。

4. 第一阶段的规划应该制定关于下列问题的细节：

（1）部队类型、使命以及组织安排

（2）主要军备及数量（海军舰艇、飞机等）

（3）人员数量

（4）所需设施、区域、空间及建筑等

（5）部署规划和战备完好性日期

5. 目前在日本本土实施的《驻军地位协定》执行安排将扩展到冲绳，但当地情况需要做出具体说明的地区除外。在需要进行修改的情况下，美国希望已建立的《美日驻军地位协定》工作小组做出研究并提出两国政府可能达成一致的问题解决方案。经双方同意的修改将在返还之日生效。

Tokyo A-902 附件 5

1970 年 6 月 15 日

主题：《驻军地位协定》工作小组：美国关于《驻军地位协定》相关问题的立场

富兰克林少将 1970 年 6 月 15 日在外交部所做报告

驻军地位协定工作小组的目的是审查《驻军地位协定》及所有相关安排，以确定冲绳返还后应用《驻军地位协定》和其安排中的问题，并提议解决方案。美国方面已经进行了审阅，并初步决定，只有少数几个两国政府需要考虑的问题领域。

美国方面将提议，双方达成以下理解作为基本出发点，即，除非明显不适用于当地情况，否则所有的《驻军地位协定》安排都将应用到冲绳。达成了这一基本理解，则我们可以进一步讨论少数的几个特例问题，和返还前双方必须进行协商联络的问题。

之前，在关于这一《驻军地位协定》工作小组所需的下属委员会的数量和性质的组织讨论中，我已经表明，美国方面认为，总体来说，我们希望在5个方面进行讨论。

第一个方面是设施和区域。我们的目的应该是决定依据驻军地位协定第二条需指定的设施和区域。我们的目标是就目前驻冲绳美军使用的所有设施和区域的描述和名称达成一致，但返还前美国将放弃的设施和区域除外。我们提议，由美国提供此类设施和区域的描述，供双方共同准备文件，以在返还之日由美日联合委员会宣布指定正式生效。

电信电子设备：日本的形势已经对美军的重要通信设施产生了干扰和妨碍。鉴于冲绳的军事相关通信活动的集中和重要性，我们认为采取措施将出现类似有害的干扰和妨碍的可能性降至最低至关重要。我们的目标是就缓解这些问题达成理解，并找到缓解问题的方法。

美国统治冲绳期间，日本现今对美军的电信系统和民用系统所做的区分，在程度和方式上并不相同。关于此类问题，我们在日本的经验表明，有必要做出安排以保证与所有用户保持和谐关系并提供为之满意的服务。我们希望避免遗留任何可能在未来带来类似日本不幸的财政困难的未解决的问题。

无线电频率：美国希望在返还之后在驻冲绳美军所使用的无线电频率问题上达成一致。我们还意欲，在与无线电规则委员会协调之后，为返还前日本需要进行的无线电活动分配频率。所分配的频率将在返还之后转交日本。我们真诚希望，立即进行实现此目的之协调，以便对返还时所需的任何必要变更在费用最少、所带来的不便最小的情况下做出安排。

航运管制：目前，冲绳的航空管制是委托给美国空军的。根据理解，返还之后，日本政府将承担起冲绳飞行情报区空域的管理责任。直至返还，美国的军事航空行动将大概保持在目前的水平。美国将继续承担冲绳飞行情报区内的航路交通管制,直到日本政府具备提供航路交通管制服务的作业能力。只要美国的军事管制为完成美国的军事使命所必须,美国空军将继续保留冲绳军事机场的进场指挥权。

Tokyo A-902 附件 6
促进返还时民政管辖权转交的提议

1. 为顺利实现美国民政管理职能从琉球群岛美国民政府向琉球群岛政府和日本政府的顺利转移,美国提议以下指导方针及时间规划。对职能的说明十分宽泛,还需要对将每个职能转交给琉球群岛政府和日本政府的条件进行详细讨论。各项职能已经根据它们将被让出的时间段做了分类(下文有对时间段的描述)。我们建议首先考虑第一阶段的项目,而在为这些项目的转让制定解决方案之后,按顺序处理第二和第三阶段和"剩余职能"中的项目。

2. 提议的时间规划中并未包含目前正通过外交渠道在东京进行解决的民政转交问题。任何筹备委员会对此类问题的研究或对此类问题采取的其他行动都必须等待通过外交渠道进行的讨论的结果。

3. 筹备委员会原则与指导方针明确了返还准备工作涉及的 4 个主要考虑因素:

(1) 在促进冲绳居民的福利和利益时,要充分考虑他们的观点及期望;要确保社会、经济和商业领域的有序平稳过渡。

(2) 返还之前,美国在冲绳的管理权保持完整、不受损害。

(3) 日本政府将与相关部门合作,快速、有效地开展为返还之后行使管理权做准备的复杂工作。

(4) 在执行为在返还之后将《共同合作和安保条约》及相关安排在不作改动的情况下应用于冲绳所做的准备时,维持美国驻冲绳军队在确保包括日本在内的远东安全方面的有效性。

4. 尽管返还之前管理琉球群岛的终极权利和责任仍属于美国,为了实现管理权的顺利转交,美国提议,在返还日之前将琉球群岛美国民政府的部分职能委托给琉球群岛政府,而日本政府官员更多地参与琉球群岛政府的工作,以帮助琉球群岛政府执行额外的职能。在何种情况下日本政府官员参与琉球群岛政府的工作,以及在何种情况下将职能委托给琉球群岛政府,将由筹备委员会逐个谈判决定。总体而言,美国的提议是,美国应该在日本政府同意的情况下,逐步脱离所选择的职能。考虑到其终极权力和责任,美国将保留对职责行使进行干预的权利,尽管美国预期不会行使这一权利。

5. 美国将分以下阶段完成行政职能脱离:

(1)第一阶段:目前直至签署《美日返还协定》(为方便规划,暂定1971年春)。

(2)第二阶段:自签署返还协定至获得美国国会和日本议会的必要支持(为方便规划,暂定1971年底)。

(3)第三阶段:自获得立法支持到返还日(为方便规划,暂定1972年7月1日)。

(4)"剩余职能":返还日。

(5)返还日之后的过渡期。

6. 脱离时间规划

美国将继续完善关于以下脱离时间规划的思考,并可能稍后提议对此规划作出修改。美国明确保留对美国政府或其机构正在或已经提供财政支持的所有计划、安排和项目进行综合审查的权利。

第一阶段

美国政府提议停止行使以下(1)和(2)节中的职能,前提是日本政府在美国认为可接受的程度上,并以美国认为可接受的方式,着手执行这些职能。

(1)监督对日本政府援助琉球群岛项目的管理。在美日政府一致认可的情况下,这一职能将尽快转让给日本。

(2)对指定的琉球群岛政府部门活动的建议和援助职能。

a. 向下列琉球群岛政府部门提供建议和援助:农林、建设(美国政府出资的项目除外)、教育、法律事务、一般事务、规划(对美国援助基金的管理除外)、贸易和工业(外国贸易/投资和邮政/电信事务除外)和福利。

b. 向琉球商业企业提供技术咨询和援助。

c. 在收集、分析和报告经济数据以及预测上向琉球群岛政府提供咨询。

d. 对监狱、管教所和消防部门提供咨询和援助。

e. 在管理劳工项目和发展工会方面向琉球群岛政府提供咨询。

f. 在非美国所有的海事海上导航援助的运行和维护方面提供咨询和援助。

（3）美国政府提议日本政府参与美国对琉球群岛在以下问题上的援助和咨询：

a. 琉球群岛政府一般账目和特别账目预算的制定。

b. 信托金库基金的管理。

c. 征税和税收问题（对非琉球人员和公司的征税除外）。

（4）预期在美国与各市政当局谈判决定的条件下，部分美国文化中心的运营将很快被他们所在的市政当局所接管。

第二阶段

美国政府提议，经过日本政府同意，将下列职能委托给琉球群岛政府。因为这些职能部分上是全国性而非地方性的，美国政府将要求日本政府着手对琉球群岛政府提供适当的援助。

1. 离岗军事路网的维护。

2. 前日本国有和地方所有土地的管理。

3. 1972美国财年之后提供实物援助的规划。

第三阶段

美国政府提议，经过日本政府同意，将下列职能委托给琉球群岛政府。因为这些职能部分上是全国性而非地方性的，美国政府将要求日本政府着手对琉球群岛政府提供适当的援助。

1. 对控制日本国民向琉球群岛永久性移民和建立户籍的管理。

2. 对检疫所、海关和国际麻醉品管制的管理。

3. 购置土地为美国机构所用。

建议在第三阶段期间，日本政府接管冲绳在各种国际问题上（邮政、卫生等）与国际组织进行协调的职能。

剩余职能

为上述未涉及的民政管理职能的转交所做的准备工作也应在返还日前进行。[①] 将在返还日转交的剩余的职能包括：

1. 对琉球美国民政府企业的所有权和管控（尽管将在外交层面建立转交条款，大量关于转交的当地执行上的细节需要做出决定）：

---

① 原编辑者注：返还之后，在冲绳全面应用日本法律前，可能有一个过渡期。

a. 琉球电力公司

b. 琉球内部自来水公司

c. 琉球发展贷款公司

2. 向下列琉球政府部门提供咨询和援助：规划（对美国援助基金的管理），建设（美国政府出资的项目），征税和税收，以及贸易和工业（外国贸易/投资和邮政/电信事务）。

3. 公共安全管理和向琉球群岛政府警察局提供咨询。

4. 向琉球群岛政府新闻监管机构提供咨询和支援。

5. 对包括批准欲访问琉球人员的申请在内的移民管制的管理。

6. 向日本邮政系统的转换。

7. 将琉球船只登记为日本船只（废除琉球信号旗），使用日本无线电呼号。

Tokyo A-902 附件 7

1970 年 7 月 31 日

谈话要点

冲绳返还—《驻军地位协定》劳工

1. 美国政府意欲在返还后，如其在日本的实施一样，在冲绳实施《总劳工合同》和《间接雇佣协定》。

2. 同时，美国政府意欲在返还前逐步将冲绳薪资水平调整到日本本土水平。

3. 但是，因为日本政府一直在仔细考虑将我们在冲绳的劳工系统转换成日本通用的劳工管理系统中可能涉及的问题和费用，我们注意到了日本本土的军事劳动力管理中的若干缺陷。根本来说，美国对以下三个问题表示关注：

a. 降低美国政府向日本政府支付的管理费用。

b. 改善美国驻日部队健康保险协会的控制、管理和运营。

c. 现在按百分比规定的部分补贴，改为具体的金额。

4. 美国政府将希望该三个问题在返还前以美日政府都满意的方式得以解决，以便返还后冲绳主要的劳工状况能真正称得上达到了日本本土水平。如果日本政府找不到在返还前在日本本土解决此类问题的明确方法，那么美国政府将被迫考虑在冲绳建立稍不同于日本本土的劳工制度。

5. 美国政府希望日本政府能够同意两国政府即刻开始对话,解决此三个问题,以便关于返还的讨论可以在军事劳工的各方面都已经达到日本本土水平的假定的基础上进行。

6.《总劳工合同》和《间接雇佣协定》按照在日本本土的执行实施于冲绳可能引起的唯一主要谈判问题是,关于雇员们在返还时可得的应计遣散费的调整和处理的问题。美方将在《驻军地位协定》工作小组的劳工下属委员会中,更为详细地解释这一问题。

劳工管理中三个缺陷的详细说明

1. 管理费用:如果认识到了美国的预算问题,日本政府将明白,管理费用是美国官员们最为关心的问题。因此,美国政府希望仔细审视劳工管理领域。如果我们发现某些地方可以节省开支,或资金可以更加高效地利用,例如,保持雇员处于工作岗位,我们会寻求你们的同意。否则,同意在返还冲绳的大背景下将另外 25000 人置于该系统下,将是很难站住脚的。

2. 健康保险系统:我们相信预防药物,即使不是比治疗更加重要,也与之同样重要,因此我们完全理解日本政府希望通过其健康保险系统提供一个联合的劳工—管理层参与性项目。但是,冲绳返还之后,如果我们的冲绳雇员也成为参与者,这将进一步给美国驻日部队健康保险协会的可用管理和财政资源造成额外压力,因此,我们试图与你们研究在不按比例增加人员或支出的情况下,健康保险系统提供所需的额外服务的能力。我相信,我们的技术员工联合对这些服务所进行的仔细分析对美国驻日部队的雇员、美国政府以及日本政府都是有利的。

3. 按百分比津贴:我相信这些津贴就是美国所称的"额外福利"。如果按照薪资比例支付的话,其数额可能会迅速升高。增加的 25000 名冲绳雇员迫使我们做出仔细分析,并且如果可能,决定我们怎样才能在不损害我们雇员利益的情况下将这些费用调整到可控的范围之内。

在确立基本工资和社会福利初期,为了我们雇员的利益,我们被迫快速提高了这些福利。现在,美国政府希望做出调整,确定部分福利的固定金额。

(Okinawa Reversion Negotiations, Confidential, Airgram, September 2, 1970. Digital National Security Archive (DNSA), JU01317.)

46. 格林致国务卿

01323

1970/09/15

12504

国务院

华盛顿特区 20520

收件人：国务卿

经由：执行秘书处

发件人：东亚与太平洋事务局——格林(Green)先生

主题：您与爱知外相9月16日会面的补充材料

简报备忘录

总统已指示国防部长莱德(Laird)暂缓撤离冲绳的化学武器，直至依据卫生教育和福利部所做研究中的建议在约翰斯顿岛建成足够的存储设施。我们明白国防部期望今年年底或明年年初将武器撤出冲绳。鉴于该问题在日本和冲绳极为敏感，我认为您应该私下向爱知表明目前的形势，并强调，在满足安全需求的情况下，我们打算尽早撤离武器。

我们知道，本周早些时候莱德部长向中曾根(Nakasone)大臣概述了国防部的计划（并未提及总统的意向），随后中曾根向媒体披露了这些计划（稍有篡改）。

附件：

总统备忘录

批准：

东亚和太平洋事务局日本事务处——埃里克森(Ericson)先生

（Supplemental Material for Your Meeting with Foreign Minister Aichi, September 16, Secret, Briefing Memorandum, September 15, 1970. Digital National Security Archive (DNSA), JU01323.）

47. 琉球群岛冲绳高级专员致陆军部

01332

1970/10/13

国防部

国家军事指挥中心

情报中心

发件人:琉球群岛冲绳高级专员

收件人:陆军部

抄送:东京美国大使馆

太平洋总司令

太平洋陆军总司令

国防部长

国务卿

太平洋舰队总司令

太平洋空军总司令

太平洋舰队海军陆战队总司令

驻日美军司令

空军313师司令

海军陆战队基地总司令

琉球舰队行动司令

第三海军陆战师总司令

陆军部致行动和规划副参谋长办公室 IA RA;国务院致埃里克森(Ericson)。

国防部致公共事务、国家安全事务和人力与预备役事务助理国防部长

主题:爱知访问:总结报告(非秘密)

A. HCRI-LN 090615Z OCT 70

1. (非秘密)爱知外相于10月11—12日对冲绳的第二次访问(第一次访问是在1968年春天)如期进行,仅遭到了左翼势力象征性的反对。尽管《尼克松—佐藤公报》的主要设计者的这一访问预先遭到了大量反对,在外相抵达时,仅有来自若干学生派别的大约100名示威者到场反对。警察毫不费力地

对示威者进行了控制，他们并没有带来麻烦。

2.（非秘密）在繁忙的第一天（星期天）访问中，爱知举行了抵达新闻发布会，接受了《冲绳时报》的独家专访，参加了供日后播放的电视专家组讨论的录制，对国内外事务研究协会（Naigai Josei Chosa Kai）发表了简短的讲话，在东京酒店举办了招待会，并发表了由冲绳青年商会发起的公开演讲。星期一他与冲绳自民党领导人共进早餐，参观了（纪念战争阵亡人员的）护国神社，拜访了高级专员（单独电报）和行政长官，与美国官员和高级指挥官参加了高级专员的午宴，并（坐直升机）参观了摩文仁，并在去参加临行新闻发布会的途中飞越了冲绳南部和中部。

3.（非秘密）在新闻公报和青年商会发起的在那霸剧场对1000名听众发表的主要演讲中，爱知反复向冲绳人保证，返还意味着国土地位，并将如日本本土一样应用《共同安保条约》和《驻军地位协定》。外相提及了近期与国务卿的会面，并强调负责任的日本和美国政府官员清楚地知道在核武器和自由使用冲绳基地问题上按照日本标准应用《共同安保条约》的重要性。爱知说，经过持续的事务性讨论，以及在他与美国大使迈耶每月的例会上，返还谈判在尚未解决的问题上进展顺利。爱知表示，《返还协定》包括相关立法，将于1971年前起草，并使冲绳人民满意，并且他希望能在1972年之前尽早实现返还。他重申了日本政府的立场，即，在日本领土上部署日本自卫队人员是"自然而然"的，并预期在此应用国民教育体系。

4.（非秘密）在与行政长官的会面中，据说爱知描述了谈判的顺利进展，并说，日本政府寻求于1972年早日实现返还，并请屋良通过筹备委员会向日本政府提交问题和请求。屋良很快做出了回复，提供了一份19项清单，其中包括军事雇员地位、日本自卫队部署、美国财产处置、清除化学弹药和返还后美国基地的地位问题。

5.（非秘密）最后的新闻发布会简短而低调，在此次新闻发布会上，爱知表示他的此次访问完成了增进冲绳人民对联合公报、返还谈判和日本自卫队人员部署理解的目标，他对此表示满意。他还不失时机地阐明日本政府可能参与越南停火监督，并声称日本政府准备提供资金或物资支援，并可能提供文职官员。他表示并未考虑派出日本自卫队人员。临行前在机场进行的讨论中，爱知再次强调他对此次访问感到满意。

6.（机密）评论：尽管外相有力重申了中曾根在日本自卫队部署问题上的

立场,爱知访问的氛围和几天前中曾根访问(参考文件 A)时的氛围形成了鲜明对比,尽管爱知确认了日本政府关于建立日本教育体系的态度,他也极力安抚冲绳人民,消除其对返还后美国基地地位的忧虑。除学生团体外,左翼势力的批评也仅限于前期的抗议,并未努力组织示威。在中曾根访问时,他们曾试图组织示威,但总体以失败告终。冲绳自民党发言人对中曾根访问的态度喜忧参半,但是赞扬爱知访问在议会代表运动和其他方面而言取得了巨大成功。在美国看来,两次访问看起来各自以其自己的方式增进了冲绳人对《尼克松—佐藤公报》的理解,也使冲绳人进一步接受了美国基地的长期存在。

(Aichi Visit: Wrap-up Report, Confidential, Cable, October 13, 1970. Digital National Security Archive (DNSA), JU01332.)

48. 美国驻日大使馆致国务卿

01334
1970/10/14
国防部
国家军事指挥中心
情报中心
1970 年 10 月
发件人:东京美国大使馆
收件人:国务卿,华盛顿特区,5089
抄送:陆军部
国防部
太平洋总司令
美国太平洋陆军司令
琉球群岛高级专员
驻日美军司令
东京 8304
陆军部致陆军副部长帮办办公室
国防部致国际安全事务办公室
主题:冲绳返还:一般返还协定

参考文件：TOKYO 8128

1. 1970年10月12日使馆官员会见了中岛（Nakajima）（外务省条约司司长），讨论了日政府1970年10月8日提交的反建议中建议的改动。外务省对改动的依据描述如下：

2. 正式改动：日本政府对序言做了若干正式改动，结尾处重申了各方分别为协议指定的代表。中岛表示，此处改动是为使文件看起来更显庄重与正式。

3. 删除了《美日联合公报》中所提及的大部分承诺。中岛表示，日本政府明白为何美国政府大量提及《联合公报》中的承诺，也认同美国政府这样做的目的，即表明美日两国政府仍然视《联合公报》为有效。但是，日本政府预计会遭到议会的谴责，所以希望尽少提及《联合公报》内容。评论：讨论之后中岛表示，他承认目前日本政府在援引《联合公报》问题上限制过多，他也承认序言的这一部分本质上是政治性的。

4. 删除了"冲绳"，代之以"琉球群岛和大东群岛"。大使馆官员指出，《联合公报》未提及琉球和大东群岛。因此如果日本政府不接受美国政府的原有表述及第一条第二段中的定义，则序言会在一定程度上缺乏准确性。日本政府有可能撤销其建议。

5. 删除了"本协议生效之日"。中岛表示，删除此处并不代表日本政府不同意美国政府建议的处理方式，仅仅因为日本政府尚未决定使用何种数字或明确的表达方式。中岛建议在返还协议的内容和批准程序更清晰化之前，不使用生效之日的明确表达。

6. 领土描述。日本政府认为，相较于美国政府的建议，他们的描述更加强调一项具有吸引力的政治事实，即琉球群岛的返还将终止第三条规定的权利。对领土界线的描述据称是为了增加大使馆官员调查的准确性，但是，中岛也确认，日本政府在起草界限描述之时的确考虑了尖阁诸岛问题。大使馆官员指出：(1)美国政府不欲卷入尖阁诸岛问题；(2)在《冲绳条约》中提及尖阁诸岛争端可能并不合适，哪怕只是间接提及；(3)《和平条约》第三条并没有这样的领土界线描述；(4)附件本质上是多余的，而根据原则，正式的国际文件应避免一切冗余。在协议中以不同方式提及同一问题会造成日后的误解。中岛表示他赞同上述诸点，但是尖阁诸岛问题在1972年可能对日本政府至关重要。

7. 日本政府在第二条中插入"可以确认",中岛解释说,此处插入是为表明根据国际法,返还之后,条约将适用于冲绳群岛,且返还协定仅需确认这一事实。

8. 双边与多边条约。中岛指出,日本政府对语言改动的目的在于更明确表明,协议仅涉及双边条约。修改是基于日本政府的以下考虑,即美日政府间的《返还协定》中不宜涉及对多边协定的适用问题,因为某些多边协定可能要求对返还协定做出小的调整,或者至少要求在返还琉球群岛之前知会其他协议方。例如,中岛提到了《国际道路交通公约》,据其称,该公约要求,车辆靠道路左侧或右侧行驶,在一国之内,应该统一,而日本政府认为,在返还琉球群岛之前,不可能实现由靠道路右侧行驶到靠道路左侧行驶的转变,因此这一明显与《国际道路交通公约》不一致的情况应告知其他缔约国。中岛表示,日本政府不确定能在返还之前完成所有此类调整或通知其他缔约国。但是,中岛确认,美日双方同为缔约方的多边条约将在返还后适用于琉球的大东群岛。(参见 CA 4368 第 4 段)

9. 删除"其相关协议",插入"与之相关的协议"。中岛表示,此改动是为与《小笠原群岛返还协定》保持一致。而大使馆官员指出,美国政府是为了使其与公报中的用语一致,而日本政府可能没有发现,上述协议本身就使用了不同的表达[in particular may have difnhcsxiesniy agreement itself contains variant language——译者按:此处原文不清]。中岛表示日本政府没有深入考虑这一点,并会照做。

10. 对国务院对日本政府所提出问题的指示或建议,大使馆不胜感激。

施耐德

(Okinawa Reversion: General Reversion Agreement, Confidential, Cable, 008304, October 14, 1970. Digital National Security Archive (DNSA), JU01334.)

49. 美国驻日大使馆致国务卿

01370
1971/03/15
国防部
国家军事指挥中心

情报中心

1971年3月

发件人：东京美国大使馆

收件人：国务卿，华盛顿特区，7549

抄送：太平洋总司令

太平洋陆军司令

驻日美军司令

陆军部

国防部

琉球群岛高级专员

东京 2280

国防部致国际安全事务办公室

陆军部致陆军副部长帮办

主题：冲绳返还谈判：未决问题清单

  1. 概述：3月9日的冲绳咨询委员会会议之后，大使馆和高级专员讨论决定了《返还条约》签署前需解决的未决问题清单。本文包含该清单，并表明了所需的每一步和下一步行动的状态。概述结束。

  2. 3月9日在东京美国大使馆召开的冲绳咨询委员会会议结束后，大使馆和高级专员制定了下列为签署《返还协定》做最终安排前必须解决的问题清单：

  A. 返还协定草案

  第一条——尖阁诸岛。与外务省的讨论尚待华盛顿指示对待尖阁诸岛问题的适合方式。

  第三条——设施与区域——正与外务省进行讨论，外务省将提议新的措辞，纳入针对返还前完不成联合委员会文件（译者按：原文为 documention，疑为 Document）的防护措施。

  第四条——要求。大使馆与外务省的讨论暂时中断，等待华盛顿对大使馆所做的处理意见的回复。

  B. 防御责任

  （1）出售地对空导弹和机载控制与预警系统。需要完成出售安排以便为详细的防御规划打下坚实基础。下一步要做的是陆军部和空军部准备好报价书,而日方检验资产状况。日本定于3月28日—4月3日至冲绳参观地对空导弹。

(2) 日本自卫队设施。华盛顿还未对日本自卫队将占有的具体设施做出谈判指示。我们正在以下假设的基础上与日本防卫厅做具体规划,即美国空军(USDF)一般不需根据国务院和国防部的指导建设重要设施。

C. 驻军地位协定问题

(1) 设施与区域——特殊任务组(STG)正积极制定待联合委员会指定的设施和区域清单及描述。清单将在《返还条约》签署时或之前完成并签字。

(2) 劳工——特殊任务组(STG)正在制定管理费和遣散费问题的技术解决方案,以及将冲绳雇员纳入本土职位描述的方法。

(3) 航空管制——需要特殊任务组(STG)批准向日本转移设备安装检查责任的时间表及批准美国空军保留进场管理权。

(4) 频率——特殊任务组(STG)在指定频率和针对电磁干扰进行防护方面进展良好。

D. 经济和财政安排

(1) 民用资产——主要部分已达成一致。外务省将提议《返还协定》中的处理方式,以及根据美国政府已经提出的方案,提出对详细安排的选择。

(2) 2亿美元计划——尚未决定议会辩解的内容。大使馆已经要求华盛顿(EASHINTO)考虑包括替换和增加牧港地区住房的方案。

E. 商业利益——日本政府正在制定保证返还后美国在冲绳的持续商业和职业运营的书面保证,并指定对商业问卷的具体答复。

F. 民航——日本政府已经拒绝了国内空运限制,但是正在考虑提议的免费期延长。

G. 领事馆建筑与住房——截至目前尚未与日本政府进行讨论。等待国务院指示。

H. 琉球群岛政府债务——日本政府和大使馆已进行正式讨论,大使馆已经表明立场并提供了书面论证。正等待日本政府回应。

I. 纪念碑——与日本政府讨论前需要华盛顿对大使馆的信息做出包含谈判指示的回应。

J. 美国之音——与日本政府各级官员都进行了反复讨论,日本政府正在重新考虑其立场,即返还后美国之音必须停止广播,但日本政府提议对迁址费用进行补偿。

K. 对外广播新闻处——正在冲绳制定安排，以将对外广播新闻处纳入到军事管理之下。

L. 土地——正等待日本政府对重新将国有和地方土地租赁给私人的回应。

迈耶

（Okinawa Reversion Negotiations: Inventory of Outstanding Issues, Confidential, Cable, 002280, March 15, 1971. Digital National Security Archive (DNSA), JU01370.）

50. 美国驻日大使馆致国务卿

01389
1971/05/24
国防部
国家军事指挥中心
情报中心
发件人：美国驻东京大使馆
收件人：国务卿，华盛顿，紧急，8977
抄送：太平洋总司令，紧急
　　　太平洋陆军总司令，紧急
　　　驻日美军司令，紧急
　　　陆军部，紧急
　　　国防部，紧急
　　　琉球群岛高级专员，紧急
东京4847
上班即发送
陆军部致陆军副部长帮办
国防部致国家安全事务办公室
主题：冲绳返还谈判：状态报告
参考文件：1970年4月18日国务院第51278号文件（State 51278）和之后的谈判指示

概述：依照参考电报和随后的谈判指示，本文根据琉球群岛高级专员和驻日美军司令的报告整合了迄今为止冲绳返还谈判的状态。尽管尚有未决问题，但相信我们已经大体上执行了谈判指示，仅在华盛顿同意的情况下做了改动以满足日本政府的坚定要求。返还协定的部分内容比谈判指示所预期的对我们更加有利。相信我们已经实现了在冲绳保留有效的军事基地架构的根本目标。概述结束。

1. 随着我们进入冲绳谈判的最后阶段，我们希望依照参考电报和发给大使馆的谈判指示报告迄今为止的谈判结果。尽管尚有未决问题，其中甚至包括若干关键问题，但是我们认为，我们已经执行并实施了行动专家组的谈判指示，仅在华盛顿同意的情况下对其做了最小程度的改动以满足日本的坚定要求。对我们最初谈判指示的主要修改是 1971 年 4 月 21 日的国务院 67505 文件（State 67505）同意接受缩短美国之音使用期，但是迁址费用由日本政府承担。如果同意从那霸海军机场撤走海军飞机，自然，这将是对日本政府要求的另一重要让步。

2. 另一方面，我们认为，协定的部分内容比预期对我们更加有利。尤其是一笔 3.2 亿美元的大额现金财务结算，其中包括大量对解约成本的预付款和美国认为合理的索赔支付。

3. 总之，尽管谈判艰难而漫长，且双方互有让步，但是已经实现了在冲绳保留有效的军事基地架构的根本目标。以下对谈判的各个方面做了更加具体的描述。

4. 军事灵活性——整个谈判过程中我们都试图确保根据《安保条约》的条款和相关协定保留《尼克松—佐藤公报》和首相 1962 年 11 月 21 日的演讲中所规定的冲绳军事基地的最大军事灵活性。这一点已经实现。除了将被日本自卫队所取代的部队，谈判中我们同意撤离的唯一军事单位是美国太平洋部队情报学校和其他的第三国培训，因为《驻军地位协定》未对此作出规定。仍有一个待解决的问题，即 SR-71 飞机问题。此外，美军将保留所有必要的设施，唯一不确定的是那霸海军机场海军飞机的保留问题。将被放弃的设施是确定美国部队所不再需要的。最后，我们没有否定商业区住房迁址的可能性，只要日本政府根据《驻军地位协定》的条款在财政安排之外在其他地区给我们提供条件相当的房屋。

5. 《驻军地位协定》：基本的谈判指示为 1970 年 4 月的国务院/国防部

051278 DTG 080358Z(State/DOD 051278 DTG 080358Z)文件和1970年7月的106428 DTG 030200Z文件，并由1971年4月的067505 DTG 210344文件做了轻微改动。自1979年6月，一直与日本政府就与《驻军地位协定》相关的返还的5个方面(即,设施和区域、基地劳工、电讯和电子设备、频率以及空中交通管制)进行讨论。尽管尚未完全就讨论所产生的文件达成一致,在我们获得的指示的范围内,已经达成了基本一致。

（A）设施与区域：返还后立即提供美军MLEDS必须的所有位于冲绳设施和场所。油库、电讯电缆、海底电缆和持续供水仍在讨论中。我们坚持要求将这些包含在将保留的设施和区域列表中。那霸海军机场的P-3飞机问题还是一个单独的问题。正如1971年4月13—14日在华盛顿的冲绳返还会议上约定的,美国自愿删除了部分非必须的设施和场所。其他可能放弃的项目正在与驻日和驻冲绳美军共同进行研究。

（B）基地劳工：已就返还之后在冲绳实施间接雇佣协定达成协议。在按固定数额而非百分比发放的特殊工作津贴制度问题上也达成了一致。还可能在冲绳建立单独的健康信息系统(HIS)。财政安排解决了遣散费与管理费的问题。遣散费和管理费中的两个小细节仍在讨论当中。

（C）空中交通管制：除了部分不重要的措辞,日本政府已接受了美国提供的《空中交通管制协定》。十分有望达成一致意见。

（D）电讯：在电讯、电子和频率方面,实际上美国所有的目标都已达成。3个次要问题仍有待解决。

6. 防御责任转交：冲绳谈判组高级美国军事代表和日本防卫厅已达成理解,且目前的详细规划为1973年7月1日前将冲绳地方防御责任有序转交日本做了准备。返还之后的6个月的时间里,日本自卫队将入驻美国提供的冲绳设施,以承担起空中警报责任,以及海上防御巡逻、地面防御和将分派给日本防卫厅的搜寻和救援使命。同时,1973年7月1日,部队将接手现有的地对空导弹和机载预警和控制系统。为了给该部分空中防御使命的转交提供便利,日本防卫厅表示打算购买现有的地对空导弹和机载预警和控制系统,而美国于1971年5月13日提供了该系统的报价书。

7. 行政权的有序转交:根据国务院和国防部的谈判指示[1970 年 4 月 8 日国务院 051278 文件(State 051278)]第 3C 段的指示,1970 年 7 月 14 日,美国民政府向筹备委员会提交了一份"转交提议",该提议提出了美国民政府逐步将民政管理职能转交琉球政府或日本政府的三阶段计划。该提议的关键内容随后被筹备委员会纳入了《同意为返还后民政管理由美国向日本的顺利转交提供便利》的文件。1970 年 11 月 9 日,筹备委员会批准了该文件,随后咨询委员会也批准了该文件。该文件提出了美国政府、日本政府和琉球政府一致同意的美国民政府放弃职能的方式,并列举了将在第一阶段放弃的职能。(从 1970 年 11 月 9 日到签署返还协定)。日本政府和琉球政府于 1970 年 12 月 1 日承担起了执行第一阶段职能的责任。7 月 14 日的转交提议中的第二阶段和第三阶段列举的职能,美国将如在筹备委员会中所同意的,在签订《返还协定》后放弃。筹备委员会是一个供美国、日本政府和琉球政府讨论美国民政职能转交的重要论坛。讨论也成为了琉球政府表达其对美日政府在东京进行的返还谈判的怀疑,以及其对返还谈判的部分内容和对琉球人士尚未同意的筹备工作的不满的安全阀。筹备委员会整体上有效地完成了其为民政管理权向日本的顺利转交提供便利的预定目的。

8. 经济和财政安排:尽管尚未最终达成一致,财政解决方案的基本纲要如下:

(A) 3.2 亿美元现金,在 4 年零 1 天的时间内支付,用于民用资产出售(1.75 亿)、美国对冲绳地方雇员的遣散费用(7 500 万)、特殊武器重新安置(50 万)、可能对美国之音进行的重新安置(1 600 万),和先于条约进行土地登记的要求(400 万)等费用的支付;

(B) 7 500 万美元,包括用于改善设施的 6 500 万美元——该部分将以商品和劳务支付,和用于支付降低了的行政劳动管理成本的 100 万美元;

(C) 6 000 万美元(或更多),用于根据之前约定的安排进行货币兑换;

(D) 4 000 万美元(估算),用于包括琉球群岛银行在内的其他资产的售卖。

9. 除上述的 4.95 亿,预计返还还将给我们节约如下以 5 年期计算的其他财政支出:

(A) 估计 1.25 亿土地和管理支出上的节约；

(B) 将美国劳动力纳入日本社会保障系统所带来的 3 000 万的利益；

(C) 我们将不再承担法律责任的 3 000—4 000 万的复原成本；

(D) 将由日本政府承担的冲绳防御支出，估计 1.8 亿。

10. 应指出，由于返还，在 5 年的时间里，日本可能将逐步承担起远远多于 10 亿美元的额外费用。

11. 美国商业利益：根据指示［1970 年 5 月 13 日国务院 71869 号文件(State 71869)］和冲绳议会准备的意见书，我们已经获得允许美国公司和个人于返还之后继续经营或从事其职业并保护其权利的详细保证。这些保证还允许商人在保留他们在冲绳的办公室的同时在日本经商。东京的 4577(Tokyo's 4577)和 4524 文件对细节做了规定。

12. 在就美国商业利益谈判期间，除了与日本的美国商会，我们还与冲绳议会和商业咨询小组进行了广泛协商。我们试图在协商中提出的多个问题上为美国商业利益获得保证，并认为所提议之安排对返还后美国商业利益构成合理的保护。

13. 民航：尽管尚有问题有待解决，尤其是在返还 5 年之后冲绳的国际航空权方面，但是对于这些航空权，我们有 5 年的免费期，尽管日本极力想以那霸的权利交换芝加哥的权利。根据授权和指示，由于日本政府的极力要求，我们撤销了对境内运营权的要求。

14. 美国之音：整个谈判期间的主要问题涉及冲绳的美国之音的持续使用期。日本政府最高层对美国之音表示坚决反对。因此，根据指示（国务院 66705 号文件(State 66705)）我们不情愿地同意了一个临时协定，该协定规定返还 2 年之后重新探讨美国之音的安排，并规定美国之音临时持续播音 5 年。如果重新探讨时，同意美国之音迁址，将允许美国之音在冲绳之外的新设施建成前继续播音。日本政府将承担建设类似的替代设施的费用，而且日本政府已经同意根据财政解决方案提前支付一笔 1 600 万美元的费用。

15. 条约草案：11 个月前，美国政府对《返还协定》做了首次提案。尽管对条约文本尚未达成完全一致，目前看起来很明确，最终版本将按照美国提案的主要方针撰写，而日本政府所提议的增加内容可完全为美国政府所接受，且对于双方而言，都是对条约的改进。具体来说：

(A) 双方已基本就前言达成一致。前言再次肯定了1969年11月21日的《尼克松—佐藤公报》,将冲绳返还置于美国政府最重要的谈判目标的背景之中,即,维持美军在冲绳基地的有效架构。

(B) 第一条规定美国将管辖权转交日本。该条规定了涉及的区域,但并未明确提及有争议的尖阁诸岛问题(尽管双方同意的会议记录中涉及了该问题),并明确将即将放弃的领土和目前美国政府管辖的领土关联起来。

(C) 第二条确认返还后美日条约应用于冲绳,并确认,如日本政府谈话文件中所表明,多边条约也同样应用于冲绳。

(D) 第三条及其相关文件向美国政府保证,返还之后日本政府将根据《安保条约》提供美军所必需的军事设施和场所。第三条还正式规定,一旦最终腾出,将把军事基地的剩余价值授予日本政府,并规定美国政府不再承担将使用的土地还原至初始状态的法律义务。

(E) 第四条规定,日本放弃因美国政府对冲绳的管辖而向美国进行的索赔,除非美国政府自身已经同意某些索赔要求,承认美国管辖期间的USYCTS和疏漏,并为美国在返还之后支付法律承认的索赔奠定了基础。仍在讨论的第四条的部分内容将规定,美国有责任完成对1952年前美军对土地造成的损害的特惠补偿。

(F) 第五条仍在谈判中,但已基本达成一致。该条确保返还后日本政府全面尊重冲绳的司法行为,而返还后尚待处理的案件将予以有序处理,从而保留了冲绳现有的司法体系的完整性。

(G) 第六条将批准附加协议,但日本政府认为其不必要,对该条持反对态度。正等待来自华盛顿的指示。

(H) 第"X"条规定返还后将美国政府所有财产转交日本政府,并免除美国政府恢复相关土地的现有义务。

(I) 第"Y"条中日本政府承诺向美国政府支付一笔约定数额,补偿所转交之财产、美国政府由于返还而增加的费用,以及特殊武器安置的费用。

(J) 第"Z"条中日本政府承诺允许返还后至少5年内美国之音继续在冲绳播音。双方共同认可的第"Z"条的会议记录明确表明,即使决定美国之音必须迁址至日本以外地区,美国之音的广播也不会中断。

(K)第"R"条是由日本政府所提议的,该条将对协定批准做出规定,并对协定生效的方式做出简要规定。

16. 结论:最后,需要指出,《冲绳返还协定》的条款预期会是重要媒体、公众以及日本和冲绳的持反对态度的批评者的关注对象。导火索问题可能是未能更大幅地减少美国冲绳基地的数量(这一问题在冲绳尤为严重)、财政结算的数额以及对美国之音的安排。但是,深思熟虑后我们认为,日本和冲绳都承认,返还本身是一个历史性成就,返还的代价是可以承受的,而美国在日本和冲绳的持续驻军是符合日本的国家利益的。

迈耶

（Okinawa Reversion Negotiations_ Status Report］,Secret,Cable,May 24,1971. Digital National Security Archive (DNSA), JU01389.）

51. 电话会议

约翰逊/基辛格(Kissinger)

1971年6月7日,上午10:30

基辛格:关于那些该死的岛屿,我们什么立场?

约翰逊:已经确定了。

基辛格:什么时候?

约翰逊:在几个月的时间内。我将不得不回顾下这个问题的历史。与"中华民国政府"的对话延续了6—7个月。我得梳理一下。

基辛格:你可以吗?

约翰逊:它被确定在与日本协议的文本里了。原则是,我们从日本那里接管了这些岛屿,又把它们归还了日本,未影响其权利。只是在权利不变的情况下将其归还日本。权利上没有变化。1945年它们就被包括在岛屿中。

基辛格:我知道我们的立场。什么时候确定的?他与周谈话之前还是之后?

约翰逊:之前,那之前很长时间。

基辛格:我也是这么认为的。

约翰逊:这很难——我会进行梳理。很难给出确切日期,因为我们和中华民国政府之间一直在对话。我会给你一份关于这个的大事记。

基辛格：可以吗？总统肯定会提起这个问题。

约翰逊：当然。

［译者按：本文档原文行末部分文字缺失］

(Ryukyu Islands, Classification Unknown, Memorandum of Telephone Conversation, June 07, 1971. Digital National Security Archive (DNSA), KA05892.)

52. 电话会议

总统/基辛格（Kissinger）

1971年6月7日，下午

总统：我们的立场是什么？我马上过去。涉及关键问题吗？

基辛格：毁掉与日本人的谈判。两个中国人都宁愿它作为台湾的一部分。他们以为，只要他们得到台湾，他们就能得到它。

总统：要想在纺织品问题上有所作为，在此我们有很重要的一点要明确。

基辛格：这会是向日本付出的巨大代价。大概一个星期之内就签订条约。肯尼迪（Kennedy）认为我们应该提出这一点。

总统：你和彼得森（Peterson）谈过了吗？说服他了吗？

基辛格：他是肯尼迪的代理人。他没问题。

总统：我5分钟之后见你。

(Japanese Textile Negotiations, Classification Unknown, Memorandum of Telephone Conversation, June 07, 1971. Digital National Security Archive (DNSA), KA05882.)

53. 电话会议

亚历克西斯·约翰逊（Alexis Johnson）/基辛格（Kissinger）先生

1971年6月7日，下午3:05

基辛格：亚历克斯（Alex），因为这些岛屿，肯尼迪现在气急败坏，现在总统被告知这是——我不应该告诉你这个——唯一能够解决纺织品问题的途径。纺织业人员组织起来了。我马上去见总统。这些岛屿的法律地位如何？

约翰逊：在1951年的《对日和约》中，我们保留的领土（琉球群岛）按规定是包含这些岛屿的。

基辛格：直到那时，它们由中国管辖，是这样吗？

约翰逊：不是。你得回溯到台湾被划归日本统治的时期。我正让人研究1951年条约签署时中国的立场。我想弄清楚他们当时是申请复议了还是签署了条约。

基辛格：尽快弄清楚。

约翰逊：我会给他们打电话。

基辛格：把信息发到我办公室，开会时他们会交给我。在这一点上提出问题会毁掉全局吗？

约翰逊：毫无疑问。

基辛格：他们不会在纺织品问题上屈服？

约翰逊：这会毁掉全局。沈剑虹星期六会来见马歇尔（Marshall）。建议是跟日本人谈谈。有两点：(1)毫无疑问，这会毁掉与日本人的冲绳谈判；(2)我认为有一件事我们可以做，就是让日本（既然中国拒绝主动跟日本人谈）主动与中国对话，并解释我们的问题。

基辛格：我们能不能说该问题应由国际法庭解决？

约翰逊：这我们说了不算。这不是我们的领土。我们没有主权。这是我们目前对冲绳管辖中的领土争端。我们只是对其进行管理——这是日本和中国之间的问题。

基辛格：所以问题是——1951年我们从日本手中接过冲绳主权时，把这些岛屿作为冲绳领土的一部分也纳入其中了。

约翰逊：是这样。

基辛格：如果是这样，且其没有遭到异议……

约翰逊：我们将不得不归还同样的领土，就像我们归还……

基辛格：这样问题就解决了。得到信息后给我打电话。

约翰逊：好的。

(Ryukyu Islands, Classification Unknown, Memorandum of Telephone Conversation, June 07, 1971. Digital National Security Archive (DNSA), KA05887.)

54. 电话会议

亚历克斯·约翰逊(Alex Johnson)/基辛格(Kissinger)

1971年6月8日,上午10:45

约翰逊:为了国务卿与爱知的谈话,我不得不在冲绳问题上有所删减。

基辛格:我阻止了。

约翰逊:这不是国务卿不能在6月17日签字的原因吧?

基辛格:你有一个不满的国务卿,我有一个愤怒的经济助手。

约翰逊:我认为进行得不错。伯德(Byrd)在这儿,他一直是个问题,他认为两者应该分别对待。

基辛格:我们不会提出岛屿问题。

约翰逊:彼得森昨晚给我打电话,又提出了岛屿问题。

基辛格:总统命令他闭嘴的。

约翰逊:我说,在纺织品问题上,他怎么可能期望从日本人那里获得让步。他还没考虑过这个问题。他以为我们不得不走mi(译者注:原文缺失)设备的路线。

基辛格:他已经被告知我们不这么做了。

约翰逊:他说不是尖阁诸岛。我只是告诉你一声。

基辛格:该死的。

(Japan Issues, Classification Unknown, Memorandum of Telephone Conversation, June 08, 1971. Digital National Security Archive (DNSA), KA05898.)

55. 电话会议

彼得森/基辛格(Kissinger)

1971年6月8日,上午11:40

基辛格:今天早上亚历克斯·约翰逊给我打电话了,说昨晚你跟他谈论岛屿问题了,他不是很明白。

彼得森:我与大卫谈话时想知道情况如何。他正在和比尔·罗杰斯(Bill Rogers)商量什么,你知道吗,要允许日本同意与台湾讨论问题。我想知道最近的情况如何。

基辛格：他说你想劝他改变主意。他说你提到对台湾进行军事支援。他不知道有这回事。

彼得森：他有些自作聪明了——我哪知道谈判、远东这些问题。有一次在内阁会议厅他说我们能让这些国家做我们想让他们做但尚未开口的事情。我借机说，仅靠友好的说服还远远不够。所以他说可能需要在军事方面有点作为。

基辛格：他说你试图劝他扩展军事援助。

彼得森：胡说八道！关于8月的访问或别的事情，我只字未提。

基辛格：好吧。

彼得森：你知道我说的是什么。

基辛格：我去掉了涉及其他事情的一个短语。除此之外没有了。

彼得森：好的。

(Japan and Taiwan Issues, Classification Unknown, Memorandum of Telephone Conversation, June 08, 1971. Digital National Security Archive (DNSA), KA05900.)

56. 电话会议

亚历克斯·约翰逊/基辛格
1971年6月9日，晚上6:06

基辛格：两件事。泰德·艾略特(Ted Eliot)，也可能是海格(Haig)，今天早上来电话了。我跟多勃雷宁(Dobrynin)共进早餐时向他承诺，如果我们达成协议，就让他坐直升机飞越华盛顿。

约翰逊：我必须说，我感到十分惊讶。

基辛格：你是说——

约翰逊：他真乘直升机飞越华盛顿了。

基辛格：我告诉他，下次我让他坐飞机去巴尔的摩。

约翰逊：那天，在计划他的孩子的夏令营时，我捎了几个人一程。

基辛格：他告诉我夏令营的事了。

约翰逊：我们都去了。海军去了包括军事设施在内的15个地点，星期六还带他的人四处看了看。

基辛格:他很高兴。我没说我知道这件事。他说他们在乡下发现了个好地方。我有另一个跟肯尼迪的秘密通道。他告诉中国人,在尖阁诸岛问题上,我们与蒋经国什么都做不了。然后他要求美国在签字时明确声明,我们将主权归还日本,但是问题仍存争议,且应由当事国解决,而美国会尽其所能帮助问题解决。

约翰逊:好。

基辛格:如果真有什么可做的的话。

约翰逊:国务卿与爱知会谈了。他在这个问题上态度很强硬。最终爱知同意他们将在此问题上和中国人谈判。他暗示在此问题上我们需要日本帮助。一个小时前我让我的伙计们研究一下,看看我们能说什么。我们能说的是,我们把它们归还日本,什么也不会改变。这既不会增加也不会减少对岛屿的要求。我们可以按照这个思路说点什么。他们正在为我们研究该怎么说。我正在准备考虑一些事情。我们可以通过照会告诉中国人。

基辛格:如果你能给我提供这么个东西的话。

约翰逊:我之所以听说了这个,是因为我给彼得森打电话了。肯尼迪在着手做什么,他是否知道计划,因为我收到了来自台北的关于一个长声明的电报,让他们为肯尼迪和其他 20 多个人 9—12 日在京都的停留做好安排。对此保密,什么都不要对日本政府说。日本政府说,一架军用飞机在京都机场降落,机场还有大群人,却什么也不表示,这很困难。彼得森说他下一步要去韩国。我只想简单地说一声,当我问彼得森的时候,他提到了尖阁诸岛。

基辛格:大卫再次出访前,他将被置于这里的控制之下。在这里之外我们可能也采取些措施,但是先要知道行政部门是怎么想的。

约翰逊:至少我们应该知道他在做什么。从他对日本的谈话中我没法找到冲绳。

基辛格:婚礼之后我会向总统询问此事。

约翰逊:关于尖阁诸岛问题,我会做出些东西来,并表示同意(?)。

基辛格:我只是想你能不能给我一个机会说这是你在头被打了之前做的事情,因为肯尼迪正在那里大喊他们受到了阻挠,没法达成纺织品协定。

约翰逊:我已经让国务卿和爱知进行了交谈。

基辛格:一句话告诉我你打算怎么做,我会告诉总统。

约翰逊:什么时间?

基辛格：你可以告诉中国人。

约翰逊：肯尼迪不在那儿。

基辛格：那可以通过常规渠道。或者让麦康瑙希（McConaughy）通过常规渠道告诉中国人。

约翰逊：我明天给你答复。

（Okinawa Reversion，Classification Unknown，Memorandum of Telephone Conversation，June 09，1971. Digital National Security Archive (DNSA)，KA05925.）

57. 美国驻日大使馆致国务卿

01483

1971/12/22

发件人：东京美国大使馆

收件人：国务卿，华盛顿特区，3301

Tokyo 12554

仅在国务院内部分发

主题：美国对亚洲政策及在亚洲军力部署

参考文件：State 226602

　　概述：告知日本政府我们在亚洲的军力部署将极为有利于平息日本对我们在此地区意图的担忧。日本的兴趣可能集中在韩国和台湾问题方面，以及军力部署与美国在日本和冲绳的基地架构之间的关系。如果可能，总统和佐藤的圣克莱门蒂会面将是告知日本美军军力部署的最佳方式。概述结束。

　　1. 近期美军军力的削减，尤其是驻日本和韩国军力的削减，引起了负责任的日本人对美国在亚洲长期意图的深刻担忧。已经有人倾向于将这些削减解释为美国从这一地区长期撤军的第一步。因此，告知日本我们提出的军事部署将有助于稳定日本领导层，并为日本部队和日本与冲绳的美国基地架构的长期规划提供基础。

　　2. 参考电报中描述的军力部署在日本政府看来，可能除了将韩国的地面部队削减为特殊任务旅之外——这需要详细解释——将在总体上足以应对目前的威胁。因为军力部署关系到台湾地区的防御，日本也将对军力部署尤其重视，以便从这些规划中了解我们在这一地区的意图。最后，建议美国在东亚预置军事设备以提供过载能力的任何规划也可以与日本政府进行讨论。

3. 在告知我们的军力部署时,将这些部队与预期美国在日本和冲绳的基地架构关系的一切额外信息提供给日本,也将有所帮助。日本对于第 7 段提到的保障力量的削减对基地架构的影响也将尤其感兴趣。(在此方面,日本政府近期一直寻求返还后进一步减少和合并冲绳基地。)另一方面,在与日本的讨论中,建议我们对于战术和战略核武器仅一语带过,而不涉及太多细节,尤其是在 B-52 飞机和航空母舰战术飞机问题上。

4. 建议提供更多细节,进一步强调第七舰队的重要性。

5. 关于在亚洲的长期战略,相信我们应该讨论军力部署与美国履行此类条约承诺和本地部队之间的关系。此外,对于目前该地区威胁的评估应该作为背景加以提供,该评估不仅应涵盖共产主义中国和苏联的威胁,也应包括朝鲜可能对韩国造成的威胁。

6. 如果能及时制定军力部署,我强烈建议在 1 月 1—7 日的圣克莱门蒂的讨论中告知佐藤和福田(Fukudas)这一部署。如果无法告知,我们可能最好等到佐藤的继任者就职之后,在与其继任者的首次高层会议上告知这一部署。现在看起来,他的继任者更可能是福田。

迈耶

(U.S., Strategy and Forces for Asia, Top Secret, Cable, December 22, 1971. Digital National Security Archive (DNSA), JU01483.)

58. 格林致国务卿

01519
1972/03/29
国务院
信息备忘录
1972 年 3 月 29 日
收件人:国务卿
发件人:东亚和太平洋事务助理国务卿—马歇尔·格林

日中关系

日本外务省主要负责中国事务的官员近期与一位大使馆官员在东京的谈话中表达了以下几点：
——总统访华之后中国对日本的政策并无改变，日本亦不期望有改变；
——中国永远不会与佐藤首相打交道；
——尽管中国最终希望改善与日本的关系，中国的短期策略是通过帮助佐藤的反对者在国内孤立日本政府；
——这一策略的必然结果是，中国更努力地改善与其他亚洲国家的关系，从而让日本成为唯一一个不愿与中国打交道的国家；
——日苏关系的重大改善将使中国改变其"等待"的对日政策；
——中国可能不会使用日本进出口银行的贷款；
——中日尖阁诸岛争端将仅是口舌之战；
——中国在尖阁诸岛问题上的立场是基于中国的民族主义，不应被看做是中国对日态度的晴雨表。

评论：该日本官员强调日本在中国对外政策中的重要性可以理解，而他的言论的确是对改善与中国关系所面临困难的现实评估。

(Japan-PRC, Confidential, Information Memorandum, March 29, 1972. Digital National Security Archive (DNSA), JU01519.)

59. 基辛格访日简报

01523
1972/04/06
国务院
华盛顿特区 20520
1972 年 4 月 6 日
致国家安全委员会秘书处、白宫备忘录
主题：基辛格访日简报

经霍尔德里奇先生和普拉德先生同意，将附件中《美国飞机撤离那霸空军基地》和《尖阁诸岛》简报草案提交审核。收到您的评论之后,我们将准备最终版本。

秘书处工作人员

附件:
1. 《美国飞机撤离那霸空军基地》简报
2. 《尖阁诸岛》简报

冲绳:美国飞机撤离那霸空军基地

背景——此为返还谈判的最后决定之一,且是少数几个需要总统出面以打破国务院和国防部僵局的问题之一。美国政府同意尽一切努力从那霸空军基地撤离美国所有空军飞机,并在返还日前将它们重新安置于"其他地方"(例如,日本境内或冲绳)。我们与日本政府达成保密谅解,作为冲绳整体财务问题解决方案的一部分,日本将承担重新安置的费用。随后几个月,日本不断要求我们提供必要的重新安置计划和详细的费用数据。日本政府在多个场合向我们强调,同意承担迁址费用是个政治敏感问题,因此,日本希望将保密协议和拨款瞒过议会审查。要这样做,日本需要在远远早于1971年12月29日之时获得相关信息,因为这一天是常规的议会会议召开的时间。但是,国防部直到1971年12月18日才将重新安置计划发给日本政府,并且直到1971年12月28号才提供详细的费用细分,时间太晚,以至议会召开前日本政府没时间进行考虑。

最终提交的重新安置计划要求将那霸的美国海军P-3巡逻中队转移到冲绳的美国陆战队普天间飞机场;将那霸的海军中队(VC-5)转移到冲绳的嘉手纳空军基地,从日本岩国基地被派到冲绳去执行训练任务的陆战队过渡喷气机也一样。这样一来,目前位于普天间基地的KC-130飞机将被转移至岩国基地,而这又会使目前位于岩国基地的P-3反潜机被转移至日本北部的三泽空军基地。(注:三泽基地已经被再次出租给日本政府,目前处于日本自卫队的运营控制之下。美国政府认为,考虑到当地的反基地压力,和冲绳与日本的其他空军基地相比,三泽基地相对安全。)P-3反潜机的重新安置需要对每个涉及的机场进行部分建设。对于涉及位于日本主要岛屿的机场这一事实,日本政府非常不悦。最终,尽管十分不情愿,日本政府同意接受这一计划。

由于我们重新安置决策的拖延,日本对这一项目的资助卷入了近期议会就日本防御姿态的各个方面所展开的激烈争论。日本政府的处理不力更助长了这一氛围,我们的对华政策在日本造成的附带结果,加上佐藤因为美日安全关系的所谓的"军国主义"性质而无法与中国和解并遭到反对党的攻击,也是重要原因。反对党还指责美国将日本作为美国在远东军事部署的"倾倒场",而同时却减少它在这一地区其他国家的军力部署。争论异常激烈,以至于日本政府的第四国防建设计划遭到了猛烈攻击,而现在佐藤政府在国防问题决策上处于瘫痪状态。

尽管这一问题在日本已经稍有平息,岛屿返还时该问题必定再次引发争论,因为届时,日本和冲绳公众将看到,不仅美国海军没有离开那霸机场,重新安置计划看起来也并没有在别处进行。如果日本和冲绳公众获悉1973财年将C-130飞机从台湾转移至冲绳的规划和P-3反潜机的重新安置计划直接相关,而且这正是重新安置计划所涉及的飞机不能全部被转移至冲绳的原因之一,届时,这一争议将大大加剧。如果出现这一情况,日本政府将更加难以根据重新安置计划执行转移P-3反潜机的必要安排。

日本立场——日本政府已经接受了我们的"台球"重新安置计划,但是日本政府和自民党内的强硬派别认为将美国飞机转移到岩国和三泽基地在政治上令人尴尬,尤其是如果人们发现《返还协定》中保密部分的资金被日本政府用于支付必要建设的费用(根据《驻军地位协定》,日本没有义务资助美国基地建设以为美军的转移提供安置场所)。日本人可能会说:

——美国应该重新考虑其重新安置计划,并试图将现在与那霸相关的所有飞机,甚至是非飞行活动转移到美国在琉球群岛的其他基地。

美国政府立场——同意在返还时将那霸空军基地全部归还日本所有,我们已经做出了重要的政治姿态。我们提交的重新安置计划包含对我们有利的几点。它能将目前分散的C-130飞机集中到一个空军基地(岩国基地)。该计划还将部分美国飞机保留在三泽基地,而三泽基地地处偏远而且安全,为最终将C-130从台湾转移到嘉手纳留下了余地。我们承认日本的政治问题,但是感到在那霸飞机问题上,我们已经做出了重要的政治让步。此外,向日本要求的那样将所有飞机都转移到冲绳也是不现实的。

会话要点:

——我们理解日本政府在此问题上面临的政治难题。

——但是，我们的运营规定要求重新安置按照我们提交的计划进行。

——将所有涉及的飞机都转移到冲绳的其他美军基地并不现实。

——我们将尽可能密切地与日本政府合作以缓解根据我们的重新安置计划进行转移所带来的问题。

——在日本政府为重新安置行动所需的资金和建设作出安排之前，我们将继续将那霸作为这些海军飞机的运营基地。

尖阁诸岛

背景——根据冲绳返还协定，尖阁诸岛——中国人称钓鱼岛——将于1972年5月15日和琉球群岛的其他部分一起归还日本管辖。尖阁诸岛位于大陆架上，冲绳海沟的深水域将其与琉球群岛的其他部分分割开来。近年来的石油勘探表明大陆架可能蕴藏着大量石油，能源缺乏的日本至少会维持对尖阁诸岛所有权的哪怕无力的要求。这已经将全世界的注意力都集中到了这些无人居住而之前也闻所未闻的岩礁上。过去几年间，中华人民共和国和"中华民国"都要求尖阁诸岛的主权。此问题已经在台湾引发了示威，而且"中华民国政府"也要求我们不将尖阁诸岛归还日本。

返还谈判期间，美国决定，除了把这些岛屿与琉球群岛的其他部分一起归还日本之外，我们别无选择。二战期间的美国和日本地图表明，尖阁诸岛作为冲绳县的一部分位于日本管辖的区域之内，而且也位于美国根据《对日和约》第三条所接管的区域之内。但是，我们坚持，将这些岛屿的管辖权归还日本，既不增加亦不减少此岛屿为美国接管前日本所拥有的对该岛的合法权利，亦不减少其他所有权要求国所拥有的业已存在的权利，因为这些权利早于我们与琉球群岛之关系。

中华人民共和国与态度稍微缓和的"中华民国"都因为我们在同意将这些岛屿归还日本问题上所表现出来的亲日立场对我们进行了谴责。他们还援引我们在返还协定中与日本达成的保留该岛屿若干（不经常使用的）美国海军靶场的协议，作为我们缺乏中立性的又一证据（日本媒体也对此大肆宣扬，将其作为美国支持日本立场的证据）。

日本政府立场——3月17日和22日，日本政府两次正式通知国务院其对美国政府公开采取的中立立场感到不满，并指出这一公开立场与美国政府要求保留岛屿上的靶场前后矛盾,至少在日本看来是这样。日本政府表明,它理解为何美国政府感觉必须不卷入该争端,但是要求在未来的任何公开声明中,我们避免使用可能会以任何方式不利于日本立场或是煽动日本公众的反美情绪的词汇或短语。附件中包含一份支持日本战前对尖阁诸岛领土要求的日本声明的副本。

美国立场——日本政府要求,我们也同意,在回应媒体关于该问题的询问时,我们不提及存在着对该岛屿"主权"的相互冲突的"要求",因为日本政府的官方立场是,除了日本对该岛屿的要求,不存在其他对该岛屿的"要求"。我们通知了日本政府,尽管我们应日本政府要求修改了部分媒体指导,这丝毫不意味着我们改变了不卷入该争端的基本立场。附件中也包含了目前关于尖阁诸岛问题的媒体指导;日本政府尚未对此提出异议。

会谈要点:

——在这个潜在具有爆炸性的民族主义和领土问题上,最明智的处理方式就是尽可能少地将公众的注意力集中在其上面(日本政府近期一直使用该问题来团结日本公众在中国问题上的观点。)

——尽管美国政府的媒体指导已进行了部分修改以符合日本政府的要求,这丝毫不意味着我们改变了美国在尖阁诸岛争端问题上保持中立的基本立场。

——如果日本政府询问返还之后《共同安保条约》是否适用于尖阁诸岛(我们已经收到一份关于此问题的媒体咨询),你应回答说《安保条约》的条款适用于"日本管辖之领土",因此可以解释为适用于尖阁诸岛。

附件:

1. 外交部声明(1972年3月8日)
2. 媒体指导

(Briefing Papers for Mr. Kissinger's Trip to Japan, Includes Papers Entitled "Removal of U. S. Aircraft from Naha Air Base" and "Senkakus", Secret, Memorandum, April 6, 1972. Digital National Security Archive (DNSA), JU01523.)

60. 尖阁诸岛[①]

01544
1972/06/00

1. 背景。根据《冲绳返还协定》，尖阁诸岛——中国人称钓鱼岛——将于1972年5月15日和琉球群岛的其他部分一起归还日本管辖。尖阁诸岛位于大陆架上，冲绳海沟的深水域将其与琉球群岛的其他部分分割开来。近年来的石油勘探表明大陆架可能蕴藏着大量石油，能源缺乏的日本至少会维持对尖阁诸岛所有权的哪怕无力的要求。这已经将全世界的注意力都集中到了这些无人居住而之前也闻所未闻的岩礁上。过去几年间，中华人民共和国和"中华民国"都对尖阁诸岛主权提出了要求。此问题已经在台湾引发了示威，而且"中华民国政府"也要求我们不将尖阁诸岛归还日本。

返还谈判期间，美国决定，除了把这些岛屿与琉球群岛的其他部分一起归还日本之外，我们别无选择。二战期间的美国和日本地图表明，尖阁诸岛作为冲绳县的一部分位于日本管辖的区域之内，而且也位于美国根据《对日和约》第三条所接管的区域之内。但是，我们一贯坚称，将这些岛屿的管辖权归还日本，既不增加亦不减少此岛屿为美国接管前日本所拥有的对该岛的合法权利，亦不减少其他所有权要求国所拥有的业已存在的权利，因为这些权利早于我们与琉球群岛之关系。

中华人民共和国与态度稍微缓和的"中华民国"，都因为我们在同意将这些岛屿归还日本问题上所表现出来的亲日立场对我们进行了谴责。他们还援引我们在《返还协定》中与日本达成的保留该岛屿若干（不经常使用的）美国海军靶场的协议，作为我们缺乏中立性的又一证据（日本媒体也对此大肆宣扬，将其作为美国支持日本立场的证据）。

2. 日本政府立场——3月17日和22日，日本政府两次正式通知国务院其对美国政府公开采取的中立立场感到不满，并指出这一公开立场与美国政府要求保留岛屿上的靶场前后矛盾，至少在日本看来是这样。日本表明，它理

[①] 编者注：此文件内容与前一文件后半部分重复，但文件出处与前文不同，系对前文相关内容的强调，特予以保留。

解为何美国政府感觉必须不卷入该争端,但是要求在未来的任何公开声明中,我们避免使用可能会以任何方式不利于日本立场或是煽动日本公众的反美情绪的词汇或短语。

3. 美国立场建议——日本政府要求,我们也同意,在回应媒体关于该问题的咨询时,我们不提及存在着对该岛屿"主权"的相互冲突的"要求",因为日本政府的官方立场是,除了日本对该岛屿的要求外,不存在其他对该岛屿的"要求"。我们通知了日本政府,尽管我们应日本政府要求修改了部分媒体指导,这丝毫不意味着我们改变了不卷入该争端的基本立场。《附件1》为目前关于尖阁诸岛问题的媒体指导;日本政府尚未对此提出异议。

会谈要点建议:

——在这个具有潜在爆炸性的民族主义和领土问题上,最明智的处理方式就是尽可能少地将公众的注意力集中在其上面(日本政府近期一直使用该问题来团结日本公众在中国问题上的观点)。

——尽管我们的媒体指导已进行了部分修改以符合日本政府的要求,这丝毫不意味着我们改变了在尖阁诸岛争端问题上保持中立的基本立场。

——如果日本政府询问返还之后《美日共同安保条约》是否适用于尖阁诸岛(我们已经收到一份关于此问题的媒体咨询),你应回答说《安保条约》的条款适用于"日本管辖之领土",因此可以解释为适用于尖阁诸岛。

(The Senkaku Islands, Secret, Briefing Paper, c. June 1972. Digital National Security Archive (DNSA), JU01544.)

61. 基辛格访日范围界定书

01548

1972/06/00

您的日本之行——范围界定书

从您日程安排的制定来看,您将会见一批各领域具有影响力的日本领导人:高级政府官员、来自自民党和反对党的政治人物、重要的日本商人、大学教授、资深编辑和众多日本媒体。这些人所代表的群体共同构成了日本权势阶层,他们以一种错综复杂的方式对日本态度和政策的形成产生重大影响。

因此,尽管您的访问时间不长,您将应该能够对日本在美日关系中重大问题上的思考产生重要影响。日本会密切关注您的言论,尽管他们可能未必一开始就同意您的立场,事实上,你可能还会遭到吹毛求疵的批评,但是他们肯定会认真思考您的谈话的含义,而其效果将稍后显现。

推断而言,您最好将注意力集中于以下几个一般性问题:

——减少日本对美国政策提议的情绪化反应。尽管"尼克松冲击"的最坏影响已经过去,看起来很多日本人仍然抱有敌意和怀疑,这妨碍了在更大程度上修复日本对美国意图的信任(例如,《附件1》中的电报就描述了外务省中长期从事于对美政策相关工作的人的不满,因为他们感到,对于他们长期为之辩护的美日联盟,尼克松冲击可谓是釜底抽薪。)日本长期以来的不信任,部分可能源于日本人倾向于对突发事件做出过激反应的基本特征,也有一部分可能源于日本的狭隘主义和对美国过分依赖的倾向。然而,解释7月15日公告的特殊性质、以你所见冷静审视其政策思考以及总统的中国之行对日本的有利一面,可以缓解其对我们关系的影响。

——帮助日本以更成熟的方式来看待美日关系,即我们之间是基于共同的利益和责任之上,而非自私考虑之上的伙伴关系。自二次世界大战以来,日本把我们看成保护者,并且已经习惯认为美国扮演这一角色为理所当然;同时,日本社会以种族为中心的"部落"性质,使得日本在实现国家目标时对美日关系的尊重仅限于能使我们保持安静。因此,当我们采取诸如总统访华这样的举措时,助长了上述情绪化特征,日本人确实可能会想到"背叛",因为这样的举措似乎让他们进入孤立无援的境地。强调美日关系相互依存的主题,真正的平等以及双向的互惠,可能对此能有所改善。只要谨记我们的共同利益,减少日本对美国的依赖对我们来说不是问题。

——重申美国打算继续留在东亚和太平洋地区。这一主题与上一主题密切相关,在与日本对话时,始终保持两者间的平衡殊为重要。要鼓励日本与我们建立更为成熟的关系,我们应该向他们保证,我们并未试图推脱掉我们在美日联盟中所承担的责任。例如,部分日本高级官员将今年外交政策报告中对我们之间关系更加平等化的呼吁,解读为美国想要日益推脱其对日安全和其他方面的责任,让日本自力更生。因此,我们应该不断化解日本的怀疑,即认为我们将置其于不顾,暗中推动其重整军备并承担起我们的地区安全责任。东京大使馆最近的电报(《附件2》)对保持两者平衡的问题做了深入解读。

——恢复日本对美国在亚洲长期意图的信心。可能我们之间关系的最迫切的基本政策问题就是在很大程度上恢复日本对美国在亚洲的长期意图的信心,尤其是在对华政策方面。正如我们随后的官方声明和马歇尔·格林的出访所解释的,总统访华的成果极大减轻了日本的不安。但是日本的领导层仍然对我们关于中国政策,尤其是关于台湾的近期和长远思考感到不安和忧虑。此外,日本对于朝鲜、访问苏联、日本的国防建设、日本在亚洲的角色、东南亚和经济关系问题上也都心存忧虑。<u>从根本上说,日本领导层需要的是对我们在这些地区的意图有足够的认识,以便能够在我们采取重要举措前调整他们自己的政策使之与我们的保持一致。</u>

——将日本的注意力从中国问题上转开,使之不再成为美日关系中的主要问题。总统访华进一步凸显了日本国内政治的首要问题(部分是因为日本自身对其作出反应的方式)。中国问题现在盖过并扰乱了我们关系中许多其他的政治、经济问题。无可避免的是,在您访问期间,日本的注意力仍会集中在中国问题上,但是因为大部分话都将由您来说,所以您掌握着将谈话转移到更为广泛的重要话题上的主动权。

——打消日本认为美国正在为中国而抛弃日本的念头,日本这么认为部分是因为中国是一个军事和核大国,但日本不是。当然,您已经说过很多次,我们与日本的关系对太平洋地区的和平至关重要,且尽管美中关系开始改善,我们也不会放弃美日关系,但是这一点需要重申,正如日本并没有遭到"背叛"这一主题需要重申一样。

——反驳关于您缺乏有关日本的专业知识的批评。您可能知道,多方人士,包括来自美国和日本的(例如来自政府和学术圈的),都对您有此批评。应对该问题的一个可能的方法是指出:尽管总统做了1971年7月15日的公告,这仅是个特例,有关日本的所有政策制定都是经过国家安全委员会系统精心研究的,而且利用了来自各个部门的最好的有关日本的专业知识。

对于您在日本的言论和行动存在以下两个重要的限制因素:

第一,委婉点说,中国将饶有兴趣地关注您的日本之行,而您最好避免在公开或私下场合做任何可能引起中美摩擦的发言。例如,您经常在华盛顿对日本说的一句话在东京将会很危险,即我们绝不会为了有限缓解中国的敌对而放弃我们与日本的重要伙伴关系,中国仍然是我们的敌人。即使是秘密地说,也会泄露。

第二,你的言论,尤其是关于对华政策的言论,很可能会被目前自民党内继任竞选的参选者所利用(预期佐藤会在本次议会会议于 6 月 16 日结束后不久下台,自民党可能将在 7 月中旬召开会议选举其继任者,而通常之后几天会召开议会特别会议确认自民党所选举的首相)。一个或更多的竞选者可能会试图从你的言谈中或者试图通过与您见面而获利。他们关注的焦点几乎必然是对华政策,但是也可能包含安全、贸易和冲绳返还问题。在对华政策问题上,佐藤和福田(Fukuda)可能选择继续坚持佐藤对目前中国提出的进行关系正常化的直接官方讨论的三个前提条件的回应(见表 C,第 2 页)(背景论述见表 A)。

目前美日关系中的具体问题

政府对目前美日双边关系状态的评估见表 B。我们将其全文包含在内,仅做了微小的编辑性改动,既是为了让您全面了解政府些许狭隘的态度,也是为了让政府的日本问题专家确信,您的确理解了他们的观点。实际上,这是对双方关心事项的一个很好的总结,也大幅改进了政府去年 10 月提交的对国家安全研究备忘录 122 号文件(NSSM122)的意见书,当时日本事务处对美日关系特征的总结有失客观。我们对于预期的每个日本立场的评论都已在括弧内注明,因此也为您提供了一组更为详尽的关于美日关系的会谈要点。

以下是日本可能向您提出或希望您提出的问题的简明列表:

——对华政策。关于总统的访华,日本领导人将希望我们向其确保我们未达成秘密协议,亦未就有损于日本关键或重要利益的问题达成一致。对于您如何解释您在解决台湾问题的联合公报中的立场的真正含义,以及我们如何看待该问题的最终解决,他们也将感兴趣。他们还将希望探讨我们关于防御承诺和在台湾驻兵的打算,以及我们将在何种程度上支持台湾的国际地位(最直接的就是关于台湾继续参加国际金融机构的问题)。日本政府对于我们关于发展对华贸易和交流的打算,以及未来的正式中美协议,也将深感兴趣(立场报告见表 C 和 D)。

——朝鲜半岛。日本希望我们向其确保我们打算兑现我们对韩国的防御承诺,并继续在韩驻军。日本政府还将希望听取我们对试探性朝韩和解步骤的意见,以及在联合国内我们对朝韩问题的思考。最后,日本领导人会对美国如何看待日本与韩国间日益增多的合约,以及我们自身对美韩合约的打算感兴趣(立场报告见表 E)。

——访苏。对于您的关于战略性武器限制谈判、在莫斯科达成的任何协议和它们对日本的影响的言论,佐藤政府都将感兴趣。当然,对于我们可能与苏联进行的关于日本在亚洲角色的讨论,他们将感到忧虑(立场报告见表F)。

——日本重整军备。过去一年间,日本领导人不再确定美国在亚洲的长期意图,现在他们想知道,是否美国不再反对日本重整军备——包括获得核武器,而且在我们减少亚洲驻军的同时,期望日本承担起地区安全的责任。尽管我们随后否认,很多日本人仍然因去年7月份莱德访问日本期间其新闻发言人所做的声明而感到不安,该声明的大意是说,我们不反对日本拥有核能力。日本人抓住不放的其他迹象包括,今年的外交政策报告中没有提及《核不扩散条约》,以及据报道您在近期的一个记者招待会声明称日本将在10年内获得核武器(立场报告见表G)。

——经济关系。日本极为关心目前美国对其及对未来的美日经济关系的意图。日本政府相信它已经为减少进口障碍做了大量努力,对货币进行了重新估值,颁布了"紧急"七点计划以减少准备金、刺激进口,加上在这一方面日本政府对国内压力十分敏感,佐藤政府可能会要求美国在1972年的剩余时间里不再就贸易和经济问题向其施加压力。长期而言,日本担心会被排除在美国市场之外,所以可能会提出这一问题(立场报告见表H)。

——越南。日本领导人担心我们从东南亚撤军过于迅速以至于严重扰乱这一地区的局势稳定,或者进一步引起对美国在整个亚洲意图一贯性的质疑。更为迫切也更为具体的问题是,他们将对于您对目前北越攻势的现实形式和谈判解决前景的评估与反应感兴趣。他们将关注对北越港口的轰炸和对北越的进攻(立场报告见表I)。

——冲绳返还。由于返还协定的若干方面,佐藤政府一直受到来自反对党的一定压力——将P-3反潜机从那霸空军基地转移到冲绳或日本的其他地区,对返还时冲绳的无核地位的保障,美国之音中转站的继续存在,以及索赔处理安排。有可能日本政府会提出这些具体问题中的一个或若干个(立场报告见表J)。

——尖阁诸岛领土要求。自然,佐藤政府声称其拥有对尖阁诸岛(中国和台湾当局也对该岛有领土要求)的唯一合法要求,因此,它可能会要求您改变美国所持的该问题应由领土要求国解决的立场(立场报告见表K)。

——美国使用位于日本的基地。尽管不是十分可能,福田外相或其他官员可能会向您提出因为天气原因将B-52从关岛转移到位于日本的基地的问题,或者可能性更小地,向您提出"扩展部署"的问题,即,将横须贺海军基地作为一支航空母舰特遣部队的母港。大使馆目前正在与外交部讨论 B-52 问题;大使馆最初在一年前与外交部讨论了母港的问题,国务院和国防部现在正在进行后续讨论(立场报告见表 L)。

(Your Japan Visit, Top Secret, Scope Paper, c. June 1972. Digital National Security Archive (DNSA), JU01548.)

62. 问题与会谈要点

01582
1972/08/00

双边问题

美国在日本驻军问题

日本立场

对于日益增长的要求美国归还军用区域的国内压力,日本领导人在如何应对上看似观点不一。日本权势集团最资深的成员赞成在可预见的未来允许数量可观的美军继续驻扎在日本。

美国立场

在火奴鲁鲁,日本领导人将期待您明确重申对《美日安保条约》及对延续我们目前的安全关系的支持。但是,他们也将寻找表明美国将减少在日本和远东驻军的任何线索。

你应准备好回答关于北京和莫斯科峰会后,美国政府对远东未来安全形势的态度的问题,以及"该地区紧张态势的缓和"对《美日安保条约》和美国政府对军事设施要求的影响。日本将想要知道我们是否计划归还冲绳的设施,尤其是在圣克莱门蒂讨论过的美军休闲区。

我们建议您:

——措辞强烈地重申美国政府对《共同安保条约》和对我们目前安全关系的无限期延续的支持。关于这一点,您应该强调,总统的北京和莫斯科之行丝毫没有损害我们与日本的根本安全关系。

——指出,印度支那敌对态势的持续缓和东亚缓和局面的巩固是否会减少美国在这一地区的驻军,和在多大程度上减少在这一地区的驻军,目前做出判断还为时过早。

——声明,就缓和局面的巩固来看,任何过快减少美国在日驻军的行动都会影响稳定,且美国并未预计大量减少驻军。

——重申您在圣克莱门蒂曾做出过的声明,即,"在根据《共同安保条约》之目的,制定双方都能接受的对冲绳设施和区域的调整计划时,美国会将日本政府关于在冲绳减少基地的观点充分考虑在内"。如果被问到,您应该准备好再次确认在圣克莱门蒂就归还一处美军娱乐设施而达成的协议。

——指出,日本政府尽快接受并执行关东平原巩固计划有助于缓和公众要求减少东京地区美国驻军的压力。

——如果日本政府提出"紧急驻军"的问题,强调这样的计划将会造成严重的负面影响,如果这一短语的意思是说,美国从日本大规模撤军,仅在紧急状态下重新进入日本的话。您应该指出,美军在这种情况下重新进驻日本,无可避免地会严重加剧我们力图避免的危机气氛。

——仅在田中(Tanaka)给你提供合适的机会的情况下,例如表达对于我们在西太平洋地区维持大量海军驻军的希望,建议您表示,为了维持我们在太平洋地区的运载力,增加生活在日本的海军家属对我们十分重要,并表示,英格索尔(Ingersoll)和约翰逊(Johnson)将会在火奴鲁鲁与外务省官员讨论这一问题。

冲绳:返还之后的问题

1. B-52因天气原因撤离

日本立场

日本政府对我们把因天气原因从关岛撤离的B-52转移至嘉手纳的要求作出了积极回应。田中首相认为7月8—9日的撤离行动"不可避免"。但是,日本政府要求,撤离之前,尽可能早地提前对其进行通知,同时,向其提供关岛地区迫使B-52撤离的天气条件的详细信息。日本政府已在多个场合要求我们不将嘉手纳基地作为从越南返还的B-52的常规中途停留地点,或是将嘉手纳作为B-52的永久驻地。日本政府(和日本人民)对B-52使用日本本土的任何基地也会做出极为负面的反应。

美国立场

我们明白日本对B-52使用日本本土基地的情绪化反应,也不计划将B-52停留于此类基地,除非在极端紧急的情况下。但是,我们正使用日本本土的基地来重新安置KC-135和从嘉手纳和其他从西太平洋和相邻水域转移来的其他飞机,以便在那些基地为B-52腾出空间。在因天气原因进行撤离时,我们也努力将B-52分散于嘉手纳之外的西太平洋和相邻水域的其他空军基地。

我们建议您:

——向日本政府保证,我们仅在因天气原因进行疏散时使用嘉手纳基地,且将不会将嘉手纳作为B-52的驻地或将其作为从越南返还的B-52的常规加油点。

——向日本保证,我们将尽可能早地通知其对B-52进行疏散的安排,并且将继续向他们提供迫使B-52疏散的天气条件的详细信息。

2. 海军飞机撤离那霸空军基地

日本立场

日本政府已经接受了我们的重新安置计划,但是日本政府和自民党内的强硬派别认为将美国飞机转移到三泽基地在政治上令人尴尬,尤其是如果人们发现返还协定中保密部分的资金被日本政府用于支付必要建设的费用。日本人可能会说:

——美国应该重新考虑其重新安置计划,并试图将现在与那霸相关的所有飞机、甚至是非飞行活动转移到美国在琉球群岛的其他基地。日本政府近期已经向大使馆咨询美国重新安置那霸飞机的计划是否仍然确定不会更改。

美国立场

同意在返还时将那霸空军基地全部归还日本所有,我们已经做出了重要的政治姿态。我们提交的重新安置计划包含对我们有利的几点。我们承认日本的政治问题,但是感到在那霸飞机问题上,我们已经做出了重要的政治让步。此外,像日本要求的那样将所有飞机都转移到冲绳也是不现实的。

我们建议您:

——我们理解日本政府在此问题上面临的政治难题。

——强调指出,我们的运营规定要求重新安置按照我们提交的计划进行。

——声明,将所有涉及的飞机都转移到冲绳的其他美军基地并不现实。

——表示,我们将尽可能密切地与日本政府合作以缓解根据我们的重新安置计划进行转移所带来的问题。

——声明,美国政府的重新安置计划仍然确定不变,而在日本政府能为重新安置行动所需的资金和建设作出安排之前,我们将继续将那霸作为这些海军飞机的运营基地。

3. 美国之音撤离

日本立场

美国之音在日本仍然是一个敏感问题,日本政府已经明确表明,它期望冲绳的美国之音设施在条约中所说的 5 年之内撤离。

美国立场

我们知道美国之音几乎一定会被要求在 5 年之内转移其在冲绳的设施,目前我们正在附近国家寻找可能的广播场所。最有可能的重新安置地点是韩国。韩国已经表示,它欢迎这一举措,并建议,济州岛可能是一个合适的地点。但我们的立场仍然是,在类似的替代设施建成之前,我们不会离开冲绳。

我们建议您:

——表示我们理解冲绳的美国之音给日本带来的政治问题,且准备执行返还协定对美国做出的规定。

——声明,在足够的替代设施建成之前,我们无法转移广播站,对于日本政府启动条约中所说的更址协商的意图,我们将需要尽早得到事先通知。

4. 尖阁诸岛

日本立场

3 月 17 日和 22 日,日本政府两次正式通知国务院,表示其对美国政府公开采取的中立立场感到不满,并指出这一公开立场与美国政府要求保留岛屿上的靶场前后矛盾,至少在日本看来是这样。日本政府表明,它理解为何美国政府感觉必须不卷入该争端,但是要求在未来的任何公开声明中,我们避免使用可能会以任何方式不利于日本立场或是煽动日本公众反美情绪的词汇或短语。

美国立场

日本政府要求,我们也同意,在回应媒体关于该问题的询问时,我们不提及存在着对该岛屿"主权"的相互冲突的"要求",因为日本政府的官方立场是,除了日本对该岛屿的要求,不存在其他对该岛屿的"要求"。我们通知了日本政府,尽管我们应日本政府要求修改了部分媒体指导,这丝毫不意味着我们改变了不卷入该争端的基本立场。

我们建议您:

——表明,在这个潜在具有爆炸性的民族主义和领土问题上,最明智的处理方式就是尽可能少地将公众的注意力集中在其上面(日本政府过去一直使用该问题来团结日本公众在中国问题上的观点)。

——如果日本政府问及我们的公开立场,您应该宣读媒体声明,并表示,尽管美国政府的媒体指导已进行了部分修改以符合日本政府的要求,这丝毫不意味着我们改变了美国在尖阁诸岛争端问题上保持中立的基本立场。

5. 日本作为顺差国的责任

日本立场

日本承认,他们的外汇储备和贸易顺差额过高,并已经做出部分一般性和具体承诺以降低此额度。田中(Tanaka)首相已经声明希望在将于1973年3月31日结束的日本本财年中将与美国的双边顺差降低到20亿—29亿美元的范围内。日本已经采取措施刺激国内需求。日本已经同意稍微放开其对进口分销设施和电脑进口的限制,并即将预购美国农产品和浓缩铀。

美国立场

对于日本承诺的帮助减少贸易顺差的举措我们表示感激。但是,日本必须考察履行其作为一个贸易顺差大国的责任还能采取的其他措施。日本还有可能在许多其他领域采取措施以促进收支平衡的调整。

我们建议您:

——承认日本的行动表明其是一个负责任的顺差国家。

——对日本为实现收支平衡而采取的金融和贸易措施表示感激。

——强调要实现美日贸易平衡,日本须采取更多措施。

——对田中表示他希望在本财年内将与美国的双边贸易顺差减少到20亿—29亿美元的范围之内表示赞扬。

——督促田中向着这一目标的较低数额努力。

——指出,不应将这一问题的解决视为日本对美国的"让步",而应看作是日本为保留其在美国和世界其他地区的市场而做出的符合日本利益的行动。

——指出,促进实现收支平衡的其他措施应包括:

1. 进一步刺激日本经济增长。
2. 鼓励日本国外投资的额外措施。
3. 发起扩展日本旅游业的运动——尤其是到美国的旅游。
4. 刺激日本人购买美国工业和农业产品的进一步行动。

(随后会向您汇报正在进行的关于贸易和金融问题的谈判的现状)

6. 麻醉品

日本立场

日本国内没有严重的麻醉品滥用问题。像其他将国内的麻醉品问题控制得很好国家一样，日本感觉没有必要参与国际行动。但是，日本明白这一问题在全球范围内日益扩大的潜在危险，并对美国在这一领域的努力持赞同态度。

美国立场

我们承认并尊重日本在应对国内麻醉品滥用问题上所取得的成功。我们欢迎日本对控制非法毒品交易的国际努力给予更大的合作和支持。尤其是，我们仍然希望日本对联合国和联合国管制麻醉品滥用基金做出贡献。

7. 美日空间合作

日本立场

日本已经开始进行一项雄心勃勃的空间项目，这一项目的成功有赖于美国的大力支持。他们目前正在考虑是否进行一项气象卫星项目，但这一项目的启动将需要美国援助。

美国立场

美日的空间合作仍然符合我们在对日关系中的整体利益。

我们建议您：

无需向日本提出这一问题，但是如果有机会：

——声明美国对近年来美日之间广泛的空间合作项目感到十分满意。

——向日本重申我们对其空间项目的支持，以及我们仍然希望履行1969年《美日空间合作协定》中的承诺。

——督促日本考虑同意于20世纪70年代中期向全球大气研究计划贡献一个气象卫星。

8. 美日环境合作

日本立场

田中首相可能会强调他和他的政府对环境问题的高度重视，因为环境问题在日本政治中是一个大问题。

他几乎肯定会对美日环境合作表示赞同，并表示希望进一步提高合作的程度。他可能会解释说由于国内的官僚政治的原因，日本政府很难实现日本环境局权利的集中，但是其政府正在寻找绕过这一问题的方式。

首相可能会表达日本对环境问题会为日本获取原料造成困难的担心。他可能建议日美对此问题进行某种程度的共同关心。他可能也会表达对可能的环境问题上非关税障碍的担忧。

美国立场

美国完全认同日本对环境问题的关心。

美日环境合作始于1970年9月总统和佐藤首相的一次通信,美国重视与日本的环境合作,并希望加强共同努力。

美国希望在国际领域进一步与日本合作,尤其是在关于鲸鱼保护和海洋污染问题的斯德哥尔摩会议的后续工作上。此外,美国希望两国能促进发达国家采纳类似的环境领域经济政策。

9. 文化和教育交流

日本立场

到目前为止,日本主要是文化交流的被动获益者,但现在已经意识到在改善与其他国家的交流中扮演更加积极角色的重要性。今年早期,日本政府宣布建立日本基金会,这是一个政府资助的实体,其作用就是通过在国外,主要是美国,开展文化和教育项目,促进对日本的理解。这一基金会最初将收到相当于3200万美元的捐赠,并于1972年10月1日正式生效。该基金会将为从事日本研究的美国学者和希望进行比较研究的学者提供经费,并邀请媒体、政治、劳动和其他领域的美国领导者到日本进行短期访问。日本保证会与美国政府的交流项目进行密切协作。

美国立场

美国认为有必要更加努力地跨越根本文化差异所带来的与日本的交流障碍。新的改善了的教育和文化交流项目是实现这一目标的重要途径。美国希望逐步增加对日交流项目的资金,将这一项目更明确地集中于最关键、见效最快的领域以增进理解,刺激并支持各类私人机构与日本的交往,并与日本政府的交流项目进行密切协调。

国务院

1972年8月

(Issues and Talking Points: Bilateral Issues, Secret, Briefing Paper, August 1972. Digital National Security Archive (DNSA), JU01582.)

63. 谈话备忘录

01027

1974/2/13

国务院

谈话备忘录

日期：1974年2月13日

地点：国务卿办公室

主题：中国，韩国，三方公告，互访，中东形势

与会者：日本——外相大平正芳（Masayoshi Ohira）

大使安川武（Takeshi Yasukawa）

代理副外相鹤见清彦（Kiyohiko Tsurumi）先生

政务参赞村田良平（Ryohei Murata）先生

翻译山崎龙（Ryu Yamazaki）先生

美国——国务卿

西斯科（Sisco）先生

理查德·L.施耐德，东亚和太平洋事务助理国务卿帮办

托马斯·C.赫伯德（Thomas C. Hubbard）（记录员），东亚和太平洋事务局日本事务处

国务卿：大臣先生，我想对您在会议中所起到建设性作用表示感谢。

大平外相：我希望日本不是一个太过沉重的负担。

国务卿：没有，我们合作十分密切。您在午宴时的干预很有帮助。您在那3分钟里说的比另外几个人在3小时里说的还要多。日本的草案帮助我们建立了后续机制。我对结果很满意。

大平外相：美国所作出的让步比你预期的要多吗？

国务卿：没有，需要做的都可以在这个框架内完成。这取决于相关政府的意愿，而这无论如何不是能由一个公报决定的。我们对您所做的努力很满意，也很感激。

外相：我们希望后续能够与您保持密切联系。

［译者注：此处文字模糊，难以辨认］

国务卿：我相信你我已经建立起不错的关系。我们希望在能源和我们之间关系的所有其他方面保持最密切的接触。

大平外相：我已经与西斯科先生讨论了中东问题，但是我仍然想要对你们在那里所取得的巨大成功表示最深切的敬意。

国务卿：我们会继续努力。对于从叙利亚前线撤退的进展，我们持乐观态度；我们知道如何开始谈判，且已经与叙利亚和以色列进行了交谈。我想我们会在叙利亚问题上取得进展，之后会努力在埃及方面向前迈进重要一步。我们希望将注意力集中在已解决的问题上，而避免进行关于原则的一般性讨论。我们希望很快与埃及建立外交关系。我们认为随之还会与阿尔及利亚建立外交关系。

大平外相：你认为其他的阿拉伯国家会保持这一趋势吗？

国务卿：不完全会；利比亚和伊拉克不会。科威特假装不会，但实际上会。在撤军协议达成后我们会与叙利亚建立外交关系。他们已经派出了代表。

西斯科先生：是的。今天跟他见面了，他这个星期想见你。

国务卿：外相还在这儿的时候，我希望你（大使安川武）能为其设宴。我也将会设宴——我会为宴会专门学一首歌。

大平外相：我已经与英格索尔（Ingersoll）大使讨论了我近期的访华。你可能从他那儿听说了。

国务卿：是的，我必须说，我们现在对于中国正在发生什么确实有些困惑。我们不同意媒体认为的运动针对周的观点。我们认为这是周和毛共同干的。但是，还有些不太确定。

安川武大使：中国驻日大使还没回来，这肯定与中国目前的情况有关。

国务卿：他本应只去两个星期。

安川武大使：他为我取消了一次宴会。

国务卿：他本应回来，然后两个星期之后再去。他是中央委员会的成员，你知道。

大平外相：关于我们正试图与中国缔结的民航协定，我们认为会很困难，但是中国已经做出了很大让步。在基本问题上，谈判进行得很艰难，但是中国做出了妥协。最难解决的问题是台湾飞机所使用的旗帜和名称问题，以及羽田机场的使用问题。中国已经基本答应了台湾当局的请求。我想这意味着他们重视与日本的良好关系。

国务卿：为了不让我们的关系受到最近发生的变化的影响，中国很小心。

大平外相：我也这么认为。

国务卿：我们的对华关系目前没有新的进展。中国现在似乎害怕文化交流。尽管经济交流仍在进行，他们似乎害怕文化交流。

大平外相：台湾当局对我们在航空协定上的立场极力反对，以非政府形式与台湾当局达成协议尚需时日。我希望美国明白这一形势。

国务卿：我们理解。你知道我们赞成在台湾保持日本的最大地位。这也符合你们的利益。我们理解你们的问题。

大平外相：我们近期与韩国签署了共同开发大陆架的协定。我们向中国政府做了解释，但是几天之后中国政府表示他们反对这一协定，因为它涵盖了中国有领土要求的区域。现在，我们很小心地避免触及中国的权利，未来也是如此。但是，我们很担忧，因为中国政府持大陆架自然延伸的立场，而我们提倡中间位置的原则。这些分歧将难以协调。

国务卿：我们发现在这些问题上，你们在照顾自己方面非常小心。你们应该记住，谁先到达那里，谁就能获得部分额外权利。

大平外相：韩国最初希望由美洲国家来进行开发。日本希望签署联合开发协定。现在中国也提出了要求。

国务卿：现在你希望我们回来？

大平外相：在与中国关系正常化的时候，我们同意不触及尖阁诸岛问题。鉴于整个问题的情况，如果日本有所举动，中国不会保持沉默。

国务卿：在归还冲绳的时候，尖阁诸岛问题给我们造成了很大的困难，不是因为日本，而是因为台湾。如果中国在尖阁诸岛动武，我们的处理方式会不同于在我们在西沙群岛的处理方式。在西沙群岛，我们从未声明他们的归属。

大平外相：关于朝鲜半岛，澳大利亚正在考虑承认朝鲜。我们劝他们不要这样做，但是他们说，他们等不了多久了。

国务卿：因为他们在那里有重大利益。澳大利亚忍不住要表达他们的观点。

大平外相：我在北京的时候，告诉周如果中国承认韩国，我们将承认朝鲜。中国直接回答说不。

国务卿：我们持同样立场。我们认为承认朝鲜是错误的，除非其他国家承认韩国。否则，我们的处境就是，所有的共产主义国家都不承认韩国，但是所有的国家都与朝鲜建立了外交关系。除了对日本,我们不会做出有承认朝鲜意味的行动。至少一年之内,我们不打算在朝鲜采取重大军事行动。我们也没决定在那之后采取行动,但是一年是最短期限。我们需要取得关于联合国要求在今年秋天召开联合国大会的一致立场。我们必须找到一个正式的替代品,因为我认为我们会被否决。目前,我们正在与韩国政府谈判。我们不会改变我们的基本立场,但是在法律上来说会有变化。如果你同意,我们应该协调我们在联合国大会中的立场。

大平外相:是的,当然。周和外交部长建议我们对中国更加热情。他们没有要求我们承认中国,但是他们督促我们把中国看成是一个单独的实体。我们说对此我们不能同意。我们计划继续与中国讨论类似的各种问题,尽管可能我们无法达成一致。

国务卿:当然。我们也这样做。我们的经历表明,与中国存在分歧,但是并不带来恶意,这是可能的,尤其是问题牵涉其他国家的利益时。

大平外相:欧洲提议签署双边公告,关于日本—欧共体双边公告,我们觉得需要以某种方式进行回应。12月份时,我们告诉他们,对于他们的提议,我们表示感谢,但是我们更愿意发表一个三边公告。1月份,我们通过德国向欧洲表示,我们愿意就一个非承诺性的公告进行讨论。我们期待4月份蓬皮杜(Pompidou)访问日本时讨论这一问题。欧共体做出了积极回应。我只是想告诉你目前的情况。

国务卿:我不清楚政府间如何进行非承诺性的谈判。

安川武大使:在与德国交谈时,我们说的十分明确,我们仅就双边公告进行试探性谈判,这不会影响我们的基本立场,即我们最希望的是一个三边公告。

国务卿:如果日本与欧洲签署公告,是否也想之后与我们签署一个公告?

安川武大使:这取决于你们的立场。美国看似更倾向于与欧洲签订双边公告。

国务卿:我们希望签署美日欧三边公告。几个星期前我在一个新闻发布会上说过。三边公告应该与我们与欧洲的公告不同,因为根据你们的判断,他应该有北约公告的部分要素,即,涉及部分防御内容。我们赞成三边公告。你们有什么反对意见吗?

我可以十分确信地告诉你一件事。我们认为,如果下一个欧共体草案没有改善,我们可能彻底放弃。我们认为花费高级官员的时间起草一个需要6个教授进行分析的文件毫无意义。在这种情况下,我们将签署北约公告,这一公告已经完备。这样的话,我们可以更容易达成三方公告。这是机密。坦白说,与欧洲的争论让我们感到厌倦。每一段都和这次会议一样,但是却没有日本来打破僵局。他们开了10小时会,然后很自豪地说达成了一致,但是他们把达成的一致读出来的时候,局外人却不明白他们就什么达成了一致。

所以,我们不知道我们会怎么做。我们还没看到最近的草案。我们2月27日将派人去欧洲。我们届时会看到草案,如果我们对草案不满意,我们会放弃草案。我们需要给欧洲一个"基辛格冲击"。

安川武大使:那么,这是对我几个月之前的问题的肯定回答吗?

国务卿:(欧共体草案)并没有什么不对,但是花费一年的时间,然后说美国肯定欧洲认同,而这是我们帮助确立的……那我们是不是也要肯定日本认同?如果没有显著改善,我们目前的倾向是放弃欧共体公告。然后,或许你们可以肯定欧洲认同。仍然有可能在欧洲、日本和美国间订立些什么。我们应该确保持开放的态度。我们看到草案之后会与你们协商。他们承诺下个星期完成。之后我们就知道我们的下一步的行动了。

鹤见先生:要将加拿大包含在内吗?

国务卿:必须对加拿大有所作为。

大平外相:在我们的双边关系中,还有什么要提出的问题吗?

国务卿:我认为没有了。关于苏联,我会在3月1日访问莫斯科为总统可能在6月下旬进行的访问做准备。我们会确定日程。限制战略武器会谈将是最大的难题。这一问题十分复杂。我们制定立场之后,会告诉你们其要点。你可以派专家过来,或者我们可以向大使进行解释。这点上我们面临着国内问题。6年来一直指责我们在国防上花费过多的人现在又说我们忽略国防。我们将设法解决这一问题。

斯奈德先生:关于访问我们不说点什么吗?

国务卿:因为总统的日程安排必然非常不确定,我们想推迟具体提议的时间。如果你们方便的话,我们仍然希望在今年安排一次访问。

大平外相:我们随时欢迎。由于春天的劳资斗争,4月份不太合适,可能会有罢工。6月份我们进行选举。除了这两个月,我们随时欢迎总统到访。

国务卿:不会在4月。7月份很热,对吧?

安川武大使：不会比华盛顿更热。

国务卿：我得在查看总统的日程安排之后做出提议。

安川武大使：如果您准许，我想提出一个日本政府并未做出指示的话题。大平外相是日本一个团体的成员，这个团体正支持前首相佐藤参加诺贝尔奖评选。这个团体让我请部分美国人支持其提名。我不期待您现在给我回复，我会寄给您一些资料。

国务卿：我十分钦佩佐藤首相，把他看做一个朋友。我对此很赞成，但是请把资料寄给我。因为媒体并不承认越南战争已经结束，我获得诺贝尔奖并没有大量媒体报道。

安川武大使：会议之后我们会召开新闻发布会。大平外相太沉默了。我们是不是应该听听他的意见？

国务卿：是的。有什么我们需要回避的吗？

斯奈德先生：我们可能应该回避三边公告问题。

安川武大使：我们的媒体会问的第一件事会是访问的问题。

国务卿：是的。我确认过了，总统仍然打算今年访问日本。我们讨论了可能的时间范围。我会再看一下他的日程表。我们欢迎天皇随时来访。我们的理解是，你们仍然希望总统首先访问日本。你们这么说，我们并不反对。我再次向天皇发出了访问美国的邀请。至于三边公告，你可以说，我对日本的立场表示完全赞成。

国务院

华盛顿特区 20520

1974 年 3 月 2 日

致国务卿备忘录

先生——

附件是您和大平在 2 月 13 日谈话的备忘录，请批准。批准之后，我建议将其分发给拉什（Rush）先生和布伦特·斯考克罗夫特（Brent Scowcroft）。

乔治·S. 斯普林斯廷（George S. Springsteen）

(China, Korea, Triregional Declaration, Exchange of Visits, the Middle East Situation, Secret, Memorandum of Conversation, February 13, 1974. Digital National

Security Archive (DNSA), KT01027.)

64. 谈话备忘录

00081

1974/03/09

1974年3月9日

主题:防卫厅长官的观点

地点:临时代办住所

与会者:日本防卫厅长官山中贞则(Sadanori Ymanaka)

　　　　日本防卫厅外交关系顾问橘圭一(Keiichi Tachibana)

　　　　东京美国大使馆临时代办

　　　　政治军事事务局小林忠雄(Tadao Kobayashi)

分发范围:

　　临时代办　　　　　　共同防御援助办公室

　　政治事务官　　　　　美国新闻处

　　政治军事事务局-2　　C&R

　　政治事务官-A　　　　东亚和太平洋事务局日本事务处

　　武官处　　　　　　　情报和研究局俄罗斯和欧亚大陆分析办公室

　　　　　　　　　　　　太平洋总司令政治顾问

以下是山中贞则长官在临时代办住所进行的一次两个半小时的午宴上的言论的重点部分:

一、安全关系

临时代办问他《美日安保条约》关系所面临的问题时,山中长官表示对此关系的状态总体上感到满意。他表示,他不赞同前防卫厅长官中曾根(Nakasone)要求对20世纪70年代中期的日本社会及政府(包括宪法和日本与美国的安全关系)进行总体性重新审视的提议。在安全领域,日本必须尽到自己的职责;日本不能期望美国援助一个什么都不做的国家。他说,在国会中,反对党经常告诉他《安保条约》并非必要,因为不存在威胁。他总是立即回答,这个条约是个巨大的成功,正因为人们并未感到该对该条约的需求。"一个人感觉不到对空气的需求,直到他被剥夺了空气;这个条约就是这样。"

然而，山中感到，在防御问题上需要更为密切的美日协商。他说他不认为需要废除或改变现有的政府间协商论坛，例如安全咨询委员会，但他认为这些论坛太过正式。例如，关于1974年的安全咨询委员会会议，他说，大平外相仅打电话通知了他会议议程，就这些而已。与会者都有手稿，任何偏离都会引起注意。此外，他还表示，与他职务最为相当的人是太平洋总司令，而他仅关心太平洋事务。他表示，两国政府需要就防御问题进行内阁级别协商。

二、美国和欧洲访问

因此，山中表示，5月份本次国会会议之后他的美国之旅的主要原因之一就是会见国防部长施莱辛格(Schlesinger)，希望能与其建立私交，像他在担任首相官邸总干事期间和环境署署长拉塞尔·特雷恩(Russell Train)及前琉球群岛高级专员兰伯特(Lampert)将军之间的关系一样。

山中说，在他与国防部长施莱辛格的会面中，他希望就日本如何融入美国国防部的全球战略视野进行坦诚讨论。山中表示，他尤其希望讨论在上次安全咨询委员会会议上他简单提到的两个话题：

西沙群岛和尖阁诸岛——山中说，美国在近期南越和中国间的西沙群岛争端上采取了不干涉态度。他说，日本需要知道美国是否认为尖阁诸岛位于《安保条约》所覆盖的范围之内。因为尖阁诸岛是日本领土，所以，如果中国进攻该岛，则日本会投入战斗。在这种情况下，日本将必须知道美国军队将准备采取何种行动。临时代办说，美国认为在战争结束时，尖阁诸岛在日本的管辖之下，并且已经通过《冲绳返还协定》，恢复了岛屿的这一地位。他进一步声明，对于可能存在的对该岛主权的相互冲突，美国将不表态，因为此类冲突早于我们对琉球群岛的占领，也未受将岛屿归还日本管辖之条款的影响。当然，美国坚信，任何此类冲突都应以和平方式解决。但是，临时代办也表达了他个人的观点，即因为我们承认尖阁诸岛是受日本管辖之领土，所以尖阁诸岛也在《安保条约》的范围之内。山中说，作为防卫厅长官，他需要更多地了解美国的意图，即如果中国试图从日本手中夺取尖阁诸岛，美国意欲何为。

苏联SA-6导弹——山中也说，他想问问施莱辛格部长美国向日本提供苏联SA-6导弹系统技术信息的可能性。日本极为需要一个诸如SA-6的地对空导弹系统，但是，当然，却不能从苏联购买。山中说，他理解美国正对由以色列截获并提供给美国的SA-6导弹进行研究。

此外，山中说他希望问一下施莱辛格部长如果苏联入侵日本，美国将会采取何种行动,比如说,在北海道。美国是否会对日本进行海上、空中及地面支持?

山中说,如果时间允许,他还会访问瑞典、西德和英国。他说他期望从瑞典取经,因为作为一个靠近苏联、仅有 800 万人口的中立国,瑞典却有着杰出的民防系统和军事研发项目。他说他希望访问德国是因为德国像日本一样是战败国,但是为了自我防御,修改了宪法以建立一支强有力的军队,并且仍然是美国的坚定同盟,而且是北约成员国。他对英国感兴趣是因为,像日本一样,英国是一个失去了殖民地的岛国。

山中说他收到了若干关于访问法国的提议,而且联勤处督促他去看看那里一些"有趣的"军事硬件设施。但是,他说他将放弃访问法国,因为"法国太以自我为中心"。在他看来,法国想从北约获益并将其部队驻扎在西德,但是却不允许其任何盟国驻军于其领土之内。它向阿拉伯人提供虚假的承诺,以保证它的石油供应。山中说,他没什么要向法国这样的国家学习。

三、"互补"

山中说,日本政府决定,日本确实需要反潜战的能力,而他已经从日本自卫队专家那里收到了关于在国内生产反潜航空电子设备并将其安装于出巡试验用的基于陆地的航行器(仍处在规划阶段)上,或作为选择,从美国(P-3,波音 737)、英国(宁录式)或法国(大西洋)购买的可行性的信息。山中说,他已经将这一信息发给国防委员会的专家委员会,他们会做出最后决定。

山中说,在考虑这些选择的时候,日本政府必须考虑到费用问题和日本国内的研发能力和效率。小林先生补充说,驻日美军正使用 P-3 飞机,如果日本自卫队采用这一飞机,两军在紧急情况时将可以彼此"对话"。

临时代办说,前副国务卿霍根倾向于在美日间进行详细的技术讨论,以探讨两国军队间增强互补的其他可能性。山中说这个主意很好,美国和日本的军事专家应该聚在一起进行此种讨论。山中说日本专家会随时向他通报全部信息。

四、第四国防建设计划后续

山中说关于 1976 年 3 月第四计划完成后的国防计划,日本尚未作出决定。部分人支持"滚动计划",在这一计划中,固定费用,比如人事以及运行和维护费用,将被计入年度预算,而研制时间较长的项目,比如新式武器系统,将会有单独的计划。(山中暗示说这些计划不会像过去那样合并在一起。)

五、反对党

山中说今年的下院预算听证会异常的轻松。他的内阁同僚向他抱怨说,他们没有像过去那样,在预算委员会详细争论防御问题时享受到一次"boei vacance"。山中说防御问题仅进行了一天讨论。

山中说,在今年的听证会上,日本共产党提出了阿连德(Allende)的被推翻及其可能对日本产生的影响的问题。他说日本共产党的质疑者断言,日本自卫队是反共产党的,且正在被灌输反共产主义思想。山中说,他的回应大概是说,日本自卫队并不是反日本共产党本身,因为它在日本属于合法政党,但是马克思列宁主义是错误的,日本自卫队被灌输要反对的正是马克思列宁主义(山中补充说,当然,没有了马克思列宁主义,日本共产党也就不再是共产主义者了)。

山中说在预算听证会上,他与日本社会主义党打交道时没遇到问题。在被问到关于公明党的防御取向时,山中说,尽管该党提出了反《安保条约》方针,其并未下定决心。山中说,其成员百分之七十是保守派。

批准:临时代办(草稿)

(Views of the Defense Minister, Confidential, Memorandum of Conversation, March 9, 1974. Digital National Security Archive (DNSA), JA00081.)

65. 国务院简报

01589
1972/08/00
国务院简报

尖阁诸岛

根据《冲绳返还条约》,尖阁诸岛(中国人称钓鱼岛)以及其他的琉球群岛之岛屿于1972年5月15日归还日本管辖。尖阁诸岛位于大陆架,冲绳海沟极深的水把它与琉球群岛的其他岛屿分开。近年来的勘探已经表明,大陆架中可能蕴藏着大量石油,而拥有尖阁诸岛有助于支持资源匮乏的日本对大陆架资源的要求。此类要求已经将全世界的目光聚焦到了这些无人居住的前所未闻的岩石小岛上,而在过去几年中,中华人民共和国和"中华民国政府"都声称拥有这些岛屿之主权。台湾已经出现了关于该问题的数次示威,而"中华民国政府"已经在多个场合要求我们不将其归还日本。

在返还冲绳的谈判中,美国已经决定,除将这些岛屿连同琉球群岛的剩余部分归还日本外,我们别无选择。二战期间的美国和日本地图显示,尖阁诸岛当时作为冲绳县之一部分,受日本管辖,且位于美国根据《对日和平条约》第三条所接管的区域之内。但是,我们也坚持,归还这些岛屿的管辖权不妨碍我们不卷入该争议的基本立场。

中华人民共和国和态度相对缓和的"中华民国政府",已就我们同意将岛屿归还日本所表现出的在此争端上的亲日态度向我们发起攻击。他们还援引我们在《返还协定》中与日本达成的保留该岛屿若干(不经常使用的)美国海军靶场的协议,作为我们缺乏中立性的又一证据(日本媒体也对此大肆宣扬,将其作为美国支持日本立场的证据)。

关系到我们中立立场的另一个问题是关于《美日共同安保条约》第五条的。此条一定程度上表示,各缔约方同意"在日本国管辖之领土内,对任何一方之武力攻击都威胁其自身的和平与安全,并声明,其将采取行动对付共同的危险"。因为美国已经公开承认琉球群岛(包括尖阁诸岛)的管辖权已经归还日本,部分日本人争辩道,第五条的规定显然适用于保护尖阁诸岛免于外国(即,中国)的侵占,而我们公开的中立立场至少是前后矛盾的。尽管日本政府和日本媒体对于我们立场上显然存在的前后矛盾了然于胸,但选择暂时不大肆渲染尖阁诸岛问题的此一方面。但是,我们可以预期,日后第五条将日益受到关注,尤其是如果因为大量石油的发现使得在尖阁诸岛问题上的中日关系恶化的话。

该问题另一棘手的方面在于,美国的石油公司正积极与日本公司合作勘探日本近岸海域石油。台湾地区和韩国的美国公司的部分近岸租借区与日本的领土要求重叠。尤其是海湾石油公司在尖阁诸岛附近区域的租借区是与中国——不管是国民党的还是共产党的——产生摩擦的潜在根源。目前为止,通过警告我们的公司并告知相关国家我们不会成为北亚大陆架领土争端之一方,我们已经成功避免了美国政府的直接卷入。

附件:
日本外务省 1972 年 3 月 8 日声明

媒体指导

国务院

1972 年 8 月

(Senkakus, Secret, Briefing Paper, August 1972. Digital National Security Archive (DNSA), JU01589.)

66. 美国大使馆文件

00082

1974/03/28

日本东京

1974 年 3 月 28 日

官方—非正式

机密

威廉·C. 谢尔曼(William C. Sherman)先生

处长,

日本事务处

东亚和太平洋事务局

国务院

华盛顿特区,20520

亲爱的比尔:

  附件为本月早期我与山中一次午宴交谈的谈话备忘录。你可以看出,他对访问华盛顿很感兴趣,主要是想与施莱辛格部长建立私交,并与其坦诚讨论一些敏感问题。当然,他希望见到国务卿基辛格;但是在我与他的谈话中,山中看似认为他并不能见到基辛格国务卿。他看似认为他的欧洲之旅的重要性次于他对美国的访问。

  我认为,山中访问华盛顿对我们来说是个优势。自 1970 年中曾根访问以来,还没有日本防卫厅长官访问过华盛顿。自然,山中此行的主要目的很可能是提高其政治地位;但我认为山中此行没有负面影响,无论是对于我们的安全关系还是国内政治而言。目前来看,他是一个十分善于表达且高效的防卫厅长官,为使日本自卫队脱离萎靡状态做了很多。尽管在冲绳基地合并计划及其他问题上，我们和他之间还存在着问题，但他一直明确支持美日安全关系。今年夏天选举后举行的内阁改组后，他可能不再任职，但是未来很多年内，他可能仍会在内阁担任职务。因此，我认为，我们应该尽力为他提供便利，包括在他访问早期安排他与国务卿和副国务卿见面。当然，我们需要与其就应对媒体达成明确理解，尤其是在他与美国官员的谈话方面。

在收到你 3 月 12 日的来信之后，我非正式地向大河原（Okawar）先生提出了这一问题。大河原告诉我，山中已经向他介绍了我们午宴谈话的基本情况，并表示他已经讨论了山中的访问计划。面对我直接的问题，大河原说他不认为山中访问美国有什么问题，而且，事实上，认为这将是有益之旅。我没问这一出行是否会得到首相的赞许，但是大河原肯定没有表示他认为这会是个问题。

然而，大河原的确提到山中对尖阁诸岛问题感兴趣，并问美国是否可能以某种方式支持日本的领土要求。我说我认为我们即使有可能也仅有很小的可能会超越我们目前在此问题上已经采取的立场。此外，我极力主张大河原建议山中不要催逼美国对这些岛屿受到威胁时美国会如何反应这一问题做出明确表态。我强调，我认为山中这么做将大有裨益，而大河原看似完全认同这一点。

总之，我认为我们应该对山中的兴趣做出积极回应，并试图安排其在议会会议结束（大概会在 5 月的第一个星期）到选举活动开始这段时间访问华盛顿。我相信施莱辛格部长的邀请将是一个很好的表示，并且可能给我们一定的优势，以确保本次访问不会带来负面影响，尽管我认为无论如何，产生负面影响的可能性都很小。我希望施莱辛格部长的邀请函经由大使馆转送，这样我就有机会再次见到山中，以更好地确定如何对他的出访进行安排。

此致，

托马斯·P. 休史密斯（Thomas P. Shoesmith）

临时代办

(Invitation to Minister Yamanaka, Confidential, Letter, March 28, 1974. Digital National Security Archive (DNSA), JA00082.)

67. 福田与美国总统会面的观点

00256
1978/04/25
来自：东京
发往：白宫
发件人：曼斯菲尔德(Mansfield)大使
收件人：总统，白宫，紧急
主题：首相关于与总统会面的观点

1. 福田(Fukuda)首相知道我明天将离开日本，今天早上召我去其官邸就他即将进行的美国之访非正式地交换了观点。

2. 他一开始便说，他认为美日之间不存在重大问题，他期待在他的华盛顿之行中，就世界经济和政治问题进行广泛的意见交流。在政治方面，他说他准备讨论日本的对亚洲政策，对东南亚地区政策，对朝鲜、中国和苏联政策。他计划再次强调美国继续在亚洲扮演特殊角色和保持其对亚洲问题的关注的重要性。他还计划询问您对美国的对华和对苏政策的看法。他还希望拿出时间讨论中东问题，并向您咨询，在中东地区和世界其他地区与美国进行合作方面，日本应该扮演何种角色。

3. 在经济问题上，首相准备解释日本将采取何种行动来帮助改进世界经济形势，并就如何应对目前的全球经济问题交换意见。在首相看来，需要解决的最重要问题是，如何确保即将召开的波恩峰会的成功。他将急于寻求您在这个问题上的观点。在日本人看来，在非共产主义国家之中，在经济和政治政策的制定方面，美国必然要一马当先。日本希望在这一过程中扮演重要的辅助角色。作为一个民主、国内稳定而且经济状况良好的盟国，日本对美国十分重要。在这一背景下，首相相信，两国领导人之间需要定期会面。他将你们在华盛顿的会见视为这一正在进行的协商——一个你们讨论全球问题并在广阔的范围内应对共同问题的论坛——的一部分。

4. 首相之后将话题转到了中日关系问题上，并回忆了我们的上一次会面，那次会面中，他曾指出，真是十分不幸，正当日本准备更加积极地进行《中日友好和平条约》的谈判时，发生了中国入侵尖阁诸岛的事件。他让同样在场的园田（Sonoda）外相向我介绍了目前的局面。

5. 园田说，尖阁诸岛事件给中国和日本都造成了困扰，中国经过一段时间之后才做好正式应对这一问题的准备。他们对日本的抗议和咨询的最终回复是，尖阁诸岛事件未经策划，本质上是一次"意外"。他们暗示，日本近期将领海范围从3英里扩展到12英里可能是造成问题的部分原因。无论如何，外相表示，只有尖阁诸岛问题得以解决之后，日本才会继续进行《友好和平条约》的谈判。

6. 外相继续说，近期西德总统谢尔（Scheel）访问日本标志着日德关系进入了一个"新时期"。总统谢尔和外长根舍（Genscher）在与日本首相和外相的谈话中都强调保持日、德、美之间的密切合作十分关键。福田在与西德的谈话中，自始至终强调，必须确保波恩峰会的成功。西德代表同意并准备就此进行合作。

7. 福田首相陈述之后，我对他抽时间与我见面表示了感谢，并告诉他我认为他对即将到来的华盛顿会面的计划十分周全，也很符合您的预期。不过我也告诉他，我会将他的观点全部转告于您。我顺便也指出，日元对美元汇率近几天变得更为有利了，并说，我个人相信，这首先是您对美国的反通胀政策所发表的演讲的结果，其次，是由于股市所出现的有利转变，第三，是由于参议院批准了《巴拿马运河条约》，第四，是参议员杰克逊（Jackson）近期所做的关于《能源法案》即将通过的声明，最后，是由于与1977年第一季度相比，美国的石油进口下降了大概14%。

8. 首相回应说，日本经济也有所好转。工业生产指数正在改善，而他相信，还会继续改善。他说，他想将此向您汇报，并重申他个人仍致力于两个目标的完成——第一，兑现日本实现7%经济增长的承诺，第二，将经常账户顺差减少到60亿美元的水平。他表示他正在尽其所能实现这些目标，如果目标看起来难以实现，他将采取进一步措施。无论如何，他希望我们知道，他个人致力于成功实现目标。

9. 我回答说，我和大使馆将继续在我们对国务院、白宫和国会成员的汇报中明确这一点，即，日本对其在《斯特劳斯（Strauss）—牛场（Ushiba）公告》中所做的承诺是严肃对待的。我也插入一句，指出，日元的持续升值将会使进展更为困难。

10. 之后首相问我是否有有关朝鲜和美国之间的可能接触的新闻故事。

我告诉他,正如他所知道的,一个美国的乒乓球队已经收到了到平壤参加比赛的邀请,但是也指出,这与美国与朝鲜的关系毫不相干。我表示,没有韩国的参与,美国将不会与朝鲜进行接触。我指出,我们赞成朝鲜和韩国之间的谈判,如果可以,还会为其提供便利,但是我们不打算在没有韩国的全面参与的情况下讨论朝鲜半岛的未来。声称朝鲜和美国进行了秘密谈判的新闻故事是不真实的。外相此时插入说,日本也是这么认为的。近期有报道说日本和朝鲜在外蒙古进行了某种政治谈判,这完全是子虚乌有。日本打算在发展对朝关系方面和美国和韩国进行全面协商并与两国保持一致。

11. 评论。首相健康状况良好,精神也不错。显然期待着与您在华盛顿的会面。他今天早上对我所说的没有新的内容,但是,我感觉,他想要表达的是,他希望这次会面成为交换意见并协调关于重要全球问题政策的定期持续协商的一部分。他显然希望使波恩峰会就领先的经济大国之间达成协议而言,看起来是一次成功的峰会。如此次峰会成功,日本的商业信心和经济增长都会相应改善。在我看来,毫无疑问,福田认为美国和日本的繁荣是互补的。但是我并不感觉福田强调这些讨论的全球性质是试图避免因为没能像美国希望的那样在经济领域快速采取行动而遭受批评。事实上,他相信,他和他的政府已经对我们的建议作出了快速回应。他确信,要取得进展,尽可能密切的合作是必须的。

12. 我期待在即将到来的会面中与您见面,并想对您抽出时间会见即将离任的日本大使表示感谢。如果您认为可以将这一消息提供给国务院和其他相关部门,我也很高兴您这么做。
此致

迈克·曼斯菲尔德

(Prime Minister's Views re Meeting with President, Confidential, Cable, Excised Copy, April 25, 1978. Digital National Security Archive (DNSA), KO00256.)

68. 福田首相之访

4月30日—5月5日
00380
1978/04/30

国务卿

秘密

福田赳夫首相之访

1978年4月30日—5月6日

目 录

议程表

致总统备忘录

国家问题文件

1. 双边贸易问题

2. 美日民航问题

3. 科技合作

4. 核问题

5. 波恩峰会问题

6. 国际钢铁协定

7. 联合国相关问题

8. 对苏关系

9. 中东和平

10. 尖阁诸岛领土争端

背景文件

1. 前景展望

2. 美国经济

3. 日本国内经济状况

4. 西太平洋地区美国安全立场

5. 日本之防御思考

公开声明

小传

致总统备忘录

国务卿

华盛顿

致：总统

发件人：赛勒斯·万斯（Cyrus Vance）

主题：您与福田赳夫首相之会晤，1978年5月3日，上午10：30

一、目标

美国目标

尽管近期出现经济摩擦，向日本表明美日关系的稳固性。

进一步促进《斯特劳斯—牛场信彦联合声明》的实施。

协调政策，为波恩峰会做准备。

鼓励日本在共同关心的政治和安全问题上承担更多的责任。

福田的目标

向其公众表明，他有能力处理与美国的关系。

鼓励美国继续在东亚地区的安全上扮演重要角色，并采取我们未来计划中针对苏联、中国和韩国的措施。

寻求能够稳定日元兑美元汇率的措施。

为应对日本目前的账目问题争取时间。

协调政策，为波恩峰会做准备。

听取我们对重大全球性政治问题的分析。

二、背景

福田是美国坚定的朋友，但是对于我们之间关系的状况感到担忧。

我们与日本的关系总体上仍然坚固。我们之间大量的经济来往依然在扩展，但随之也出现了巨大的经常账户失衡问题，而这一问题已经削弱了全球支付系统，激起了美国和欧洲的保护主义情绪，并在国会引起了认为日本应该为其自身防御承担更多费用的牢骚。《斯特劳斯—牛场信彦声明》争取了部分时间，但是日本执行这一协议的努力尚未对顺差产生任何影响，且在未来几个月也不会产生影响。目前尚无证据表明日本经济需要结构性调整，而国会山的不耐烦情绪正在增长。

在政治问题上我们的观点惊人一致。我们在亚洲的利益是平行的、可兼容的。防御合作正在缓慢扩展；这一情况可能会继续。但是日本仍不确定我们在亚洲后劲如何。他们认为我们更重视欧洲，并且对欧洲各国政府施加的压力比对日本政府施加的压力小。

福田首先最初选此时间出访是为了获得最大的政治灵活性。他能否继任取决于是否能在12月份赢得自民党总裁的职位，而目前来看，他的前景并不乐观。日本经济的疲软、日元升值带来的混乱和抱怨以及在国际事务上模棱两可的形象，促使自民党寻求福田之外的领导人。

但是福田机智且适应力强。成功访美、日元的稳定、日本经济的好转，以及在波恩引人注目的表现，所有这些，或其中任意一项，能够极大改变他的获胜几率。他拥有解散议会并召集下院选举的特权。在党内好的表现，加上反对党今年格外混乱，将确保他能连任。自然，福田在美国所受到的待遇和表现将在日本受到最密切的关注。

这将是强调我们对于美日关系重视程度的好时机。近期苏联在渔民和领土争端问题上对日本的强硬态度，中国在维护他们对于具有争议的尖阁诸岛要求时的肆无忌惮以及欧洲和声音稍逊的美国保护主义者的同声一气都使日本感到孤立。因此，对福田的热烈欢迎将有特别的效果。

最后，近期美国政策的发展应向日本确保，我们正在尽我们所能解决共同的问题，并强调，我们要求他们也尽其所能。您的通货膨胀声明、出售黄金的决定，以及能源法案的进展已经提高了美元兑日元汇率。您的缓慢从韩国撤出地面部队的决定也加强了日本人眼中美国作为一个全力维护东亚稳定的谨慎盟国的形象。

三、全球经济问题

1. 增长和经常账户

美国目标：如果像预期的那样，目前措施达不到要求，鼓励福田采取额外措施刺激国内经济增长，减少经常账户顺差。

日本目标：说明日本已经采取了强有力的刺激性措施，并且会采取进一步行动，但是日元的升值破坏了他们的努力。

关键因素：在斯特劳斯—牛场声明中，日本确认了1978财年（在4月1日起）7%的增长目标，并确认大大减少其在1977日本财年达到的140亿美元的经常账户顺差。我们表达了实现非通货膨胀增长及减少我们对石油进口的依赖的打算。

尽管日本政府采取了措施,但事实上没有日本经济学家预期日本会实现其宏观经济目标。日本已经采取扩张性财政政策,这会将其财政支出占国民生产总值的比例提高到 15 年来的最高值。此外,贴现率已经被削减到了 3.5%,是 20 多年来的最低值。但是私营经济占了日本国内生产总值的大概 75%,而私人经济对经济政策的反应将决定增长率和经常账户的收支平衡。

福田正在准备补充预算,已于秋天提交议会讨论,但是想要实质性改变本财年的增长率,做这些可能太少也太晚了。

1978 年前三季度日本的经常账户顺差持续位于高位。日本进口减少,部分因为国内需求疲软,部分因为进口商推迟了订单,等日元进一步升值,好以更低价格买进。出口增长是因为日元的升值,可能还因为为了避开运价猛增的紧急订货、谣传的日本政府的出口限制,以及西海岸码头可能出现的罢工。日本政府已经宣布了减少顺差的措施,例如:

——以日本政府外汇资金中的美元借款紧急进口原料和固定设备;

——为已经签约的美国浓缩铀服务预付 10 亿美元的提议;

——说服日本公司自愿将出口量限制到 1977 年的水平。

要明确的几点:

——我们正在采取步骤以应对日本和其他国家指出的问题领域。斯特劳斯大使正领导应对通胀的战斗、能源法案的前景有所改善、商务部长克雷普斯(Creps)正带领专门工作组制定国家出口策略。已宣布出售黄金。

——日本政府为应对经济困难已作出真诚努力。我们对于福田做出的达到 7% 的增长率的决定尤为赞同。

——我们的共同利益取决于日本减少经常账户顺差的努力的成功。顺差,加上全球经济增长的停滞和美国及欧洲的高失业率,威胁着全球贸易系统的稳定。

——我们明白,日本政府正在考虑刺激增长和减少经常账户顺差的进一步措施。在波恩峰会上揭示这些计划,将会大有裨益。

——日本更广阔地对进口开放其国内市场以兑现其在《斯特劳斯—牛场宣言》中的承诺的努力尚需取得更大进展,表明其正在采取步骤以加快进展在政治上而言十分关键。实质性多边贸易谈判的提议以及表明美日联合贸易便利化委员会(商务部长克雷普斯访问日本时建立)促进了美国公司进入日本市场也都尤其重要。

——（如果被问到该问题）美国认为出口限制措施在应对特殊经济部门的问题时可能有用，但是它们不能解决长期性的结构问题，亦不能打开日本市场。

2. 汇率问题

美国目标：强调美国将会通过创造强势美元所需的基本经济和财政条件以促进货币稳定，但是不会直接在外汇市场为美元提供支持。

日本目标：获得美国加强美元，并对美元给予直接财政支持的承诺，哪怕是模糊的承诺。

关键因素：自10月以来日元升值22％已经在东京造成了恐慌。福田面对停止日元升值的巨大政治压力。日元的升值已经造成了出口领域的中小企业破产率的升高。3月13日美德为应对外汇市场的混乱情况而达成的关于交换措施的协定进一步让日本相信，我们对待日本比对待德国"更加严厉"。

需要明确的几点：

——美国和日本一样希望国际货币市场恢复平静；我们不寻求使日元升值。

——为实现货币稳定，我们必须共同承担责任，应对不稳定的根源，例如，美国的能源和通货膨胀问题；日本的增长和经常账户管理问题。

3. 多边贸易谈判

美国目标：使福田相信，为使波恩峰会有一个积极的开端，日本必须：(1) 改善其在多边贸易谈判中对有竞争力的美国产品的关税和非关税提议；(2) 满足为多边贸易谈判设定的7月15日的目标日期。

日本目标：使美国相信，在经过一些改善后，日本目前的多边贸易谈判提议将令人满意，并坚持在衡量互惠时将免税贸易包含在内。

关键因素：日本在多边贸易谈判中是否愿意减少贸易壁垒将是对福田是否愿意将我们的贸易置于平等基础上的决定性考验。这是美国在多边贸易谈判中的主要目标。日本最初的提议不够令人满意（对美国出口减税20％，而我们提议对日本进口减税50％）。面对美国和欧共体的尖锐批评，日本将会改善其提议，但尚未明确将提高多少。

若要被接受，日本在多边贸易谈判中的让步必须满足《斯特劳斯—牛场联合声明》中所设定的4个多边贸易谈判目标：

——贸易关系的基本平等；

——大致相当的竞争机会；

——对等的市场开放度，以及

——类似的约束关税平均水平。

日本欲将原料（占其全部进口的80%）包含在关税衡量方案中，因为这将使平均关税减半。但是这不表明有自由不对进口国不能大量生产的产品征收关税。

需要明确的几点：

——对日本的多边贸易谈判关税提议和其他壁垒（例如政府采购）表示失望，尤其是考虑到在《斯特劳斯—牛场协议》中达成的理解。

——强调实质性改善的必要。

——在评估日本的提议时，我们将审视对竞争性进口的保护。

——我们必须确保多边贸易谈判在7月15日前取得成功，以示波恩峰会在积极地氛围中开幕。

4. 日本对外援助

美国目标：给日本"松绑"，大幅度扩展其援助，尤其是对较贫困的发展中国家的援助。

日本目标：在发展援助问题上表现出合作性，但同时避免做出具体承诺。

关键因素：日本已经宣布其意愿(1)在5年内对欠发达国家援助量增长一倍以上；(2)允许受援国使用新援助基金从日本以外的国家购买产品和服务。然而，日本尚未揭示援助包含的类型、贷款条件，甚至是覆盖的具体时间段。

传统上，日本的援助相对条件苛刻，并且常跟原材料的开发和促进日本出口有关。如果日本更多地通过世界银行和其他发展银行进行援助，受援国自然就会更多地从其他工业国家采购，从而降低日本的经常账户顺差。

需要明确的几点：

——我们对日本在未来5年内使其对外援助增长一倍以上并解除对大部分财政援助约束的意图表示欢迎。解除约束将极大帮助日本减少经常账户顺差。为(1)解除约束和(2)通过国际发展机构提供援助，日本政府打算采取何种具体措施？

四、关键亚洲问题

1. 美日安全关系

美国目标：向日本保证美国将继续高度重视亚洲，并表明我们知道我们在该地区的作为；要求日本更多的帮助分担美国在日本驻军的费用。

2. 日本目标：获得美国保证，其对亚洲安全的关注未减；指出日本公众对日本与美国的安全关系的支持进一步高涨；表明日本愿意更多承担美国在日驻军的费用，但是是逐步增加，且是在其自己的主动之下。

关键因素：美日安全关系良好，且处在最近一段历史时期以来最不受争议的状态。然而，现在苏联在东亚的常规军事能力正在增长，而朝鲜仍然有意于动武，日本衡量美国的一举一动，以确定这一举动预示着我们对这一地区的何种未来意图。

我们支持日本避免重大的军备重整和任何海外军事角色的政策。但是，我们应该继续暗中督促日本增强其弱小的自卫队，尤其是其空中防御系统、反潜作战系统和后勤系统。日本政府近期开始购买F-15战斗机和P-3C反潜战机，已经在该方面取得巨大进展。

日本每年支付5.35亿美元用以支持我们在日本驻军。我们每年的费用大概是10亿美元，而且仅仅由于日元升值，过去几个月，此费用已经增长了超过20%。去年日本同意承担我们年度间接人力成本中的2 600万美元。我们需要更多的帮助。日本已经表现出了一定的接受态度，但是受到国内政治和《美日驻军地位协定》的限制。如果给他们主动行动的机会，而不是让他们迫于美国的压力，他们可能会更加乐于相助。

需要明确的几点：

——我们在亚洲和太平洋地区的基本战略目标是保持目前有利的战略局面。

——美国没有减少对韩国、对亚洲的其他义务和对于保持我们在亚洲的基本安全立场的承诺。近来对于欧洲的重视是因为我们需要对长期过分关注印度支那期间北约防御上出现的缺陷进行调整。苏联在欧洲的地位增强了，必须予以抵消。但是我们在欧洲的行动并不会以损害我们在亚洲的防御为代价。

——我们计划在未来五年内在质量上改进我们的太平洋部队，例如，引进F-14、F-15、F-16战斗机、机载预警和控制系统以及三叉戟；并将增强海军力量。

——指出自卫队的改进，例如，采购F-15战斗机和P-3C反潜机。

——表达对进一步增强防御合作的兴趣。

——对于日本去年9月份同意更多地承担美驻军的间接人力成本表示满意,但也指出日元的升值已经极大加剧了美国防御预算的紧张。日本在寻找其他途径来分担费用上提供的帮助将在政治上对美国国会有所帮助;这也符合保证盟国间平等分担财政和政治负担的需要。

2. 朝鲜半岛安全

美国目标:解析近来我们撤军时间表的调整,确认我们提供补偿的计划,消除日本政府对美国正在与朝鲜进行秘密行动的担心。

日本目标:在美国对韩国安全的承诺、撤军中的谨慎,及关于对朝行动的完全磋商问题上,获得美国保证。

关键因素:最初对美国撤军的担忧随着磋商中对撤军细节的阐释,尤其是哈罗德·布朗(Harold Brown)的阐释,得到了缓解。日本接受我们的观点,即,撤军只要逐步、分期进行,并通过对韩国的军备转让和军事援助加以补偿,不会影响军事平衡。他们对我们改变撤军时间表表示欢迎,并希望国会快速行动以实施补偿计划。

日本担心会落后于美国政策的变化,主要受这一担忧的刺激,日本密切关注韩国和朝鲜的诸如最近铁托所提出的外交行动。日本的这一担忧如此强烈,以至于他们不断对我们的声明和行动做出过激反应。我们已经通知了日本铁托的提议,而他们也明白,没有韩国的全面参与我们不会直接与朝鲜对话。

需要明确的几点:

——美国不会采取破坏东北亚稳定的外交或军事行动。

——美军的撤退和作为补偿措施的对韩军备转让是一个政策的两个部分。这使得我们对今年最初考虑的撤军时间表做出了修改。我们仍然希望今年国会将按照我们的全部请求行动。

——与朝鲜的政治对话必须有韩国政府代表的全面参与。对其他问题,我们准备灵活对待。中国是否参与并不是关键点。美国采取任何行动前,我们都将先与日本政府进行全面磋商。

3. 对华关系

美国目标:告知福田美国在美中关系正常化上的最新想法;听取福田关于目前中日关系的观点;对《中日和平条约》表示赞成,但不卷入日本国内政治。

日本目标:探明未来半年到一年内美中关系将如何发展。

关键因素：日本对美中关系的现状感到满意，因为他们享受到了与中国建立全面外交关系的利益，其中包括35亿美元的贸易额。而同时我们对台湾安全的保证也给日本提供了保护伞，使其可以追求与台湾相关的数量可观的经济和文化利益。

福田知道，我们计划最终实现与中国关系正常化，且知道其中原因。国内政治要求日本政府密切留意日本对华政策，避免过去的惊吓，并在其自己的对华政策上比美国先行一步。同时，我们的战略和商业利益要求我们要与日本的对华政策齐头并进。2月份中日签署的有效期8年的200亿美元的贸易协定（以中国的煤炭和石油换取日本的工业企业和机械）凸显出中国在后毛泽东时代已经决心集中精力发展经济，且在这一过程中让日本扮演关键角色。

今年早期，日本政府决定，以暂时牺牲与苏联的关系为代价，向着与中国缔结《友好和平条约》的方向努力。近期，随着福田自己党派内部出现强烈反对意见，缔约的努力已经慢了下来，而且由于争议岛屿尖阁诸岛附近的中国渔船事件，可能会全面停止。

需要明确的几点：

——美国政策继续以《上海联合公报》为指导。我们打算以不损害台湾人民福祉的方式恢复与中国关系正常化。

——坦白而言，我们不确定何时以及如何恢复关系正常化，但是我们计划采取进一步行动，在未来几个月拓展我们的关系。

——布热津斯基（Brzezinski）博士之行将就一系列广泛问题进行定期磋商。他去北京并非进行关系正常化的谈判，但是将准备着力重申我们将谨遵《上海联合公报》。

——中国希望关系正常化，但是也重申即使没有关系正常化，也十分重视中美关系中的战略方面。此外，近期中国表明，尽管全面关系建立之前还会有对双边关系的限制，他们预计近期贸易和交流将会增长。

——（如果提起该问题）对于日本与中国缔结《和平友好条约》，美国并不反对。我们知道这对日本是一个非常微妙的问题，且认为这是一个该由中日两国决定的问题。

——（如果问道该问题）美国不反对计划的条约中含有反霸权条款，因为我们自己的《上海联合公报中》也有类似条款。

4. 对东南亚关系

美国目标：鼓励日本在东南亚扮演更重要的、政治性的角色。

日本目标：督促美国在东南亚继续驻军；确定菲律宾军事基地谈判的最新进展，以及美国与东盟的关系；评估美国提早与越南实现关系正常化的可能性。

关键因素：日本经济近年来一直是东南亚经济增长的引擎，而去年日本提升了其在该地区的政治形象。福田首相参加东盟峰会并访问东盟各国首都，表明日本将致力于这 5 个非共产主义国家的独立和繁荣。尽管日本政府的后期措施稍缓，且综合性较预期低，但是进入这一地区的投资和援助正在增长。同时，日本给予越南和老挝的援助经过了精心组合，希望能减少他们对苏联的依赖。

日本的东南亚政策是基于以下假设：美国将继续在该地区扮演重要角色，但越战后，日本自身的努力将为重要市场、原料和半加工材料的来源和通向波斯湾的石油生命线提供再保险。

需要明确的几点：

——4 月 29 日开始的蒙代尔（Mondale）副总统的对这一地区（以及澳大利亚和新西兰）的访问，意在强调我们对东南亚的继续关注以及我们打算继续在这一地区扮演积极角色。

——在修改与菲律宾的军事基地协议以保证未来一段时间内可以顺利在菲律宾采取行动方面，我们已经取得了良好进展。今天早些时候，副总统蒙代尔在马尼拉会见了马科斯（Marcos）总统，研究了为达成协议尚需采取的行动。

——指出日本为加强东南亚的安定团结而做出的进一步努力，并表明美国亦将扩展与东盟的联系，并期望今年夏天能在华盛顿主办东南亚部长会议。

——美国与越南关系正常化的速度将取决于越南是否准备好不以美国的援助为关系正常化的先决条件。

5. 对印度支那难民的援助

美国目标：使福田做出承诺，进一步增加日本政府对联合国援助印度支那难民的支持，并督促日本接受部分难民永久定居。

日本目标：同意美国的两个要求，以消除美国的批评。

关键因素：日本不情愿地允许船上的难民的暂时登陆，但是直到 4 月 28 日，一直拒绝允许他们永久居住。日本政府目前已经同意在认真监管的情况下,给予部分难民永久居住资格。这一行动是迫于美国国会和行政部门的压力。在福田的提议下,日本也正在计划大幅度增加他们对联合国难民高级委员会的贡献,福田将会向您宣告具体数量。

需要明确的几点:

——接受难民永久居住和增加对联合国难民援助贡献的决定将提升日本在国会和公众眼中的形象,并将成为其他国家效仿的榜样。

五、其他问题

如果时间允许,福田可能希望讨论中东、对苏关系和非洲问题。我希望在我与首相的午宴上和与外相在5月2日的会面中就这些问题进行较细致的讨论。首相还打算在他5月4日在纽约的演讲中强调科技合作的重要性。他希望届时能说已经与您就该问题进行了讨论。

如果涉及以下问题,我已将这些问题的简报附于下文。

国务院简报

双边贸易问题

1. 美国出口——问题领域

美国目标:确保日本快速兑现《斯特劳斯—牛场联合声明》中关于牛肉、柑橘产品和森林产品的承诺。

日本目标:使美国官员相信,根据《斯特劳斯—牛场协定》所取得的进展是令人满意的,而5月底日本议会休会前,无法采取其他行动,并避免美国采取损害日本在美国市场的长期利益的行动。

关键因素:在《斯特劳斯—牛场联合声明》中,日本承诺将柑橘进口量增加两倍(到45 000吨),设法进口更多的成品木材而不是原木,并且增加10 000吨高品质牛肉的进口。进展一直缓慢,尤其是牛肉的进口。

尽管承诺仅涵盖了少量贸易,它们都是可见的、具体的,并且对两国都具有政治重要性。日本在执行这些承诺时的拖延或逃避将导致恶意,并增加对日本进入美国的产品采取限制措施的压力。

需要明确的几点:

——根据《斯特劳斯—牛场协定》,立即执行措施以促进高品质牛肉的进口将有助于展示日本增加进口的决心,并缓解美国来自保护主义者的压力,就像柑橘和森林产品领域的进展一样。

2. 美国进口——问题领域

美国目标：就对美国对部分日本进口产品的限制措施的抱怨做出合理而坚定地回应。

日本目标：表达对近期美国限制日本向美国出口产品的不满。

关键因素：受到影响的日本制造业，尤其是电视产业，希望福田抗议美国近期的反倾销决定。福田未计划提出此类技术问题，但是他的党内成员可能会问到下列问题：

——财政部评估的4 600万美元的对1972—1973年间进入美国的日本彩电的反倾销税。这意味着对以后几年的关税的估值总数将达几亿美元。日本人相信，1972—1973年间的估值过高，并不是公正得出的结论。

——国际贸易委员会作出决定认为民用波段收音机进口损害了美国工业后，美国对民用波段收音机关税的暂时提高。日本计划坚称，根据《关贸总协定》规则，我们应降低其他产品关税以作为补偿。

需要明确的几点：

——（如果该问题被提起）财政部准备与日本政府或出口商讨论其方法，并向美国进口商提供信息。

——（如果该问题被提起）我们准备与日本政府就民用波段收音机问题进行磋商。美国计划在处理该类投诉时采取最大限度的克制。例如，国际贸易委员会提高工业紧固件关税的建议遭到了否决。

3. 西海岸石油出口

美国目标：如果被问到，承认行政部门正在重新研究出口西海岸石油的问题。

日本目标：提醒美国，购买，或者如果政治上可行，以第三国石油交换美国石油对于日本的重要性。

关键因素：在1973年的石油禁运之后日本一直设法使其石油供应来源多样化，1976年，它试图购买或交换阿拉斯加石油。我们当时明确告诉日本不可能修改禁止阿拉斯加原油出口的法律禁令。目前，被阿拉斯加的石油生产所"背弃"的加利福尼亚重原油暂有剩余，已经造成了来自加利福尼亚的为该石油寻找市场的政治压力。

需要明确的几点：

——（如果该问题被问到）我们正在考虑解决目前西海岸石油暂时富余的若干可行方式。出口该石油，比如说到日本，也是选择之一。出口成品油，尤其是残余燃料油，也是一种可能。

——无论如何，美国决定西海岸的石油富余不应限制美国的石油生产。

4. 钢铁触发价格机制

美国目标：确保日本继续提供触发价格数据。

日本目标：确认触发价格机制运行令人满意。

关键因素：美国钢铁业的情况正在改善，保护主义者在这一领域的压力已经缓解，部分因为触发价格机制。需求和产量都在上升，进口正在从最高水平下降，价格贴现已基本结束。日本对美国的销售预期将低于去年，而价格更高了，部分情况下高于触发价格。我们期望日本继续提供确立目前的触发价格所需的费用数据。

需要明确的几点：

——触发价格系统正开始达到我们产业的预期。

——我们对日本为我们提供所需数据从而使触发价格得以实时更新的合作表示感激。

美日民航问题

美国目标：创造一个更具竞争性的环境，扩展定期航班和包机，并提供多条航线的低价服务。

日本目标：获得更多的航线，从而得以批准"不平等"的1952年双边《航空协定》。

关键因素：在于3月份进行的上一轮谈判中，日本寻求通过一个3年的临时协定获得新航线。只要日本接受自由包机规则和低票价，并保证在拥挤的日本机场为美国航空公司提供降落空位，我们同意考虑增加航线。日本在这三个领域的提议远远达不到我们的预期。

由于东京新的成田机场开通的延迟，和显然没有能力增加东京或大阪机场的降落空位，日本的机场存在严重问题。这些机场的限制因素又和日本保护日本航空公司不受美国航空公司扩张影响的政策是一致的。

只要日本机场的限制因素和保护主义的航空政策这双重问题仍然存在，就不可能达成满足美国目标的协议。我们需要强调，要达成协议，竞争机制是关键，且要将该航空问题与我们整体的经济关系联系起来，因为在我们的整体经济关系中,我们寻求双向的竞争机会。

谈判将于今年秋天重启。

需要明确的几点：

——问题需要放在美日经济关系的大背景中来看待,在美日关系中,我们寻求共同的竞争机会。

——美国可以给日本更多航线权,以消除其感觉到的不公平。

——只有在为低票价、自由包机和增加现有及为新航空公司航班提供更多机会的背景下,才能做到这一点。

——在今年秋天的下一轮谈判中,我们需要足够的保证,而不是模糊的承诺。

科技合作

共同目标:引起人们对美日科技合作的规模和重要性的注意。

关键因素:美日双边交流在科技探究的每一重要领域都在开花结果。两国都认识到这一充满活力的合作能带来巨大利益。我们正在迅速扩展双边能源研发,并预期很快将与日本缔结在三个异乎寻常的领域的合作协议:核聚变、太阳能和地热能。

福田首相计划在其5月4日(星期四)对纽约的日本人的演讲中强调科技合作的重要性。他希望能够说已经与您讨论了该问题。

需要明确的一点：

——(如果福田提出该问题)我们重视与日本在科技领域的合作,并盼望早日缔结关于研发核聚变、太阳能和地热能的协议。

核问题

1. 东海村协议之后续项目

美国目标:强调《美日特殊核材料再处理协议》(《东海村协议》)的后续项目的性质将取决于国际核燃料循环评估的进展。

日本目标:刺激美国改变对日本乏核燃料再处理的态度。

关键因素:日本越来越频繁地询问美国相关官员,1979年9月关于日本东海村核燃料再处理试验工厂的两年双边协定到期后,美国接下来会怎么做。

需要明确的几点(如果该问题被提起)

——明年下半年《东海村协定》到期之前,美国将准备讨论后继项目。美国预期,该项目的性质将受正在进行的国际核燃料循环评估进展的影响。

2. MB-10 请求

美国目标:(如果该问题被提起)重申美国将同意将乏核燃料转移进行再处理,但仅在有明确需求的情况下,例如乏核燃料储存能力不足时。但是,要使日本确信,美国将根据具体情况仔细考虑来自日本核电站的乏核燃料转移(MB-10)请求。

日本目标:获得美国承诺,同意日本根据长期核燃料再处理合同将乏核燃料转移到法国和英国。

关键因素:过去日本核废料处理的规划是基于对乏核燃料进行再处理和使用来自轻水反应堆再循环的钚之上的。但是,在去年的《东海村协定》中,日本同意在国际核燃料循环评估期间延迟关于对轻水反应堆中的钚的商业利用的决定和关于发展其自己的商业规模再处理设备的决定。美国已经向日本、英国和法国明确表示,美国将根据具体情况考虑日本核电站将源自美国的乏核燃料转移至法国(高杰马公司)和英国(英国核燃料公司)进行再处理的请求,并在显示有需求的情况下(例如乏核燃料储存能力不足),批准此类请求。美国也强调,我们不保证持续批准转移请求以支持长期再处理义务。

过去几个月,美国已经根据上述政策批准了一些来自日本和其他国家的乏核燃料再转移请求。但是,近来日本的关西电力公司请求美国批准其根据1975年6月签订的合同将29吨乏核燃料转移至法国进行再处理,根据这一合同,法国将在1977—1983年间为其再处理750吨乏核燃料。关西电力看起来有足够的乏核燃料储存能力;它的主要理由是,早在美国确立关于再处理的新政策之前,就签订了该合同,而且,如果美国不批准该转移,则该公司将需支付高额违约罚金。

美国代表已经告诉关西电力,因为违约金而非乏核燃料储存的问题而批准再处理请求有悖于目前的美国政策。

需要明确的几点(如该问题被提起)

——只有显示有需求时,例如,储存能力不足时,美国才会批准源自美国的燃料的再处理。美国承认日本面临着为乏核燃料储存寻找合适场所的问题,但是希望日本尽力增加目前储存设备的存储能力;

——相关行政部门正在研究关西电力近期提出的根据1975年签订之再处理合同尽早将乏核燃料转移至法国的请求。我们明白,此次反应堆所在地有足够的储存能力,但是如果不遵守再处理合同,关西电力将要支付高额违约罚金；

——我们承认这一合同是在美国宣布新的再处理政策之前双方诚意缔结的，但是，美国极不愿意仅仅因为相关方需支付商业罚金而批准一再处理请求；

——但是，日本可以确信，我们会对该请求加以认真考虑；

——美国明白部分日本电力公司正考虑与英国签订新的再处理合同。对于我们是否会根据此类合同批准对这些电力公司的源自美国的乏核燃料进行再处理，我们不做任何承诺。

3. 为京都大学反应堆提供高浓缩铀

美国目标：承诺理解并考虑日本提出之为京都大学高通量反应堆提供高浓缩铀的请求。

日本目标：自1977年4月开始，仅在发现项目"极有价值"时，美国才向之前未从美国获得过此类材料的外国反应堆提供高浓缩铀。1978年早期，日本请求获得39千克的高浓缩铀235的出口许可，以为新的反应堆项目京都大学高通量反应堆提供燃料。

该新反应堆对日本的大学核研究项目极其重要。除了其他用途，它将被用于医用同位素的生产、癌症的放射治疗、生物医学实验以及一般性研究和核工程研究。

日本声称京都大学高通量反应堆使用浓缩度低于93％的燃料无法运行。美国正在独立进行评估。如果这一评估表明京都大学高通量反应堆需要高浓缩铀作为燃料，相关机构可能将建议您发现其"极具价值"，并批准美国提供高浓缩铀，前提是日本同意在核燃料生产必须开始之时使用技术上可行而商业上可用的最低浓缩度。

需要明确的几点（如该问题被提起）

——美国正努力将高浓缩铀的进一步扩散范围降到最低，因为此类物质存在高扩散风险。但是，我们承认，目前没有替代物能给某些研究和试验反应堆提供燃料。美国已经开始了一个重要的研究项目，我们希望该项目将最终降低所需铀的浓缩度。

——我们正在对京都大学的高浓缩铀燃料请求进行技术评估。

——只要京都大学能够保证，如果技术和商业上可行，它愿意使用低浓缩度燃料，该请求获批准的前景良好。

4. 核聚变研究

共同目标：强调因其核政策紧随美国，日本从中获利。

关键因素：去年夏天，美国要求在国际核燃料循环评估结果出来之前，日本政府缩小其核再处理研究项目的规模（《东海村争议》），日本对这一要求采取了默许态度。日本政府的这一决定在日本极具争议，因此福田给予了能表明日本与美国密切的核合作益处的行动高优先级。

福田希望能告诉媒体，您和他已经就核聚变研究合作的必要性达成了一致，并期望早日就此类合作达成双边协定。日本在此领域的研究与我们处在同一水平。美日核聚变研发协定的谈判已经取得较大进展。

需要明确的一点：

——（如福田提出该问题）美国政府应加快核聚变研发合作的谈判。

5. 和平核合作协定重新谈判

美国目标：根据1978年的《核不扩散法案》，尽快就《美日和平核合作协定》展开重新谈判。

日本目标：得到美国保证，任何经过再谈判与美国签订的协定，将考虑到日本缺乏替代能源和乏核燃料储存的问题。

关键因素：目前的美日协定符合核管制委员会新立法之许可标准，因此消除了像欧洲原子能共同体那样遭到禁运的危险。但是，新法律要求国务院就所有现有的合作协定进行重新谈判，以使新协议符合增加的标准。

日本希望继续在核能源合作方面与美国密切合作，并准备近期开始正式谈判。但是，日本政府可能会坚持新协定将其核发展计划包含其中，且美国通过再谈判所给予欧洲原子能共同体的利益（例如，再处理源自美国的核燃料）也要给予日本。

需要明确的几点：

——美国期望早日进行美日合作协定重新谈判。

——美国相信能够达成既符合美国的核不扩散政策亦符合日本的核能源需求的协定。

波恩峰会问题

美国目标：美国希望日本能在7月中旬前表明：(1) 在实现其7％的增长目标和减少其经常账户顺差方面取得了实质性进展；(2) 决心为多边贸易谈判的成功做出实质性贡献，并增加对欠发达国家的经济援助。

日本目标：督促美国于峰会前实施有效的能源项目，并采取额外措施稳定美元币值；消除对日本的批评，即认为日本未能采取足够措施以至破坏了以经济方式解决工业国家问题的共同努力。

关键因素：7月16—17日发达国家波恩峰会的总主题是，适当的措施，如果由各与会国家共同采取，将比每个国家单独采取更加有力，因此也更加有效。7个与会国家已经达成一致，认为如果要此次峰会成为一次以行动为导向的会议而不仅仅是一次虚夸的活动，峰会的准备工作需包括相互支持的政策行动。美国将采取更强有力的反通胀措施并在能源方面采取措施，以为会议做出贡献。德国和日本将采取更多行动以刺激经济增长（德国已经表明，如果有必要将采取额外刺激措施以实现其增长目标，但是坚持，在这种需要出现之前，或除非出现这种需要，不对此种措施进行公开讨论）。法国和英国有望顶住保护主义者的压力，并支持多边贸易谈判要取得成功欧共体所必须做出的巨大让步。

部分欧共体国家仍强烈感觉到，美国从1月份的《斯特劳斯—牛场协定》的双边经济让步所获利益远多于3月份欧共体在类似的协定中所获得之利益。我们已经向欧共体强调，日本刺激经济增长和减少其经常账户顺差的行动将使所有国家获益，而非只有美国。

需要明确的几点：

——世界经济急需一剂强心剂。峰会结果必须让人感到是切实有效的行动，而非虚夸的言论。

——美国正在尽其职责应对美元贬值的根本原因（能源进口，出口的落后和通货膨胀）。

——日本刺激增长、减少经常账户顺差、促成多边贸易谈判成功的行动对于峰会的成功和抑制北美和欧洲保护主义者的强大压力十分关键。

《国际钢铁协定》

美国目标：获得日本对我们提议的《国际钢铁协定》的支持。

日本目标：防止国际钢铁贸易卡特尔化，因为这将限制他们的市场通道。

关键因素：我们不喜欢诸如欧共体正与其供应国谈判的关于价格和质量的双边协定的分占市场的协定。4月初日本人不情愿地与欧共体达成了协定，但是他们也有如我们一样的担忧，并将拒绝欧共体推行的其他促进卡特尔化的措施。

这一担忧,加上需要赢得钢铁工业和工会对多边贸易谈判的支持,促使我们提议跟我们主要的钢铁贸易伙伴谈判以签订《国际钢铁协定》。这一协定将细化特殊反倾销措施和钢铁领域保障措施的规则,但是将避免分占市场。它将明确指出,在何种条件下,政府可以以触发价格机制,以及欧共体的基本价格系统和双边协定作为保障措施。可能涉及的利益的冲突使得这样一个协定很难达成。

需要明确的几点:

——我们希望日本帮助制定一个解决钢铁业特殊问题的更好的国际方法。

——我们,像日本一样,对卡特尔化和分占市场的危险了然于胸。我们希望将我们提议的协定集中在特殊反倾销规则和保障措施上,而此类措施仅适用于钢铁领域,且仅在特殊情况下才可采用。

联合国相关问题

1. 日本参与纳米比亚维和部队

美国目标:谨慎鼓励日本以提供文职人员和装备为联合国的维和行动做出可能的贡献。

日本目标:提升日本的国际形象。

关键因素:二战后,日本在向海外派出部队方面受到的政治限制使得在过去的联合国维和任务中,日本仅在资金上做出了贡献。这些限制已稍有缓和,以至于日本政府正在考虑一项为纳米比亚过渡军政府提供文职人员和诸如卡车和直升机的非军事设备的提议。

日本参与此类行动将是日本日益增长的希望扮演全球角色的强烈愿望的健康表达,也符合日本作为联合国预算第三大贡献国的地位。

需要明确的一点:

——近几个星期,纳米比亚实现向大多数统治的和平过渡的可能性大大提高了。

2. 常规武器转让限制和全面禁止核试验

日本赞成限制常规武器转让的国际合作。在这一复杂问题上,日本是我们少数几个盟国之一(日本遵循禁止向局势紧张地区出口武器的严格政策,实际上,日本的武器出口总体而言基本可以忽略)。1976年底,日本在联合国大会上提出一项决议,支持对限制常规武器进行研究。但主要因为第三世界的反对及日本政府未做足准备,该项决议被否决。我们希望鼓励日本继续与我们合作在今年的联合国大会中做出努力,使第三世界国家向着接受限制的方向迈进。

日本对于全面核试验禁令的进展也十分关心。日本政府之前曾表达过在联合国解除武装特别会议上提出该问题的意向。美国未予以支持,强调我们的主要关注点应该是加快美苏双边讨论。

在这两个问题上日本政府可以获得可观的国内政治利益,因此可能会希望做出公开声明,表明福田首先已经与总统讨论过该两个问题。

3. 美国对联合国大学的贡献

美国目标:向福田保证,您仍致力于为联合国大学争取资金。

日本目标:获得美国对提供资金的保证。

关键因素:1975年联合国大会特许设立的联合国大学是日本的首个国际提议。日本为该大学的捐赠基金贡献了1亿美元,并期望其他发达国家也能效仿。但是,其他国家的态度并不慷慨。尤其是美国未能做出贡献,给日本政府在国内造成了很大的尴尬。

提供资金的请求在过去3年的国会中都遭到否决,去年主要是因为参议员井上(Inouye)(他说他希望日本明白,它应该在印度支那难民和解决全球贸易与财政问题上做出更多努力)和参议员德孔西尼(DeConcini)的反对。对今年请求的750万美元的立法审议尚处在早期阶段;但是一个主要的障碍,即众议院国际关系委员会,已被清除(15—6,加利福尼亚的雷恩(Ryan)先生持强烈异议)。

需要明确的一点:

——您决心获得美国对联合国大学的捐助。这是有价值的事业。

4. 日本要求常任理事国席位

美国目标:对目前无法获得一致同意表示遗憾。

日本目标:感谢美国代日本所做的陈述,但是将这一问题留待讨论。

关键因素:去年3月份福田访美期间,您对日本长期以来对联合国安理会常任理事国席位的渴望表示了支持,并承诺我们会代日本陈述。我们这样做了,但是其他4个常任理事国反应都不积极。因此,上月我们向日本政府提供了我们的意见,即,此时,没有别的有效的方法;我们将继续支持日本的诉求。

需要明确的几点:

——(如果该问题被提起)我们尽了最大努力,但是很遗憾,无法达成一致同意。我们将继续支持日本的诉求。

对苏关系

美国目标：粗线条勾勒美苏关系的发展趋势。

日本目标：听取您的分析。

关键因素：日本视苏联为其安全之主要威胁，因此对苏联的全球战略和美国作为其制衡力量的行动能力深感兴趣。在与国务卿万斯（Vance）的午宴上，福田将听取他对他在莫斯科与苏联人对话的思考。他可能最希望从您口中听说美苏关系中合作和冲突的整体可能性。

日本对苏政策的目标是维持稳定的双边氛围，以将政治对抗的可能性降至最低，且为贸易的逐步增长提供条件。苏联的对日政策深受日中关系之影响，且试图对日中关系产生影响。日本长期以来一直试图收回二战末期被苏联占领的被称为"北方领土"的4个岛屿，这给两国间关系造成了障碍。

需要明确的几点：

——美苏关系仍然是竞争与合作并存。我们希望能成功缔结《限制进攻性战略武器条约》。同时，苏联对非洲干涉的增多让我们深感担忧。

中东和平

美国目标：让日本为美国在中东的和平努力提供最大的外交支持；鼓励日本对增加对埃及经济援助持积极态度。

日本目标：听取总统对中东问题解决前景的评估。

关键因素：日本接近半数之能源供给有赖于阿拉伯石油。自1973年以来，日本努力增进其与温和的阿拉伯国家的政治和经济关系。日本已经与巴解组织进行了持续对话，但是对于极端的反以色列立场有所畏惧。作为世界银行埃及协商小组的成员，日本对萨达特（Sadat）政权给予了大量"政治援助"，尽管其有着"将政治与经济分离开来"的传统。福田首相正在考虑中东之访，以及未来在该地区开展援助项目的可行性。

需要明确的几点：

——对中东问题解决前景的评估。

——美国仍然期望得到日本对中东和解的外交支持。

——萨达特政权在埃及的延续极为重要；为此，埃及将经常需要国际财政援助。

——美国期望在6月14—16日召开的世界银行埃及咨询小组会议上与日本代表进行密切合作。

尖阁诸岛领土争端

美国目标：避免卷入中（中华人民共和国和"中华民国"）日之间关于尖阁诸岛所有权的领土争端。

日本目标：最终获得美国对日本对尖阁诸岛领土要求的支持，但同时避免提及该问题，并避免促使美国重申其立场。

关键因素：长期被搁置的中华人民共和国和日本之间关于尖阁诸岛（台湾岛和冲绳之间9个无人居住的小岛）所有权的争端在4月份突然升温。140多艘中国渔船（部分有武装）进入岛屿周围日本主张的12英里领海之内，并且打着维护中国领土要求的标志。日本立即要求中国做出解释，而中国也立即将此次入侵称为一次"意外"。4天之后中国的舰队撤退，基本平息了这场危机，尽管中国船只还在附近停留了一段时间，并偶尔再次进入日本主张之领海。中国此举的动机并不明朗。中国可能对他们所认为的福田在《中日友好和平条约》谈判上的有意拖延感到不满，或者是对日本上院不顾中国反对考虑签订《日韩大陆架协定》感到不满。无论如何，这一事件破坏了和平条约的前景，并表明中日对各自的领土要求都十分敏感（1972年中日关系正常化之时，双方同意搁置他们的相互冲突的领土要求）。除中国和日本之外，台湾当局也对尖阁诸岛有领土要求，而狭小荒芜的尖阁诸岛之所以如此重要，主要是因为它们与该区域捕渔业的关系，以及可能蕴藏的海底石油。

1945—1972年间，尖阁诸岛由美国管辖，之后美国将尖阁诸岛与冲绳和琉球群岛一起归还日本。根据与日本的共同安保条约，美国仍然将其中的两个岛屿作为轰炸靶场。我们在1971年承认，尽管有大量历史证据支持日本的要求，在尖阁诸岛争端中支持其中一方并不符合我们在这一地区的长期利益。因此，1971年6月，我们宣布了美国的观点，即将岛屿归还日本，美国并未增加亦未减少对尖阁诸岛之合法权利。同时，美中关系的发展更增强了我们不卷入该争端的合理性。

需要明确的几点：

——美国承认日本直至二战结束，对该岛屿拥有主权。美国根据《和平条约》第三条于1945—1972年间管辖该岛屿。

——美国不会卷入尖阁诸岛争端。正如我们在返还冲绳时所声明的："美国一贯主张，归还该岛屿之管辖权于日本，美国既未增加亦未减少早于美国与琉球群岛之关系的对该岛之合法权利。"

福田的政治前景

自民党在1977年7月的上院选举中获胜之后,福田首相和其政府看起来可以从自民党日益下滑的政治运势中得以喘息。然而,在中间的几个月所发生的事情又逐步引起了人们对福田的长期前景的质疑。他的政府现在面临国内国际的一系列问题,而基于福田在过去几个月的表现,对于其政府处理该类问题的能力,在日本已经有越来越多的怀疑。

应对问题

尽管他享有经济奇才的美誉,自1976年上任首相以来他所面临的政治问题大多源于经济。去年,持续的经济萧条、日元升值的巨大压力以及与日本主要贸易伙伴,尤其是与美国的分歧,造成了商业界和大众对其在经济上表现的广泛失望。

但是,1977年11月的内阁重组中,福田为其政府增加了3位广受尊重的经济学家〔通商产业大臣河本敏夫(Komoto),经济企画厅长官宫泽喜一(Miyazawa)和国务大臣——新的内阁职务——牛场信彦〕,从而很大程度上缓解了其政治压力。随后1978年1月份签订的《斯特劳斯—牛场协定》缓和了紧张局面,并看起来稳定了外汇市场。但是1978年早期,很多人仍然持公开的怀疑态度,尤其是对福田设定的7%的实际增长目标。大部分人倾向于观望,看大幅增加的公共工程预算是否能够带来其所承诺的有益效果。

但是在过去的一个月,人们的情绪又发生了变化。再次出现的日元升值的压力被认为直接威胁着很多具有政治重要性的中小企业的生存,而且使人们对日本完成经济目标的能力产生了质疑。伴随着日元升值,促使福田采取行动——任何行动——以稳定日元汇率的压力也越来越大。

部分为了转移人们的注意力,经过了几个月的延迟,他决定尝试重启久已停滞的《中日和平友好条约》谈判,并为此提议将外相园田直(Sonoda)派往北京。但是,由于福田派别内部的反对和日本人对中国维护其对尖阁诸岛的领土要求所采取的粗暴行动的不满,谈判再次陷入停滞。最近,成田机场几千名激进的示威者和警察之间的冲突,尽管给政府带来了尴尬,也将人们的注意力从经济局势上转移了开来。但是,该两事件将大大提升还是降低福田的资本,还有待观察。

福田与政党

考虑到眼下问题的严重程度,福田在掌权的自民党内的地位远不能说脆弱。没有福田的支持，他可能的继任者，自民党干事长大平正芳（Ohira）不能确保继任首相。在自民党其他有力派别的领导中，目前正处于洛克希德审判中的前首相田中几乎肯定会谨慎对待福田；而中曾根倾向于福田首相，希望福田和大平之间的裂隙能给他提供机会。和通常一样，前首相三木扮演着局外人的角色。自民党内对政治问题的抱怨，尤其是对《中日友好和平条约》和他们认为的美国从亚洲撤军的抱怨，一般来自福田自己的保守一翼，而这是最易于为他所控制的。由于美国提议之牛肉和柑橘进口的部分自由化，而受到的将自民党排挤出保守的农业集团的威胁，目前也是可以应对的。

面对反对党，福田的地位也是相对稳固的。尽管目前执政的保守党和反对党几乎各占议会人数的一半，媒体和公众的情绪极大限制了反对党蓄意阻挠的可能性；而且个别较小的中间党派一直十分愿意在关键问题上站在自民党一边。社会主义党和共产主义者处于混乱之中，且正日益走向落后于时代的政策困境（policy drum）。此外，众所周知，福田意欲解散议会，这已经迫使反对党有所克制，因为否则就将面临大选的风险，而他们完全没做好应对大选的准备。

大选前景

尽管福田还没放弃在 5 月份解散议会并在 6 月份举行大选的想法，尽管大部分观察者承认自民党的席位将增加，解散议会的可能性已经大为减小。再次出现的日元升值的压力所带来的经济不确定性，和除了福田自身的派别之外，几乎所有主要自民党派别都明确反对解散议会，已经遏制了重新进行选举的情绪的发展。如果现在福田坚持解散议会，那么需要通过公共工程开支拉动经济出现明显的上扬势头，或者在华盛顿峰会之后出现日元的稳定或贬值，或出现戏剧化的国际事件赋予其良好形象。另一方面，经济和政治压力迫使福田在 12 月份之前辞职的可能看起来很小。所有这些表明，除非出现严重的经济衰退（例如，5% 的失业率），他被要求下台的可能性极低。

在日本有着这样的共识，即成功的大选活动将保证福田在 12 月份连任自民党总裁，因此也将连任首相。但是，如果不进行选举，人们对于福田的前景的看法不一。新的总裁选举规则要求在得票最高的两个自民党竞选人之间进行决胜选举，根据这一规则，人们认为目前大平处于优势地位，但是如果福田强烈要求再任职 6 到 12 个月，大平可能仍会默许。目前经济形势可能是决定性的。如果秋天经济形势再传噩耗，而且国内外，尤其是美国，对福田的批评继续增加，那么他可能除了下台之外别无选择。大平看起来正是指望出现这种可能，而不是什么精心设计的政治计谋。

相应的，福田将寻求在华盛顿塑造其作为一个能够将日本的基本政治问题，以及更重要的经济问题，传达给日本最重要盟国的受尊重的世界领导者的形象，以加强其在国内的地位。

美国在西太平洋地区的安全立场

背景

亚洲的主要力量制衡情况仍对美国相对有利。我们与日本的关系根基牢固，两国对中国有着同样的兴趣，即借中国遏制苏联的势力和影响。苏联的军事能力和外交能量仍主要针对中国，而尽管苏联已经提高了在这一地区的军事能力，他们还未能将这些收获转化成政治资本。相反，苏联在亚洲面临着一场两面受敌的战争前景。

区域力量制衡

区域力量制衡更具流动性。在朝鲜半岛，朝鲜强调其军事能力已有提高；韩国已经在经济上将其远远超越，在军事上也已追上其水平。长期趋势显然对韩国有利；只要能补偿韩国关键地区的军事能力，美国可以放心地在未来4—5年内撤出韩国的地面战斗部队。东南亚的非共产主义国家正把主要精力用于发展经济，而我们深受日益增长的东南亚国家联盟活力的影响。此外，这一地区的所有国家，无论是共产主义还是非共产主义国家，都展示出了拒绝外部压力的决心。

问题

然而，东亚地区也并非没有其问题和不确定性。朝韩或中苏边境的冲突对我们的利益而言将十分危险。主要是由于越南长期的野心，东南亚地区也有可能出现冲突和不稳定因素，尽管这一地区现在看起来不太可能成为大国间摩擦的根源。苏联军事力量在这一地区的持续增长将进一步加剧我们亚洲友邦和中国对于我们将如何加强军事力量以应对苏联，以及我们扮演强有力的稳定性角色能力如何的忧虑。

苏联的亚洲军力

苏联总体军事力量中很大一部分（大概 25%）驻扎在苏联的亚洲部分。

过去12年间苏联在亚洲的军力已经得到大幅扩张,而近年来,军队的质量也进行了重大提升。苏联在亚洲的军事力量仍然主要针对中国;但是其中很大一部分可以用于针对其他亚洲国家。苏联在亚洲的军力包括500枚洲际弹道导弹(实际上,其全部洲际弹道导弹都能够以亚洲为目标);43个地面师,其中3个处于对日本的防御状态;1 200架前线战斗机和180架轰炸机。苏联的太平洋舰队包括111艘潜艇、61艘水面战斗舰艇和大量海岸巡逻舰、两栖战舰、登陆艇和舰队支援舰。苏联在亚洲的海军航空力量包括91架攻击机和132架反潜战斗机。

近期苏联太平洋海军能力的提高包括引入了6艘大型现代海面战斗舰,增加了1个新的导弹巡逻舰,并将2个海军步兵团纳入了太平洋舰队。

美国安全目标与立场

我们在东亚地区的总体安全目标是,通过维持前沿部署的军力、兑现我们的安全承诺、保持威慑、展示决心并逐步增强这一地区的整体安全和稳定感,来维持目前有利的主要力量间的制衡。我们将继续支持我们的盟国获得适当军备,并维持防御地区威胁的军队。

根据这些目标,我们已决定,除从韩国撤军外,维持目前在东亚的作战部队。在今年年初,大概有140 000名美国军事人员部署于西太平洋区域。这些人员的分布大致如下:

关岛	8 500
日本	49 000
菲律宾	14 000
韩国	40 000
台湾	少于1 200
水上	25 500

我们的军力包括:

——关岛的1个B-52轰炸机中队,外加弹道导弹潜艇;

——位于菲律宾、冲绳和韩国的9个空军战术战斗机中队;

——西太平洋区域的2艘航空母舰,2个两栖后备群,大概20艘巡洋舰及驱逐舰,一打支援舰队。任何时候这些舰船中都有大概一半位于海上;

——3个基地位于菲律宾、日本、冲绳和迪戈加西亚的海上巡逻中队;

——驻于日本、冲绳和海上的1个包含2/3个陆战师的海军两栖部队,1

个陆战队航空联队以及支援部队；

——驻于菲律宾和日本的2个C-130运输机中队；

——驻于韩国的1个陆军步兵师和支援部队，此部分部队将在4—5年内撤退。

在未来4—5年内，我们将通过引进若干先进的武器系统以提高该地区军队的质量：为核潜艇提供三叉戟导弹，为航空母舰提供F-14战斗机，为空军中队提供F-15战斗机。此外，我们还将在我们的造船规划允许的范围内对我们的太平洋舰队进行现代化改进，并扩大其规模。

日本的防御思考

因为担心美国地面部队从韩国的撤军预示着美国从亚洲的整体撤军，日本已经掀起了关于防御和安全的一反常态的直接而坦率的全国性对话。关于这一对话预示着什么，有两种观点：

(1) 日本已经摆脱了限制其对其安全需求进行理性思考的古老禁忌，正在开始像美国在北约和别处的盟国那样与美国合作；

(2) 日本意识到它不能再依赖美国，并即将开始严肃地重整军备，以承担起自我防御的责任。

在日本的全国性安全讨论中，《共同安保条约》已经不再是一个具有争议的政治问题。越南战争的结束，与中国关系的发展（中国对该条约的温和态度），以及苏联海军力量的显著增强，已经给《共同安保条约》带来了更为广泛的支持。安全关系本身已经不再经常是政府受攻击目标。在议会讨论的其他公开声明中，日本政府也有新的作为，对日本是否可以合法获得核武器和理论上获得具有"潜在"攻击性的武器系统（例如，航空母舰）这些之前禁忌的问题作出了解答。现在，媒体对待安全问题的客观态度也是少见的，即使在过去30年中曾经出现过的话。部分商业领导要求（但未成功）日本放松其严格的武器出口规定以帮助受到经济衰退影响的造船厂和重工业。

但是，美国政府的一致意见是日本目前的讨论并未带来任何防御政策上的根本性转变。尽管日本的"核过敏"有所好转，但是仍然存在对原子能武器的全国性反感。公众对"和平宪法"的支持是压倒性的，而很大一部分日本人对任何与军国主义复苏相关的事务都极为警惕。

看起来日本将继续并有可能加快对其小规模但现代化的自卫军进行逐步改进。日本防御开支可能很快将超过长期以来坚持的占国内生产总值1%的非正式限制。日本政府可能更倾向于扩展与美国的军事合作（曾经这也是个禁忌话题）。它可能将增加对驻日美军的财政支持，可能最初是在住房领域给予支持。简言之，讨论看似正促使日本在《安保条约》的框架内扮演更大的防御角色。

在这一意义上，日本的防御对话是鼓舞人心的，而不是引人警觉的。目前的日本安全政策，既有对美国政策的依赖，又有对日本军力的改善，正符合美国利益。它对美国实现在东北亚地区维持和平稳定而不制造与该地区的任何其他国家间的危险摩擦的大目标大有助益。毋庸说核武器，如果拥有区域性常规军力投射能力，日本将被本地区其他国家看作是个威胁，包括澳大利亚和新西兰。这一形势的出现也将破坏相对稳定的东北亚地区的力量制衡情况。苏联和中国可能都将进行强有力且必将破坏稳定的集结以对抗并限制这一新的力量因素。日本大规模重整军备也将损害这一地区的贸易和政治关系，而日本的资源、市场和经济健康都对这一地区有着严重依赖。这样，美国的政策将面临的问题将比我们目前面临的严重得多。

持续给日本政府以合理而谨慎的鼓励，使它继续朝着一个更积极、更公开合作、承担更多费用的安全角色的方向迈进，这将是我们保证日本的防御讨论沿着有利的轨迹发展的最好方法。在敏感的防御领域，日本的政策必须安照其自己的节奏前进。美国所采取的任何强行改变其节奏的行动都将再次使美日间的安全关系政治化，并有可能造成民族主义反应，而这将使美国目标的实现变得更加复杂。

福田首相小传

福田赳夫任职首相时年事已高，正为继续任职而努力，但有可能提前离任。

福田的晋升之路走得很快。作为一个农民的儿子，他以优等生的身份毕业于最具声望的东京帝国大学，并进入日本最具声望的部门大藏省。在大藏省，他很快晋升到该省最具声望的职位——预算局局长。1952年，他参加议会众议院选举并赢得席位。20世纪60年代初，他继承了执政的自民党中首相岸信介（Kishi）派别的剩余人员，从而让政治界意识到，福田拥有某日成为首相所必须的后盾。

十年时间悄然而逝。决策迟缓、行动勉强的福田发现他的竞争者比他更胜一筹。福田70岁的时候，报纸刊登专题文章指出，大部分日本首相都是65岁左右就任的，而日本所有政治家一到70岁就被认为应该退休了。最终，1976年，福田与领导自民党中另外一个重要派别的大平私下达成一致：他们将联合将三木赶下台；福田将先担任两年首相，之后再将首相职位让给大平。今年是他们达成协议的第二年。

虽已73岁，福田精力旺盛，而实际上，他走路时步伐如此矫健，以至保镖和记者需跑步才能跟上他。他平日日程紧张到让其年轻的秘书们筋疲力尽，而其同仁也不禁为其健康感到担忧。今年冬天，福田首相得了一场感冒，身体虚弱，恢复起来殊为不易，但是已经康复，并且恢复了繁忙的日程。

1978年初，在一段长达6个星期的时间里，福田每个工作日平均参加10个会议。他每天大概早上7点半在其私人住处开始约见，从而开始一天的工作。他约见的经常是来自其家乡群马县的选民。首相9点到达办公室，然后要不断接见来访者。他经常将他的午餐时间作为召开工作会议的时间。他很少回家吃晚饭。工作到晚上10点或11点对他来说也很常见。

在这6个星期的时间里，他至少会见每个内阁成员一次，会见各经济大臣的次数则更多，表明他对经济问题的重视。他见了80名议会成员，大部分来自自民党——福田往往把与反对党的关系问题，尤其是立法妥协的问题留给现任自民党干事长的大平解决。福田约见的人中大概15%是没有公职的公民，主要是来自经济和商业领域，但他也确保每月会见一次学者。首相乐于见外国人，这段时间，他也接见了一定数量的外国来访者。尽管正式场合他使用翻译，首相偶尔也跟外国来访者用英语交谈。

福田住在位于东京郊区野泽的一栋不起眼的房子里。他没有第二处住宅，并说永远不会有。他从政早期曾卷入一张贿赂丑闻，尽管最终他摆脱了对他的指控，这一经历使他更加坚信，政治家应该生活得简单朴素。

福田的休闲活动是理性而具日本特色的：书法、茶道、围棋（他自4岁开始接触围棋这一复杂的棋盘游戏，现在已经达到围棋的最高段位）、养盆景以及在花园喂鸟。他喜欢谈论高尔夫，但是很少打，而且，他的差点是24，所以说，打得也不是很好。上次打的时候（4月9日），他还打弯了一个球杆。

福田不把日本战前由父母安排婚姻的传统放在眼里，1933年他和群马县邮政局长的女儿新井三枝（Mie Arai）自主决定结婚。他们现在有3儿2女，都已经结婚。他们的长子福田康夫（Yasuo）是他的私人秘书，大女婿是自民党议员越智通雄(Michio Ochi),也在首相办公室担任行政职务。再加上内阁官房长官安倍(Abe),他们三人是与福田关系最密切的顾问。媒体把他们称为野泽邦。福田长子康夫将陪同他访美。

福田今年会不会让出首相职位?这可能由不得他选择。他必须参加 12 月份的自民党总裁选举——在选举中,所有自民党员都参加预选投票,而自民党议员参加决胜选举。目前的估计认为大平能获得 60% 的党员投票和多数议员投票。但是福田自有打算。他想要召集国会大选,可能会在 9 月份。目前的调查和若干补缺选举表明,自民党有可能使其议会中略超多数的席位得以增加,改变 20 年以来的趋势。如果福田能够在投票中获得大胜,大平将很难挑战其首相职位。

选举的成功将有赖于商界票数的增加,而这取决于日本经济问题的得以解决,而解决日本的经济问题又进一步受到与美国关系的极大影响。福田将访美的成功看做是最终连任自民党总裁和首相的艰难旅程的第一步。

(Visit of Japanese Prime Minister Fukuda, April 30-May 6, Secret, Briefing Book, c. April 30, 1978. Digital National Security Archive (DNSA), JA00380.)

69. 福田首相国宴讨论文件

00380

C. 1978/05/02

1978 年 5 月 2 日

主题:美日防御关系

问题:

美国对亚洲重视程度。

——日本寻求美国对不减少对亚洲安全关注的承诺。

——日本对苏联常规军力提升和朝鲜好战性的担忧。

需要明确的几点:

——美国并未减少其对韩国、对亚洲的其他承诺和对维持我们在亚洲的基本安全立场的重视。

——近期我们对欧洲的重视源于我们需要对欧洲的不足进行调整。

——我们在欧洲采取的行动不会以亚洲防御为代价。

——我们计划未来 5 年提高我们的太平洋部队的质量,例如:——
——引进 F-14、F-15 和 F-16 战斗机,机载预警与控制系统和三叉戟。
——日本自卫队亦将采购 F-15 战斗机和 P-3C 反潜机以提高战斗力。

问题:
——从韩国撤军:时间表和目标
——日本对我们对韩国安全的重视感到担忧。
——日本担心美国可能正与朝鲜进行秘密行动。

需要明确的几点:
——我们已将铁托的提议通知日本。
——没有韩国的全面参与,我们不会与朝鲜直接对话。
——美国不会采取破坏东北亚稳定的行动。
——美国从韩国撤军和作为补偿措施的对韩军备转让是同一政策的两个部分。

问题:
——尖阁诸岛领土争端
——美国设法不卷入日中(中华人民共和国和"中华民国")关于该岛屿所有权的领土争端。
——美国承认日本直至二战结束,对该岛屿拥有主权。美国根据《和平条约》第三条于 1945—1972 年间对该岛屿实施管辖。
——正如我们在返还冲绳时所声明的:"美国一贯主张,归还该岛屿之管辖权于日本,美国既未增加亦未减少早于美国与琉球群岛之关系的对该岛之合法权利。"

(U. S. Japanese Defense Relations For State Luncheon for Prime Minister Fukuda, Secret, Talking Points, c. May 2, 1978. Digital National Security Archive (DNSA), JA00383.)

70. 对会见福田的建议

00391
1978/05/23
国家安全委员会

1978年5月23日
备忘录收件人：兹比格涅夫·布热津斯基
发件人：迈克·阿马科斯特(Mike Armacost)
主题：会见福田

您与福田的会面时间仅有1小时，因此，我建议您仅仅(1)向他汇报您在中国会谈的结果，以及(2)简单预测您与朴(Park)的讨论。

中国——你应该让福田对您与华国锋、邓小平和黄华的讨论所揭示的中国对外交问题的看法有所了解；将谈话中直接与日本利益相关的信息传达给日本，并大致描述我们在关系正常化问题上立场的特点。

——强调这一事实，即，与中国领导人的讨论全程都在热诚的氛围中进行，而您在讨论中发现了很多共同点，对存在的问题也都欣然承认。

——向福田描述中国领导人在外交政策问题上的普遍态度，例如，对苏联的过分关注，意识形态"难题"的相对缺失，以及经典的"现实政治"态度（中国支持西欧统一，希望建立密切的中日和中美关系，重视鼓励亚非民族独立地区团结，希望以谈判方式解决中东问题，谴责越南之行径，这都是其现实政治态度的表现）。

——更为详细地审视中国在亚洲问题上，尤其是印度支那和朝鲜问题上的观点。关于越南，我会强调，黄华十分坦率地将基本问题定义为越南建立印度支那联盟的野心，而中国也坦诚地承认难民问题日益严峻。至于朝鲜，告诉福田你也听到了像华国锋总理在平壤的评论一样的强硬言论，即中国要求美国立即从韩国全部撤军，支持朝鲜成为朝鲜半岛上"唯一合法的政治实体"的要求，拒绝交叉承认和联合国双代表概念。但是，需强调，我们仍然认为在与金日成(Kim Il-sung)的讨论中，中国建议其克制谨慎。并且补充一点，您在朝鲜问题上严词反驳黄华时，他并未就这一问题进行进一步争论。

——关于中日关系，您应该强调，您和中国领导人就良好的中日关系的重要性达成一致，且中国承认其为人熟知的立场，即中国十分重视美日之间保持密切关系。

——如果您与福田进行私下谈话，把下段文字读给他听：

"我们认为与中国缔结《友好和平条约》，以及将反霸权条款纳入条约执行期内符合日本的利益。这将是对中国的限制。根据这一条约，中国将承诺永不寻求霸权，而实际上不寻求霸权是我们的一贯政策。通过缔结这一条约，中国将作出法律承诺。这也有益于日本的形象。二战期间，日本入侵了许多亚洲国家，这些国家对日本那一时期的暴行仍记忆犹新。缔结这一条约将改善他们对日本的看法，并提升日本在这些国家的形象。缔结该条约也有利于日本抵抗苏联的压力。所以我们认为，缔结该条约对日本是有利的。"

——如果福田问你的反应如何，我会将问题巧加处理，表明您的立场与总统一致，但是中国领导人只是解释他们自己的观点，并不试图推动美国加入谈判。

——关于尖阁诸岛问题，你应告诉福田，中国重申了他们的观点，即中日关系正常化时，他们未放弃任何要求；他们仅同意将问题搁置，以期未来通过谈判解决。也要提及以下事实，即黄华淡化了近期渔船事件的重要性。

——至于中美关系，我相信你应提醒福田，您的中国之旅根本目的不是进行关系正常化谈判；并且承认，该问题确也被提到；同时评论说，根据此行的讨论，很明显，中国领导人感觉到，持续的关系正常化进程和中美在共同关心的战略问题上制定并维持相互加强的政策的程度是相互关联的；表明，随着我们关系正常化的继续，我们希望我们之间的磋商关系有进一步发展。

朝鲜——福田可能会试图向你打探你期望与朴在首尔讨论的话题。考虑到朝鲜问题的敏感性，您不应被引入关于此的细节讨论。你可以告诉福田，你预计会：

——向朴汇报你在北京的讨论中涉及韩国的内容；

——以及重申我们对韩国安全的重视，这表现在我们从韩国撤军时的谨慎，以及我们政策的一贯性。

——如果他问及三方会谈的前景，向他表明我们未发现朝鲜对会谈感兴趣。

——如果他问及，如果国会不通过补偿计划，我们在撤军方面将采取何种行动，强调指出，这只是一种假设，国会目前正在考虑补偿措施，我们预期本次国会会议就能通过。

(Your Meeting with Fukuda, Secret, Memorandum, May 23, 1978. Digital National Security Archive (DNSA), JA00391.)

71. 国家安全委员会备忘录

00426
1978/08/11

4917

备忘录收件人:兹比格涅夫·布热津斯基(Zbigniew Brzezinski)
发件人:尼克·普拉特(Nike Platt)
　　　迈克·阿马科斯特(Mike Oksenberg)
主题:中—日—苏三边关系

《中日友好和平条约》定于明日一早签订。日本表示园田在北京的谈判进行得很顺利,并向我们提供了条约草案(见附件)。日本相信条约满足了他们的需求,看起来确实是这样。昨日园田与邓小平的谈话意义格外重大。邓小平称4月份尖阁诸岛附近出现的混乱为一次"意外,且之后不会再发生",这是在关于中国有主权要求的一小块领土的问题上,中国态度缓和的表示(事实上,有迹象表明,在事件发生时,中国在决策上存在一定混乱)。

邓小平还坦率地告诉园田,中国将在4月份通知莫斯科,中国意欲废止《中苏条约》。日本将"在适当的时候"公布这一消息,可能会在党内或议会就条约进行讨论时,这意味这将提早公开消息。日本希望尽量减小消息的公布对日苏关系的影响,但事实是,目前他们不仅准备忍受对该条约的责骂,亦将承受公开邓小平的言论所带来的额外的谴责。一段时间内苏联可能不会替换大使波利扬斯基(Polyansky)(他已经离开东京),但是他们最终会平静下来,正像1972年下半年中日建交时一样。但是,苏联目前面对的中日关系的改善可能比其预期的更为广泛,而且伴随着科技领域关系的迅速扩展。

中国官方愿意明确向第三方表示终止《中苏条约》,而且是在条约终止前就作此表示,这一点意义重大。苏联对于中国正式废止一项早已名存实亡的条约可能并不吃惊,但是中国对苏联的傲慢和轻蔑总是使其气愤。苏联可能会加强边界军力,这将进一步提高局势的紧张程度。他们甚至会考虑在边界地区给中国以打击;毕竟,在1969年的边界冲突之后,他们迫使中国做出了部分让步。但是苏联也明确知道,1969年的事件直接导致了1971年的事件。

(China-Japan-Soviet Triangle, Secret, Information Memorandum, August 11, 1978. Digital National Security Archive (DNSA), JA00426.)

附录　英国下议院档案

1.《对日和平条约》草案

1950—1【Cmd. 8300[①]】日本 No. 1 (1951)《对日和平条约》草案

日本 No. 1 (1951)

奉国王陛下之命由外务大臣提交议会

1951年7月

伦敦

（英国）皇家文书局

6便士

序言

各盟国及日本决定，他们此后之关系将是有主权的平等国家间之关系，在友好的联合下合作，以促进他们共同的福利、维持国际和平与安全。因此，愿缔结和约，以解决一切由于他们之间存在之战争状态所引起的尚未解决的问题，并使日本得以执行其意愿：申请加入联合国组织及在一切情形下遵守《联

[①] 译者注："Cmd. 8316"为该文件编号。由英国政府提交议会的文件称"command paper"，即，"奉国王（女王）之命向议会提交的文件"，因文件中都有"Presented to Parliament by the Secretary of State for ... by Command of His (or Her) Majesty"（奉国王（女王）之命向……提交）字样。该类文件大多都有编号，据所在系列不同，编号以command 一词的不同缩写形式（包括 C.、Cd.、Cmd.、Cmnd.、Cm.）开头，不同的缩写形式代表不同的系列。下文脚注中出现的以 C. 或 Cmd. 开头的编号，皆为此类文件的编号。

此附录译文参照了网络译文，但网络译文未标注译者。本书译者对照英文原文进行了审核与校订。

台国宪章》①之原则;致力于实现《世界人权宣言》②之目的;根据《联合国宪章》第55条及第56条之规定,及投降后日本立法,努力在日本国内创造安定及福祉;并在公私贸易及商业方面,遵守国际上通行的公正惯例。

各盟国对于上节所述日本之意愿表示欢迎。

因此,各盟国及日本同意缔结此《和平条约》,为此各派签名于后之全权代表,经将其所奉全权证书提出校阅,认为妥善,议定下述条款:

第一章 和 平

第一条

日本与各盟国间之战争状态,依照本条约第二十三条之规定,自日本与该盟国间所缔结之本条约生效之日起,即告终止。

第二章 领 土

第二条

甲、日本承认朝鲜之独立,并放弃对朝鲜包括济州岛、巨文岛及郁陵岛在内的一切权利、权力根据与要求。

乙、日本放弃对台湾及澎湖列岛的一切权利、权力根据与要求。

丙、日本放弃对千岛群岛,及由1905年9月5日《朴茨茅斯条约》③所获得主权之库页岛一部分及其附近岛屿之一切权利、权利根据与要求。

丁、日本放弃与国际联盟委任统治制度有关之一切权利、权利根据与要求,并接受1947年4月2日联合国安全理事会将托管制度推行于从前委任日本统治的太平洋各岛屿之措施。④

戊、日本放弃对于南极地域任何部分的任何权利、权利根据或利益之一切要求,不论其是由于日本国民之活动,或由于其他方式而获得的。

己、日本放弃对南威岛及西沙群岛之一切权利、权利根据与要求。

---

① "Treaty Series No. 67(1946) ," Cmd. 7015.
② "United Nations No. 2 (1949) ," Cmd. 7662.
③ State Papers, Vol. 98, page 735.
④ "Treaty Series No. 76(1947) ," Cmd. 7233.

第三条

日本对于美国向联合国提出将北纬29度以南之琉球群岛、孀妇岩以南之南方诸岛（包括小笠原群岛、西之岛与硫磺群岛）及冲之鸟岛与南鸟岛置于联合国托管制度之下，而以美国为唯一管理当局之任何提议，将予同意。在提出此种建议，并对此种建议采取肯定措施以前，美国将有权对此等岛屿之领土及其居民，包括其领海，行使一切及任何行政、立法与司法权力。

第四条

甲、日本及其国民在第二与第三条所指区域内的财产，或对于此等区域之现行政当局及居民（包括法人）的要求，包括债务之处理，以及此等行政当局及居民在日本的财产，或此等行政当局与居民对日本及其国民的要求，包括债务之处理，应由日本及此等行政当局商定特别处理办法。任一盟国或其国民在第二与第三条所指区域内之财产，若尚未归还，应依其现状予以归还（本条约所称"国民"包括法人在内）。

乙、为日本所有之连接日本与依照本条约脱离日本统治的领土间的海底电缆应平均分配。日本保留在日本之终点及与其相联电缆之一半，该脱离之领土保留其余电缆之一半及其相联之终点设备。

第三章 安 全

第五条

甲、日本接受《联合国宪章》第二条所规定的义务，特别是下列各项义务；

（一）应以和平方法解决国际争端，避免危及国际和平、安全及正义；

（二）在其国际关系上不得使用威胁或武力，或以与联合国宗旨不符之任何其他方法，侵害任何国家之领土完整或政治独立；

（三）对于联合国依据宪章规定而采取之行动，应予以全力协助，并于联合国对于任何国家采取防止或执行行动时，对该国家不得给予协助。

乙、各盟国确认在其对日关系上，将以《联合国宪章》第二条之原则为准绳。

丙、各盟国方面承认日本以一个主权国家资格，具有《联合国宪章》第五十一条所提及的单独或集体自卫之自然权利，并得自愿加入集体安全协定。

第六条

甲、各盟国所有占领军，应于本条约生效后尽早撤离日本，且无论如何，其撤离不得迟于本条约生效后九十日之期。但本款规定并不妨碍武装部队依照或由于一个或多个的盟国与日本业已缔结或将缔结之双边或多边协定，而在日本领土上驻扎或留驻。

乙、所有曾供占领军使用、并于本条约生效时仍为占领军所占有且尚未予补偿之日本财产，除相互协定订有其他办法外，均应于本条约生效后九十日内归还日本政府。

第四章　政治及经济条款

第七条

甲、各盟国在本条约对于该国及日本相互间生效后一年内，通知日本，其希望使哪些战前与日本所订之双边条约保持有效或得以恢复。经此通如后之条约，除仅应予以必要之修正，俾与本条约相符外，应继续有效或恢复。经此通知后之条约，自通知之日起三个月后恢复其效力，并应向联合国秘书处登记。所有未依照上述方法通知日本之条约，应认为业已废止。

乙、依照本条甲款所作之任何通知中，得将由通知国所负有国际关系责任之任何领土，置于某一继续实施或恢复的条约之效力范围以外，直至日本收到此种除外停止适用的通知三个月之后。

第八条

甲、日本承认盟国现在或今后为结束自1939年9月1日开始之战争状态而缔结之一切条约以及盟国为恢复和平或关于恢复和平而订之任何其他协定之完全效力。且日本接受为结束前国际联盟及国际常设法庭所订之各项协定。

乙、日本放弃其作为签字国由1919年9月10日《圣日耳曼条约》，[1]1936年7月20日《蒙特勒公约》，[2]以及1923年7月24日《洛桑条约》[3]第十六条所取得之一切权利及利益。

丙、日本放弃其由下列各协定所取得之一切权利、权利根据及利益并解除由各该协定所发生之一切义务：1930年1月20日德国与各债权国间之协定

---

[1] "Treaty Series Nos. 11, 12, 14, 15, 17, 18, 19 and 20 (1919)."
[2] "Treaty series No. 30 (1937)," Cmd. 5551.
[3] "Treaty Series No. 16 (1923)," Cmd. 1929.

及其附件,①包括1930年5月17日之信托协定,②1930年1月20日关于国际清算银行之协定及国际清算银行规程。③ 日本将于本条约生效后六个月内将其放弃本项所称之权利、权利根据及利益一事通知法国外交部。

第九条

日本将与愿意谈判之盟国迅速进行关于规定或限制公海捕鱼及保护与发展公海渔业之双边及多边协定之谈判。

第十条

日本放弃在中国之一切特权与利益,包括由于1901年9月7日在北京签订之最后议定书④及其所有附件、补充照会与文件所产生之一切利益与特权,并同意就日本方面而言,该议定书及其所有附件、照会与文件概行作废。

第十一条

日本接受远东国际军事法庭与其他在日本境内或境外之盟国战犯法庭之判决,并将执行各该法庭所施予现被监禁于日本境内之日本国民之判决。对此等犯人赦免、减刑与假释之权,除由每一案件科刑之一个政府或数个政府决定并由日本建议外,不得行使。如该犯人系由远东国际军事法庭所判决,则该项权利除得到参加该法庭之多数政府之决定及日本之建议外,不得行使。

第十二条

甲、日本宣布准备立即与各盟国进行缔结条约或协定之谈判,借以将其贸易、航运及其他商务关系置于稳固与友好的基础上。

乙、在有关条约或协定尚未缔结之前,日本将在本条约生效之时起四年期内;

(一)对于各盟国及其国民、货物及船舶给予以下各项待遇:

(甲)在关税、税收、收费、限制及进出口货物及相关规章方面,给予最惠国待遇;

(乙)关于船运、航行及进口以及关于自然人与法人及其利益,给予国民待遇。该项待遇包括关于赋课、征税、诉讼、订立及执行契约、财产权,参加依

---

① "Treaty Series No. 2 (1931)," Cmd. 3763.
② Cmd. 3598.
③ "Treaty Series No. 6 (1931)," Cmd. 3766.
④ "Treaty Series No. 17 (1902)," Cd. 1390.

照日本法律所设立之法律实体,及一般的从事各种商业及职业活动。

(二)保证日本国有贸易企业之对外采购及销售,应仅基于商业上的考虑。

丙、但无论任何事项,日本所给予某一盟国之国民待遇或最惠国待遇应仅以该有关盟国关于同一事项所给予日本之国民待遇或最惠国待遇之程度为限。上文所包含之互惠原则,其涉及某一盟国任何非宗主国领土之产品、船舶与法律实体,及该领土定居者,及涉及某一联邦制度之盟国之任何一州或一省之法律实体及该州或省定居者,应依照在该领土、州或省所给予日本之待遇决定。

丁、在适用本条时,如果某项差别待遇措施系基于引用该项办法一方商约中所通常规定的一项例外,或基于保护该方之对外财政地位或国际支付之需要(除涉及船运及航行者外),或基于维护切要的安全利益之需要,则此等差别待遇措施,不得视为对于国民待遇或最惠国待遇有所损害,但应以该措施与情形相称,且非采用武断或不合理之方式为限。

戊、本条乙款所规定之日本义务,不得因本条约第十四条所规定任何盟国权利之行使而有所影响。乙款各项规定,亦不得理解为对日本在本条约第十五条下所承担义务之限制。

第十三条

甲、日本遇有任何一盟国或数盟国请求缔结关于国际民用航空运输之双边或多边协定时,应立即与该盟国进行谈判。

乙、在未与一盟国缔结该项协定以前,日本将在本条约生效之时起四年期内,给予该盟国以不低于在本条约生效时,该盟国等所行使之航空运输权利及特权之待遇,并应航空运输的运营及发展方面,给予完全平等之机会。

丙、日本在未依照《国际民用航空公约》[①]第九十三条之规定,加入该公约之前,对于该公约内所适用于国际航空交通之条款,应将予以施行,并对于依照该公约条款作为公约附件的标准、惯例及常规,亦将予以施行。

第五章 要求及财产

第十四条

甲、兹承认,日本应对其在战争中所造成的损失及痛苦做出赔偿,但,如欲

---

① "Miscellaneous No. 6 (1945)," Cmd. 6614.

维持可行之经济，则日本没有能力对盟国做出足够赔偿，并同时履行其他义务。但是，

（一）日本愿尽快与现有领土曾被日军占领并曾遭受日本损害并有意谈判的盟国进行谈判，以将日本人民在制造、打捞及其他服务上的技能与行业，供各该盟国利用，协助赔偿各该国修复其所受损失的费用。此项办法应避免增加其他盟国负担，且当需要制造原料时，应由相关盟国供给，以免增加日本的外汇负担。

（二）（甲）每一盟国应有权扣押、扣留、清算或以其他方法处置下列：

（子）属于日本及其国民，

（丑）属于日本或其国民的代理人或代表人，及

（寅）属于为日本或其国民所有或控制的实体的，

一切在本条约生效时即受该盟国管辖的财产、权利及利益。但以下除外：

（1）在战争期间，经有关政府准许在未经日本占领的盟国领土内居住之日本国民之财产。但位于在该领土居住的其他日本国民的财产之上，且在战争期间受到该领土政府非普遍适用措施限制的财产，不在此列。

（2）属于日本政府所有为外交领事目的使用的一切不动产、家具与固定设备、私人家具与设备，以及其他非投资性质的、且为执行外交与领事职务所经常必需的、日本外交及领事人员所有的私人财产；

（3）属于宗教团体或私人慈善机构，并纯为宗教或慈善目的使用的财产；

（4）本条约生效之前相关国家与日本恢复贸易和金融关系之后产生的财产权。但通过违反有关盟国法律的交易而获得者，不在此列。

（5）日本或其国民的债务，对于日本境内有形财产的任何权利、权利根据或利益，对于依照日本法律所组织的企业的利益，或任何有关的书面证据，但此项例外应仅适用于日本及其国民以日本货币计算之债务。

（乙）以上(1)目至(5)目的例外所提及财产应予归还，但为保存及管理此项财产而支出的合理费用得予扣除。如任何此项财产已被清算，则应归还清算所得之款。

（丙）以上所规定之扣押、扣留、清算或以其他方式处理财产的权利，应依照有关的盟国之法律行使，该日本所有人应仅有那些法律所给予他的权利。

（丁）各盟国同意对日本商标及其文学上与艺术上的财产权利，予以每一盟国情形许可范围内的优遇。

乙、除本条约另有规定者外,各盟国兹放弃其一切赔偿要求,盟国及其国民对由日本及其国民在作战过程中所采行动而产生的其他要求,以及盟国对于占领的直接军事费用的要求。

第十五条

甲、各盟国及其国民,自 1941 年 12 月 7 日至 1945 年 9 月 2 日间之任何时间,所有在日本之有形及无形财产及一切权利或任何种之利益,经于本条约生效后九个月内提出者,日本应自请求之日起六个月内归还之,但为所有人未经胁迫或诈欺而业已自由处理者不在此列。此项财产应予归还,并免除因战争所加予之负担与费用,归还时亦不需任何费用。所有人未在规定期间内请求发还之财产,日本政府得自行决定处理。如此项财产于 1941 年 12 月 7 日系在日本境内,但不能归还或已因战争而遭损坏或毁坏,则当依照日本内阁于 1951 年＿＿＿＿颁布的＿＿＿＿号法律进行赔偿。

乙、关于在战时遭受损害之工业财产权利,日本对于盟国及其国民将继续给予不少于 1949 年 9 月 1 日生效之内阁命令第三〇九号,1950 年 1 月 28 日生效之命令第十二号及 1950 年 2 月 1 日生效之命令第九号及各该命令之所有修正所给予之利益,但以此项国民曾在本条约规定之期限内请求此种利益者为限。

丙、(一) 日本承认在 1941 年 12 月 6 日存于日本境内有关盟国及其国民已出版或未出版之文学或艺术作品的财产权利,在该日以后继续有效,并承认在该日以后由于日本在该日仍为缔约国之任何公约或协定之效力而在日本产生的权利,或若不是因为战争而可能产生的权利,不论此类公约或协定在战争爆发时或以后是否由日本或有关盟国以国内法予以废止或暂停其效力。

(二) 不待权利所有人申请及缴纳任何费用或履行任何其他手续,自 1941 年 12 月 7 日至本条约生效日这段时间,应从其权利正常延续期限中减除,此项期间,并另加六个月期间,应自一文艺作品为获得在日本之翻译权利而必须译成日文之期限内减除。

(注:本条甲款有赖于将由日本通过的立法的可接受性。乙款假定根据有关内阁命令可将申请期限延长至 1951 年 9 月 30 日。)

第十六条

为对盟国武装部队人员在为日本战俘期间所受过分之痛苦表示赔偿之愿望起见,日本将在战时中立之国家或与任何盟国作战之国家内的日本及其国民所有之资产,或此类资产之等价物移交红十字国际委员会,由其清理此项资产,并将所得资金,依其所认为公平之基础,分配予前战俘及其家属。但本条约第十四条甲(二)(甲)(2)至(5)各目所述各类资产,不在移交之列。并了解,本条关于移交之规定,不适用于现为日本金融机构所有之国际清算银行一万九千七百七十股份。

(注:日本在泰国资产的地位尚待进一步考虑。)

第十七条

甲、日本政府经任一盟国之请求,对于日本捕获法院所涉及盟国国民所有权之案件所作之判决或命令,应依国际法原则予以复核及修正,并提供此项案件记录之全部文件复件,包括所作判决及所颁布之命令,如该复核或修正显示必须恢复权利时,则第十五条之规定应该适用于该有关之财产。

乙、日本政府应采取必要措施,以便任一盟国国民在本条约生效之日起一年内之任何时期,得向日本有关当局提请复核从1941年12月7日起至本条约生效之日期内日本法庭所作之任何判决,如在该案任何程序中,该国民未能以原告或被告之身份进行充分陈述。如该国民因此项判决而受损害,日本政府应设法使其能恢复在未作判决前之地位,或获得依其情形公允平衡之救济。

第十八条

乙、日本政府承认对战前日本国家的外债及随后宣布由日本国家承担之法人团体之债务负有义务,并表示愿早日与债权人就恢复偿付债务一事进行谈判,并将对关于其他战前的要求及债务之谈判提供便利,并对于由此而发生之款项的拨汇亦予以便利。

第十九条

甲、日本放弃日本及其国民对盟国及其国民因战争或战争状态之存在所采行动而发生之一切要求,并放弃其由于本条约生效以前任何盟国军队或当局在日本领土内之留驻,军事行动或其他行动而产生的一切要求。

乙、上述的放弃包括因任何盟国自1939年9月1日至本条约生效之日对日本船舶所采取行动而产生的任何要求,并包括因在盟国拘留下的战俘及平民所产生的任何要求与债务在内。

丙、在相互声明放弃的条件下,日本政府代表日本政府及日本国民声明放弃其对德国及其国民的一切要求(包括债务在内),包括政府与政府间的要求及为战时所受损失或损害之要求在内,但下列两项要求除外:(一)与在1939

年9月1日以前所订契约及所取得的权利有关的要求,及(二)由1945年9月2日以后德国及日本间的贸易与金融关系而产生的要求。

第二十条

日本将采取一切必要措施,保证依照1945年柏林会议的议定书[①]中有权处分德国在日本资产之各国所已决定或可能决定的对该等资产之处分得以实施。又日本在该等资产未作最后处分之前,将负保存及管理之责。

第二十一条

虽有本条约第二十五条的规定,中国仍得享有第十条及第十四条甲(二)项所规定的利益;朝鲜得享有本条约第二条,第九条及第十二条所规定的利益。

第六章 争议之解决

第二十二条

倘本条约之任何一方认为,业已发生有关本条约的解释及执行之未能以其他协议方法解决的争议,该项争议应在当事任何一方的请求下,提交国际法院裁决之。日本及尚非《国际法院规约》[②]组成国之各盟国,在其各别批准本条约时,均将依照联合国安全理事会1946年10月15日之决议,向国际法院书记官长递送一概括宣言,声明对于有关具有本条所提及的性质之一切争议,一般地接受国际法院的管辖权,而毋须另订特别协定。

第七章 最后条款

第二十三条

甲、本条款应由包括日本在内的签字国批准,并应于日本及包括作为主要占领国的美国在内之下列过半数国家交存其批准书后,对各该批准国发生效力(此处为本条约下列签约国名称,即,澳大利亚、缅甸、加拿大、锡兰、法国、印度、印度尼西亚、荷兰、新西兰、巴基斯坦、菲律宾、英国、苏联及美国)。

对于其后批准的国家,其将于各该国家交存其批准书之日起,发生效力。

乙、如本条约在日本交存其批准书九个月后尚未生效,任何批准国得为此

---

① "Germany No. 1 (1945)," Cmd. 6648.
② "Treaty Series No. 67 (1946)," Cmd. 7015.

目的,于日本交存批准书之日起三年内,通知给日本政府及美国政府,使本条约在该国与日本间发生效力。

第二十四条

所有批准书应交存美利坚合众国政府,而美利坚合众国政府将以批准书交存情况及依照本条约第二十三条乙款规定所作的通知,通知所有签字国。

第二十五条

本条约所称盟国应为曾与日本所战并已签署及批准本条约的国家。除第二十一条之规定外,本条约对于非本条所指盟国之任何国家,不给予任何权利、权利根据及利益;本条约之任何规定也不得有利于非本条所指盟国而减损或侵害日本之任何权利、权利根据或利益。

第二十六条

日本准备与任何签署或遵守 1942 年 1 月 1 日《联合国宣言》,[①]且对日本作战而非本条约签字国之国家,订立一与本条约相同或大致相同之双边条约,但日本之此项义务,将于本条约生效后三年届满时终止,倘日本与任何国家订立一媾和协议或战争赔偿协议,给予该国以较本条约规定更大之利益时,则此等利益应同样给予本条约之缔约国。

第二十七条

本条约应存放于美国政府档案库。美国政府应以本条约之认证副本一份送致每一签字国,并通知各国根据本条约第二十三条甲款规定本条约生效时间。

下列署名的各全权代表在本条约上签字以昭信守。

1951 年＿＿＿＿日订于＿＿＿＿,用同等有效的英文、法文、俄文和西班牙文以及日文写成。

声明

关于今日签订之《和平条约》,日本政府声明如下:

一、除上述《和平条约》另有规定,日本承认 1939 年 9 月 1 日其为签订国且目前仍有效的一切多边国际文件的全部效力,并声明,自本条约生效起,恢复该类文件所产生的一切权利及义务。如参加某一国际文件涉及一国际组织

[①] "Treaty Series No. 5 (1942)," Cmd. 6388.

的成员身份,而日本在 1939 年 9 月 1 日或此日之后已不是该一国际组织的成员,则本款规定将以日本被该一组织重新接纳为成员为条件。

二、日本政府意欲于本《和平条约》生效 6 个月内,正式同意下列国际文件:

(一) 1946 年 12 月 11 日在美国成功湖开放签字,对 1912 年 1 月 23 日、1925 年 2 月 11 日、1925 年 2 月 19 日、1931 年 7 月 13 日、1931 年 11 月 27 日和 1936 年 6 月 26 日①的有关麻醉药品的协议、公约和议定书做出修改的议定书。

(二) 1948 年 11 月 19 日于巴黎开放签字②,将 1931 年 7 月 13 日签订而经 1946 年 12 月 11 日于成功湖公开签字的议定书修改的限制麻醉药品之生产及规范其经销的公约范围之外的药品置于国际管制之下的议定书。

(三) 1927 年 9 月 26 日于日内瓦签订的关于外国法庭仲裁裁决执行的国际公约。③

(四) 1928 年 12 月 14 日于日内瓦签订的《国际经济统计公约》和议定书④及 1948 年 12 月 9 日在巴黎签订的修改 1928 年《国际经济统计公约》的议定书。⑤

(五) 1923 年 11 月 3 日在日内瓦签订的《关于简化海关手续的国际公约》和签字议定书。⑥

(六) 1934 年 6 月 2 日在伦敦签订的防止虚假货物原产地标识的协议。⑦

(七) 1929 年 10 月 12 日在华沙签订的关于国际航空运输部分规则统一化的公约及附加议定书。⑧

(八) 1948 年 6 月 10 日在伦敦开放签字的《海上人命安全公约》。⑨

---

① "Treaty Series No. 25 (1947)," Cmd. 7135.
② "Miscellaneous No. 5 (1949)," Cmd. 7671.
③ "Treaty Series No. 28 (1930)," Cmd. 3655.
④ "Treaty Series No. 43 (1930)," Cmd. 3710.
⑤ Regd. With United Nations No. 318, January 1949.
⑥ "Treaty Series No. 16 (1925)," Cmd. 2347.
⑦ "Treaty Series No. 54 (1938)," Cmd. 5832.
⑧ "Treaty Series No. 11 (1933)," Cmd. 4284.
⑨ Cmd. 7492.

（九）1949年8月12日关于保护战争受害者的《日内瓦公约》。①

三、日本政府也有意在和约生效后六个月内申请（甲）加入1944年12月7日在芝加哥开放签字的《国际民用航空公约》，②并一俟日本成为上述公约的缔约国，接受同样于1944年12月7日在芝加哥开放签字的关于国际航空过境运输的协定，③以及（乙）加入1947年10月11日在华盛顿签订的《世界气象组织公约》。④

声明

关于今日签订之《和平条约》，日本政府声明如下：

日本承认任何一盟国及协约国所授权的任何在日本领土内辨认、编列、维持或管理其军事坟墓、墓地和纪念建筑的委员会、代表团或其他组织；日本将对上述组织的工作给予便利，并将与有关盟国或协约国或其所授权的任何委员会、代表团或其他组织进行关于上述军事坟墓、墓地和纪念建筑的谈判，以期缔结可能必要的一切协定。

议定书

下列署名之代表，经正式授权，于日本恢复和平之际，就下列对契约、时效期、可转让票据的问题及保险契约问题进行规范的条款达成协议：

契约、时效期及可转让票据

甲　契约

一、任何契约，如其执行要求已成为戊部分所定义之敌人的契约方之间的交流，则该契约应被视为自契约方成为敌人之时起已终止，下列二、三款所列情况除外。但此种终止并不影响今日签署之《和平条约》之第十八条之规定，且如契约任何一方已收到预付款或暂付款而尚未作出相应执行，亦不应免除其返还此类款项之义务。

---

① "Miscelaneous No. 4 (1950)," Cmd. 8033.
② "Miscellaneous No. 6 (1945)," Cmd. 6614.
③ "Miscellaneous No. 6 (1945)," Cmd. 6614.
④ "Treaty Seires No. 36 (1950)," Cmd. 7989.

二、尽管有上述第一款之规定,任何契约中可分割且其执行不要求已经成为戊部分所定义之敌国的契约方间的交流的部分,不应予以终止,应继续有效,且不影响今日签署之条约第十四条中所规定之权利。如任一契约中有不可分割之条款,则该契约应被视为全部终止。上述规定应受国内法,及为本条约所指盟国的签字国所作出的、对本契约或任一契约方有管辖权的命令及法规的限制,亦应受本契约条款的限制。

三、如果敌国间依照契约所进行的合法交易获相关政府的批准,且该相关政府为本条约的签字国及本《和平条约》所指的盟国,则甲部分之任何内容都不应使此类交易无效。

四、尽管有上述条款,保险及再保险契约应依照本议定书丁部分之规定处理。

乙　时效期

一、所有关于人员及财产关系之时效期或对诉讼权或采取保全措施的权利的限制,如涉及本条约签字国之由于战争原因而未能采取司法行为或遵守必要之规定以确保其权利的国民,不管该时效期开始于战争爆发之前或之后,都应视为于战争期间,一方面在日本领土内,另一方面在于互惠之基础上给予日本本款所规定之利益的签字国的领土内,暂时失效。此类期限应自今日签订之条约生效之时起重新开始计算。本款规定适用于为利息和股息券的提交,或为还款而赎回之证券和因任何其他原因而应偿还的款项之提交而设定的时效期。

二、如由于在战争期间未能执行某一行动或遵守某一规定,而在日本领土内采取了有损于为本条约所指的盟国之一的签字国国民的执行措施,日本政府应恢复因此而遭受损害的权利。如此种恢复难以实现,或有失公平,日本政府应向相关签约国之国民提供在当时情况下公正而公平之补偿。

丙　可转让票据

一、正如敌国之间的情形一样,不得仅因为未能在规定时间内提交票据以进行承兑或支付、或向开票人或背书人发出拒绝承兑或拒绝支付的通知、或拒付票据而视任何战前开出之可转让票据无效,亦不得因在战时未能完成任何一项手续而视此类票据无效。

二、如战争期间提交票据以进行承兑或支付、向开票人或背书人发出拒绝承兑或拒绝支付的通知、或拒付票据的时间期限已过,而本应提交票据以进行承兑或支付、向开票人或背书人发出拒绝承兑或拒绝支付的通知、或拒付票据的一方未能在战争期间完成上述行为,应允许该方在今日签订之条约生效至少3个月的时间之内,提交票据、发出拒绝承兑或拒绝支付的通知、或拒付票据。

三、如战前或战争期间,某人由于之后成为其敌人的某人所给予其的承诺,而负有某一可转让票据下之债务,则,尽管爆发战争,后者仍应负有对此类债务做出补偿之责任。

丁 契约方成为敌人之日前尚未终结的保险及再保险契约(人身保险契约除外)

一、如契约方成为敌人之日前保险已起保,且投保人在此期之间已经支付所有保费或根据契约规定已支付使保险生效或继续有效之约定金额,则不得因契约方成为敌人之事实而视保险契约失效。

二、除根据上述条款而继续有效之保险契约不应视为成立,且依此契约而支付之款项应予以归还。

三、除非本议定书有明确规定,协议及其他再保险契约应视为自契约方成为敌人之日起终止,且此条约及契约下之分保也应自此日期之后取消。但已依据某一海运再保险条约而起保的关于航程保单的分保,应被视为,依照风险分保之条款,保有其全部效力,直至自然终止。

四、对于临时再保险,如契约方成为敌人之日前保险已起保,且投保人在此期之间已经支付所有保费,或已支付使保险生效或继续有效之约定金额,或此约定金额已按照惯例被取消,则,除非再保险契约另有规定,此保险应被视为保有其全部效力,直至契约方成为敌人之日,且自此日起终止。

但有关航程保单之此类临时再保险应被视为,依照风险分保之条款,保有其全部效力,直至自然终止。

且与根据第(一)款之规定继续有效之保险契约相关的临时再保险,应视为保有其全部效力,直至原保险终止。

五、以上条款所涉及之外的临时再保险,及所有根据某一超额损失率而订立之超额损失保险契约和雹害保险(无论是否为临时保险),不应视为成立,且依此契约而支付之款项应予以归还。

六、除非该协议或其他再保险契约另有规定,保费应按已过去的时间比例进行调整。

七、保险或再保险契约(包括再保险条约下之分保)不涵盖任何一契约方为其国民之任何国家或该国之盟国或协约国的敌对行动所造成的损失及要求。

八、如战争期间某一保险已由原有保险公司转至另一保险公司,或已全部分保,则该转保或分保,无论是自愿或是受行政或立法行为之影响,应得到承认,且原保险公司之责任应视为自转保或分保之日起已终止。

九、如双方间有不止一个协议或其他再保险契约,则应对双方账目进行调整,且为确定最终余额,应将所有余额(应包括经双方同意为尚未支付之损失而留出的准备金),及根据此类契约一方应付给另一方或依据以上规定应予归还的所有款项,计入账目。

十、任何一方都不必对因契约方成为敌人而造成或可能造成之保费、索赔或余额支付之任何拖延而支付利息。

十一、本议定书之任何部分都不得以任何方式损害或影响今日签署之《和平条约》之第十四条所赋予之权利。

戊　特殊条款

为本议定书起见,自然人或法人,在其之间之贸易依据对其具有管辖权之法律、法令或规定成为违法行为之日起,即应被视为成为敌人。

最后条款

本协议对日本及今日与日本签署之《和平条约》之任何签字国开放签字,且在本议定书涉及之问题上,自本条约对日本与该国生效之日起,管理日本与本协议每一其他签字国之间之关系。

以昭信守,及其他。

(Japan No. 1 (1951). Draft Peace Treaty with Japan, 20th Century House of Commons Sessional Papers, House of Commons Parliamentary Papers, COMMAND PAPERS, Paper Number: Cmd. 8300.)

2.《对日和平条约》修改

1950—51【Cmd. 8316】日本 No. 2 (1951)《对日和平条约》修改

日本 No. 2 (1951)

1951 年 8 月 13 日所做修改

奉国王陛下之命由外交大臣提交议会

1951 年 7 月

伦敦

(英国)皇家文书局

3 便士

《对日和平条约》修改[①]

标题

删除"Draft Peace Treaty with Japan",替换为"Draft Treaty of Peace with Japan"。

序言

第 6 行:"他们之间"后插入分号。

第 6 行:删除"并使日本得以执行",另起一段,替换为"日本方面声明"。

第 7 行:将"联合国组织"替换为"联合国"。

第 17 行:将"因此同意缔结"替换为"因此决定缔结"。

第三条

第 3 行:将"北纬 29 度以南的琉球群岛"替换为"北纬 29 度以南的南西诸岛(包括琉球群岛与大东群岛)"。

第四条

第 1 行:删除第一句话,替换为"日本及其国民在第二与第三条所指区域内的财产及对于此等区域之现行政当局及居民(包括法人)的要求,包括债务之处理,以及此等行政当局及居民在日本的财产及此等行政当局与居民对日

[①] "Japan No. 1 (1951)," Cmd. 8300.

本及其国民的要求,包括债务之处理,应由日本及此等行政当局商定特别处理办法"①。

第 8 行:在"归还"之后插入短语"由行政当局"。

第五条

第 12 行:在"国家"之后插入逗号。

第七条

第 3 行:删除"保持",替换为"继续"。

第 6 行:删除"恢复其效力",替换为"应视为继续有效或已恢复"。

第八条

第 10 行:删除"1923 年 7 月 24 日《洛桑条约》",替换为"1923 年 7 月 24 日签订于洛桑的《对土耳其和约》"。

第 12 条

第 12 行:删除"进口",替换为"进口货物"。

第十三条

第 4 行:删除"与一盟国"。

第十五条(注)

删除注第二句话。

第十六条

第 5 行:在"此类资产之等价物"前插入"由其所选择的"。

第十八条

第 17 行:删除"开始谈判",替换为"进行谈判"。

第 19 行:删除"将提供便利",替换为"以提供便利"。

第 20 行:删除"将提供便利",替换为"以提供便利"。

第二十三条

第 12 行:删除"其将生效",替换为"本条约将生效"。

第二十四条

第 2 行:在"交存情况"前插入"各国"。

第二个声明

---

① 译者注:此处修改主要为调整了原文表达顺序,使意思更加明确,对译文无实质影响。

删除文中出现的"与协约国"及"或协约国"字样。

将草案中日期统一改为以下格式:"7月24日,1923。"

(Japan No. 2 (1951). Amendments to draft treaty of peace with Japan, 20th Century House of Commons Sessional Papers, House of Commons Parliamentary Papers, COMMAND PAPERS, Paper Number: Cmd. 8316.)

3.《对日和平条约》草案

1950—51【Cmd. 8341】日本 No. 3 (1951)《对日和平条约》草案

日本 No. 3 (1951)

1951年8月13日修改

奉国王陛下之命由外务大臣提交议会

1951年8月

伦敦

(英国)皇家文书局

9便士

《对日和平条约》草案

1951年8月13日修改

各盟国及日本决定,他们此后之关系将是有主权的平等国家间之关系,在友好的联合下合作,以促进他们共同的福利、维持国际和平与安全。因此,愿缔结和约,以解决一切由于他们之间存在之战争状态所引起的尚未解决的问题。

日本方面声明其意愿:申请加入联合国及在一切情形下遵守联合国宪章[①]之原则;致力于实现世界人权宣言[②]之目的;根据联合国宪章第55条及第56条之规定,及投降后日本立法,努力在日本国内创造安定及福祉;并在公私贸易及商业方面,遵守国际上通行的公正惯例。

各盟国对于上节所述日本之意愿表示欢迎。

---

① "Treaty Series No. 67(1946)," Cmd. 7015.
② "United Nations No. 2 (1949)," Cmd. 7662.

因此，各盟国及日本决定缔结《和平条约》，为此各派签名于后之全权代表，经将其所奉全权证书提出校阅，认为妥善，议定下述条款：

第一章 和 平

第一条

甲、日本与每一盟国间之战争状态，依照本条约第二十三条之规定，自日本与该盟国间所缔结之本条约生效之日起，即告终止。

乙、各盟国承认日本人民对于日本及其领海有完全的主权。

第二章 领 土

第二条

甲、日本承认朝鲜之独立，并放弃对朝鲜包括济州岛、巨文岛及郁陵岛在内的一切权利、权力根据与要求。

乙、日本放弃对台湾及澎湖列岛的一切权利、权力根据与要求。

丙、日本放弃对千岛群岛，及由 1905 年 9 月 5 日《朴茨茅斯条约》①所获得主权之库页岛一部分及其附近岛屿之一切权利、权利根据与要求。

丁、日本放弃与国际联盟委任统治制度有关之一切权利、权利根据与要求，并接受 1947 年 4 月 2 日联合国安全理事会将托管制度推行于从前委任日本统治的太平洋各岛屿之措施。②

戊、日本放弃对于南极地域任何部分的任何权利、权利根据或利益之一切要求，不论其是由于日本国民之活动，或由于其他方式而获得的。

己、日本放弃对南威岛及西沙群岛之一切权利、权利根据与要求。

第三条

日本对于美国向联合国提出将北纬二十九度以南之南西诸岛（包括琉球群岛与大东群岛）、孀妇岩岛以南之南方诸岛（包括小笠原群岛、西之岛与硫磺列岛）及冲之鸟岛与南鸟岛置于联合国托管制度之下，而以美国为唯一管理当局之任何提议，将予同意。在提出此种建议，并对此种建议采取肯定措施以前，美国将有权对此等岛屿之领土及其居民，包括其领海，行使一切及任何行

---

① State Papers, Vol. 98, page 735.
② "Treaty Series No. 76(1947)," Cmd. 7233.

政、立法与司法权力。

第四条

甲、日本及其国民在第二条所指区域内的财产及对于此等区域之现在行政当局及居民（包括法人）的要求，包括债务之处理，以及此等行政当局及居民在日本的财产及此等行政当局与居民对日本及其国民要求，包括债务之处理，应由日本及此等行政当局商前特别处理办法。任一盟国或其国民在第二条所指区域内之财产，若尚未归还，应由行政当局依其现状予以归还（本条约所称"国民"一词，包括法人在内）。

乙、日本承认，美国军政府对日本及其国民在第二条及第三条所指任何区域内财产之处理，或根据美国军政府指令对该财产所作处理为有效。

丙、为日本所有之连接日本与依照本条约脱离日本统治的领土间的海底电缆应平均分配。日本保留在日本之终点及与其相联电缆之一半，该脱离之领土保留其余电缆之一半及其相联之终点设备。

第三章 安 全

第五条

甲、日本接受《联合国宪章》第二条所规定的义务，特别是下列各项义务：

（一）应以和平方法解决国际争端，避免危及国际和平、安全及正义；

（二）在其国际关系上不得使用威胁或武力，或以与联合国宗旨不符之任何其他方法，侵害任何国家之领土完整或政治独立；

（三）对于联合国依据宪章规定而采取之行动，应予以全力协助，并于联合国对于任何国家采取防止或执行行动时，对该国家不得给予协助。

乙、各盟国确认在其对日关系上，将以《联合国宪章》第二条之原则为准绳。

丙、各盟国方面承认日本以一个主权国家资格，具有《联合国宪章》第五十一条所提及的单独或集体自卫之自然权利，并得自愿加入集体安全协定。

第六条

甲、各盟国所有占领军，应于本条约生效后尽早撤离日本，且无论如何，其撤离不得迟于本条约生效后九十日之期。但本款规定并不妨碍武装部队依照或由于一个或多个的盟国与日本业已缔结或将缔结之双边或多边协定，而在日本领土上驻扎或留驻。

乙、1945年7月26日《波茨坦宣言》①第九条关于遣送日本军事部队回国的规定之尚未完全实施者，应实施之。

丙、所有曾供占领军使用、并于本条约生效时仍为占领军所占有尚未予补偿之日本财产，除相互协定订有其他办法外，均应于本条约生效后九十日内归还日本政府。

第四章　政治及经济条款

第七条

甲、各盟国在本条约对于该国及日本相互间生效后一年内，通知日本，其希望使哪些战前与日本所订之双边条约或公约继续有效或得以恢复。经此通知后之条约，除仅应予以必要之修正，俾与本条约相符外，应继续有效或恢复。经此通知后之条约，自通知之日起三个月后应视为继续有效或已恢复，并应向联合国秘书处登记。所有未依照上述方法通知日本之条约及公约，应认为业已废止。

乙、依照本条甲款所作之任何通知中，得将由通知国所负有国际关系责任之任何领土，置于某一继续实施或恢复的条约或公约之效力范围以外，直至日本收到此种除外停止适用的通知三个月之后。

第八条

甲、日本承认盟国现在或今后为结束自1939年9月1日开始之战争状态而缔结之一切条约以及盟国为恢复和平或关于恢复和平而订之任何其他协定之完全效力。且日本接受为结束前国际联盟及国际常设法庭所订之各项协定。

乙、日本放弃其作为签字国由1919年9月10日《圣日耳曼条约》，②1936年7月20日《蒙特勒公约》，③以及1923年7月24日签订于洛桑的《对土耳其和约》"④第十六条所取得之一切权利及利益。

丙、日本放弃其由下列各协定所取得之一切权利、权利根据及利益并解除

---

① "Miscellaneous No. 6 (1947)," Cmd. 7087.
② "Treaty Series Nos. 11, 12, 14, 15, 17, 18, 19 and 20 (1919)."
③ "Treaty series No. 30 (1937)," Cmd. 5551.
④ "Treaty Series No. 16 (1923)," Cmd. 1929.

由各该协定所发生之一切义务：1930年1月20日德国与各债权国间之协定及其附件，①包括1930年5月17日之信托协定，②1930年1月20日关于国际清算银行之协定及国际清算银行规程。③ 日本将于本条约生效后六个月内将其放弃本项所称之权利、权利根据及利益一事通知法国外交部。

第九条

日本将与愿意谈判之盟国迅速进行关于规定或限制公海捕鱼及保护与发展公海渔业之双边及多边协定之谈判。

第十条

日本放弃在中国之一切特权与利益，包括由于1901年9月7日在北京签订之最后议定书④及其所有附件、补充照会与文件所产生之一切利益与特权，并同意就日本方面而言，该议定书及其所有附件、照会与文件概行作废。

第十一条

日本接受远东国际军事法庭与其他在日本境内或境外之盟国战犯法庭之判决，并将执行各该法庭所施予现被监禁于日本境内之日本国民之判决。对此等犯人赦免、减刑与假释之权，除由每一案件科刑之一个政府或数个政府决定并由日本建议外，不得行使。如该犯人系由远东国际军事法庭所判决，则该项权利除得到参加该法庭之多数政府之决定及日本之建议外，不得行使。

第十二条

甲、日本宣布准备立即与各盟国进行缔结条约或协定之谈判，借以将其贸易、航运及其他商务关系置于稳固与友好的基础上。

乙、在有关条约或协定尚未缔结之前，日本将在本条约首次生效之时起四年期内：

（一）对于各盟国及其国民、货物及船舶给予以下各项待遇：

（1）在关税、税收、收费、限制及进出口货物及相关规章方面，给予最惠国待遇；

（2）关于船运、航行及进口货物以及关于自然人与法人及其利益，给予国

---

① "Treaty Series No. 2 (1931)," Cmd. 3763.
② Cmd. 3598.
③ "Treaty Series No. 6 (1931)," Cmd. 3766.
④ "Treaty Series No. 17 (1902)," Cd. 1390.

民待遇。该项待遇包括关于赋课、征税、诉讼、订立及执行契约、财产权(有形和无形的),参加依照日本法律所设立之法团以及一般的从事各种商业及职业的活动。

(二)保证日本国有贸易企业之对外采购及销售,应仅基于商业上的考虑。

丙、但无论任何事项,日本所给予某一盟国之国民待遇或最惠国待遇应仅以该有关盟国关于同一事项所给予日本之国民待遇或最惠国待遇之程度为限。上文所包含之互惠原则,其涉及某一盟国任何非宗主国领土之产品、船舶与法律实体,及该领土定居者,及涉及某一联邦制度之盟国之任何一州或一省之法律实体及该州或省定居者,应依照在该领土、州或省所给予日本之待遇决定。

丁、在适用本条时,如果某项差别待遇措施系基于引用该项办法一方商约中所通常规定的一项例外,或基于保护该方之对外财政地位或国际支付之需要(除涉及船运及航行者外),或基于维护切要的安全利益之需要,则此等差别待遇措施,不得视为对于国民待遇或最惠国待遇有所损害,但应以该措施与情形相称,且非采用武断或不合理之方式为限。

戊、本条所规定之日本义务,不得因本条约第十四条所规定任何盟国权利之行使而有所影响。本条各项规定,亦不得理解为对日本在本条约第十五条下所承担义务之限制。

第十三条

甲、日本遇有任何一盟国或数盟国请求缔结关于国际民用航空运输之双边或多边协定时,应立即与该盟国进行谈判。

乙、在未缔结该项协定以前,日本将在本条约生效之日起四年期内,给予该盟国以不低于在本条约生效时,该盟国等所行使之航空运输权利及特权之待遇,并将在航空运输的运营及发展方面,给予完全平等之机会。

丙、日本在未依照《国际民用航空公约》[①]第九十三条之规定,加入该公约之前,对于该公约内所适用于国际航空交通之条款,应将予以施行,并对于依照该公约条款作为公约附件的标准,惯例及常规,亦将予以施行。

---

① "Miscellaneous No. 6 (1945)," Cmd. 6614.

第五章　要求及财产

第十四条

甲、兹承认，日本应对其在战争中所引起的损害及痛苦给盟国以赔偿，但同时承认，如欲维持可行之经济，则日本的资源目前不足以全部赔偿此种损失及痛苦，并同时履行其他义务。

因此，

（一）日本愿尽快与现有领土曾被日军占领并曾遭受日本损害并有意谈判的盟国进行谈判，以将日本人民在制造、打捞及其他工作上之服务，供各该盟国利用，协助赔偿各该国修复其所受损失的费用。此项办法应避免增加其他盟国负担，且当需要制造原料时，应由相关盟国供给，以免增加日本的外汇负担。

（二）（甲）在受下列（乙）项各规定的限制下，每一盟国应有权扣押、扣留、清算或以其他方法处置下列一切在本条约首次生效时即受该盟国管辖的财产、权利及利益：

（1）属于日本及其国民者；

（2）属于日本或其国民的代理人或代表人者；及

（3）属于为日本或其国民所有或控制的实体者。

本项所规定的财产、权利及利益应包括现在由盟国敌产管理当局封存、处理、占有或管制者，而这些财产、权利及利益在由敌产管理当局接管之时是属于上列（1）（2）（3）各目所述任何个人或实体所有或代表个人或实体保管或管理者。

（乙）以下各目不在上列（甲）项所规定的权利之内：

（1）在战争期内，经有关政府准许，在未经日本占领的盟国领土内居住之日本自然人之财产，但在战争期内受到限制而在本条约首次生效时仍受此种限制的财产，则不在此列；

（2）属于日本政府所有为外交领事目的使用的一切不动产、家具与固定设备、私人家具与设备，以及其他非投资性质的、且为执行外交与领事职务所经常必需的、日本外交及领事人员所有的私人财产；

（3）属于宗教团体或私人慈善机构，并纯为宗教或慈善目的使用的财产；

（4）由于相关国家与日本于1945年9月2日之后恢复贸易和金融关系

而进入其管辖范围的财产、权利和利益。但通过违反有关盟国法律的交易而获得者,不在此列;

(5)日本或其国民的债务,对于日本境内有形财产的任何权利、权利根据或利益,对于依照日本法律所组织的企业的利益,或任何有关的书面证据,但此项例外应仅适用于日本及其国民以日本货币计算之债务。

(丙)以上(1)目至(5)目的例外所提及财产应予归还,但为保存及管理此项财产而支出的合理费用得予扣除。如任何此限财产已被清算,则应归还共清算所得之款。

(丁)以上(子)目所规定之扣押、扣留、清算或以其他方式处理财产的权利,应依照有关的盟国之法律行使之,该所有人应仅其有那些法律所给予他的权利。

(戊)各盟国同意对日本商标及其文学上与艺术上的财产权利,予以依每一盟国情形许可范围内的优遇。

乙、除本条约另有规定者外,各盟国兹放弃其一切赔偿要求,盟国及其国民对由日本及其国民在作战过程中所采行动而产生的其他要求,以及盟国对于占领的直接军事费用的要求。

第十五条

甲、各盟国及其国民,自1941年12月7日至1945年9月2日间之任何期间,所有在日本之有形及无形财产及一切权利或任何种之利益,经于日本与有关盟国间的本条约生效后九个月内提出者,日本应自请求之日起六个月内归还之,但为所有人未经胁迫或诈欺而业已自由处理者不在此列。此项财产应予归还,并免除因战争所加予之负担与费用,归还时亦不需任何费用。所有人或其代理人或其政府在规定期间内未请求发还之财产,日本政府得自行决定处理。如此项财产于1941年12月7日系在日本境内而不能归还或已因战争而遭损害或毁坏者,则当依不低于日本内阁于1951年7月13日通过的盟国财产赔偿法草案所规定的条件赔偿之。

乙、关于在战时遭受损害之工业财产权利,日本对于盟国及其国民将继续给予不少于1949年9月1日生效之内阁命令第三〇九号,1950年1月28日生效之命令第十二号及1950年2月1日生效之命令第九号及各该命令之所有修正所给予之利益,但以此项国民曾在本条约规定之期限内请求此种利益者为限。

丙、(一)日本承认在1941年12月6日存于日本境内有关盟国及其国民已出版或未出版之文学或艺术作品的财产权利,在该日以后继续有效,并承认在该日以后由于日本在该日仍为缔约国之任何公约或协定之效力而在日本产生的权利,或若不是因为战争而可能产生的权利,不论此类公约或协定在战争爆发时或以后是否由日本或有关盟国以国内法予以废止或暂停其效力。

(二)不待权利所有人申请及缴纳任何费用或履行任何其他手续,自1941年12月7日至日本与有关盟国间的本条约生效日这段时间,应从其权利正常延续期限中减除,此项期间,并另加六个月期间,应自一文艺作品为获得在日本之翻译权利而必须译成日文之期限内减除。

第十六条

为对盟国武装部队人员在为日本战俘期间所受过分之痛苦表示赔偿之愿望起见,日本将在战时中立之国家或与任何盟国作战之国家内的日本及其国民所有之资产,或由其所选择的此类资产之等价物移交红十字国际委员会,由其清理此项资产,并将所得资金,依其所认为公平之基础,分配给合适的全国性机构,用于救助前战俘及其家属。但本条约第十四条甲(二)(乙)(2)至(5)各目所述各类资产,及在本条约首次生效时不住在日本的日本自然人的资产,不在移交之列。并了解,本条关于移交之规定,不适用于现为日本金融机关所有之国际清算银行一万九千七百七十股份。

第十七条

甲、日本政府经任一盟国之请求,对于日本捕获法院所涉及盟国国民所有权之案件所作之判决或命令,应依国际法原则予以复核及修正,并提供此项案件记录之全部文件复件,包括所作判决及所颁布之命令,如该复核或修正显示必须恢复权利时,则第十五条之规定应该适用于该有关之财产。

乙、日本政府应采取一切必要措施,以便任一盟国国民在日本与有关盟国间的本条约生效之日起一年内之任何时期,得向日本有关当局提请复核从1941年12月7日起至本条约生效之日期内日本法庭所作之任何判决,而在该案任何程序中,该国民未能以原告或被告之身份为充分之陈述者,如该国民因此项判决而受损害,日本政府应设法使其能恢复在未作判决前之地位,或获得依其情形公允平衡之救济。

第十八条

甲、兹承认,由于战争状态存在前已有之义务与契约(包括有关公债者)及已取得之权利所产生,而系日本政府或其国民应付予任何一盟国政府或其国民,或系任何一盟国政府或其国民应付予日本政府或其国民的金钱债务之偿付义务,并不因战争状态之介入而受影响。对于因为在战争状态介入以前发生之财产的损失或损害或个人的受伤或死亡而由任一盟国政府向日本政府或由日本政府向任何盟国政府提出或再提出之要求,应就其案情予以考虑之义务,亦不得视为因战争状态之介入而受影响。本款之规定并不妨碍本条约第十四条所授与之权利。

乙、日本政府承认对战前日本国家的外债及随后宣布由日本国家承担之法人组织之债务负有义务,并表示愿早日与债权人就恢复偿付债务一事进行谈判,以鼓励关于其他战前的要求及债务之谈判,并对于由此而发生之款项的拨汇亦予以便利。

第十九条

甲、日本放弃日本及其国民对盟国及其国民因战争或战争状态之存在所采行动而发生的一切要求,并放弃其由于本条约生效以前任何盟国军队或当局在日本领土内之留驻,军事行动或其他行动而产生的一切要求。

乙、上述的放弃包括对因任何盟国自1939年9月1日至本条约生效之日对日本船舶所采取行动而产生的任何要求,并包括因在盟国拘留下的战俘及平民所产生的任何要求与债务在内,但不包括盟国自1945年9月2日以后颁布的法律所特别承认的日本之要求。

丙、在相互声明放弃的条件下,日本政府代表日本政府及日本国民声明放弃其对德国及其国民的一切要求(包括债务在内),包括政府与政府间的要求及为战时所受损失或损害之要求在内,但下列两项要求除外:(一)与在1939年9月1日以前所订契约及所取得的权利有关的要求,及(二)由1945年9月2日以后德国及日本间的贸易与金融关系而产生的要求。此项放弃声明应不妨碍根据本条约第十六条及第二十条而采取的行动。

丁、日本承认在占领期间由于或在占领当局指令之下或由当时日本法律所授权而造成的行为与不作为的合法性,而且不对使盟国国民由于此等行为或不作为而产生的民事或刑事责任提出诉讼。

第二十条

日本将采取一切必要措施,保证依照1945年柏林会议的议定书①中有权处分德国在日本资产之各国所已决定或可能决定的对该等资产之处分得以实施。又日本在该等资产未作最后处分之前,将负保存及管理之责。

第二十一条

虽有本条约第二十五条的规定,中国仍得享有第十条及第十四条甲(二)项所规定的利益;朝鲜得享有本条约第二条,第九条及第十二条所规定的利益。

第六章 争议之解决

第二十二条

倘本条约之任何一方认为,业已发生有关本条约的解释及执行之未能以提交特别要求法庭或其他协议方法解决的争议,该项争议应在当事任何一方的请求下,提交国际法院裁决之。日本及尚非《国际法院规约》②参加国之各盟国,在其各别批准本条约时,均将依照联合国安全理事会1946年10月15日之决议,向国际法院书记官长递送一概括宣言,声明对于有关具有本条所提及的性质之一切争议,一般地接受国际法院的管辖权,而毋须另订特别协定。

第七章 最后条款

第二十三条

甲、本条款应由包括日本在内的签字国批准,并应于日本及包括作为主要占领国的美国在内之下列过半数国家交存其批准书后,对各该批准国发生效力:

【此处为本条约下列签约国名称】

即,澳大利亚、缅甸、加拿大、锡兰、法国、印度、印度尼西亚、荷兰、新西兰、巴基斯坦、菲律宾、英国、苏联及美国。对于其后批准的国家,其将于各该国家交存其批准书之日起,发生效力。

乙、如本条约在日本交存其批准书九个月后尚未生效,任何批准国得为此

---

① "Germany No. 1 (1945)," Cmd. 6648.
② "Treaty Series No. 67 (1946)," Cmd. 7015.

目的,于日本交存批准书之日起三年内,通知给日本政府及美国政府,使本条约在该国与日本间发生效力。

第二十四条

所有批准书应交存美利坚合众国政府,而美利坚合众国政府将以每份批准书之交存情况、根据第二十三条甲款之规定本条约生效之日期,以及依照第二十三条乙款规定所作的通知,通知所有签字国。

第二十五条

本条约所称盟国应为曾与日本所战之国家,或任何以前构成第二十三条中所指的国家的领土的一部分之国家,假如各该有关国家系已签署及批准本条约者。除第二十一条之规定外,本条约对于非本条所指盟国之任何国家,不给予任何权利、权利根据及利益;本条约之任何规定也不得有利于非本条所指盟国而减损或损害日本之任何权利、权利根据或利益。

第二十六条

日本准备与任何签署或加入1942年1月1日《联合国宣言》,①且对日本作战而非本条约签字国之国家,或以任何以前构成第二十三条中所指的国家的领土的一部分而非本条约签字国之国家订立一与本条约相同或大致相同之双边条约,但日本之此项义务,将于本条约首次生效后三年届满时终止,倘日本与任何国家成立一媾和协议或战争赔偿协议,给予该国以较本条约规定更大之利益时,则此等利益应同样给予本条约之缔约国。

第二十七条

本条约应存放于美国政府档案库。美国政府应以本条约之认证副本一份送致每一签字国。

下列署名的各全权代表在本条约上签字,以昭信守。

1951年订于旧金山,用同等有效的英文、法文、俄文(如苏联为签字国)和西班牙文以及日文写成。

更正:第17页,己、人寿保险契约,第2和第5行,将"of"改为"or"。

声明

关于今日签订之《和平条约》,日本政府声明如下:

---

① "Treaty Series No. 5 (1942)," Cmd. 6388.

一、除上述《和平条约》另有规定，日本承认 1939 年 9 月 1 日其为签订国且目前仍有效的一切多边国际文件的全部效力，并声明，自本条约生效起，恢复该类文件所产生的一切权利及义务。如参加某一国际文件涉及一国际组织的成员身份，而日本在 1939 年 9 月 1 日或此之后已不是该一国际组织的成员，则本款规定将以日本被该一组织重新接纳为成员为条件。

二、日本政府有意在距本合约首次生效不超过一年的切实可行的最短时间内正式加入下列各项国际协定：

（一）1946 年 12 月 11 日在美国成功湖开放签字，对 1912 年 1 月 23 日、1925 年 2 月 11 日、1925 年 2 月 19 日、1931 年 7 月 13 日、1931 年 11 月 27 日和 1936 年 6 月 26 日①的有关麻醉药品的协议、公约和议定书做出修改的议定书。

（二）1948 年 11 月 19 日于巴黎开放签字②，将 1931 年 7 月 13 日签订而经 1946 年 12 月 11 日于成功湖开放签字的议定书修改的限制麻醉药品之生产及规范其经销的公约范围之外的药品置于国际管制之下的议定书。

（三）1927 年 9 月 26 日于日内瓦签订的关于外国法庭仲裁裁决执行的国际公约。③

（四）1928 年 12 月 14 日于日内瓦签订的《国际经济统计公约》和议定书④及 1948 年 12 月 9 日在巴黎签订的修改 1928 年《国际经济统计公约》的议定书。⑤

（五）1923 年 11 月 3 日在日内瓦签订的关于简化海关手续的国际公约和签字议定书⑥。

（六）1891 年 4 月 14 日的制止商品产地虚假标识的《马德里协定》，以及 1911 年 6 月 2 日在华盛顿、1925 年 11 月 6 日在海牙和 1934 年 6 月 2 日在伦敦对于上述协定的修改；⑦

---

① "Treaty Series No. 25 (1947)," Cmd. 7135.
② "Miscellaneous No. 5 (1949)," Cmd. 7671.
③ "Treaty Series No. 28 (1930)," Cmd. 3655.
④ "Treaty Series No. 43 (1930)," Cmd. 3710.
⑤ Regd. With United Nations No. 318, January 1949.
⑥ "Treaty Series No. 16 (1925)," Cmd. 2347.
⑦ "Treaty Series No. 54 (1938)," Cmd. 5832.

（七）1929 年 10 月 12 日在华沙签订的关于国际航空运输部分规则统一化的公约及附加议定书。①

（八）1948 年 6 月 10 日在伦敦开放签字的《海上人命安全公约》。②

（九）1949 年 8 月 12 日关于保护战争受害者的《日内瓦公约》。③

三、日本政府也有意在和约首次生效后六个月内申请（甲）加入 1944 年 12 月 7 日在芝加哥开放签字的《国际民用航空公约》，④并一俟日本成为上述公约的缔约国，接受同样于 1944 年 12 月 7 日在芝加哥开放签字的关于国际航空过境运输的协定，⑤以及（乙）加入 1947 年 10 月 11 日开放签字的《世界气象组织公约》。⑥

声明

关于今日签订之《和平条约》，日本政府声明如下：

日本承认任一盟国所授权的任何在日本领土内辨认、编列、维持或管理其军事坟墓、墓地和纪念建筑的委员会、代表团或其他组织；日本将对上述组织的工作给予便利，并将与有关盟国或其所授权的任何委员会、代表团或其他组织进行关于上述军事坟墓、墓地和纪念建筑的谈判，以期缔结可能必要的一切协定。

日本期待盟国将与日本政府开始谈判，以便对于可能存在于盟国境内而其有意保存的日本军事坟墓或墓地的维护，做出安排。

议定书

下列署名之代表，经正式授权，于与日本恢复和平之际，就下列对契约、时效期、可转让票据的问题及保险契约问题进行规范的条款达成协议：

---

① "Treaty Series No. 11 (1933)," Cmd. 4284.
② Cmd. 7492.
③ "Miscelaneous No. 4 (1950)," Cmd. 8033.
④ "Miscellaneous No. 6 (1945)," Cmd. 6614.
⑤ "Miscellaneous No. 6 (1945)," Cmd. 6614.
⑥ "Treaty Seires No. 36 (1950)," Cmd. 7989.

契约、时效期及可转让票据

甲 契约

一、任何契约,如其执行要求已成为戊部分所定义之敌人的契约方之间的交流,则该契约应被视为自契约方成为敌人之时起已终止,下列二、三款所列情况除外。但此种终止并不影响今日签署之《和平条约》之第十五条和第十八条之规定,且如契约任何一方已收到预付款或暂付款而尚未作出相应执行,亦不应免除其返还此类款项之义务。

二、尽管有上述第一款之规定,任何契约中可分割且其执行不要求已经成为戊部分所定义之敌国的契约方间的交流的部分,不应予以终止,应继续有效,且不影响今日签署之条约第十四条中所规定之权利。如任一契约中有不可分割之条款,则该契约应被视为全部终止。上述规定应受国内法,及为本条约所指盟国的签字国所作出的、对本契约或任一契约方有管辖权的命令及法规的限制,亦应受本契约条款的限制。

三、如果敌国间依照契约所进行的合法交易获相关政府的批准,且该相关政府为本条约的签字国及本《和平条约》所指的盟国,则甲部分之任何内容都不应使此类交易无效。

四、尽管有上述条款,保险及再保险契约应依照本议定书之丁及戊部分之规定处理。

乙 时效期

一、所有关于人员及财产关系之时效期或对诉讼权或采取保全措施的权利的限制,如涉及本条约签字国之由于战争原因而未能采取司法行为或遵守必要之规定以确保其权利的国民,不管该时效期开始于战争爆发之前或之后,都应视为于战争期间,一方面在日本领土内,另一方面在于互惠之基础上给予日本本款所规定之利益的签字国的领土内,暂时失效。此类期限应自今日签订之条约生效之时起重新开始计算。本款规定适用于为提交利息和股息券,或为还款而赎回之证券和因任何其他原因而应偿还的款项以进行支付而设定的时效期,但关于此类股息券和证券的时效期,应从款项可用于对该股息券和证券的持有人进行支付之日起,再次开始计算。

二、如由于在战争期间未能执行某一行动或遵守某一规定,而在日本领土内采取了有损于为本条约所指的盟国之一的签约国国民的执行措施,日本政府应恢复因此而遭受损害的权利。如此种恢复难以实现，或有失公平，日本政府应向相关签约国之国民提供在当时情况下公正而公平之补偿。

丙　可转让票据

一、正如敌国之间的情形一样，不得仅因为未能在规定的时间内提交票据以进行承兑或支付、或向开票人或背书人发出拒绝承兑或拒绝支付的通知、或拒付票据而视任何战前开出之可转让票据无效，亦不得因在战时未能完成任何一项手续而视此类票据无效。

二、如战争期间提交票据以进行承兑或支付、向开票人或背书人发出拒绝承兑或拒绝支付的通知、或拒付票据的时间期限已过，而本应提交票据以进行承兑或支付、向开票人或背书人发出拒绝承兑或拒绝支付的通知、或拒付票据的一方未能在战争期间完成上述行为，应允许该方在今日签订之条约生效至少三个月的时间之内，提交票据、发出拒绝承兑或拒绝支付的通知、或拒付票据。

三、如战前或战争期间，某人由于之后成为其敌人之某人给予的承诺，而负有某一可转让票据下之债务，则，尽管爆发战争，后者仍应负有对此类债务做出补偿之责任。

丁　契约方成为敌人之日前尚未终结的保险及再保险契约（人身保险契约除外）

一、如契约方成为敌人之日前保险已起保，且投保人在此期间已经支付所有保费或根据契约规定已支付使保险生效或继续有效之约定金额，则不得因契约方成为敌人之事实而视保险契约失效。

二、除根据上述条款而继续有效之保险契约不应视为成立，且依此契约而支付之款项应予以归还。

三、除非本议定书有明确规定，协议及其他再保险契约应视为自契约方成为敌人之日起终止，且此条约及契约下之分保也应自此日期之后取消。但已依据某一海运再保险条约而起保的关于航程保单的分保，应被视为，依照风险分保之条款，保有其全部效力，直至自然终止。

四、对于临时再保险，如契约方成为敌人之日前保险已起保，且投保人在此期之间已经支付所有保费，或已支付使保险生效或继续有效之约定金额，或此约定金额已按照惯例被取消，则此保险应被视为保有其全部效力，直至契约方成为敌人之日，且自此日起终止。

但有关航程保单之此类临时再保险应被视为，依照风险分保之条款，保有其全部效力，直至自然终止。

且与根据第（一）款之规定继续有效之保险契约相关的临时再保险，应视为保有其全部效力，直至原保险终止。

五、以上条款所涉及之外的临时再保险，及所有根据某一超额损失率而订立之超额损失保险契约和雹害保险（无论是否为临时保险），不应视为成立，且依此契约而支付之款项应予以归还。

六、除非该协议或其他再保险契约另有规定，保费应按已过去的时间比例进行调整。

七、保险或再保险契约（包括再保险条约下之分保）不涵盖任何一契约方为其国民之任何国家或该国之盟国或协约国的敌对行动所造成的损失及要求。

八、如战争期间某一保险已由原有保险公司转至另一保险公司，或已全部分保，则该转保或分保，无论是自愿或是受行政或立法行为之影响，应得到承认，且原保险公司之责任应视为自转保或分保之日起已终止。

九、如双方间有不止一个协议或其他再保险契约，则应对双方账目进行调整，且为确定最终余额，应将所有余额（应包括经双方同意为尚未支付之损失而留出的准备金），及根据此类契约一方应付给另一方或依据以上规定应予归还的所有款项，计入账目。

十、任何一方都不必对因契约方成为敌人而造成或可能造成之保费、索赔或余额支付之任何拖延而支付利息。

十一、本议定书之任何部分都不得以任何方式损害或影响今日签署之《和平条约》之第十四条所赋予之权利。

戊　人寿保险契约

如战争期间某一保险已由原有保险公司转至另一保险公司，或已全部分保，则该转保或分保，若是由日本行政或立法部门之提议而受影响，应得到承认，且原保险公司之责任应视为自转保或分保之日起已终止。

己　特殊条款

为本议定书起见，自然人或法人，在其之间之贸易依据对其具有管辖权之法律、法令或规定成为违法行为之日起，即应被视为成为敌人。

最后条款

本协议对日本及今日与日本签署之《和平条约》之任何签字国开放签字,且在本议定书涉及之问题上,自本条约对日本与该国生效之日起,管理日本与本协议每一其他签字国之间之关系。

下列署名的各全权代表在本议定书上签字,以昭信守。

1951年订于旧金山,用同等有效的英文、法文、俄文(如苏联为签字国)和西班牙文以及日文写成。

(Japan No. 3 (1951). Draft treaty of peace with Japan, 20th Century House of Commons Sessional Papers, House of Commons Parliamentary Papers, COMMAND PAPERS, Paper Number: Cmd. 8341.)

4.《对日和平条约》

1950—52【Cmd. 8392】日本 No.5 (1951)

《对日和平条约》旧金山1951年9月8日(含声明及议定书)

日本 No.5 (1951)

旧金山,1951年9月8日

(含声明及议定书)

【该条约尚未获英国政府批准】

奉国王陛下之命由外务大臣提交议会

1951年11月

伦敦

(英国)皇家文书局

9便士

对日和平条约

旧金山,1951年9月8日

各盟国及日本决定,他们此后之关系将是有主权的平等国家间之关系,在友好的联合下合作,以促进他们共同的福利、维持国际和平与安全。因此,愿缔结和约,以解决一切由于他们之间存在之战争状态所引起的尚未解决的问题。

日本方面声明其意愿:申请加入联合国及在一切情形下遵守《联合国宪章》①之原则;致力于实现《世界人权宣言》②之目的;根据《联合国宪章》第55条及第56条之规定,及投降后日本立法,努力在日本国内创造安定及福祉;并在公私贸易及商业方面,遵守国际上通行的公正惯例。

各盟国对于上节所述日本之意愿表示欢迎。

因此,各盟国及日本决定缔结《和平条约》,为此各派签名于后之全权代表,经将其所奉全权证书提出校阅,认为妥善,议定下述条款:

第一章 和 平

第一条

甲、日本与每一盟国间之战争状态,依照本条约第二十三条之规定,自日本与该盟国间所缔结之本条约生效之日起,即告终止。

乙、各盟国承认日本人民对于日本及其领海有完全的主权。

第二章 领 土

第二条

甲、日本承认朝鲜之独立,并放弃对朝鲜包括济州岛、巨文岛及郁陵岛在内的一切权利、权力根据与要求。

乙、日本放弃对台湾及澎湖列岛的一切权利、权力根据与要求。

丙、日本放弃对千岛群岛及由1905年9月5日《朴茨茅斯条约》③所获得主权之库页岛一部分及其附近岛屿之一切权利、权利根据与要求。

丁、日本放弃与国际联盟委任统治制度有关之一切权利、权利根据与要求,并接受1947年4月2日联合国安全理事会将托管制度推行于从前委任日本统治的太平洋各岛屿之措施。④

---

① "Treaty Series No. 67(1946)," Cmd. 7015.
② "United Nations No. 2 (1949)," Cmd. 7662.
③ State Papers, Vol. 98, page 735.
④ "Treaty Series No. 76(1947)," Cmd. 7233.

戊、日本放弃对于南极地域任何部分的任何权利、权利根据或利益之一切要求,不论其是由日本国民之活动,或由于其他方式而获得的。

己、日本放弃对南威岛及西沙群岛之一切权利、权利根据与要求。

第三条

日本对于美国向联合国提出将北纬二十九度以南之南西诸岛(包括琉球群岛与大东群岛)、孀妇岩岛以南之南方诸岛(包括小笠原群岛、西之岛与硫璜列岛)及冲之鸟岛与南鸟岛置于联合国托管制度之下,而以美国为唯一管理当局之任何提议,将予同意。在提出此种建议,并对此种建议采取肯定措施以前,美国将有权对此等岛屿之领土及其居民,包括其领海,行使一切及任何行政、立法与司法权力。

第四条

甲、日本及其国民在第二条所指区域内的财产及对于此等区域之现在行政当局及居民(包括法人)的要求,包括债务之处理,以及此等行政当局及居民在日本的财产及此等行政当局与居民对日本及其国民要求,包括债务之处理,应由日本及此等行政当局商前特别处理办法。任一盟国或其国民在第二条所指区域内之财产,若尚未归还,应由行政当局依其现状予以归还(本条约所称"国民"一词,包括法人在内)。

乙、日本承认,美国军政府对日本及其国民在第二条及第三条所指任何区域内财产之处理,或根据美国军政府指令对该财产所作处理为有效。

丙、为日本所有之连接日本与依照本条约脱离日本统治的领土间的海底电缆应平均分配。日本保留在日本之终点及与其相联电缆之一半,该脱离之领土保留其余电缆之一半及其相联之终点设备。

第三章　安　全

第五条

甲、日本接受《联合国宪章》第二条所规定的义务,特别是下列各项义务:

(一)应以和平方法解决国际争端,避免危及国际和平、安全及正义;

(二)在其国际关系上不得使用威胁或武力,或以与联合国宗旨不符之任何其他方法,侵害任何国家之领土完整或政治独立;

(三)对于联合国依据宪章规定而采取之行动,应予以全力协助,并于联合国对于任何国家采取防止或执行行动时,对该国家不得给予协助。

乙、各盟国确认在其对日关系上，将以《联合国宪章》第二条之原则为准绳。

丙、各盟国方面承认日本以一个主权国家资格，具有《联合国宪章》第五十一条所提及的单独或集体自卫之自然权利，并得自愿加入集体安全协定。

第六条

甲、各盟国所有占领军，应于本条约生效后尽早撤离日本，且无论如何，其撤离不得迟于本条约生效后九十日之期。但本款规定并不妨碍武装部队依照或由于一个或多个的盟国与日本业已缔结或将缔结之双边或多边协定，而在日本领土上驻扎或留驻。

乙、1945年7月26日《波茨坦宣言》第九条关于遣送日本军事部队回国的规定之尚未完全实施者，应实施之。

丙、所有曾供占领军使用，并于本条约生效时仍为占领军所占有尚未予补偿之日本财产，除相互协定订有其他办法外，均应于本条约生效后九十日内归还日本政府。

第四章　政治及经济条款

第七条

甲、各盟国在本条约对于该国及日本相互间生效后一年内，通知日本，其希望使哪些战前与日本所订之双边条约或公约继续有效或得以恢复。经此通知后之条约，除仅应予以必要之修正，俾与本条约相符外，应继续有效或恢复。经此通知后之条约，自通知之日起三个月后应视为继续有效或已恢复，并应向联合国秘书处登记。所有未依照上述方法通知日本之条约及公约，应认为业已废止。

乙、依照本条甲款所作之任何通知中，得将由通知国所负有国际关系责任之任何领土，置于某一继续实施或恢复的条约或公约之效力范围以外，直至日本收到此种除外停止适用的通知三个月之后。

第八条

甲、日本承认盟国现在或今后为结束自1939年9月1日开始之战争状态而缔结之一切条约以及盟国为恢复和平或关于恢复和平而订之任何其他协定之完全效力。且日本接受为结束前国际联盟及国际常设法庭所订之各项协定。

乙、日本放弃其作为签字国由1919年9月10日《圣日耳曼条约》,①1936年7月20日《蒙特勒公约》,②以及1923年7月24日签订于洛桑的《对土耳其和约》"③第十六条所取得之一切权利及利益。

丙、日本放弃其由下列各协定所取得之一切权利、权利根据及利益并解除由各该协定所发生之一切义务:1930年1月20日德国与各债权国间之协定及其附件,④包括1930年5月17日之信托协定,⑤1930年1月20日关于国际清算银行之协定及国际清算银行规程。⑥ 日本将于本条约生效后六个月内将其放弃本项所称之权利、权利根据及利益一事通知法国外交部。

第九条

日本将与愿意谈判之盟国迅速进行关于规定或限制公海捕鱼及保护与发展公海渔业之双边及多边协定之谈判。

第十条

日本放弃在中国之一切特权与利益,包括由于1901年9月7日在北京签订之最后议定书⑦及其所有附件、补充照会与文件所产生之一切利益与特权,并同意就日本方面而言,该议定书及其所有附件、照会与文件概行作废。

第十一条

日本接受远东国际军事法庭与其他在日本境内或境外之盟国战罪法庭之判决,并将执行各该法庭所施予现被监禁于日本境内之日本国民之判决。对此等犯人赦免、减刑与假释之权,除由每一案件科刑之一个政府或数个政府决定并由日本建议外,不得行使。如该犯人系由远东国际军事法庭所判决,则该项权利除得到参加该法庭之多数政府之决定及日本之建议外,不得行使。

第十二条

甲、日本宣布准备立即与各盟国进行缔结条约或协定之谈判,借以将其贸易、航运及其他商务关系置于稳固与友好的基础上。

---

① "Treaty Series Nos. 11, 12, 14, 15, 17, 18, 19 and 20 (1919)."
② "Treaty series No. 30 (1937)," Cmd. 5551.
③ "Treaty Series No. 16 (1923)," Cmd. 1929.
④ "Treaty Series No. 2 (1931)," Cmd. 3763.
⑤ Cmd. 3598.
⑥ "Treaty Series No. 6 (1931)," Cmd. 3766.
⑦ "Treaty Series No. 17 (1902)," Cd. 1390.

乙、在有关条约或协定尚未缔结之前，日本将在本条约首次生效之时起四年期内：

（一）对于各盟国及其国民、货物及船舶给予以下各项待遇：

（1）在关税、税收、收费、限制及进出口货物及相关规章方面，给予最惠国待遇；

（2）关于船运、航行及进口货物以及关于自然人与法人及其利益，给予国民待遇。该项待遇包括关于赋课、征税、诉讼、订立及执行契约、财产权（有形和无形的），参加依照日本法律所设立之法团以及一般的从事各种商业及职业的活动。

（二）保证日本国有贸易企业之对外采购及销售，应仅基于商业上的考虑。

丙、但无论任何事项，日本所给予某一盟国之国民待遇或最惠国待遇应仅以该有关盟国关于同一事项所给予日本之国民待遇或最惠国待遇之程度为限。上文所包含之互惠原则，其涉及某一盟国任何非宗主国领土之产品、船舶与法律实体，及该领土定居者，及涉及某一联邦制度之盟国之任何一州或一省之法律实体及该州或省定居者，应依照在该领土、州或省所给予日本之待遇决定。

丁、在适用本条时，如果某项差别待遇措施系基于引用该项办法一方商约中所通常规定的一项例外，或基于保护该方之对外财政地位或国际支付之需要（除涉及船运及航行者外），或基于维护切要的安全利益之需要，则此等差别待遇措施，不得视为对于国民待遇或最惠国待遇有所损害，但应以该措施与情形相称，且非采用武断或不合理之方式为限。

戊、本条所规定之日本义务，不得因本条约第十四条所规定任何盟国权利之行使而有所影响。本条各项规定，亦不得理解为对日本在本条约第十五条下所承担义务之限制。

第十三条

甲、日本遇有任何一盟国或数盟国请求缔结关于国际民用航空运输之双边或多边协定时，应立即与该盟国进行谈判。

乙、在未缔结该项协定以前，日本将在本条约生效之日起四年期内，给予该盟国以不低于在本条约生效时，该盟国等所行使之航空运输权利及特权之待遇，并将在航空运输的运营及发展方面，给予完全平等之机会。

丙、日本在未依照《国际民用航空公约》①第九十三条之规定,加入该公约之前,对于该公约内所适用于国际航空交通之条款,应将予以施行,并对于依照该公约条款作为公约附件的标准,惯例及常规,亦将予以施行。

第五章 要求及财产

第十四条

甲、兹承认,日本应对其在战争中所引起的损害及痛苦给盟国以赔偿,但同时承认,如欲维持可行之经济,则日本的资源目前不足以全部赔偿此种损失及痛苦,并同时履行其他义务。

因此,

(一)日本愿尽快与现有领土曾被日军占领并曾遭受日本损害并有意于和谈的盟国进行谈判,以将日本人民在制造、打捞及其他工作上之服务,供各该盟国利用,协助赔偿各该国修复其所受损失的费用。此项办法应避免增加其他盟国负担,且当需要制造原料时,应由相关盟国供给,以免增加日本的外汇负担。

(二)(甲)在受下列(乙)项各规定的限制下,每一盟国应有权扣押、扣留、清算或以其他方法处置下列一切在本条约首次生效时即受该盟国管辖的财产、权利及利益:

(1) 属于日本及其国民者,

(2) 属于日本或其国民的代理人或代表人者,及

(3) 属于为日本或其国民所有或控制的实体者。

本项所规定的财产、权利及利益应包括现在由盟国敌产管理当局封存、处理、占有或管制者,而这些财产、权利及利益在由敌产管理当局接管之时是属于上列(1)(2)(3)各目所述任何个人或实体所有或代表个人或实体保管或管理者。

(乙)以下各目不在上列(甲)项所规定的权利之内:

(1) 在战争期内,经有关政府准许,在未经日本占领的盟国领土内居住之日本自然人之财产,但在战争期内受到限制而在本条约首次生效时仍受此种限制的财产,则不在此列;

---

① "Miscellaneous No. 6 (1945)," Cmd. 6614.

（2）属于日本政府所有为外交领事目的使用的一切不动产、家具与固定设备、私人家具与设备，以及其他非投资性质的、且为执行外交与领事职务所经常必需的、日本外交及领事人员所有的私人财产；

（3）属于宗教团体或私人慈善机构，并纯为宗教或慈善目的使用的财产；

（4）由于相关国家与日本于1945年9月2日之后恢复贸易和金融关系而进入其管辖范围的财产、权利和利益。但通过违反有关盟国法律的交易而获得者，不在此列；

（5）日本或其国民的债务，对于日本境内有形财产的任何权利、权利根据或利益，对于依照日本法律所组织的企业的利益，或任何有关的书面证据，但此项例外应仅适用于日本及其国民以日本货币计算之债务。

（丙）以上（1）目至（5）目的例外所提及财产应予归还，但为保存及管理此项财产而支出的合理费用得予扣除。如任何此限财产已被清算，则应归还共清算所得之款。

（丁）以上（子）目所规定之扣押、扣留、清算或以其他方式处理财产的权利，应依照有关的盟国之法律行使之，该所有人应仅其有那些法律所给予他的权利。

（戊）各盟国同意对日本商标及其文学上与艺术上的财产权利，予以依每一盟国情形许可范围内的优遇。

乙、除本条约另有规定者外，各盟国兹放弃其一切赔偿要求，盟国及其国民对由日本及其国民在作战过程中所采行动而产生的其他要求，以及盟国对于占领的直接军事费用的要求。

第十五条

甲、各盟国及其国民，自1941年12月7日至1945年9月2日间之任何期间，所有在日本之有形及无形财产及一切权利或任何种之利益，经于日本与有关盟国间的本条约生效后九个月内提出者，日本应自请求之日起六个月内归还之，但为所有人未经胁迫或诈欺而业已自由处理者不在此列。此项财产应予归还，并免除因战争所加予之负担与费用，归还时亦不需任何费用。所有人或其代理人或其政府在规定期间内未请求发还之财产，日本政府得自行决定处理。如此项财产于1941年12月7日系在日本境内而不能归还或已因战争而遭损害或毁坏者，则当依不低于日本内阁于1951年7月13日通过的盟国财产赔偿法草案所规定的条件赔偿之。

乙、关于在战时遭受损害之工业财产权利，日本对于盟国及其国民将继续给予不少于1949年9月1日生效之内阁命令第三〇九号，1950年1月28日生效之命令第十二号及1950年2月1日生效之命令第九号及各该命令之所有修正所给予之利益，但以此项国民曾在本条约规定之期限内请求此种利益者为限。

丙、（一）日本承认在1941年12月6日存于日本境内有关盟国及其国民已出版或未出版之文学或艺术作品的财产权利，在该日以后继续有效，并承认在该日以后由于日本在该日仍为缔约国之任何公约或协定之效力而在日本产生的权利，或若不是因为战争而可能产生的权利，不论此类公约或协定在战争爆发时或以后是否由日本或有关盟国以国内法予以废止或暂停其效力。

（二）不待权利所有人申请及缴纳任何费用或履行任何其他手续，自1941年12月7日至日本与有关盟国间的本条约生效日这段时间，应从其权利正常延续期限中减除，此项期间，并另加六个月期间，应自一文艺作品为获得在日本之翻译权利而必须译成日文之期限内减除。

第十六条

为对盟国武装部队人员在为日本战俘期间所受过分之痛苦表示赔偿之愿望起见，日本将在战时中立之国家或与任何盟国作战之国家内的日本及其国民所有之资产，或由其所选择的此类资产之等价物移交红十字国际委员会，由其清理此项资产，并将所得资金，依其所认为公平之基础，分配给合适的全国性机构，用于救助前战俘及其家属。但本条约第十四条甲（二）（乙）(2)至(5)各目所述各类资产，及在本条约首次生效时不住在日本的日本自然人的资产，不在移交之列。并了解，本条关于移交之规定，不适用于现为日本金融机关所有之国际清算银行一万九千七百七十股份。

第十七条

甲、日本政府经任一盟国之请求，对于日本捕获法院所涉及盟国国民所有权之案件所作之判决或命令，应依国际法原则予以复核及修正，并提供此项案件记录之全部文件复件，包括所作判决及所颁布之命令，如该复核或修正显示必须恢复权利时，则第十五条之规定应该适用于该有关之财产。

乙、日本政府应采取一切必要措施，以便任一盟国国民在日本与关盟国间的本条约生效之日起一年内之任何时期，得向日本有关当局提请复核从1941年12月7日起至本条约生效之日期内日本法庭所作之任何判决，而在该案任何程序中,该国民未能以原告或被告之身份为充分之陈述者,如该国民因此项判决而受损害,日本政府应设法使其能恢复在未作判决前之地位,或获得依其情形公允平衡之救济。

第十八条

甲、兹承认,由于战争状态存在前已有之义务与契约(包括有关公债者)及已取得之权利所产生,而系日本政府或其国民应付予任何一盟国政府或其国民,或系任何一盟国政府或其国民应付予日本政府或其国民的金钱债务之偿付义务,并不因战争状态之介入而受影响。对于因为在战争状态介入以前发生之财产的损失或损害或个人的受伤或死亡而由任一盟国政府向日本政府或由日本政府向任何盟国政府提出或再提出之要求,应就其案情予以考虑之义务,亦不得视为因战争状态之介入而受影响。本款之规定并不妨碍本条约第十四条所授与之权利。

乙、日本政府承认对战前日本国家的外债及随后宣布由日本国家承担之法人组织之债务负有义务,并表示愿早日与债权人就恢复偿付债务一事进行谈判,以鼓励关于其他战前的要求及债务之谈判,并对于由此而发生之款项的拨汇亦予以便利。

第十九条

甲、日本放弃日本及其国民对盟国及其国民因战争或战争状态之存在所采行动而发生的一切要求,并放弃其由于本条约生效以前任何盟国军队或当局在日本领土内之留驻,军事行动或其他行动而产生的一切要求。

乙、上述的放弃包括对因任何盟国自1939年9月1日至本条约生效之日对日本船舶所采取行动而产生的任何要求,并包括因在盟国拘留下的战俘及平民所产生的任何要求与债务在内,但但不包括盟国自1945年9月2日以后颁布的法律所特别承认的日本之要求。

丙、在相互声明放弃的条件下,日本政府代表日本政府及日本国民声明放弃其对德国及其国民的一切要求(包括债务在内),包括政府与政府间的要求及为战时所受损失或损害之要求在内,但下列两项要求除外:(一)与在1939年9月1日以前所订契约及所取得的权利有关的要求,及(二)由1945年9月2日以后德国及日本间的贸易与金融关系而产生的要求。此项放弃声明应不妨碍根据本条约第十六条及第二十条而采取的行动。

丁、日本承认在占领期间由于或在占领当局指令之下或由当时日本法律所授权而造成的行为与不作为的合法性,而且不对使盟国国民由于此等行为或不作为而产生的民事或刑事责任提出诉讼。

第二十条

日本将采取一切必要措施,保证依照1945年柏林会议的议定书①中有权处分德国在日本资产之各国所已决定或可能决定的对该等资产之处分得以实施。又日本在该等资产未作最后处分之前,将负保存及管理之责。

第二十一条

虽有本条约第二十五条的规定,中国仍得享有第十条及第十四条甲(二)项所规定的利益;朝鲜得享有本条约第二条,第九条及第十二条所规定的利益。

第六章　争议之解决

第二十二条

倘本条约之任何一方认为,业已发生有关本条约的解释及执行之未能以提交特别要求法庭或其他协议方法解决的争议,该项争议应在当事任何一方的请求下,提交国际法院裁决之。日本及尚非《国际法院规约》②参加国之各盟国,在其各别批准本条约时,均将依照联合国安全理事会1946年10月15日之决议,向国际法院书记官长递送一概括宣言,声明对于有关具有本条所提及的性质之一切争议,一般地接受国际法院的管辖权,而毋须另订特别协定。

第七章　最后条款

第二十三条

甲、本条款应由包括日本在内的签字国批准,并应于日本及包括作为主要占领国的美国在内之下列过半数国家,即,澳大利亚、加拿大、锡兰、法国、印度尼西亚、荷兰、新西兰、巴基斯坦、菲律宾、英国及美国,交存其批准书后,对各该批准国发生效力。对于其后批准的国家,其将于各该国家交存其批准书之日起,发生效力。

乙、如本条约在日本交存其批准书九个月后尚未生效,任何批准国得为此

---

① "Germany No. 1 (1945)," Cmd. 6648.
② "Treaty Series No. 67 (1946)," Cmd. 7015.

目的,于日本交存批准书之日起三年内,通知给日本政府及美国政府,使本条约在该国与日本间发生效力。

第二十四条

所有批准书应交存美利坚合众国政府,而美利坚合众国政府将以每份批准书之交存情况、根据第二十三条甲款之规定本条约生效之日期,以及依照第二十三条乙款规定所作的通知,通知所有签字国。

第二十五条

本条约所称盟国应为曾与日本所战之国家,或任何以前构成第二十三条中所指的国家的领土的一部分之国家,假如各该有关国家系已签署及批准本条约者。除第二十一条之规定外,本条约对于非本条所指盟国之任何国家,不给予任何权利、权利根据及利益;本条约之任何规定也不得有利于非本条所指盟国而减损或损害日本之任何权利、权利根据或利益。

第二十六条

日本准备与任何签署或加入 1942 年 1 月 1 日《联合国宣言》,[①]且对日本作战而非本条约签字国之国家,或以任何以前构成第二十三条中所指的国家的领土的一部分而非本条约签字国之国家订立一与本条约相同或大致相同之双边条约,但日本之此项义务,将于本条约首次生效后三年届满时终止,倘日本与任何国家成立一媾和协议或战争赔偿协议,给予该国以较本条约规定更大之利益时,则此等利益应同样给予本条约之缔约国。

第二十七条

本条约应存放于美国政府档案库。美国政府应以本条约之认证副本一份送致每一签字国。

下列署名的各全权代表在本条约上签字以昭信守。

1951 年 9 月 8 日订于旧金山,用同等有效的英文、法文和西班牙文以及日文写成。

代表澳大利亚:

珀西・C. 斯彭德(Percy C. Spender)

代表比利时:

保罗・范齐兰(Paul Van Zeeland)

[①] "Treaty Series No. 5 (1942)," Cmd. 6388.

西尔弗·库斯(Silver Cruys)

代表柬埔寨：

帕灵(Phleng)

代表加拿大：

莱斯特·B. 皮尔逊(Lester B. Pearson)

R. W. 梅休(R. W. Mayhew)

代表锡兰：

J. R. 贾亚瓦德纳(J. R. Jayewardene)

G. C. S. 科里亚(G. C. S. Corea)

R. G. 塞纳纳耶凯(R. G. Senanayake)

代表多米尼加共和国：

V. 欧德内斯(V. Ordonez)

路易斯·F. 托门(Luis F. Thomen)

代表埃及：

卡米尔·A. 拉希姆(Kamil A. Rahim)

代表埃塞俄比亚：

美恩·亚耶西莱德(Men Yayehirad)

代表法国：

舒曼(Schuman)

H. 博内(H. Bonnet)

保罗-埃米尔·那齐雅(Paul-Emile Naggiar)

代表希腊：

A. G. 波利迪斯(A. G. Politis)

代表海地：

雅克·N. 莱杰(Jacques N. Leger)

古斯特·拉拉克(Gust Laraque)

代表印度尼西亚：

艾哈迈德·苏巴尔佐(Ahmad Subardjo)

代表伊朗：

A. G. 阿尔达兰(A. G. Ardalan)

代表伊拉克：

A. I. 巴克（A. I. Bakr）

代表老挝：

萨旺（Savang）

代表黎巴嫩：

查尔斯·马利克（Charles Marlik）

代表利比里亚：

盖布里埃尔·L. 丹尼斯（Gabriel L. Dennis）

詹姆士·安德森（James Anderson）

雷蒙德·霍勒斯（Raymond Horace）

J. 鲁道夫·格赖姆斯（J. Rudolph Grimes）

代表卢森堡大公国：

雨果·勒加莱（Hugues Le Gallais）

代表荷兰王国：

D. U. 斯迪克（D. U. Stikker）

J. H. 范罗延（J. H. Van Roijen）

代表巴基斯坦：

扎弗鲁拉·汗（Zafrulla Khan）

代表沙特阿拉伯：

阿萨德·阿尔-法奎赫（Asad Al-Faqih）

代表叙利亚：

F. 埃尔库里（F. El-Khouri）

代表土耳其共和国：

费里均·C. 厄尔金（Feridun C. Erkin）

代表南非联邦：

G. P. 朱斯特（G. P. Jooste）

代表大不列颠及北爱尔兰联合王国：

赫伯特·莫里森（Herbert Morrison）

肯尼思·扬格（Kenneth Younger）

奥利弗·弗兰克斯（Oliver Franks）

代表乌拉圭：

何塞·A. 莫拉（Jose A. Mora）

代表越南：

 T. V. 有(T. V. Huu)

 T. 永(T. Vinh)

 D. 清(D. Thanh)

 宝京(Buu Kinh)

代表日本：

 吉田茂(Shigeru Yoshida)

 池田勇人(Hayato Ikeda)

 苫米地义三(Gizo Tomabechi)

 星岛二郎(Niro Hoshijima)

 德川宗敬(Muneyoshi Tokugawa)

 一万田尚登(Hisato Ichimada)

声明

关于今日签订之《和平条约》，日本政府声明如下：

一、除上述《和平条约》另有规定，日本承认 1939 年 9 月 1 日其为签订国且目前仍有效的一切多边国际文件的全部效力，并声明，自本条约生效起，恢复该类文件所产生的一切权利及义务。如参加某一国际文件涉及一国际组织的成员身份，而日本在 1939 年 9 月 1 日或此日之后已不是该一国际组织的成员，则本款规定将以日本被该一组织重新接纳为成员为条件。

二、日本政府有意在距本合约首次生效不超过一年的切实可行的最短时间内正式加入下列各项国际协定：

（一）1946 年 12 月 11 日在美国成功湖开放签字，对 1912 年 1 月 23 日、1925 年 2 月 11 日、1925 年 2 月 19 日、1931 年 7 月 13 日、1931 年 11 月 27 日和 1936 年 6 月 26 日[①]的有关麻醉药品的协议、公约和议定书做出修改的议定书。

（二）1948 年 11 月 19 日于巴黎开放签字[②]，将 1931 年 7 月 13 日签订而经 1946 年 12 月 11 日于成功湖开放签字的议定书修改的限制麻醉药品之生

[①] "Treaty Series No. 25 (1947)," Cmd. 7135.

[②] "Miscellaneous No. 5 (1949)," Cmd. 7671.

产及规范其经销的公约范围之外的药品置于国际管制之下的议定书。

（三）1927年9月26日于日内瓦签订的关于外国法庭仲裁裁决执行的国际公约。①

（四）1928年12月14日于日内瓦签订的《国际经济统计公约》和议定书②及1948年12月9日在巴黎签订的修改1928年《国际经济统计公约》的议定书。③

（五）1923年11月3日在日内瓦签订的关于简化海关手续的国际公约和签字议定书。④

（六）1891年4月14日的制止商品产地虚假标识的《马德里协定》，以及1911年6月2日在华盛顿、1925年11月6日在海牙和1934年6月2日在伦敦对于上述协定的修改。⑤

（七）1929年10月12日在华沙签订的关于国际航空运输部分规则统一化的公约及附加议定书。⑥

（八）1948年6月10日在伦敦开放签字的《海上人命安全公约》。⑦

（九）1949年8月12日关于保护战争受害者的《日内瓦公约》。⑧

三、日本政府也有意在和约首次生效后六个月内申请（甲）加入1944年12月7日在芝加哥开放签字的《国际民用航空公约》，⑨并一俟日本成为上述公约的缔约国，接受同样于1944年12月7日在芝加哥开放签字的关于国际航空过境运输的协定，⑩以及（乙）加入1947年10月11日在华盛顿开放签字的《世界气象组织公约》。⑪

1951年9月8日订于旧金山

---

① "Treaty Series No. 28 (1930)," Cmd. 3655.
② "Treaty Series No. 43 (1930)," Cmd. 3710.
③ Regd. With United Nations No. 318, January 1949.
④ "Treaty Series No. 16 (1925)," Cmd. 2347.
⑤ "Treaty Series No. 54 (1938)," Cmd. 5832.
⑥ "Treaty Series No. 11 (1933)," Cmd. 4284.
⑦ Cmd. 7492.
⑧ "Miscelaneous No. 4 (1950)," Cmd. 8033.
⑨ "Miscellaneous No. 6 (1945)," Cmd. 6614.
⑩ "Miscellaneous No. 6 (1945)," Cmd. 6614.
⑪ "Treaty Seires No. 36 (1950)," Cmd. 7989.

【以下为日文签字】

声明

关于今日签订之《和平条约》，日本政府声明如下：

日本承认任一盟国所授权的任何在日本领土内辨认、编列、维持或管理其军事坟墓、墓地和纪念建筑的委员会、代表团或其他组织；日本将对上述组织的工作给予便利，并将与有关盟国或其所授权的任何委员会、代表团或其他组织进行关于上述军事坟墓、墓地和纪念建筑的谈判，以期缔结可能必要的一切协定。

日本期待盟国将与日本政府开始谈判，以便对于可能存在于盟国境内而其有意保存的日本军事坟墓或墓地的维护，作出安排。

1951年9月8日订于旧金山

【以下为日文签字】

议定书

下列署名之代表，经正式授权，于与日本恢复和平之际，就下列对契约、时效期、可转让票据的问题及保险契约问题进行规范的条款达成协议：

契约、时效期及可转让票据

甲 契约

一、任何契约，如其执行要求已成为戊部分所定义之敌人的契约方之间的交流，则该契约应被视为自契约方成为敌人之时起已终止，下列二、三款所列情况除外。但此种终止并不影响今日签署之《和平条约》之第十五条和第十八条之规定，且如契约任何一方已收到预付款或暂付款而尚未作出相应执行，亦不应免除其返还此类款项之义务。

二、尽管有上述第一款之规定，任何契约中可分割且其执行不要求已经成为戊部分所定义之敌国的契约方间的交流的部分，不应予以终止，应继续有效，且不影响今日签署之条约第十四条中所规定之权利。如任一契约中有不可分割之条款，则该契约应被视为全部终止。上述规定应受国内法，及为本条约所指盟国的签字国所作出的、对本契约或任一契约方有管辖权的命令及法规的限制，亦应受本契约条款的限制。

三、如果敌国间依照契约所进行的合法交易获相关政府的批准，且该相关政府为本条约的签字国及本《和平条约》所指的盟国，则甲部分之任何内容都不应使此类交易无效。

四、尽管有上述条款，保险及再保险契约应依照本议定书之丁及戊部分之规定处理。

乙　时效期

一、所有关于人员及财产关系之时效期或对诉讼权或采取保全措施的权利的限制，如涉及本条约签字国之由于战争原因而未能采取司法行为或遵守必要之规定以确保其权利的国民，不管该时效期开始于战争爆发之前或之后，都应视为于战争期间，一方面在日本领土内，另一方面在于互惠之基础上给予日本本款所规定之利益的签字国的领土内，暂时失效。此类期限应自今日签订之条约生效之时起重新开始计算。本款规定适用于为提交利息和股息券，或为还款而赎回之证券和因任何其他原因而应偿还的款项以进行支付而设定的时效期，但关于此类股息券和证券的时效期，应从款项可用于对该股息券和证券的持有人进行支付之日起，再次开始计算。

二、如由于在战争期间未能执行某一行动或遵守某一规定，而在日本领土内采取了有损于为本条约所指的盟国之一的签约国国民的执行措施，日本政府应恢复因此而遭受损害的权利。如此种恢复难以实现，或有失公平，日本政府应向相关签约国之国民提供在当时情况下公正而公平之补偿。

丙　可转让票据

一、正如敌国之间的情形一样，不得仅因为未能在规定的时间内提交票据以进行承兑或支付、或向开票人或背书人发出拒绝承兑或拒绝支付的通知、或拒付票据而视任何战前开出之可转让票据无效，亦不得因在战时未能完成任何一项手续而视此类票据无效。

二、如战争期间提交票据以进行承兑或支付、向开票人或背书人发出拒绝承兑或拒绝支付的通知、或拒付票据的时间期限已过，而本应提交票据以进行承兑或支付、向开票人或背书人发出拒绝承兑或拒绝支付的通知、或拒付票据的一方未能在战争期间完成上述行为，应允许该方在今日签订之条约生效至少三个月的时间之内，提交票据、发出拒绝承兑或拒绝支付的通知、或拒付票据。

三、如战前或战争期间，某人由于之后成为其敌人之某人给予的承诺，而负有某一可转让票据下之债务，则，尽管爆发战争，后者仍应负有对此类债务做出补偿之责任。

丁　契约方成为敌人之日前尚未终结的保险及再保险契约（人身保险契约除外）

一、如契约方成为敌人之日前保险已起保，且投保人在此期之间已经支付所有保费或根据契约规定已支付使保险生效或继续有效之约定金额，则不得因契约方成为敌人之事实而视保险契约失效。

二、除根据上述条款而继续有效之保险契约不应视为成立，且依此契约而支付之款项应予以归还。

三、除非本议定书有明确规定，协议及其他再保险契约应视为自契约方成为敌人之日起终止，且此条约及契约下之分保也应自此日期之后取消。但已依据某一海运再保险条约而起保的关于航程保单的分保，应被视为，依照风险分保之条款，保有其全部效力，直至自然终止。

四、对于临时再保险，如契约方成为敌人之日前保险已起保，且投保人在此期之间已经支付所有保费，或已支付使保险生效或继续有效之约定金额，或此约定金额已按照惯例被取消，则此保险应被视为保有其全部效力，直至契约方成为敌人之日，且自此日起终止。

但有关航程保单之此类临时再保险应被视为，依照风险分保之条款，保有其全部效力，直至自然终止。

且与根据第（一）款之规定继续有效之保险契约相关的临时再保险，应视为保有其全部效力，直至原保险终止。

五、以上条款所涉及之外的临时再保险，及所有根据某一超额损失率而订立之超额损失保险契约和雹害保险（无论是否为临时保险），不应视为成立，且依此契约而支付之款项应予以归还。

六、除非该协议或其他再保险契约另有规定，保费应按已过去的时间比例进行调整。

七、保险或再保险契约（包括再保险条约下之分保）不涵盖任何一契约方为其国民之任何国家或该国之盟国或协约国的敌对行动所造成的损失及要求。

八、如战争期间某一保险已由原有保险公司转至另一保险公司，或已全部分保，则该转保或分保，无论是自愿或是受行政或立法行为之影响，应得到承认,且原保险公司之责任应视为自转保或分保之日起已终止。

九、如双方间有不止一个协议或其他再保险契约,则应对双方账目进行调整,且为确定最终余额,应将所有余额(应包括经双方同意为尚未支付之损失而留出的准备金),及根据此类契约一方应付给另一方或依据以上规定应予归还的所有款项,计入账目。

十、任何一方都不必对因契约方成为敌人而造成或可能造成之保费、索赔或余额支付之任何拖延而支付利息。

十一、本议定书之任何部分都不得以任何方式损害或影响今日签署之《和平条约》之第十四条所赋予之权利。

戊　人寿保险契约

如战争期间某一保险已由原有保险公司转至另一保险公司,或已全部分保,则该转保或分保,若是由日本行政或立法部门之提议而受影响,应得到承认,且原保险公司之责任应视为自转保或分保之日起已终止。

己　特殊条款

为本议定书起见,自然人或法人,在其之间之贸易依据对其具有管辖权之法律、法令或规定成为违法行为之日起,即应被视为成为敌人。

最后条款

本协议对日本及今日与日本签署之《和平条约》之任何签字国开放签字,且在本议定书涉及之问题上,自本条约对日本与该国生效之日起,管理日本与本协议每一其他签字国之间之关系。

下列署名的各全权代表在本议定书上签字,以昭信守。

1951年9月8日订于旧金山,用同等有效的英文、法文和西班牙文以及日文写成。

代表阿根廷:

伊波利托·J.帕兹(Hipolito J. Paz)

代表澳大利亚:

珀西·C.斯彭德(Percy C. Spender)

代表比利时:

保罗·范齐兰(Paul Van Zeeland)

西尔弗·库斯(Silver Cruys)

代表玻利维亚：

路易斯·瓜查利亚(Luis Guachalla)

代表巴西：

卡洛斯·马丁斯(Carlos Martins)

A. 德·梅洛-弗兰科(A. De. Mello-Franco)

代表柬埔寨：

帕灵(Phleng)

代表加拿大：

莱斯特·B. 皮尔逊(Lester B. Pearson)

R. W. 梅休(R. W. Mayhew)

代表锡兰：

J. R. 贾亚瓦德纳(J. R. Jayewardene)

G. C. S. 科里亚(G. C. S. Corea)

R. G. 塞纳纳耶凯(R. G. Senanayake)

代表智利：

F. 涅托·德尔里奥(F. Nieto Del Rio)

代表哥伦比亚：

西普里亚诺·雷斯特雷波·哈拉米约(Cipriano Restrepo Jaramillo)

塞巴斯蒂安·奥斯皮纳(Sebastian Ospina)

代表哥斯达黎加：

J. 拉斐尔·奥雷亚穆诺 (J. Rafael Oreamuno)

V. 瓦格斯(V. Vargas)

路易斯·多布尔斯·桑切斯(Luis Dobles Sanchez)

代表古巴：

O. 甘斯(O. Gans)

L. 马查多(L. Machado)

华金·迈耶(Joaquin Meyer)

代表多米尼加共和国：

V. 欧德内斯(V. Ordonez)

路易斯·F. 托门(Luis F. Thomen)

代表厄瓜多尔：

A. 克韦多(A. Quevedo)

R. G. 巴伦苏埃拉(R. G. Valenzuela)

代表埃及：

卡米尔・A. 拉希姆(Kamil A. Rahim)

代表萨尔瓦多：

赫克托・大卫・卡斯特罗(Hector David Castro)

路易斯・里瓦斯・帕拉西奥斯(Luis Rivas Palacios)

代表埃塞俄比亚：

美恩・亚耶西莱德(Men Yayehirad)

代表法国：

舒曼(Schuman)

H. 博内(H. Bonnet)

保罗・埃米尔・那齐雅(Paul-Emile Naggiar)

代表希腊：

A. G. 波利迪斯(A. G. Politis)

代表危地马拉：

E. 卡斯蒂略・A(E. Castillo A.)

A. M. 奥雷亚纳(A. M. Orellana)

J. 门多萨(J. Mendoza)

代表海地：

雅克・N. 莱杰(Jacques N. Leger)

古斯特・拉拉克(Gust Laraque)

代表洪都拉斯：

J. E. 巴伦苏埃拉(J. E. Valenzuela)

罗伯托・卡尔维兹・B(Roberto Galvez B.)

劳尔・阿尔瓦拉多・T(Raul Alvarado T.)

代表印度尼西亚：

艾哈迈德・苏巴尔佐(Ahmad Subardjo)

代表伊朗：

A. G. 阿尔达兰(A. G. Ardalan)

代表伊拉克：

A. I. 巴克(A. I. Bakr)

代表老挝：

萨旺(Savang)

代表黎巴嫩：

查尔斯·马利克(Charles Marlik)

代表利比里亚：

盖布里埃尔·L. 丹尼斯(Gabriel L. Dennis)

詹姆士·安德森(James Anderson)

雷蒙德·霍勒斯(Raymond Horace)

J. 鲁道夫·格赖姆斯(J. Rudolph Grimes)

代表卢森堡大公国：

雨果·勒加莱(Hugues Le Gallais)

代表墨西哥：

拉菲尔·德拉科利纳(Rafae De La Colina)

古斯塔沃·迪亚斯·奥尔达斯(Gustavo Diaz Ordaz)

A. P. 卡斯喀(A. P. Gasga)

代表荷兰王国：

D. U. 斯迪克(D. U. Stikker)

J. H. 范罗延(J. H. Van Roijen)

代表新西兰：

A. 贝伦德森(A. Berendsen)

代表尼加拉瓜：

G. 赛维利亚·撒卡萨(G. Sevilla Sacasa)

古斯塔沃·曼萨纳雷斯(Gustavo Manzanares)

代表挪威王国：

威廉·芒蒂·莫根斯蒂纳(Wilhelm Munthe Morgenstierne)

代表巴基斯坦：

扎弗鲁拉·汗(Zafrulla Khan)

代表巴拿马：

伊格纳西奥·莫利诺(Ignacio Molino)

何塞·A. 雷蒙(Jose A. Remon)

阿尔费雷多·阿莱曼(Alfredo Aleman)

J. 科多韦斯(J. Cordovez)

代表巴拉圭：

路易斯·奥斯卡·贝特纳(Luis Oscar Boettner)

代表秘鲁：

F. 贝克迈尔(F. Berckmeyer)

代表菲律宾共和国：

卡洛斯·P. 罗慕洛(Carlos P. Romulo)

J. M. 埃利萨尔德(J. M. Elizalde)

维森特·弗朗西斯科(Vicente Francisco)

迪奥斯达多·马卡帕加尔(Diosdado Macapagal)

埃米利亚诺·T. 蒂罗纳(Emiliano T. Tirona)

V. G. 新科(V. G. Sinco)

代表沙特阿拉伯：

阿萨德·阿尔-法奎赫(Asad Al-Faqih)

代表叙利亚：

F. 埃尔库里(F. El-Khouri)

代表土耳其共和国：

费里均·C. 厄尔金(Feridun C. Erkin)

代表南非联邦：

G. P. 朱斯特(G. P. Jooste)

代表大不列颠及北爱尔兰联合王国：

赫伯特·莫里森(Herbert Morrison)

肯尼思·扬格(Kenneth Younger)

奥利弗·弗兰克斯(Oliver Franks)

代表美利坚合众国：

迪安·艾奇逊(Dean Acheson)

约翰·福斯特·杜勒斯(John Foster Dulles)

亚历山大·韦利(Alexander Wiley)

约翰·J. 斯帕克曼(John J. Sparkman)

代表乌拉圭：

何塞·A. 莫拉(Jose A. Mora)

代表委内瑞拉：

待进一步审核

安东尼奥·M. 阿劳约(Antonio M. Araujo)

R. 加列戈斯. M(R. Gallegos M.)

代表越南：

T. V. 有(T. V. Huu)

T. 永(T. Vinh)

D. 清(D. Thanh)

宝京(Buu Kinh)

代表日本：

吉田茂(Shigeru Yoshida)

池田勇人(Hayato Ikeda)

苫米地义三(Gizo Tomabechi)

星岛二郎(Niro Hoshijima)

德川宗敬(Muneyoshi Tokugawa)

一万田尚登(Hisato Ichimada)

(Japan No. 5 (1951), Treaty of peace with Japan, San Francisco, 8th September, 1951 (with declarations and protocol), House of Commons Parliamentary Papers, COMMAND PAPERS, Paper Number：Cmd. 8392.)

(以上文件由张玲玲翻译)

索 引

A

阿尔佛雷德·詹金斯 10
阿格纽(Agnew) 27,28,32
阿明·H.迈耶(迈耶) 38,39,214,218,
　220,221,224,228,230,248,254,260,
　267,391
埃德温·O.赖肖尔(赖肖尔) 23,102,
　106,109,110,115,116,118,119,130-
　133,138-146
艾尔伯特·沃森二世(沃森二世) 105,
　109,113,114,116,119,128
艾奇逊 41,394
艾森豪威尔 95,99,205
爱知揆一 218
安川武 132,286,287,289-291
岸信介 19,22,23,52,53,99,154,329
昂格 15,182,199,202,204
半官方冲绳委员会 9,10

B

保利茂 24
"本土标准" 15,17,18,22
《波茨坦公告》(《波茨坦宣言》) 6,27,
　357,374
波恩峰会 299-303,305-307,318,319
布罗姆利·史密斯 11,52,177

C

参谋长联席会议 5,25,41-43,45,70-
　72,93,94,99,130,144,170,179,193,
　194,210,211,222,223
参谋长联席会议主席 40,42-46,62,91,
　92,129,210,211
池田勇人(池田) 97,99,113,116-118,
　152,153,184,385,395
冲绳 3-5,7-10,12-25,27,32-34,36-
　46,93,94,97,98,104,106,108-113,
　117,118,120,124,126,134,136-
　143,145-147,155-158,161,162,
　165,166,168-171,174,178,179,
　181-192,195,198-201,203,204,
　207-212,214,217-231,233-241,
　243-260,262,263,265-267,269-
　271,273,277-282,288,295-297,
　323,327,332
《冲绳返还协定》 234,260,273,293
冲绳嘉手纳空军基地(嘉手纳)B-52飞机

索　引 **397**

事故　13

《冲绳条约》　34,250

D

大藏省　167,229,329

大东群岛　34,40,41,71,170,250,251,352,355,373

大河原　298

大平正芳（大平）　286-291,293,325,326,330,331

道格拉斯·麦克阿瑟二世　95

邓小平　333,335

第10713号行政命令　36,40,41,232

第480号公法　29,74,75,79,81,87,88,90

第七舰队　29,96,267

第三国防建设计划　165

钓鱼岛　7,271,273,295

东京美国大使馆　18,21,23,32,95,103,105,107,109,113,132,134,136,138,146,163,182,193,195,197,202,204,218,220,224,247,249,252,266,292

东京美国驻日大使馆（美国大使馆）　6,16

东乡　16,24,182,185,197,198,201,211

东亚和太平洋事务局　13,47,105,175,206,228-230,246,286,292,297

东亚和远东事务局日本事务处　18

杜勒斯　94,394

《对日和平条约》《和平条约》）、《《旧金山和约》）（对日和约）　27,34,35,71,72,92,98,99,121,128,193,196,205,208,233,235,236,250,261,271,273,296,323,332,336,337,346-349,351,352,354,355,365-368,370-372,385,387,388,390

F

反基地运动　15

返还协定　20,33,34,37,46,218,226,232,235,242,248,249,251-253,255,257,258,270,271,273,278,281,282,296

福田赳夫（福田）　49,50,113,143,267,277,278,299-306,309-313,315,318,321-326,329-334

福田康夫　330

G

《共同安保条约》（ANPO）　155-157,186,187,190,248,272,279,280,328

《共同安全法案》　78

《共同防御援助协定》　41

关岛主义　30,213

《关税和贸易总协定》　57,72,73

国际安全事务办公室　33,41-46,104,134,249,252

《国际道路交通公约》　34,251

国际复兴开发银行　65,79,134,213

《国际钢铁协定》　319,320

国际合作总署　54,80,89,90

国际货币基金组织　57,159,213

国家安全委员会　1,2,10,25,26,41,43,46,48-50,52,62,90-94,177,268,276,332,334

《国家安全行动备忘录第133号文件》（NSAM 133）　131

国家军事指挥中心　12,13,32,218,220,222,247,249,251,254

国务卿　1,2,6,8,16,18,21-23,25-27,32,33,37-39,41,42,45,46,93-95,100,102-105,109,112,129,131-136,144,145,161,170,175-180,182-192,197,199,202,204,207,211-213,217,218,220,222,226,246-249,251,252,254,263,265-267,286-291,294,297,298,302,303,322

H

《核不扩散条约》　168,278

横须贺海军基地　3,279

华国锋　333

华盛顿　1,6-8,12,14,16,18,20-23,26,33,36,38-40,42,51,91,97,116,117,130,131,136,144,153,161,164,169,171,175,177,180,183,197,201,202,204-206,212,218,222,227,246,249,252-256,259,264,266,268,276,291,297-301,303,311,325,326,348,366,386

J

基辛格　35,36,43,260-266,268,274,290,297

吉田茂（吉田）　41,385,395

嘉手纳空军基地（嘉手纳）　13,15,210,269,270,280,281

《价格法案》　87,98,125,139-141,145,192

尖阁诸岛　7,34,47-50,250,252,259,263,265,268,269,271-274,278,282,283,288,293,295,296,298-300,302,304,310,323,324,332,334,335

尖阁诸岛事件　300

蒋介石　28,30,31

金日成　333

久住忠男　9

旧金山和平会议　19

K

《开罗宣言》　7,27

《空中交通管制协定》　256

库页岛　70,337,355,372

L

腊斯克　19,132,133,144,170,176,177,179-181

里索　25,26,138-142,144,145

理查德·L.施耐德（施耐德）　13,18,35,102,103,175,180,182,206-208,211,251,286

联合国大会　32,135,144,150,168,189,289,320,321

《联合国宣言》　346,365,382

琉球　7,8,11,12,15,18,19,26,27,29,34,37,55,59,68,72,87,88,93-95,97-103,105-109,114-132,134,136-141,143,144,156-158,165,169-174,176,181,182,189,192,194-197,199-201,203,204,206-210,219-222,227,229,230,238,242-244,247,250,251,257

琉球群岛　3,5,7-9,11,12,14,19-21,24-27,29,34-37,40-44,46,55,59,61,63,71,72,79,87,88,93-95,97-111,113-131,133,134,137-142,144

索　引　399

146,156,165,166,169－179,181,
186,188－190,192－199,203,205－
209,231,232,241－243,247,250,
251,257,261,270,271,273,281,293,
295,296,323,332,338,352,355,373

琉球群岛高级专员　6,11,13,33,37,105,
109,113,114,116,119,132,133,162,
176,181,182,195,197,202,204,219,
220,224,249,252,254,255,293

琉球群岛美国民政府(美国民政府)　87,
88,101,109,118,124,125,127,141,
194,195,209,219－221,225,226,
229,241,243,257

琉球群岛政府　11,12,37,87,100,122,
141,181,194,195,209,218,219,221,
227,228,232,241－244,253

硫磺群岛(硫磺岛)　127,170－172,175,
185,189,193－195,197,199,203

M

马歇尔·格林　104,105,132,212,
267,276

麦克阿瑟　94,110,118

美国国防部(国防部)　2,8,21,25,26,32,
33,36,38－47,70－72,76,82－84,86,
89,93,102－105,129,131,132,134,
139,141,145,169,175,177,178,180－
182,186,193,195,197,202,204,206,
215,218－220,222－225,246,247,
249,251－255,257,269,279,293

美国国务院(国务院)　7,8,10,11,18,21,
23,25,35,37,42－47,50,51,71,72,
78,80,89,93－95,102－105,109,112,
113,130－134,136－138,146,161,

162,169,170,175,178,180－182,
186,197,201,202,204,207,212,218,
223,224,227,246,247,251,253－
255,257,258,266－269,271,273,
279,282,285,286,291,295,297,300,
301,312,318

美国海军部(海军部)　2,42,43

美国军事援助项目总统委员会(德雷珀委员会)　82

美国空军　13,82,85,240,241,253

美国陆军部(陆军部)　2,4,11,25,26,33,
37,43,104,105,107,109,130,131,
136－141,180,197,219,220,224,
225,247,249,252,254

美国之音　227,229,230,253,255,257－
260,278,282

美国驻日大使馆(美国大使馆)　6,7,16,
32,113,146,162,217,222,224,249,
251,254,266,297

《美日共同合作和安保条约》(《共同合作和安保条约》)、《美日安保条约》、《安保条约》)　8,9,17,20,41,53,55,56,
161,166,171,173,178,182－185,
194,199,206,207,212,218,225,226,
235,241,255,259,272,274,279,292,
293,295,329

《美日和平核合作协定》　318

美日联合公报　33,250

美—日—琉球政府咨询委员会　209

《美日民用航空运输协定》(《民用航空协定》)　159,233,236

《美日特殊核材料再处理协议》(《东海村协议》)　315

《美日友好通商航海条约》　41

《美日驻军地位协定》《驻军地位协定》）　70,184,185,219,225,227-230,239,240,244,245,248,255,256,270,308

《美台共同防御条约》《共同防御条约》）　30,32

盟军最高司令　3-6

N

那霸港（那霸）　12,43,98,99,101,103,109,113,114,125,146,162,195,219,222,223,228,233,248,255,256,258,268-271,278,281,282

南方诸岛　5,338,355,373

南鸟岛　5,71,170,193,194,338,355,373

尼克松　16,27,28,38,39,218,221,225,226,238,247,249,255,259,275

牛场　14,102,132,197,205,303-305,307,324

P

蓬皮杜　289

澎湖列岛　30,337,355,372

Q

千岛群岛　70,337,355,372

浅井一郎　102

乔治·普拉特·舒尔茨　36

R

日本保守政府（保守派政府）　166

日本防卫厅　14,24,82,112,199,223,224,229,253,256,292,297

日本共产党　151,154,164,226,295

日本社会党　56,95,135,136,151,152,154,155,164,184,226

日本外务省（外务省）　7,14,15,33,47,114,116,145,167,176,211,229,230,250,252,253,268,275,280,296

日本自民党（自民党）　12,17,48,52,59,60,64,106,118,132,135,142,143,145,147,151-153,157,158,189,190,192,199,225,226,248,249,270,274,276,277,281,304,324,325,329-331

日本自卫队　43,45,49,87,156,157,165,192,223,224,229,239,248,253,255,256,269,294,295,297,332

《日内瓦公约》　348,367,386

宍户　223,224

S

三木武夫（三木）　18,20,132,143,165,167,168,170,171,176,177,181-192,196-200,202-206,325,330

山中贞则（山中）　220-222,292-295,297,298

《上海联合公报》　310

沈剑虹　36,262

施莱辛格　293,297,298

《斯特劳斯—牛场公告》《斯特劳斯—牛场协定》）、《斯特劳斯—牛场联合声明》）　300,306,312,319,324

松冈政保　12

苏联　2,49,50,53,70,110,111,135,136,150,160,173,183,189,191,192,215,216,267,276,278,290,293,294,299,303,304,308,310,311,322,326-329,331,333-335,345,364,365,371

索　引

T

台湾　1，7，27 - 32，35，47，51，97，150，178，261 - 264，266，270，271，273，276 - 278，287，288，296，310，323，327，337，355，372

太平岛　193

唐纳德　13

田中角荣（田中）　142，280，283，284，325

《投降条件》　6

U

U. 亚历克西斯·约翰逊（亚历克西斯·约翰逊）　35，178，182，186，261

W

外蒙古　30，301

威廉·P. 邦迪　132，180，182，197

威廉·P. 罗杰斯　26

魏道明　27

温思罗普·G. 布朗　18

沃尔特·罗斯托　11

屋良朝苗（屋良）　11 - 13，15，207，210，248

X

西沙群岛　288，293，337，355，373

西斯科　286，287，394

下田武三　182，186

先锋项目（农业技术支援项目）　29

小坂善太郎　102

《小笠原群岛返还协定》　35，251

新日本民族主义　16

Y

亚历克斯·约翰逊　263，264

亚洲开发银行　134，213

远东委员会　3，6

约翰·F. 肯尼迪（肯尼迪总统）　95，104，106，108，112 - 118，121，122，125，126，128，129，131，184，205

《约翰逊—佐藤荣作（佐藤）联合声明》　193

越南战争　32，149，151，152，154，155，164，170 - 172，174，183，184，188，190 - 192，208，215，217，291，328

Z

中岛　33 - 35，250，251

"中华民国"　1，26 - 32，51，184，191，271，273，323，332

《中日友好和平条约》；《友好和平条约》　299，300，310，323，325，333，335

中央情报局　9，50，62，91，92，109，132，134，182

中曾根　48，246，248，249，292，297，325

椎名悦三郎（椎名）　113 - 115，132，164

兹比格涅夫·布热津斯基（布热津斯基）　46 - 49，310，333，335

左翼联盟　15

左翼社会党人　69，111

佐藤荣作（佐藤）　7 - 10，14，17 - 22，24，27，29，37 - 39，43，128 - 130，132，133，135，139 - 141，144 - 146，148，152 - 154，156，165，166，170，171，174，176 - 178，181，183，185，187，194，196，198 - 203，205 - 207，209，212 - 218，221，

222,225,226,238,247,249,255,259, 266-268,270,277,278,285,291

"佐藤荣作(佐藤)路线" 148

《佐藤荣作(佐藤)——尼克松联合公报》 27

图书在版编目(CIP)数据

美国安全档案 / 奚庆庆,张生,殷昭鲁编. —南京：南京大学出版社,2017.1

(钓鱼岛问题文献集 / 张生主编)

ISBN 978-7-305-17690-6

Ⅰ. ①美… Ⅱ. ①奚… ②张… ③殷… Ⅲ. ①钓鱼岛问题—史料 Ⅳ. ①D823

中国版本图书馆 CIP 数据核字(2016)第 283062 号

项目统筹	杨金荣　官欣欣
装帧设计	清　早
印制监督	郭　欣

出版发行　南京大学出版社
社　　址　南京市汉口路 22 号　　邮编 210093
出 版 人　金鑫荣

丛 书 名　钓鱼岛问题文献集
主　　编　张　生
书　　名　美国安全档案
编　者　奚庆庆　张　生　殷昭鲁
责任编辑　肖自强

照　　排　南京南琳图文制作有限公司
印　　刷　南京爱德印刷有限公司
开　　本　718×1000　1/16　印张 27　字数 442 千
版　　次　2017 年 1 月第 1 版　2017 年 1 月第 1 次印刷
ISBN 978-7-305-17690-6
定　　价　170.00 元

网址：http://www.njupco.com
官方微博：http://weibo.com/njupco
官方微信号：njupress
销售咨询热线：(025) 83594756

* 版权所有,侵权必究
* 凡购买南大版图书,如有印装质量问题,请与所购图书销售部门联系调换

ISBN 978-7-305-17690-6

南京大学出版社
新　学　衡